住房和城乡建设部"十四五"规划教材

高等学校城市管理专业系列教材

City Management

城市
建设管理

尤 完 张大力 郭中华 主编

中国建筑工业出版社

图书在版编目（CIP）数据

城市建设管理 / 尤完，张大力，郭中华主编 . —— 北京：中国建筑工业出版社，2023.12
住房和城乡建设部"十四五"规划教材 高等学校城市管理专业系列教材
ISBN 978-7-112-29532-6

Ⅰ.①城… Ⅱ.①尤… ②张… ③郭… Ⅲ.①城市建设—经济管理—高等学校—教材 Ⅳ.① F293

中国国家版本馆 CIP 数据核字（2023）第 252697 号

本教材为住房和城乡建设部"十四五"规划教材、高等学校城市管理专业教材。全书以城市建设项目寿命期为主线，按照"规建管一体化"的思路，详细讲解了城市建设管理原理、城市规划与设计管理、城市建设项目投资决策、城市建设工程项目前期准备、城市建设工程项目招标投标、城市建设工程施工管理、绿色城市与基础设施建设管理、智慧城市建设管理、城市更新建设管理、韧性城市建设管理。教材理论与实践并重，每章后有复习思考题，帮助学生巩固所学内容。

本教材适用于高等学校城市管理、城乡规划、工程管理及相关专业教学，也可供相关行业从业人员学习参考。

为更好地支持本课程的教学，我们向选用本书作为教材的教师提供教学课件，有需要者请与出版社联系，邮箱：jgcabpbeijing@163.com。

策划编辑：高延伟
责任编辑：杨　虹　马永伟
责任校对：赵　力

住房和城乡建设部"十四五"规划教材
高等学校城市管理专业系列教材
城市建设管理
尤　完　张大力　郭中华　主编
＊
中国建筑工业出版社出版、发行（北京海淀三里河路 9 号）
各地新华书店、建筑书店经销
北京雅盈中佳图文设计公司制版
建工社（河北）印刷有限公司印刷
＊
开本：787 毫米 × 1092 毫米　1/16　印张：$24\frac{3}{4}$　字数：479 千字
2025 年 6 月第一版　2025 年 6 月第一次印刷
定价：**59.00** 元（赠教师课件）
ISBN 978-7-112-29532-6
（42288）

出版说明

党和国家高度重视教材建设。2016年，中办国办印发了《关于加强和改进新形势下大中小学教材建设的意见》，提出要健全国家教材制度。2019年12月，教育部牵头制定了《普通高等学校教材管理办法》和《职业院校教材管理办法》，旨在全面加强党的领导，切实提高教材建设的科学化水平，打造精品教材。住房和城乡建设部历来重视土建类学科专业教材建设，从"九五"开始组织部级规划教材立项工作，经过近30年的不断建设，规划教材提升了住房和城乡建设行业教材质量和认可度，出版了一系列精品教材，有效促进了行业部门引导专业教育，推动了行业高质量发展。

为进一步加强高等教育、职业教育住房和城乡建设领域学科专业教材建设工作，提高住房和城乡建设行业人才培养质量，2020年12月，住房和城乡建设部办公厅印发《关于申报高等教育职业教育住房和城乡建设领域学科专业"十四五"规划教材的通知》（建办人函〔2020〕656号），开展了住房和城乡建设部"十四五"规划教材选题的申报工作。经过专家评审和部人事司审核，512项选题列入住房和城乡建设领域学科专业"十四五"规划教材（简称规划教材）。2021年9月，住房和城乡建设部印发了《高等教育职业教育住房和城乡建设领域学科专业"十四五"规划教材选题的通知》（建人函〔2021〕36号）。为做好"十四五"规划教材的编写、审核、出版等工作，《通知》要求：（1）规划教材的编著者应依据《住房和城乡建设领域学科专业"十四五"规划教材申请书》（简称《申请书》）中的立项目标、申报依据、工作安排及进度，按时编写出高质量的教材；（2）规划教材编著者所在单位应履行《申请书》中的学校保证计划实施的主要条件，支持编著者按计划完成书稿编写工作；（3）高等学校土建类专业课程教材与教学资源专家委员会、全国住房和城乡建设职业教育教学指导委员会、住房和城乡建设部中等职业教育专业指导委员会应做好规划教材的指导、协调和审稿等工作，保证编写质量；（4）规划教材出版单位应积极配合，做好编辑、出版、发行等工作；（5）规划教材封面和书脊应标注

"住房和城乡建设部'十四五'规划教材"字样和统一标识；（6）规划教材应在"十四五"期间完成出版，逾期不能完成的，不再作为《住房和城乡建设领域学科专业"十四五"规划教材》。

住房和城乡建设领域学科专业"十四五"规划教材的特点，一是重点以修订教育部、住房和城乡建设部"十二五""十三五"规划教材为主；二是严格按照专业标准规范要求编写，体现新发展理念；三是系列教材具有明显特点，满足不同层次和类型的学校专业教学要求；四是配备了数字资源，适应现代化教学的要求。规划教材的出版凝聚了作者、主审及编辑的心血，得到了有关院校、出版单位的大力支持，教材建设管理过程有严格保障。希望广大院校及各专业师生在选用、使用过程中，对规划教材的编写、出版质量进行反馈，以促进规划教材建设质量不断提高。

住房和城乡建设部"十四五"规划教材办公室
2021 年 11 月

前　言

　　改革开放以来，特别是党的十八大以来，我国城市规划、建设、管理工作成就显著，城市的规划、建设、管理在促进经济社会发展、优化城乡布局、完善城市功能、增进民生福祉等方面发挥了重要作用。同时，城市规划建设管理中还存在一些突出问题：城市规划前瞻性、严肃性、强制性和公开性不足，城市建设盲目追求规模扩张、节约集约程度不高，违法建设、大拆大建问题突出，环境污染、交通拥堵等"城市病"蔓延加重。把城市规划好、建设好、管理好，对促进以人为核心的新型城镇化建设，全面建成社会主义现代化强国、实现第二个百年奋斗目标，以中国式现代化全面推进中华民族伟大复兴具有重要现实意义和深远历史意义。

　　城市是我国经济、政治、文化、社会等方面活动的中心。随着我国社会经济的不断进步，城市建设管理显得越来越重要。在"观建管一体化"的新体制下，城市建设管理人才的培养具有极其重要的地位。"城市建设管理"是城市管理专业本科生的重要专业基础课程，通过本课程的学习，使学生了解和认识城市建设管理的概念、发展历程、发展目标和理论基础，以及城市规划管理、城市设计管理、城市建造管理、城市新型设施建设管理、资源节约型城市建设管理、城市宜居环境建设管理、韧性城市建设管理、智慧城市建设管理的主要内容，激发学习热情和主动性，确立投身城市建设管理事业的社会责任感和历史使命感。

　　本教材的特色体现在以下五个方面：

　　1. 本教材的编写以习近平新时代中国特色社会主义思想为指导，全面贯彻落实党的二十大精神和习近平总书记关于城市建设管理的系统论述，充分体现新发展阶段、新发展理念、新发展格局对现代城市建设管理的新要求。

　　2. 本教材在构架上以城市建设项目寿命期为主线，按照中央城市工作会议提出的城市"规建管一体化"的思路，整体布局章节结构体系，妥善处理城市建设管理过程各主体的责任分工和业务接口关系。

3. 本教材的内容充分反映了当代科技和新发展理念引领城市建设管理的新成果，注重展现绿色宜居城市、海绵城市、智慧城市、韧性城市、城市更新等现代城市建设管理的新理论和新方法，彰显创新性、系统性、针对性、时代性、开放性等特征。

4. 本教材突出体现城市建设管理理论与城市建设管理实践并重，在全面阐述城市建设管理原理的同时，深入解剖城市建设管理的重点案例和经验教训，做到学用结合。

5. 强化学生城市建设管理方法与技能的训练，通过多种类型的习题和案例讨论，使学生掌握具体方法的应用，提高学生从事城市建设管理的实践能力。

我国经历着世界历史上规模最大、速度最快的城镇化进程。城市发展带动了整个经济社会发展，城市建设管理成为现代化建设的重要引擎。为此，要用科学态度、先进理念、专业知识去规划、建设、管理城市。本教材对于加快培养一大批懂城市、会建设、能管理的专业人才具有重要的支撑作用。

本教材适用于高校城市管理专业本科学生的必修课或限选课教材，也可以适用于城市管理、城乡规划、工程管理硕士研究生的选修课教材；可作为城市建设领域工程项目管理人员、工程技术人员从事城市建设管理实际工作的指导用书，也可作为城市建设管理相关专业人士的学习参考书。

本教材由尤完、张大力、郭中华担任主编，王可佳、冯宁、袁欣、李晓明、刘雷担任副主编，天津城建大学王建廷教授、北京建筑大学张丽教授担任主审。本教材由北京建筑大学教材建设项目资助出版，在此深表谢意！

由于编者水平有限，难免存在错误之处，敬请广大读者批评指正！

目 录

第 9 章　城市更新建设管理

第 10 章　韧性城市建设管理

参考文献

City ———————

本章学习要求：了解城市建设管理的概念、发展历程、发展目标和理论基础

本章学习重点：城市建设管理的概念、城市建设管理发展目标

本章学习难点：城市建设管理的理论基础

城市的发展是生产力和生产关系相互作用的结果。城市的规划、建设、管理涉及众多要素，是一个复杂的社会经济系统。"规建管一体化"是中国式现代化道路历史进程中城市高质量发展的根本要求。城市建设管理要坚持创新、协调、绿色、开放、共享的新发展理念。

第 1 章

城市建设管理原理

1.1   城市建设管理的概念

1.1.1   城市的起源

城市的产生和发展是一个历史的过程。关于城市的起源，国内外学者有不同的解释，从而形成了不同的起源学说。大致而言，城市起源有六种说法：

一是防御说，认为古代城市的兴起是出于防御上的需要。在居民集中居住的地方或氏族首领、统治者居住地修筑墙垣城廓，形成要塞，以抵御和防止别的部落、氏族、国家的侵犯，保护居民的财富不受掠夺。

二是社会分工说，认为随着社会大分工逐渐形成了城市和乡村的分离。第一次社会大分工是在原始社会后期农业与畜牧业的分工。不仅产生了以农业为主的固定居民，而且形成了产品剩余，创造了交换的前提。第二次社会大分工是随着金属工具制造和使用，引起手工业和农业分离，产生了直接以交换为目的的商品生产，使固定居民点脱离了农业土地的束缚。第三次社会大分工是随着商品生产的发展和市场的扩大，促使专门从事商业活动的商人出现，从而引起工商业劳动和农业劳动的分离，并形成城市和乡村的分离。

三是私有制说，认为城市是私有制的产物，是随着奴隶制国家的建立而产生的。

四是阶级说，认为从本质上看，城市是阶级社会的产物，是统治阶级奴隶主、封建主用以压迫被统治阶级的一种工具。

五是集市说，认为由于商品经济的发展，形成了集市贸易，促使居民和商品交换活动的集中，从而出现了城市。

六是地利说，用自然地理条件解释城市的产生和发展，认为有些城市的兴起是由于地处商路交叉点、河川渡口或港湾，交通运输方便，自然资源丰富等优越条件的原因。

上述种种说法，都从不同角度、不同层次对城市的起源作出了回答，都有一定的道理。但是最根本的原因，得从经济上去寻找。正如马克思和恩格斯指出："某一民族的内部分工，首先引起工商业劳动和农业劳动的分离，从而也引起城乡的分离和城乡利益的对立。"所以，城市是生产力发展到一定历史阶段的产物，城市的发展也离不开生产力的发展。当然，生产力的发展也离不开与生产关系的相互作用，经济基础离不开与上层建筑的相互作用。归根结底，城市的产生取决于自然、地理、经济、社会、政治、文化等诸方面的因素。

城市作为一种复杂的经济社会综合体，不是在某一天突然出现，而是一个逐渐的演进过程，经过一段漫长的历史发展时期。

1.1.2　城市建设管理相关概念

1. 城市建设的概念

城市建设是城市管理的重要组成部分。城市建设以规划为依据，通过建设工程对城市人居环境进行改造，对城市系统内各物质设施进行建设，城市建设的内容包括城市系统内各个物质设施的实物形态，是为管理城市创造良好条件的基础性、阶段性工作，是过程性和周期性比较明显的一种特殊经济工作。城市经过规划、建设后投入运行并发挥功能，提供服务，真正为市民创造良好的人居环境，保障市民正常生活，服务城市经济社会发展。因此，城市建设是以城市规划为依据最终服务于城市运行。其可分为城市精神文明建设和建筑实物建设。

2. 城市管理的概念

城市管理是指以城市这个开放的复杂巨系统为对象，以城市基本信息流为基础，运用决策、计划、组织、指挥等一系列机制，采用法律、经济、行政、技术等手段，通过政府、市场与社会的互动，围绕城市运行和发展进行的决策引导、规范协调、服务和经营行为。广义的城市管理是指对城市一切活动进行管理，包括政治的、经济的、社会的和市政的管理。狭义的城市管理通常就是指市政管理，即与城市规划、城市建设及城市运行相关联的城市基础设施、公共服务设施和社会公共事务的管理。一般情况下，城市管理研究的对象主要是狭义的城市管理，即市政管理。

现代城市作为区域政治、经济、文化、教育、科技和信息中心，是劳动力、资本、各类经济、生活基础设施高度聚集，人流、资金流、物资流、能量流、信息流高度交汇，子系统繁多的多维度、多结构、多层次、多要素间关联关系高度繁杂的开放的复杂巨系统。现代城市不仅具有海量的科学技术，包括巨大的物质系统，同时还包括了人的因素。如果说人是客观世界中最复杂的一个巨系统，那么众多人聚集在一起的社会系统就更为复杂了。对现代城市的管理必须遵从复杂巨系统的规律。

据统计，现代城市管理涉及的各类因素已达 1000 余种。对城市这个复杂巨系统的管理同样呈现出多维度、多结构、多层次、分系统，从宏观到微观的纵横交织、错综复杂的动态非线性复杂巨系统特性，城市管理系统无疑是一类开放的复杂巨系统。

联合国人类居住中心提出的《关于健全的城市管理规范：建设"包容性城市"的宣言草案》对城市管理有如下定义："城市管理是个人和公私机构用以规划和管理城市公共事务的众多方法的总和。它是一个解决各种冲突或不同利益以及采取合作行动的持续过程，包括正式的制度，也包括非正式的安排和公民社会资本。"其中强调了作为人和各类利益相关者在城市管理中的参与。作为复杂巨系统的人及其利益和意识的参与，也进一步增加了城市管理系统的复杂性。

3. 城市建设管理的概念

城市建设管理是指对城市的规划、设计、建造过程进行的决策、计划、组织、协调、控制、指挥、监督等活动，也包括根据城市规划法规和批准的城市规划，对城市规划区的各项建设活动所实行的审查监督以及违法建设行为的查处等各项管理工作的统称。

4. 城市经营的概念

城市经营是以城市发展、社会进步、人民物质文化生活水平的提高为目标，政府运用市场经济手段，广泛利用社会资金进行城市建设，对城市资产进行集聚、重组和营运，以实现城市资源配置容量和效益的最大化、最优化，进而实现城市的战略发展目标。城市经营是以政府为行为主体的更高层次的城市管理活动。

1.2 城市建设管理的发展历程

1.2.1 我国城市建设管理发展的三个阶段

1. 1978 年之前的计划经济时代

1953 年我国开始执行第一个五年计划，经济建设的发展，开阔了城市布局，城市有了固定的维护资金来源，设置了专业维护队伍的同时，各项基础设施建设在计划体制的框架内陆续有了发展，城市道路开始进行沥青路面改造，城市排水转入地下，城市自来水、公用交通建设开始起步。

1960 年，在地方国民经济调整中，各城市开始有专门从事城市建设与维护、编制定额的市政工程养护队。

1963 年，根据国务院的规定，开始征用工商业附加税、公用事业附加税和城市房地产税（简称"三个附加"或"三项费用"），作为城市维护的固定资金来源。在建立规章制度保证现有市政基础设施正常养护维修的同时，各项新的基础设施建设在计划经济的框架内开始走上正轨。

由于长期受极左思想的影响与干扰，这个阶段的城市建设管理工作主要集中于大型城市和工业设施基础较好的城市，中小城市主要是为了缓解市民住房紧张的矛盾，进行的是初始阶段的小规模扩张。由于当时的建设体制尚不完备，这个阶段的城市建设管理基本上处于一种行政命令式状态和有建无管的状态。

2. 改革开放后的 30 年

改革开放之后，特别是邓小平同志南方谈话之后，全国各项事业蓬勃发展，城市建设管理进入正规化、目标化、法制化发展的轨道。这个阶段的明显特征是城市建设进入了一个相对快速的规模扩充时期，从建设体制、运行机制到具体实践都有了长足的进步。从这一阶段的城市建设管理实践看，无论是在总体规划上，还是具体的建设活动上，仍然处于政府主导、市场垄断和企业运作的混合发展阶段。

3. 2016 年以来的新时代

2016 年，中央城市工作会议之后，我国城市建设管理在习近平新时代中国特色社会主义思想指引下进入新的历史发展时期。

历次全国 / 中央城市工作会议召开的背景：

1949 年，新民主主义革命即将胜利，中共面临着管理城市的重任。当年 3 月在西柏坡举行的中共七届二中全会指出，党的工作重心由农村转移到城市，必须要用极大的努力学会管理城市和建设城市，描绘出了新中国的蓝图。

20 世纪 60 年代初，为加强对城市的集中统一管理和解决当时城市经济生活的突出矛盾，1962 年 9 月和 1963 年 10 月，中共中央、国务院先后召开全国第一次和第二次城市工作会议。

1978 年 3 月，国务院在北京召开第三次全国城市工作会议，制定了关于加强城市建设工作的意见。

改革开放以来，我国经历了世界历史上规模最大、速度最快的城镇化进程，城市发展波澜壮阔，取得了举世瞩目的成就。

2015 年 11 月 9 日，中央全面深化改革领导小组第十八次会议审议通过了《关于深入推进城市执法体制改革改进城市管理工作的指导意见》。

2015 年 11 月 10 日，中央财经领导小组第十一次会议指出，做好城市工作，首先要认识、尊重、顺应城市发展规律，端正城市发展指导思想。

2015 年 12 月 14 日，中共中央政治局会议研究部署了城市工作，会议强调，要认识、尊重、顺应城市发展规律，端正城市发展指导思想；推进农民工市民化，加快提高户籍人口城镇化率；增强城市宜居性；改革完善城市规划；提高城市管理水准；坚持把"三农"工作作为全党工作重中之重，同时要更加重视做好城市工作。

2015 年 12 月 20 日，时隔 37 年后（从 1978 年计算），中央城市工作会议在北京召开。

2016 年 2 月 6 日，中共中央、国务院印发《关于进一步加强城市规划建设管理工作的若干意见》。

1.2.2 城市规划建设管理发展趋势

改革开放以来，我国城市规划和建设的发展步伐快速迈进，取得了令世人瞩目的巨大成就。城市发展带动了整个经济社会的全面变革，城市建设成为现代化建设的重要引擎。城市是我国经济、政治、文化、科技、社会等众多领域活动的中心，在党和国家工作全局中具有举足轻重的地位。要深刻认识城市在我国经济社会发展、民生改善中的重要作用。

2015 年中央城市工作会议的召开，标志着我国城市发展已经进入新的发展时期。根据 2016 年 2 月 6 日中共中央、国务院印发的《关于进一步加强城市规划建设管理工作的若干意见》，当前和今后一个时期，我国城市工作的指导思想是：全面贯彻党的十八大和十八届三中、四中、五中全会精神，贯彻创新、协调、绿色、开放、共享的发展理念，坚持以人为本、科学发展、改革创新、依法治市，转变城市发展方式，完善城市治理体系，提高城市治理能力，着力解决城市病等突出问题，不断提升城市环境质量、人民生活质量、城市竞争力，建设和谐宜居、富有活力、各具特色的现代化城市，提高新型城镇化水平，走出一条中国特色城市发展道路。城市工作是一个系统工程。做好城市工作，要顺应城市工作新形势、改革发展新要求、人民群众新期待，坚持以人民为中心的发展思想，坚持人民城市为人民。这是我们做好城市工作的出发点和落脚点。同时，要坚持集约发展，框定总量、限定容量、盘活存量、做优增量、提高质量，立足国情，尊重自然、顺应自然、保护自然，改善城市生态环境，在统筹上下功夫，在重点上求突破，着力提高城市发展持续性、宜居性。

1. 尊重城市发展规律

城市发展是一个自然历史过程，有其自身规律。城市和经济发展两者相辅相成、相互促进。城市发展是农村人口向城市集聚、农业用地按相应规模转化为城市建设用地的过程，人口和用地要匹配，城市规模要同资源环境承载能力相适应。必须认识、尊重、顺应城市发展规律，端正城市发展指导思想，切实做好城市工作。

2. 统筹空间、规模、产业三大结构，提高城市工作全局性

要在《全国主体功能区规划》《国家新型城镇化规划（2014—2020 年）》的基础上，结合实施"一带一路"建设、京津冀协同发展、长江经济带建设等，明确我国城市发展空间布局、功能定位。要以城市群为主体形态，科学规划城市空间布局，实现紧凑集约、高效绿色发展。要优化提升东部城市群，在中西部地区培育发展一批城市群、区域性中心城市，促进边疆中心城市、口岸城市联动发展，让中西部地区广大群众在家门口也能分享城镇化成果。各城市要结合资源禀赋和区位优势，明确主导产业和特色产业，强化大中小城市和小城镇产业协作协同，逐步形成横向错位发展、纵向分工协作的发展格局。要加强创新合作机制建设，构建开放高效的创新资源共享网络，以协同创新牵引城市协同发展。我国城镇化必须同农业现代化同步发展，城市工作必须同"三农"工作一起推动，形成城乡发展一体化的新格局。

3. 统筹规划、建设、管理三大环节，提高城市工作的系统性

城市工作要树立系统思维，从构成城市的诸多要素、结构、功能等方面入手，对事关城市发展的重大问题进行深入研究和周密部署，系统推进各方面工作。要综合考虑城市功能定位、文化特色、建设管理等多种因素来制定规划。规划编制要接地气，可邀请被规划企事业单位、建设方、管理方参与其中，还应该邀请市民共同参与。要在规划理念和方法上不断创新，增强规划科学性、指导性。要加强城市设计，提倡城市修补，加强控制性详细规划的公开性和强制性。要加强对城市的空间立体性、平面协调性、风貌整体性、文脉延续性等方面的规划和管控，留住城市特有的地域环境、文化特色、建筑风格等"基因"。规划经过批准后要严格执行，一茬接一茬干下去，防止出现"换一届领导、改一次规划"的现象。抓城市工作，一定要抓住城市管理和服务这个重点，不断完善城市管理和服务，彻底改变粗放型管理方式，让人民群众在城市生活得更方便、更舒心、更美好。要把安全放在第一位，把住安全关、质量关，并把安全工作落实到城市工作和城市发展各个环节各个领域。

4. 统筹改革、科技、文化三大动力，提高城市发展持续性

城市发展需要依靠改革、科技、文化三轮驱动，增强城市持续发展能力。要推进规划、建设、管理、户籍等方面的改革，以主体功能区规划为基础统筹各类空间性规划，推进"多规合一"。要深化城市管理体制改革，确定管理范围、权力清单、责任主体。推进城镇化要把促进有能力在城镇稳定就业和生活的常住人口有序实现市民化作为首要任务。要加强对农业转移人口市民化的战略研究，统筹推进土地、财政、教育、就业、医疗、养老、住房保障等领域配套改革。要推进城市科技、文化等诸多领域改革，优化创新创业生态链，让创新成为城市发展的主动力，释放城市发展新动能。要加强城市管理数字化平台建设和功能整合，建设综合性城市管理数据库，发展民生服务智慧应用。要保护弘扬中华优秀传统文化，延续城市历史文脉，保护好前人留下的文化遗产。要结合自己的历史传承、区域文化、时代要求，打造自己的城市精神，对外树立形象，对内凝聚人心。

5. 统筹生产、生活、生态三大布局，提高城市发展的宜居性

城市发展要把握好生产空间、生活空间、生态空间的内在联系，实现生产空间集约高效、生活空间宜居适度、生态空间山清水秀。城市工作要把创造优良人居环境作为中心目标，努力把城市建设成为人与人、人与自然和谐共处的美丽家园。要增强城市内部布局的合理性，提升城市的通透性和微循环能力。要深化城镇住房制度改革，继续完善住房保障体系，加快城镇棚户区和危房改造，加快老旧小区改造。要强化尊重自然、传承历史、绿色低碳等理念，将环境容量和城市综合承载能力作为确定城市定位和规模的基本依据。城市建设要以自然为美，把好山好水好风光融入城市。要大力开展生态修复，让城市再现绿水青山。要控制城市开发强度，划定水体保护线、绿地系统线、基础设施建设控制线、历史文化保护线、永久基本农田和生态保护红线，防止"摊大饼"式扩张，推动形成绿色低碳的生产生活方式和城市建设运营模式。要坚持集约发展，树立"精明增长""紧凑城市"理念，科学划定城市开发边界，推动城市发展由外延扩张式向内涵提升式转变。城市交通、能源、供水排水、供热、污水、垃圾处理等基础设施，要按照绿色循环低碳的理念进行规划建设。

6. 统筹政府、社会、市民三大主体，提高各方推动城市发展的积极性

城市发展要善于调动各方面的积极性、主动性、创造性，集聚促进城市发展正能量。要坚持协调协同，尽最大可能推动政府、社会、市民同心同向行动，使政府有形之手、市场无形之手、市民勤劳之手同向发力。政府要创新城市治理方式，特别是要注意加强城市

精细化管理。要提高市民文明素质，尊重市民对城市发展决策的知情权、参与权、监督权，鼓励企业和市民通过各种方式参与城市建设、管理，真正实现城市共治共管、共建共享。

7. 必须加强和改善党对城市建设管理的领导

各级党委要充分认识城市工作的重要地位和作用，主要领导要亲自抓，建立健全党委统一领导、党政齐抓共管的城市工作格局。要推进城市管理机构改革，创新城市工作体制机制。要加快培养一批懂城市、会管理的干部，用科学态度、先进理念、专业知识去规划、建设、管理城市。要全面贯彻依法治国方针，依法规划、建设、治理城市，促进城市治理体系和治理能力现代化。要健全依法决策的体制机制，把公众参与、专家论证、风险评估等确定为城市重大决策的法定程序。要深入推进城市管理和执法体制改革，确保严格规范公正文明执法。

城市是我国各类要素资源和经济社会活动最集中的地方，全面建成小康社会、加快实现现代化，必须抓好城市这个"火车头"，把握发展规律，推动以人为核心的新型城镇化，发挥这一扩大内需的最大潜力，有效化解各种"城市病"。要提升规划水平，增强城市规划的科学性和权威性，促进"多规合一"，全面开展城市设计，完善新时期建筑方针，科学谋划城市"成长坐标"。要提升建设水平，加强城市地下和地上基础设施建设，建设海绵城市，加快城市更新、棚户区和危房改造，有序推进老旧住宅小区综合整治，尽快完成现有城镇棚户区、城中村和危房改造，推进城市绿色发展，提高建筑标准和工程质量，高度重视做好建筑节能。要提升城市管理水平，着力打造智慧城市、韧性城市，以实施居住证制度为抓手推动城镇常住人口基本公共服务均等化，加强城市公共管理，全面提升市民素质。推进改革创新，为城市发展提供有力的体制机制保障。城市工作任务艰巨、前景光明，要开拓创新、扎实工作，不断开创城市发展新局面，为实现中华民族伟大复兴的中国梦作出新的更大贡献。

1.3　城市建设管理的原则和核心要求

1.3.1　城市建设管理的基本原则

按照党中央城市工作的新精神，面向未来城市规划、建设、管理一体化的新要求，城市建设管理应当遵循以下原则：

1. 坚持依法治理与文明共建相结合

法治水平反映了一个社会的文明发展程度。要充分发挥立法的引领和保障作用，推动我国城市文明建设进入法治化轨道。要建立与文明行为规范体系相匹配的促进与保障机制，通过正向激励促进与保障文明行为，为依法治理建设筑牢坚实的社会基础，助推文明共建向上向善。

2. 坚持规划先行与建管并重相结合

坚持规划先行，重视规划管理。坚持"先规划、后建设"的原则，使城市建设有章可循、方向明确、进展可控。规划是建设和管理的根本依据，是保障城市功能格局有序发展的重要基础。要切实加强规划管理，充分发挥城市规划的龙头引领作用，以此校正城市建设管理的发展方向。

3. 坚持改革创新与传承保护相结合

中国式现代化背景下的城市建设管理，既肩负改革创新的重任，又要担当传承保护的历史使命。在改革和创新的进程中，以保护促传承、以传承促发展，积极探索创新、传承、保护的特点和规律，不断创新传承和保护机制，从政策导向、资金扶持、人才培育等多角度推动城市建设管理事业高质量发展。

4. 坚持统筹布局与分类指导相结合

城市建设管理是一项系统性工程，需要按照系统理论原理的指导进行统筹布局、总体安排，注重要素组合、结构优化、层次分明。同时，城市建设管理又具有不同地域、不同文化、不同资源禀赋等方面的差异，因而对城市建设管理应当进行分类指导，不宜采取一刀切的方式。

5. 坚持完善功能与宜居宜业相结合

城市功能是城市的价值所在。随着时代的变迁，人们对城市功能需求也会随之产生新的期待，这就需要持续地进行城市功能的完善。通常而言，城市是居民安居乐业的场所。在城市建设管理过程中，要把持续的城市功能完善建立在促进和提升城市居民的宜居宜业的基础目标之上。

6. 坚持集约高效与安全便利相结合

在一定时期内，城市所拥有的资源和建设城市所能投入的资源是有限的。城市建设管理的基本要求在于确保建设质量的前提下，利用有限的资源，较快地建成符合使用功能需求的城市设施，即集约高效。同时，城市建设管理又要确保建造过程安全、居住安全和使用的便利，杜绝出现偷工减料的现象。

1.3.2　城市建设管理的核心要求

促进经济增长。经济繁荣是城市发展的先决条件，尽管高速度的城市经济增长并非必然导致高的居民福利，但没有一定的经济条件肯定没有好的城市生活。促进经济增长是城市建设管理的核心任务。

促进社会公平。城市建设管理者不仅要考虑城市经济总量，还要关注个体收入与财富的分配，平等地享有资源、就业、保健、医疗和教育等公共福利。

促进生态和谐。城市的经济增长应该是低代价的资源节约和环境友好。相反，如果城市的发展以城市环境污染和不可居住性为成本，这将会降低城市居民的生活质量。城市管理是城市发展的保障，也是规划和建设的重要手段。

1.4　城市建设管理的发展目标

1.4.1　塑造城市的特色风貌

在进行城市建设的过程中，每座城市都要塑造出属于自己城市的特色风貌，在协调自身城市景观风貌的前提下，加强建设突出民族特色、地域特征的城市。在进行城市建设的过程中，不能过于追求城市建筑的外观形象，针对具有城市特色风貌的建筑，应该加强改造和修缮，尽量保留建筑物原有的特色。

1.4.2　加强城市的规划工作

在进行城市建设的时候，一定要做好城市的规划工作，在遵守我国相关法律法规的前提下，对城市的规划进行编制和审批，从而更好地保证城市规划的合法性。此外，为了更好地保证城市建设过程中的合理性，就要加强对城市的蓝图规划，从而为城市规划建设提供帮助。

1.4.3　提高城市的建筑水平

为了更好地提高城市的建筑水平，政府主管部门要完善现有的建筑安全条例、质量监督条例等，从而更好地保证建筑的质量，提高城市建筑在建设中的安全性。除此之外，应该加强建立相关的城市安全控制制度，提高对城市建筑安全的控制。

1.4.4　完善城市的公共服务设施

针对城市公共服务设施建设目标，积极提高城市人民的居住环境，进一步提高城市人民的生活水平。除此之外，政府主管部门还应该加强完善城市的公共交通体系，加强对社区级交通设施和区级交通设施之间的衔接性，进而更好地完善城市公共服务设施环境。

1.4.5　加强营造城市的宜居环境

由于在城市化建设的过程中，过度地追求经济和建设速度，导致城市的环境越来越差，为此，要提高城市建设管理的水平，提高城市生活质量，加强营造城市的宜居环境。例如，根据海绵城市建设管理原理，加强应对城市内涝的排水设施建设，加强对城市水资源的循环利用，不断改善城市的自然生态环境。

1.5　城市建设管理的理论基础

1.5.1　新公共管理理论

1. 新公共管理理论的内容要点

1）公共政策领域中的专业化管理。这意味着让管理者管理，或如胡德所言"由高层人员对组织进行积极的、显著的、裁量性的控制"。对此最为典型的合理解释是"委以责任的前提是对行为责任进行明确的区分"。

2）绩效的明确标准和测量。这需要确立目标并设定绩效标准，其支持者在论证时提出"委以责任需要明确描述目标，提高效率需要牢牢盯住目标"。

3）格外重视产出控制。根据所测量的绩效将资源分配到各个领域，因为"需要重视的是目标而非过程"。

4）公共部门内由聚合趋向分化。这包括将一些大的实体分解为"围绕着产品纽成的合作性单位"，他们的资金是独立的，彼此之间在保持一定距离的基础上相互联系。"在公共部门的内部与外部"，既可对这些单位进行管理又可以"获得特定安排所带来的效率上的优势"，其必要性证明了这种做法的合理性。

5）公共部门向更具竞争性的方向发展。这包括了"订阅合同条款以及公开招标程序"，其合理性则在于"竞争是降低成本和达到更高标准的关键所在"。

6）对私营部门管理方式的重视。这包括"不再采用'军事化'的公共服务伦理观"，在人员雇用及报酬等方面更具有弹性，这种转变的合理性在于，"需要将私营部门'经证实有效的'管理手段转到公共部门中加以运用"。

7）强调资源利用要具有更高的强制性和节约性。胡德将这看作"压缩直接成本，加强劳动纪律，对抗工会要求，降低使职工顺从企业的成本。对公共部门的资源需求进行检查，少花钱多办事"的必要性证明这种做法是合理的。

2. 新公共管理对现代城市建设管理的启示

1）培育多元主体共治。新公共管理认为，政府应该根据公共服务的性质和内容，来决定公共服务的供应模式和供应主体。城市作为社会经济活动发生及发展的最重要载体，城市建设管理同样在政府公共管理中被赋予了最为重要的地位，城市建设管理的复杂性决定必须引入多元化主体共治，以在不同的领域和层面，发挥不同主体的地位与作用。政府可以将一部分职能授权给非政府组织、社会团体、私营部门或个人，与之建立公私合作伙伴关系，在制定、执行公共政策时加强公众参与，实现城市管理过程中的以人为本理念。

2）对城市政府职能重新定位。城市政府在职能上要实现从万能型政府到有限型政府的转变。城市政府应将其职能集中在决策、监督、协调和指导等工作上，而把非纯公共物品生产的具体职能让渡给企业和半行政性的机构。例如，政府可以通过与企业签订生产合同、授予经营权、BOT、PPP 等多种形式，与企业建立伙伴关系，采用市场机制，将部分业务让渡出去，而政府则集中主要力量做好总体的决策、监督、协调和指导工作。

3）管理手段上注重引入私营部门的先进理念和方法。新公共管理主张从私营部门的管理方法中汲取营养，政府公共部门可以利用私营部门采用的战略管理、绩效管理、目标管理、人力资源管理等方法提高公共部门的效率，从而为社会提供更好的管理和服务。对城市建设管理来说，在城市政府内部引入私营部门的管理方法，将刺激政府提供更有效率的管理服务。

1.5.2　经济增长与经济发展理论

1. 经济增长

一般说来，经济增长是指一个国家或一个地区生产商品和劳务能力的增长。如果考虑到人口增加和价格的变动情况，经济增长还应包括人均福利的增长。美国经济学家S. 库兹涅茨给经济增长下了一个经典的定义："一个国家的经济增长，可以定义为给居民提供种类日益繁多的经济产品的能力长期上升，这种不断增长的能力是建立在先进技术以及所需要的制度和思想意识之相应的调整的基础上的。"

2. 经济发展

经济增长一般说来是一个量的概念，而经济发展则是一个比较复杂的质的概念。从广泛的意义来说，经济发展不仅包括经济增长，而且还包括国民的生活质量，以及整个社会经济结构和制度结构的总体进步。总之，经济发展是反映一个经济社会总体发展水平的综合性概念。经济发展理论是在经济增长基础上，研究一个国家经济与社会结构现代化演进过程的理论。经济发展理论是以发展中国家经济发展为研究对象，而发展中国家的经济发展问题自"二战"以来一直是当今世界经济学家们关注和讨论的焦点。

3. 经济增长的制约因素

经济增长受以下几方面的制约：

1）资源约束。这包括自然条件、劳动力素质、资本数额等方面。

2）技术约束。技术水平直接影响生产效率。

3）体制约束。体制规定了人们的劳动方式、劳动组织、物质和商品流通、收入分配等内容，规定了人们经济行为的边界。

4. 经济增长理论的内核

经济增长理论经历了古典增长理论和现代增长理论两个阶段，伴随着经济增长理论的发展和完善，现代经济增长理论已经逐步形成了一些十分重要的内核。这些内核构成研究经济增长理论必不可少的组成部分。

1）经济增长理论最重要的内核就是经济增长中的"均衡"思想。现代经济增长理论是建立在均衡分析框架基础上的。因为均衡的概念已经构成了主流经济学体系中最基本、最核心的概念，所以经济增长理论最核心的内核当然也离不开均衡概念。

均衡就意味着每一个市场的需求和供给都相等（市场出清），市场处于帕累托最优状态，在经济增长理论中，均衡意味着每一个市场在每一个时间位置上的需求和供给都相等（市场持续出清）。经济增长理论中的均衡就是通常所说的"平衡增长"。从均衡的内涵出发，经济增长理论分离出了理论角度的两个特征：市场总是出清的，市场出清总是最优的。

2）现代经济增长理论的另一个重要内核是经济增长中的"最优"思想。对于经济增长理论而言，增长意味着所有的潜在资源都处于充分利用的状态，这当然是建立在充分就业、资源配置达到帕累托最优状态的基础之上。从这个角度分析，经济增长理论中确实包含着"最优"的思想，而且经济增长理论中的"最优"不仅是某个时点上的，还是整个时期的。

1.5.3 可持续发展理论

1. 可持续发展理论的主要内容

在具体内容方面，可持续发展涉及可持续经济、可持续生态和可持续社会三方面的协调统一，要求人类在发展中讲究经济效率、关注生态和谐和追求社会公平，最终达到人的全面发展。这表明，可持续发展虽然缘起于环境保护问题，但作为一个指导人类走向 21 世纪的发展理论，它已经超越了单纯的环境保护。它将环境问题与发展问题有机地结合起来，已经成为一个有关社会经济发展的全面性战略。具体地说：

（1）在经济可持续发展方面

可持续发展鼓励经济增长而不是以环境保护为名取消经济增长，因为经济发展是国家实力和社会财富的基础。但可持续发展不仅重视经济增长的数量，更追求经济发展的质量。可持续发展要求改变传统的以"高投入、高消耗、高污染"为特征的生产模式和消费模式，实施清洁生产和文明消费，以提高经济活动中的效益、节约资源和减少废物。从某种角度上，可以说集约型的经济增长方式就是可持续发展在经济方面的体现。

（2）在生态可持续发展方面

可持续发展要求经济建设和社会发展要与自然承载能力相协调。发展的同时必须保护和改善地球生态环境，保证以可持续的方式使用自然资源和环境成本，使人类的发展控制在地球承载能力之内。因此，可持续发展强调了发展是有限制的，没有限制就没有发展的持续。生态可持续发展同样强调环境保护，但不同于以往将环境保护与社会发展对立的做法，可持续发展要求通过转变发展模式，从人类发展的源头、从根本上解决环境问题。

（3）在社会可持续发展方面

可持续发展强调社会公平是环境保护得以实现的机制和目标。可持续发展指出世界各国的发展阶段可以不同，发展的具体目标也各不相同，但发展的本质应包括改善人类生活质量，提高人类健康水平，创造一个保障人们平等、自由、教育、人权和免受暴力的社会环境。这就是说，在人类可持续发展系统中，生态可持续是基础，经济可持续是条件，社会可持续才是目的。人类应该共同追求的是以人为本位的自然—经济—社会复合系统的持续、稳定、健康发展。

作为一个具有强大综合性和交叉性的研究领域，可持续发展涉及众多的学科，可以有不同重点的展开。例如，生态学家着重从自然方面把握可持续发展，可持续发展是不超越环境系统更新能力的人类社会的发展；经济学家着重从经济方面把握可持续发展，可持续发展是在保持自然资源质量和其持久供应能力的前提下，使经济增长的净利益增加到最大限度；社会学家从社会角度把握可持续发展，可持续发展是在不超出维持生态系统涵容能力的情况下，尽可能地改善人类的生活品质；科技工作者则更多地从技术角度把握可持续发展，可持续发展是建立极少产生废料和污染物的绿色工艺或技术系统。

2. 可持续发展理论的基本思想

（1）可持续发展并不否定经济增长

经济发展是人类生存和进步所必需的，也是社会发展和保持、改善环境的物质保障。特别是对发展中国家来说，发展尤为重要。目前发展中国家正经受贫困和生态恶化的双重压力，贫困是导致环境恶化的根源，生态恶化更加剧了贫困。尤其是在不发达的国家和地区，必须正确选择使用能源和原料的方式，力求减少损失、杜绝浪费，减少经济活动造成的环境压力，从而达到具有可持续意义的经济增长。既然环境恶化的原因存在于经济过程之中，其解决办法也只能从经济过程中去寻找。目前急需解决的问题是研究经济发展中存在的扭曲和误区，并站在保护环境，特别是保护全部资本存量的立场上去纠正它们，使传统的经济增长模式逐步向可持续发展模式过渡。

（2）可持续发展以自然资源为基础，同环境承载能力相协调

可持续发展追求人与自然的和谐。可持续性可以通过适当的经济手段、技术措施和政府干预得以实现，目的是减少自然资源的消耗速度，使之低于再生速度。如形成有效的利益驱动机制，引导企业采用清洁工艺和生产非污染物品，引导消费者采用可持续消费方式，并推动生产方式的改革。经济活动总会产生一定的污染和废物，但每单位经济活动所产生的废物数量是可以减少的。如果经济决策中能够将环境影响全面、系统地考虑进去，可持续发展是可以实现的。"一流的环境政策就是一流的经济政策"的主张正在被越来越多的国家所接受，这是可持续发展区别于传统发展的一个重要标志。相反，如果处理不当，环境退化的成本将是十分巨大的，甚至会抵消经济增长的成果。

（3）可持续发展以提高生活质量为目标，同社会进步相适应

单纯追求产值的增长不能体现发展的内涵。学术界多年来关于"增长"和"发展"的辩论已达成共识。"经济发展"比"经济增长"的概念更广泛、意义更深远。若不能使社会经济结构发生变化，不能使一系列社会发展目标得以实现，就不能承认其为"发展"，就是所谓的"没有发展的增长"。

（4）可持续发展承认自然环境的价值

这种价值不仅体现在环境对经济系统的支撑和服务上，也体现在环境对生命系统的支持上，应当把生产中环境资源的投入计入生产成本和产品价格之中，逐步修改和完善国民经济核算体系，即"绿色GDP"。为了全面反映自然资源的价值，产品价格应当完整地反映三部分成本：资源开采或资源获取成本；与开采、获取、使用有关的环境成本，如环境净化成本和环境损害成本；由于当代人使用了某项资源而其不可能为后代人使用的效益损失，即用户成本。产品销售价格应该是这些成本加上税及流通费用的总和，最终由消费者承担。

（5）可持续发展是培育新的经济增长点的有利因素

通常情况认为，贯彻可持续发展要治理污染、保护环境、限制乱采滥伐和浪费资源，对经济发展是一种制约、一种限制。而实际上，贯彻可持续发展所限制的是那些质量差、效益低的产业。在对这些产业作某些限制的同时，恰恰为那些质优、效高，具有合理、持续、健康发展条件的绿色产业、环保产业、保健产业、节能产业等提供了发展的良机，培育了大批新的经济增长点。

3. 可持续发展理论的基本特征

可持续发展理论的基本特征可以简单地归纳为经济可持续发展（基础）、生态环境可

持续发展（条件）和社会可持续发展（目的）。

（1）可持续发展鼓励经济增长

可持续发展强调经济增长的必要性，必须通过经济增长提高当代人福利水平，增强国家实力和社会财富。但可持续发展不仅要重视经济增长的数量，更要追求经济增长的质量。这就是说经济发展包括数量增长和质量提高两部分。数量的增长是有限的，而依靠科学技术进步，提高经济活动中的效益和质量，采取科学的经济增长方式才是可持续的。

（2）可持续发展的标志是资源的永续利用和良好的生态环境

经济和社会发展不能超越资源和环境的承载能力。可持续发展以自然资源为基础，同生态环境相协调。它要求在保护环境和资源永续利用的条件下，进行经济建设，保证以可持续的方式使用自然资源和环境成本，使人类的发展控制在地球的承载力之内。要实现可持续发展，必须使可再生资源的消耗速率低于资源的再生速率，使不可再生资源的利用能够得到替代资源的补充。

（3）可持续发展的目标是谋求社会的全面进步

发展不仅仅是经济问题，单纯追求产值的经济增长不能体现发展的内涵。可持续发展的观念认为，世界各国的发展阶段和发展目标可以不同，但发展的本质应当包括改善人类生活质量，提高人类健康水平，创造一个保障人们平等、自由、教育和免受暴力的社会环境。这就是说，在人类可持续发展系统中，经济发展是基础，自然生态（环境）保护是条件，社会进步才是目的。而这三者又是一个相互影响的综合体，只要社会在每一个时间段内都能保持与经济、资源和环境的协调，这个社会就符合可持续发展的要求。显然，在新的世纪里，人类共同追求的目标，是以人为本的自然—经济—社会复合系统的持续、稳定、健康的发展。

4. 可持续发展理论的核心内涵

在全球普遍认可的概念中，我们可以梳理出可持续发展有以下几个方面的丰富内涵：

（1）共同发展

地球是一个复杂的巨系统，每个国家或地区都是这个巨系统中不可分割的子系统。系统的最根本特征是其整体性，每个子系统都和其他子系统相互联系并发生作用，只要一个系统发生问题，都会直接或间接引起其他系统的紊乱，甚至会诱发系统的整体突变，这在地球生态系统中表现最为突出。因此，可持续发展追求的是整体发展和协调发展，即共同发展。

（2）协调发展

协调发展包括经济、社会、环境三大系统的整体协调，也包括世界、国家和地区三个空间层面的协调，还包括一个国家或地区经济与人口、资源、环境、社会以及内部各个阶层的协调，可持续发展源于协调发展。

（3）公平发展

世界经济的发展呈现出因水平差异而表现出来的层次性，是发展过程中始终存在的问题。但是这种发展水平的层次性若因不公平、不平等而引发或加剧，就会因为局部而上升到整体，并最终影响到整个世界的可持续发展。可持续发展思想的公平发展包含两个维度：一是时间维度上的公平，当代人的发展不能以损害后代人的发展能力为代价；二是空间维度上的公平，一个国家或地区的发展不能以损害其他国家或地区的发展能力为代价。

（4）高效发展

公平和效率是可持续发展的两个轮子。可持续发展的效率不同于经济学的效率，可持续发展的效率既包括经济意义上的效率，也包含着自然资源和环境的损益的成分。因此，可持续发展思想的高效发展是指经济、社会、资源、环境、人口等协调下的高效率发展。

（5）多维发展

人类社会的发展表现出全球化的趋势，但是不同国家与地区的发展水平是不同的，而且不同国家与地区又有着异质性的文化、体制、地理环境、国际环境等发展背景。此外，可持续发展是一个综合性、全球性的概念，要考虑到不同地域实体的可接受性，因此，可持续发展本身包含了多样性、多模式的多维度选择的内涵。所以，在可持续发展这个全球性目标的约束和制导下，各国与各地区在实施可持续发展战略时，应该从国情或区情出发，走符合本国或本区实际、多样性、多模式的可持续发展道路。

1.5.4　系统论

1. 基本概念

系统一词，来源于古希腊语，是由部分构成整体的意思。通常把系统定义为：由若干要素以一定结构形式联结构成的具有某种功能的有机整体。在这个定义中包括了系统、要素、结构、功能四个概念，表明了要素与要素、要素与系统、系统与环境三方面的关系。

　　系统论是研究系统的一般模式、结构和规律的学问。它研究各种系统的共同特征，用系统论知识定量地描述其功能，寻求并确立适用于一切系统的原理、原则和模型。掌握系统思维方法，能够从整体上系统地思考和分析问题，系统论是具有逻辑和数学性质的一门新兴的科学。

　　系统论认为，整体性、关联性，等级结构性、动态平衡性、时序性等是所有系统的共同的基本特征。这些既是系统所具有的基本思想观点，而且它也是系统方法的基本原则，表现了系统论不仅是反映客观规律的科学理论，还具有科学方法论的含义，这正是系统论这门科学的特点。

　　系统科学的发展可分为两个阶段：第一阶段以"二战"前后控制论、信息论和一般系统论等的出现为标志，主要着眼于他组织系统的分析；第二阶段以耗散结构论、协同论、超循环论等为标志，主要着眼于自组织系统的研究。

2. 核心理念

　　系统论的核心理念是系统的整体观念。贝塔朗菲强调，任何系统都是一个有机的整体，它不是各个部分的机械组合或简单相加，系统的整体功能是各要素在孤立状态下所没有的新质。他用亚里士多德的"整体大于部分之和"的名言来说明系统的整体性，反对那种认为要素性能好，整体性能一定好，以局部说明整体的机械论的观点。同时认为，系统中各要素不是孤立地存在着，每个要素在系统中都处于一定的位置上，起着特定的作用。要素之间相互关联，构成了一个不可分割的整体。要素是整体中的要素，如果将要素从系统整体中割离出来，它将失去要素的作用。

3. 基本思想

　　系统论的基本思想就是把所研究和处理的对象当作一个系统，分析系统的结构和功能，研究系统、要素、环境三者的相互关系和变动的规律性，并优化系统观点看问题，世界上任何事物都可以看成是一个系统，系统是普遍存在的。大至渺茫的宇宙，小至微观的原子都是系统，整个世界就是系统的集合。

　　系统论反映了现代科学发展的趋势，反映了现代社会化大生产的特点，反映了现代社会生活的复杂性，所以它的理论和方法能够得到广泛的应用。系统论不仅为现代科学的发展提供了理论和方法，而且也为解决现代社会中的政治、经济、军事、科学、文化等方面的各种复杂问题提供了方法论的基础，系统观念正渗透到每个领域。

本章复习思考题

1. 简述城市起源的六种说法。
2. 简述城市建设的概念。
3. 简述城市管理的概念。
4. 简述城市经营的概念。
5. 简述城市建设管理的概念。
6. 简述我国城市建设管理发展的三个阶段。
7. 简述我国城市规划建设管理的发展趋势。
8. 简述我国城市建设管理的基本原则。
9. 简述我国城市建设管理的核心要求。
10. 简述我国城市建设管理的发展目标。
11. 简述新公共管理理论。
12. 简述经济增长与经济发展理论。
13. 简述可持续发展理论。
14. 简述系统论。

City

本章学习要求：了解城市规划的概念、编制依据和原则；熟悉城市总体规划与详细规划、城市规划的分级审批；了解"多规合一"的内容。了解城市设计的概论、城市设计管理的依据和原则；熟悉城市空间功能与建筑布局、城市历史文化与特色塑造；了解城市设计的组织实施与审批

本章学习重点：城市规划的概念和编制原则、城市设计的概论、城市设计管理的依据和原则

本章学习难点：城市总体规划与城市详细规划、城市空间功能与建筑布局、城市历史文化与特色塑造

城市规划是城市设计、建设、运行、管理的前提和依据。"多规合一"为城市土地和空间资源高效配置、优化基础设施、促进经济发展、提高生活品质、保护自然环境开辟了新路径。城市设计管理是建设好房子、好小区、好社区、好城区和传承城市历史文化的先决条件。

第 2 章

城市规划与设计管理

2.1　城市规划管理

2.1.1　城市规划的概念

1. 城市规划

城市规划是为了实现一定时期内城市的经济和社会发展目标，而进行的确定城市性质、规模和发展布局，合理利用城市土地、协调城市空间布局和进行各项建设的综合部署和全面安排。

城市规划是建设和管理城市的基本依据，是保证城市空间资源有效配置和土地合理利用的前提和基础，是实现城市经济和社会发展目标的重要手段。

根据《城市规划编制办法》，城市规划是政府调控城市空间资源、指导城乡发展与建设、维护社会公平、保障公共安全和公众利益的重要公共政策之一。

2. 城乡规划

根据《中华人民共和国城乡规划法》，城乡规划是以协调城乡空间布局、促进城乡经济社会全面协调可持续发展为根本任务、促进土地科学使用为基础、促进人居环境根本改善为目的，涵盖城乡居民点的空间布局规划。

《中华人民共和国城乡规划法》中所称的城乡规划，包括城镇体系规划、城市规划、镇规划、乡规划和村庄规划。城市规划、镇规划分为总体规划和详细规划。详细规划分为控制性详细规划和修建性详细规划（图2-1）。

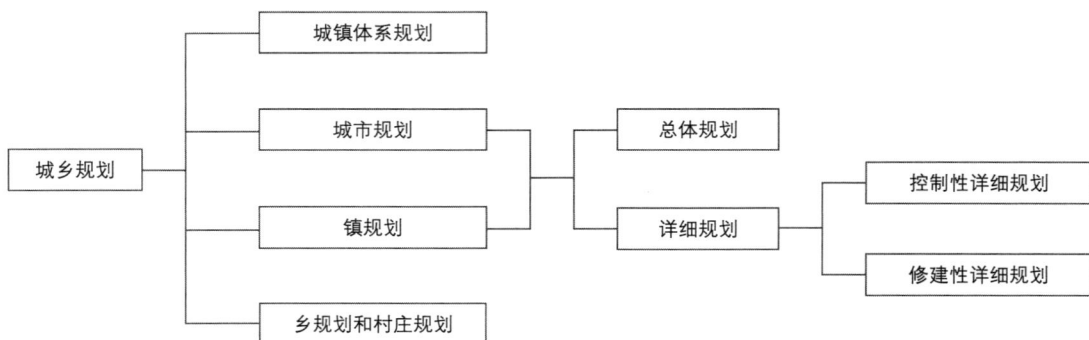

图2-1　城乡规划体系构成图

3. 城市规划分类

按行政层级分为国家级规划、省（自治区、直辖市）级规划、市县级规划；按对象和功能类别分为总体规划、专项规划、区域规划。按所覆盖时间的长短分为长期规划和短期规划。

总体规划是国民经济和社会发展的战略性、纲领性、综合性规划，是编制本级和下级专项规划、区域规划以及制定有关政策和年度计划的依据，其他规划要符合总体规划的要求。

专项规划是以国民经济和社会发展特定领域为对象编制的规划，是总体规划在特定领域的细化，也是政府指导该领域发展以及审批、核准重大项目，安排政府投资和财政支出预算，制定特定领域相关政策的依据。

区域规划是以跨行政区的特定区域国民经济和社会发展为对象编制的规划，是总体规划在特定区域的细化和落实。跨省（自治区、直辖市）的区域规划是编制区域内省（自治区、直辖市）级总体规划、专项规划的依据。

国家总体规划、省（自治区、直辖市）级总体规划和区域规划的规划期一般为 5 年，可以展望到 10 年以上。市县级总体规划和各类专项规划的规划期可根据需要确定。

2.1.2　城市规划编制依据和原则

1. 城市规划的编制依据

（1）城市规划的法律依据

2019 年 4 月 23 日修正的《中华人民共和国城乡规划法》（简称《城乡规划法》）第二条规定：制定和实施城乡规划，在规划区内进行建设活动，必须遵守本法。自 2006 年 4 月 1 日起施行的《城市规划编制办法》第八条规定：国务院建设主管部门组织编制的全国城镇体系规划和省、自治区人民政府组织编制的省域城镇体系规划，应当作为城市总体规划编制的依据。我国城市规划依据以下法律法规体系：

1）法律。例如，《城乡规划法》《土地管理法》《文物保护法》《城市房地产管理法》《环境保护法》《环境影响评价法》《建筑法》《人民防空法》《防震减灾法》《消防法》等。

2）行政法规。例如，《村庄和集镇规划建设管理条例》《历史文化名城名镇名村保护条例》《国有土地上房屋征收与补偿条例》《风景名胜区条例》《土地管理法实施条例》《文物保护法实施条例》《城市绿化条例》《规划环境影响评价条例》《公共文化体育设施条例》等。

3）部门规章。例如，《城市规划编制办法》《省域城镇体系规划编制审批办法》《城市紫线管理办法》《城市绿线管理办法》《城市蓝线管理办法》《城市黄线管理办法》《城市总体规划审查工作规则》《城市规划编制单位资质管理规定》《外商投资城市规划服务企业管理规定》《城市国有土地使用权出让转让规划管理办法》《城市抗震防灾规划管理规定》《城市地下空间开发利用管理规定》《城市房屋权属登记管理办法》《历史文化名城名镇名村街区保护规划编制审批办法》《村镇规划编制办法》《停车场规划设计规则（试行）》等。

4）地方性法规。例如，《安徽省城乡规划条例》《江苏省历史文化名城名镇保护条例》等。

（2）城市规划的技术标准依据

自 2006 年 4 月 1 日起施行的《城市规划编制办法》第九条规定：编制城市规划，应当遵守国家有关标准和技术规范，采用符合国家有关规定的基础资料。以下列举部分城市规划的技术标准：

①《城市规划基本术语标准》GB/T 50280—98；②《城市规划制图标准》CJJ/T 97—2003；③《镇规划标准》GB 50188—2007；④《城市绿地分类标准》CJJ/T 85—2017；⑤《防洪标准》GB 50201—2014；⑥《城市居住区规划设计标准》GB 50180—2018；⑦《城市道路交通设施设计规范（2019 年版）》GB 50688—2011；⑧《城市工程管线综合规划规范》GB 50289—2016；⑨《城市环境卫生设施规划标准》GB/T 50337—2018；⑩《城市园林绿化评价标准》GB/T 50563—2010；⑪《历史文化名城保护规划标准》GB/T 50357—2018；⑫《风景名胜区总体规划标准》GB/T 50298—2018；⑬《城乡规划工程地质勘察规范》CJJ 57—2012；⑭《城市防洪工程设计规范》GB/T 50805—2012；⑮《城乡建设用地竖向规划规范》CJJ 83—2016；⑯《城市给水工程规划规范》GB 50282—2016；⑰《城市排水工程规划规范》GB 50318—2017；⑱《城市电力规划规范》GB/T 50293—2014；⑲《城市抗震防灾规划标准》GB 50413—2007；⑳《城市用地分类与规划建设用地标准》GB 50137—2011；㉑《城镇老年人设施规划规范（2018 年版）》GB 50437—2007；㉒《城市公共设施规划规范》GB 50442—2008；㉓《城市绿地设计规范（2016 年版）》GB 50420—2007；㉔《城市道路绿化设计标准》CJJ/T 75—2023。

（3）城市规划的现实依据

城市规划还应当依据社会、经济、文化、科技、宗教、环境发展的现实状况，既要发挥推动城市高质量发展的作用，又不能完全脱离城市发展的现实要素。

2. 城市规划编制的原则

（1）城市（乡）规划要为社会、经济、文化综合发展服务

当前我国正处在加速城市化的时期，既面临难得的历史机遇，又面临着巨大的挑战。各种社会、经济矛盾凸显，对政府的执政能力提出了新的挑战。在市场经济的发展中，城乡规划是政府实施宏观调控的主要方式之一。城乡规划、建设的根本目的就是促进社会、经济、文化的综合发展，不断优化城乡人居环境。实施城乡规划与城乡综合发展是相辅相成、互为依据的。没有城乡的不断发展就不可能为实施城乡规划提供物质基础。在编制城乡规划时是否有利于区域综合发展、长远发展，应当成为我们考虑问题的出发点，也是检验城乡规划工作的根本标准。

（2）城市（乡）规划必须从实际出发、因地制宜

从实际出发就是从我国的国情出发，从城市的市情出发。近年来，虽然我国的发展取得了长足的进步，国内生产总值排名在世界上不断上升，但人口多、底子薄的情况并未得到根本改变，仍属于发展中国家，这就是我国的基本国情。一切城乡规划的编制，包括规划中指标选用、建设标准的确定、分期建设目标的拟定，都必须从这个基本国情出发，符合国情是城乡规划工作的基本出发点。我国幅员辽阔，城市众多，各地自然、区域乃至经济、社会发展程度差别很大，城乡规划不能简单地采用统一的模式，必须针对市情提出切实可行的规划方案。

从根本上讲，城乡规划的目的是用最少的资金投入取得城市建设合理化的最大成果，对于国外的先进经验和优秀的规划设计范例，也应从我国的实际情况出发，吸收其精髓实质，而不是盲目追求它的标准和形式。在各地的规划建设中，脱离实际、盲目攀比、贪大求洋的情况屡屡出现，《国务院关于加强城乡规划监督管理的通知》中对这些现象提出了严肃的批评。要把坚持实用、经济的原则和美的要求有机地结合起来，力争少花钱多办事、办好事。

（3）城市（乡）规划应当贯彻建设节约型社会的要求，处理好人口、资源、环境的关系

我国人口多，土地资源不足，合理使用土地、节约用地是我国的基本国策，也是我国的长远利益所在。城乡规划必须树立贯彻中央关于建设节约型社会的要求，对于每项城市用地必须认真核算，在服从城市功能上的合理性、建设运行上的经济性前提下，各项发展用地的选定，要尽量使用荒地、劣地，严格保护基本农田。

要以水资源供给能力为基本出发点，考虑产业发展和建设规模，落实各项节水措施。要大力促进城市综合节能，鼓励发展新能源和可再生能源，完善城市供热体制，重点推

进节能降耗。

（4）城市（乡）规划应当贯彻建设人居环境的要求，构建环境友好型城市

现代城市的综合竞争力和可持续发展的能力的重要因素之一是城市人居环境的建设水平。在特定意义上讲，城乡规划是城市的环境规划，城市建设是为市民的工作、生活创造良好环境的建设。城市的发展，尤其是工业项目，对于生态环境的保护有一定的影响。但产业发展与人居环境建设的关系，绝不是对立的、不可调和的。城市的合理功能布局是保护城市环境的基础，城市自然生态环境和各项特定的环境要求，都可以通过适当的规划方法和环境门槛的提高，把建设开发和环境保护有机地结合起来，力求取得经济效益、社会效益的统一。

（5）城市（乡）规划应当贯彻城乡统筹、建设和谐社会的原则

在城乡规划工作中，要坚持"五个统筹"，完整准确全面贯彻新发展理念，推动经济社会全面协调地持续发展。城市是人类社会、经济活动和时代文明的集中体现。城乡规划不仅要考虑城市设施的逐步现代化，同时要根据市场经济条件下社会利益主体多元化、复杂化的趋势，深入研究日益增长的城市居民各种层面的利益需求和矛盾关系，为建设和谐社会创造条件。要建设和谐社会，还必须处理好继承优秀传统文化与现代化建设的关系。在编制城乡规划中，必须注意保护当地的优秀历史文化遗产，有纪念意义、教育意义和科学艺术价值的文化古迹，把开发和保护、继承和发扬结合起来。少数民族聚居区的城乡规划应当适应少数民族风俗习惯的需要，并努力创造具有民族特色的城市风貌。

3. 现代城市规划的作用和基本特征

（1）城市规划的作用

城市规划的作用体现在多个方面，主要包括：

1）合理利用城市土地资源。通过城市规划，可以高效地分配和利用土地资源，避免无序发展导致的土地浪费和混乱局面。

2）促进城市合理布局。城市规划有助于城市区位功能的合理布局，包括交通、住宅、商业等各个方面的规划，使得城市功能分区明确，物流、人流顺畅，提高城市的运行效率。

3）提高城市综合效益。通过优化城市结构和资源配置，提升城市的整体功能和效益，包括经济、社会、文化和环境等方面。

4）维护城市生态平衡。城市规划中包括环境规划，有助于保护和改善城市的生态环境，提高城市的生态环境质量。

5）保障城市交通畅通。通过对城市货运交通、客运交通在地面、地下、空间的合理规划，可以有效缓解交通拥堵，提高城市的交通运输效率。

6）塑造城市特色形象。城市规划可以通过合理规划和设计城市的建筑、道路、广场等城市景观，塑造城市的形象和特色，提升城市的文化品位和吸引力。

7）提高居民生活品质。通过合理规划城市绿地、公园、休闲场所等公共设施，提高城市环境的质量和居住的舒适度，从而提升居民的生活品质。

8）促进城市经济发展。通过合理规划和布局城市的产业、商业和服务设施，提高城市的产业效率和经济效益，推动城市经济的发展。

9）保障城市的安全和稳定。城市规划可以对城市的危险源进行评估和规避，提高城市的防灾能力和抗灾能力，保障城市的安全和稳定。

综上所述，城市规划在促进城市可持续发展、提高空间利用效率、保障基础设施建设、提升居民生活品质、促进经济发展以及保障城市安全和稳定等方面发挥着重要作用。

（2）城市规划的基本特征

城市规划的基本特征首先是综合性，即涉及城市经济结构、空间结构、社会结构发展以及城市片区的具体规划等众多方面；其次是权威性，城市规划由权力机构批准，由城市人民政府公布并组织实施，城市规划在实施过程中具有合法性和有效性；再次是前瞻性，即在进行城市规划时，要体现出对未来发展的预见性和引导性，确保规划能够适应和引导城市未来的发展；从次是阶段性，城市规划过程须经历不同阶段，这些阶段包括大纲阶段、总体规划阶段、分期规划阶段、控制性详细规划阶段以及修建性详细规划阶段；最后是区域性，在一定地区范围内，根据国民经济和社会发展的长远计划以及区域的自然条件和社会经济条件，对城市区域的工业、农业、第三产业、城镇居民点以及其他各项基础设施建设和重要工程设施进行全面的发展规划，并做出合理的空间配置。

2.1.3　城市总体规划与详细规划

1. 城市总体规划

（1）城市总体规划的概念

城市总体规划是指城市人民政府依据国民经济和社会发展规划以及当地的自然环境、资源条件、历史情况、现状特点，统筹兼顾、综合部署，为确定城市的规模和发展方向，实现城市的经济和社会发展目标，合理利用城市土地，协调城市空间布局等所作的一定期限内的综合部署和具体安排。城市总体规划是城市规划编制工作的第一阶段，也是城市建设和管理的依据。

城市总体规划是对一定时期内城市性质、发展目标、发展规模、土地利用、空间布局以及各项建设的综合部署和实施措施。根据国家对城市发展和建设方针、经济技术政策、国民经济和社会发展的长远规划，在区域规划和合理组织区域城镇体系的基础上，按城市自身建设条件和现状特点，合理制定城市经济和社会发展目标，确定城市的发展性质、规模和建设标准，安排城市用地的功能分区和各项建设的总体布局，布置城市道路和交通运输系统，选定规划定额指标，制定规划实施步骤和措施。最终使城市工作、居住、交通和游憩四大功能活动相互协调发展。城市总体规划、镇总体规划期限一般为二十年。城市总体规划还应当对城市更长远的发展作出预测性安排。

（2）城市总体规划的原则

城市总体规划要因地制宜、合理地安排和组织城市各建设项目，采取适当的城市布局结构，并落实在土地的划分上；要妥善处理中心城市与周围地区及城镇、生产与生活、局部与整体、新建与改建、当前与长远、平时与战时、需要与可能等关系，使城市建设与社会经济的发展方向、步骤、内容相协调，取得经济效益、社会效益和环境效益的统一；要注意城市景观的布局，体现城市特色。城市总体规划的原则包括以下五点：

1）坚持城乡统筹。在城市规划中，强调城市与乡村之间的协调发展，促进城乡一体化，避免城乡差距过大。

2）节约资源、保护环境，坚持可持续发展。在城市规划中，应注重资源的合理利用和环境的保护，坚持生态文明建设，确保城市的长期可持续发展。

3）关注民生。城市规划应以人为本，关注居民的生活需求，改善人居环境，提高居民的生活质量。

4）提高规划的科学性和规划实施的依法行政。必须要强调规划的科学性和规划执行的法治化，确保规划的有效实施。

5）先规划后建设。在城市建设和发展中，应先进行规划，并经过严格的科学论证和法定审批程序，再根据规划进行建设，避免无序发展。

上述这些原则共同指导着城市总体规划的编制和实施，其目的在于促进城市的全面协调可持续发展，提高居民的生活水平和社会整体福祉。

（3）城市总体规划的内容

1）确定城市性质和发展方向，估算城市人口发展规模，确定有关城市总体规划的各项技术经济指标。

2）选定城市用地，确定规划范围，划分城市用地功能分区，综合安排工业、对外交通运输、仓库、生活居住、大专院校、科研单位及绿化等用地。

3）布置城市道路、交通运输系统以及车站、港口、机场等主要交通运输枢纽的位置。

4）大型公共建筑的规划与布点。

5）确定城市主要广场位置、交叉口形式、主次干道断面、主要控制点的坐标及标高。

6）提出给水、排水、防洪、电力、电信、燃气、供热、公共交通等各项工程管线规划，制定城市园林绿化规划。

7）综合协调人防、抗震和环境保护等方面的规划。

8）旧城区的改造规划。

9）综合布置郊区居民点，蔬菜、副食品生产基地，郊区绿化和风景区，以及大中城市有关卫星城镇的发展规划。

10）近期建设规划范围和主要工程项目的确定，安排建设用地和建设步骤。

11）估算城市建设投资。城市总体规划是一项综合性很强的科学工作，既要立足于现实，又要有预见性。

随着社会经济和科学技术的发展，城市总体规划也须进行不断修改和补充，故又是一项长期性和经常性的工作。

2. 详细规划

（1）详细规划的概念

详细规划是以总体规划或分区规划为依据，详细安排建设用地的各项控制指标和其他规划管理要求，或者直接对建设项目做出具体的安排和规划设计。城市的详细规划分为控制性详细规划和修建性详细规划两个阶段。根据城市建设的需要，一般应当编制控制性详细规划，作为控制建设用地的性质、使用强度、体型空间和环境管理的依据，或用以指导修建性详细规划的编制。

（2）详细规划的原则

详细规划应当体现总体规划的意图。可以提出多种方案，从功能、经济、环境、景观等效果和建设次序、周期等方面进行综合的比较和论证，然后选定实施方案。在建设上宜采取综合开发的方式，以利于详细规划的实施。城市详细规划具有作为各项工程设计依据的性质，应当遵照国家和地方政府颁布的各种法规、技术标准和规定等。在具体工作中，例如在编制总体规划阶段研究市中心、车站广场、重要街道、重要地段的规划时，往往可以通过编制一些详细规划的草案来深入研究其综合功能、规模容量、空间布局等问题，以便使总体规划的有关内容较为切合实际。在编制城市改建地段的详细规划时，应适当扩大规划范围，按比较完整的成片地区作出改建规划方案，并注意保护历史性建筑、考虑地区特征和环境绿化；妥善处理新旧建筑的关系和保证交通、市政公用设施的改善和发展。

详细规划的目的主要在于选定技术经济指标，提出建筑艺术处理要求，确定各项用地的控制性坐标和标高等，为城市设计提供依据。它是城市总体规划的深化和具体化。

（3）控制性详细规划

1）控制性详细规划的概念

控制性详细规划（Regulatory Plan）是城市、乡镇人民政府城乡规划主管部门根据城市、镇总体规划的要求，用以控制建设用地性质、使用强度和空间环境的规划。

控制性详细规划主要以对地块的用地使用控制和环境容量控制、建筑建造控制和城市设计引导、市政工程设施和公共服务设施的配套，以及交通活动控制和环境保护规定为主要内容，并针对不同地块、不同建设项目和不同开发过程，应用指标量化、条文规定、图则标定等方式对各控制要素进行定性、定量、定位和定界的控制和引导。控制性详细规划是城乡规划主管部门作出规划行政许可、实施规划管理的依据，并指导修建性详细规划的编制。

2）控制性详细规划的主要内容

①确定规划范围内不同性质用地的界线，确定各类用地内适建、不适建或者有条件地允许建设的建筑类型。

②确定各地块建筑高度、建筑密度、容积率、绿地率等控制指标；确定公共设施配套要求、交通出入口方位、停车泊位、建筑后退红线距离等要求。

③提出各地块的建筑体量、体型、色彩等城市设计指导原则。

④根据交通需求分析，确定地块出入口位置、停车泊位、公共交通场站用地范围和站点位置、步行交通以及其他交通设施。规定各级道路的红线、断面、交叉口形式及渠化措施、控制点坐标和标高。

⑤根据规划建设容量，确定市政工程管线位置、管径和工程设施的用地界线，进行管线综合。确定地下空间开发利用具体要求。

⑥制定相应的土地使用与建筑管理规定。

另外，控制性详细规划确定的各地块的主要用途、建筑密度、建筑高度、容积率、绿地率、基础设施和公共服务设施配套规定都应作为强制性内容。

（4）修建性详细规划

1）修建性详细规划的概念

修建性详细规划，是指市和区、县人民政府根据控制性详细规划，对实施开发地区的各类用地、建筑空间、绿化配置、交通组织、市政基础设施、公共服务设施以及建筑保护等做出具体安排的规划。

2）修建性详细规划的内容

①建设条件分析及综合技术经济论证。

②建筑、道路和绿地等的空间布局和景观规划设计，总平面布置图。

③对住宅、医院、学校、托儿所和幼儿园等建筑进行日照分析。

④根据交通影响分析，提出交通组织方案和设计。

⑤市政工程管线规划设计和管线综合。

⑥竖向规划设计。

⑦估算工程量、拆迁量和总造价，分析投资效益。

2.1.4　城市规划的编制与审批

根据《城乡规划法》和《城市规划编制办法》的规定，城市规划编制与审批的规定如下。

1）国务院城乡规划主管部门会同国务院有关部门组织编制全国城镇体系规划，用于指导省域城镇体系规划、城市总体规划的编制。全国城镇体系规划由国务院城乡规划主管部门报国务院审批。

2）省、自治区人民政府组织编制省域城镇体系规划，报国务院审批。省域城镇体系规划的内容应当包括：城镇空间布局和规模控制，重大基础设施的布局，为保护生态环境、资源等需要严格控制的区域。

3）城市人民政府组织编制城市总体规划。直辖市的城市总体规划由直辖市人民政府报国务院审批。省、自治区人民政府所在地的城市以及国务院确定的城市的总体规划，由省、自治区人民政府审查同意后，报国务院审批。其他城市的总体规划，由城市人民政府报省、自治区人民政府审批。

4）县人民政府组织编制县人民政府所在地镇的总体规划，报上一级人民政府审批。

其他镇的总体规划由镇人民政府组织编制，报上一级人民政府审批。

5）省、自治区人民政府组织编制的省域城镇体系规划，城市、县人民政府组织编制的总体规划，在报上一级人民政府审批前，应当先经本级人民代表大会常务委员会审议，常务委员会组成人员的审议意见交由本级人民政府研究处理。镇人民政府组织编制的镇总体规划，在报上一级人民政府审批前，应当先经镇人民代表大会审议，代表的审议意见交由本级人民政府研究处理。规划的组织编制机关报送审批省域城镇体系规划、城市总体规划或者镇总体规划，应当将本级人民代表大会常务委员会组成人员或者镇人民代表大会代表的审议意见和根据审议意见修改规划的情况一并报送。

6）城市人民政府城乡规划主管部门根据城市总体规划的要求，组织编制城市的控制性详细规划，经本级人民政府批准后，报本级人民代表大会常务委员会和上一级人民政府备案。

7）镇人民政府根据镇总体规划的要求，组织编制镇的控制性详细规划，报上一级人民政府审批。县人民政府所在地镇的控制性详细规划，由县人民政府城乡规划主管部门根据镇总体规划的要求组织编制，经县人民政府批准后，报本级人民代表大会常务委员会和上一级人民政府备案。

8）城市、县人民政府城乡规划主管部门和镇人民政府可以组织编制重要地块的修建性详细规划。修建性详细规划应当符合控制性详细规划。

9）乡、镇人民政府组织编制乡规划、村庄规划，报上一级人民政府审批。村庄规划在报送审批前，应当经村民会议或者村民代表会议讨论同意。

10）城乡规划报送审批前，组织编制机关应当依法将城乡规划草案予以公告，并采取论证会、听证会或者其他方式征求专家和公众的意见。公告的时间不得少于三十日。组织编制机关应当充分考虑专家和公众的意见，并在报送审批的材料中附具意见采纳情况及理由。省域城镇体系规划、城市总体规划、镇总体规划批准前，审批机关应当组织专家和有关部门进行审查。

11）城乡规划组织编制机关应当委托具有相应资质等级的单位承担城乡规划的具体编制工作。

2.1.5 "多规合一"与城市规划管理创新

1. "多规合一"的含义

"多规合一"是指将国民经济和社会发展规划、城乡规划、土地利用规划、生态环境保护规划等多个规划融合到一个区域上，实现一个市县一本规划、一张蓝图，解决现有各类规划自成体系、内容冲突、缺乏衔接等问题。

"多规合一"的意义在于，强化国民经济和社会发展规划、城乡规划、土地利用规划、环境保护、文物保护、林地与耕地保护、综合交通、水资源、文化与生态旅游资源、社会事业规划等各类规划的衔接，确保"多规"确定的保护性空间、开发边界、城市规模等重要空间参数一致，并在统一的空间信息平台上建立控制线体系，以实现优化空间布局，有效配置土地资源，提高政府空间管控水平和治理能力的目标。

2. "多规合一"的背景

2017 年 2 月 23 日至 24 日，中央领导到北京市考察城市规划建设。合理布局规划先行，城市规划在城市发展中起着战略引领和刚性控制的重要作用，做好规划，是任何一个城市发展的首要任务。把握好战略定位、空间格局、要素配置，坚持城乡统筹，落实"多规合一"，形成一本规划、一张蓝图，着力提升首都核心功能，做到服务保障能力同城市战略定位相适应，人口资源环境同城市战略定位相协调，城市布局同城市战略定位相一致，不断朝着建设国际一流的和谐宜居之都的目标前进。不能政府一换届，规划就换届。编制空间规划和城市规划要多听取群众意见、尊重专家意见，形成后要通过立法形式确定下来，使之具有法律权威性。

3. "多规合一"的实践探索

国内许多城市积极探索"多规合一"。以下简要介绍广州市、长沙市、上海市等地开展"多规合一"的做法。

（1）广州市"三规合一"的做法

广州市"三规合一"主要包括以下几个方面：

1）加强城乡规划、土地利用总体规划与各部门专业规划的衔接，实现环保、信息、文化、教育、体育、卫生、林业和园林、交通、市政、水务、环卫等多个部门规划的"多规合一"。这一做法旨在提高决策的科学性，加强资源的合理配置，提升城市形象与品质，以及加强规划管理效率。

2）探索"多规合一"和城市设计创新，促进品质化绿色化发展。这包括高起点启动"多规合一"，完成"三规合一"年度修改和动态更新，实现与"十三五"规划、控制性详细规划和土地利用总体规划等法定规划的动态协调。同时，组织培训增进"三规合一"成果实践应用，将"三规合一"信息联动平台迁移到市电子政务云平台并实现跨部门应用。

3）系统探索城市设计，推进全市城市设计大纲编制，构建"城市设计＋控规＋预建管"的开发建设指导模式。在重点地区系统提出"预建管"的概念，按规划要求制作区域体量模型与单体建筑精细模型，从空间到细节同步进行推敲，提前对项目的景观效果、场地设计等提出具体要求。

4）加强历史文化名城保护，梳理历史文化空间脉络，推进名城保护制度建设，完成全市不可移动文化遗产普查工作。制定面向使用者的《广州市历史建筑修缮维护利用指引》，合理引导历史建筑的日常维护、修缮和活化利用。

通过上述实践做法，广州市在"三规合一"的探索与实施中取得了显著成效，不仅提高了城市规划和管理的工作效率，还促进了城市的可持续发展和品质提升。

（2）长沙市"多规合一"的做法

长沙市通过深化"多规合一"改革，实现了国土空间规划的系统性和整体性重构。具体做法包括：

1）完善制度建设，明确专项规划管理目录清单、编审责任和工作机制。

2）实行三个统一，加强专项规划整体统筹，确保47个专项规划在同一框架体系下编制。

（3）上海市"多规合一"的做法

上海市作为全国率先探索与实践"多规合一"的城市之一，通过以下方式深化改革：

1）建立"五级三类"国土空间规划体系，划定并启用"三区三线"。

2）发挥国土空间规划的战略统筹作用，提高城市治理水平。

3）汇聚规划数据，搭建一个平台，实现"规划一张图"管理目标。

4）消除规划差异，谋求一张蓝图，通过技术手段展示差异图斑后，通过部门间协调，逐步消除差异图斑。

5）借力审批改革，推动一表审批，将"多规合一"成果尽快应用到建设项目审批领域。

这些实践探索展示了"多规合一"在不同地区的具体应用和成效，通过整合各类规划、优化管理流程、提高规划实施效率，促进了国土空间的合理开发和高效利用。

4. 城市规划管理创新

中国城市规划面临的挑战来自多个方面，主要包括城市发展存在过度蔓延危机，城市建筑呈现个性特色危机，旧城改造人为地隔断历史文脉，城市交通呈现拥堵危机，城市房地产存在泡沫危机，城市公共安全存在隐患，城市环境面临生态危机。

（1）城市规划管理创新的总体思路

按照党中央、国务院决策部署，坚持创新、协调、绿色、开放、共享的新发展理念，坚持以人民为中心的发展思想，坚持人民城市为人民，尊重城市发展规律，用科学态度、先进理念、专业知识规划建设管理城市，努力开创我国城市发展的新局面。

1）要科学制定和严格执行城市规划，创新规划理念，改进规划方法，加强空间开发管制，防止"摊大饼"式扩张，充分发挥规划的调控、引领和刚性约束作用，积极开展"多规合一"试点。

2）要认真贯彻"适用、经济、绿色、美观"的建筑方针，精心策划设计中轴线、天际线和城市建设风格色彩，切实加强城市设计和建筑管理，划定保护范围和建设控制带，更好地延续历史文脉，塑造各具特色的城市风貌。

3）要把加强城市基础设施建设与当前扩大有效投资、稳定经济增长有机结合起来，扎实推进城市地下综合管廊和海绵城市建设，加快城镇棚户区和危房改造，全面增强城市综合承载能力。

4）要把创造优良人居环境作为中心目标，牢固树立"绿水青山就是金山银山"的意识，大力开展生态建设，加强污染防治和环境保护，把好山好水好风光融入城市，努力把城市建设成为人与自然和谐相处的美好家园。

5）要大力建设智慧城市，推进城市管理体制改革，创新城市治理方式，落实好户籍制度改革方案和居住证制度，提高市民文明素质，提升城市治理现代化水平。

6）科学制定规划后要加强立法，严禁随便改变。提高城市应急管理能力，切实把城市安全工作落实到城市工作和城市发展各个环节各个领域，形成全天候、系统性、现代化的城市安全保障体系。

（2）中央城市工作会议对城市规划管理的要求

1）依法制定城市规划

城市规划在城市发展中起着战略引领和刚性控制的重要作用。依法加强规划编制和审批管理，严格执行《城乡规划法》规定的原则和程序，认真落实城市总体规划由本级政府编制、社会公众参与、同级人大常委会审议、上级政府审批的有关规定。创新规划理念，改进规划方法，把以人为本、尊重自然、传承历史、绿色低碳等理念融入城市规划全过程，增强规划的前瞻性、严肃性和连续性，实现一张蓝图干到底。坚持协调发展理念，从区域、城乡整体协调的高度确定城市定位、谋划城市发展。加强空间开发管制，划定城市开发边界，根据资源禀赋和环境承载能力，引导调控城市规模，优化城市空间布局和形态功能，确定城市建设约束性指标。按照严控增量、盘活存量、优化结构的思路，逐步调整城市用地结构，把保护基本农田放在优先地位，保证生态用地，合理安排建设用地，推动城市集约发展。改革完善城市规划管理体制，加强城市总体规划和土地利用总体规划的衔接，推进"两图合一"。在有条件的城市探索城市规划管理和国土资源管理部门合一。

2）严格依法执行规划

经依法批准的城市规划，是城市建设和管理的依据，必须严格执行。进一步强化规划的强制性，凡是违反规划的行为都要严肃追究责任。城市政府应当定期向同级人大常委会报告城市规划实施情况。城市总体规划的修改，必须经原审批机关同意，并报同级人大常委会审议通过，从制度上防止随意修改规划等现象。控制性详细规划是规划实施的基础，未编制控制性详细规划的区域，不得进行建设。控制性详细规划的编制、实施以及对违规建设的处理结果，都要向社会公开。全面推行城市规划委员会制度。健全国家城乡规划督察员制度，实现规划督察全覆盖。完善社会参与机制，充分发挥专家和公众的力量，加强规划实施的社会监督。建立利用卫星遥感监测等多种手段共同监督规划实施的工作机制。严控各类开发区和城市新区设立，凡不符合城镇体系规划、城市总体规划和土地利用总体规划进行建设的，一律按违法处理。用5年左右时间，全面清查并处理建成区违法建设，坚决遏制新增违法建设。

2.2　城市设计管理

2.2.1　城市设计管理的概念

1. 城市设计及城市设计管理的概念

（1）城市设计的概念

城市设计是对城市外部空间和建筑环境的设计和组织，是指为达到人类的社会、经济、审美或者技术目标而在形体方面所做的构思。

城市设计是关于城市建设活动的一个综合性学科方向和专业，以阐明和优化城镇建筑环境中日趋复杂的空间组织为目的，运用跨学科的途径，对包括人和社会因素在内的城市形体空间对象进行设计研究工作。

城市设计是落实城市规划、指导建筑设计、塑造城市特色风貌的有效手段，贯穿于城市规划建设管理全过程。通过城市设计，从整体平面和立体空间上统筹城市建筑布局、协调城市景观风貌，体现地域特征、民族特色和时代风貌。（《城市设计管理办法》，2017年3月14日，由住房和城乡建设部发布，自2017年6月1日起施行。）

（2）城市设计管理的概念

城市设计管理是指对城市设计的规划、组织、协调、控制等活动的总称。实施城市设计管理，决定了城市设计是否能够实现以及实现的具体程度。城市设计管理作为一个系统的、动态的、连续的实践过程，包括立法、审议、实施、公众参与等一系列内容。

2. 城市设计的发展

中国工程院王建国院士提出了四代范型城市设计的发展历程。

（1）第一代范型：传统城市设计（19世纪末以前）

依据建筑学视觉秩序的价值取向和古典美学的原则，对城市形态进行设计。案例：奥斯曼巴黎规划。

（2）第二代范型：现代城市设计

基于功能、效率和技术美学，满足了城市发展建设中迫切的现实需要。案例：巴西利亚规划。

（3）第三代范型：绿色城市设计

将城市看作一个与自然系统共生的地球生命有机体，关注城市的可持续性和韧性。城市设计不仅要为市民的健康而设计，也要为全球环境的健康而设计。

（4）第四代范型：基于人机互动的数字化城市设计——数字技术的改变

1）改变了我们看待物质形态和社会架构的认知，某种意义上是一种全新的世界认知、知识体系和方法建构。

2）改变了传统的公共参与和调研方式，一方面通过大数据更好地把握公众的诉求，另一方面进行海量信息的整体采集可以更有效地进行城市调研。

3）改变了城市设计成果的呈现和内涵，城市设计的成果可以通过数据库的方式，在数字化的规划管理中，与法定城市规划工作进行实质性的对接。

（5）数字化城市设计的特征

第一，多重尺度的设计对象，在数字化的支持下，可以对大尺度的空间形态进行分析和认知，城市设计走向大尺度成为可能。

第二，量化设计方法，借助大数据分析可以对原本难以量化的城市设计指标，如满意度、可识别性，进行一定的量化。

第三，人机互动的设计过程，强调人的价值观与数据技术的结合。

3. 城市设计相关概念辨析

（1）城市设计与建筑设计的区别和联系

城市设计是对城市外部空间和建筑环境的设计和组织。建筑设计是指为满足确定的建造目的而进行的设计，通常是针对建筑物的设计。

1）两者的区别

服务对象不同：城市设计的对象是多重对象，没有明确的"任务书"，目标是公共利益最大化；建筑设计对单一或确定的业主负责，有具体的"任务书"，目标是业主利益最大化和设计师个性的表达。

设计的内容不同：城市设计的内容是城市外部空间以及建筑之间的关系；建筑设计的内容是建筑单体。

设计师的作用不同：城市形体空间的塑造受到多方面因素的影响，不应该取决于设计师个人的直觉判断，所以城市设计师作为多方利益的平衡者；建筑设计的成果取决于具体业主和设计师的目标价值取向，建筑师可以发挥个人的艺术灵感。

2）两者的联系

城市设计和建筑设计都关注实体（Mass）和空间（Space）。因此两者的工作内容有一定程度的重合。

城市设计和建筑设计在空间形态上具有连续性，建筑空间的外表面——立面，是城市空间的内壁。两者的设计过程也是相互依存不可分的。

城市设计通过城市设计导则影响城市设计，对建筑的空间形体、三维轮廓等提出定性要求，对建筑具有一定的约束性。

因此，城市空间和建筑空间的设计过程是不可分的。同时，建筑设计和城市设计还要和城市规划一道作为城市建设的一项完整的工作。

（2）城市设计与城市规划的区别和联系

城市设计是对城市外部空间和建筑环境的设计和组织。而城市规划是对城市土地使用做出预期安排，协调城市各组成要素在空间上的相互关系，从而改进城市的社会、经济和空间关系。

1）两者的区别

性质不同：城市设计是以城镇建筑环境中的空间组织的优化为目的，本质上是物质空间规划；城市规划的重点是公共政策和社会经济发展等根本性问题，是一项"社会工程"。

内容不同：城市设计关注任何城市形体环境的关系，以及城市生活空间的营造，包含较多文化和审美的含义；城市规划综合了经济、技术、社会、环境的规划，追求经济效益社会效益和环境效益的平衡。

对处理对象——"物质空间"的理解不同：城市设计要处理的空间，是城镇建筑环境中的物质形体空间；城市规划也要处理空间关系，但处理的空间不是单纯的形体空间，而是由社会经济关系中生长出来的空间。

2）两者的联系

从古代到工业革命，城市设计和城市规划都是一回事，而且附属于建筑学。随着城市化进程的推进，现代城市规划开始和决策机构结合，并取决于他们的意志和社会发展目标，成为国家引导城市发展的手段，城市规划的重点才从物质环境建设转向公共政策和社会经济等问题。城市设计作为连接城市规划和建筑设计的桥梁和减震器。城市设计对城市规划有很强的依托性，成果还需要纳入城市规划体系中，作为城市规划实施的补充和深化。由于两者内在的相似性，在总体规划、分区规划、详细规划和专项规划中都包括城市设计的内容。

总之，城市规划的内容远超城市设计的对象范围，同时城市设计是对城市规划实施的深化和补充。在我国，城市设计对城市规划有较强的依托性，城市设计必须纳入到我国现有的法定城市规划体系中，使之具备必要的法律效力。

（3）城市设计与控制性详细规划的区别和联系

城市设计是对城市外部空间和建筑环境的设计和组织。而控制性详细规划是城市、乡镇人民政府城乡规划主管部门根据城市、镇总体规划的要求，用以控制建设用地性质、使用强度和空间环境的规划。

1）两者的联系

控制性详细规划（简称控规）和城市设计都是在总体规划指导下对局部地段的物质要素进行设计，都有"定性、定量、定位、定界"的特点。

2）两者的区别

制定目的不同：城市设计是以营造城市开放空间为目的；控规则是为了作为城市建设管理的依据而制定。

涉及内容不同：城市设计主要涉及人对空间的感性认识及其对人们行为、心理上的影响；控规主要涉及工程技术问题，如区划、道路、管线、竖向设计，体现规划实施的步骤和建设项目安排。

评价标准不同：城市设计关注具体的城市生活环境和人对实际空间体验的评价，如艺术性、可识别性、舒适性、心理满意程度以及历史文化延续、空间景观特色等难以定量表达的标准；控规较关注用地的各类技术经济指标。

关注重点不同：城市设计的重点是三维的城市空间结构、建筑群体布局、开放空间和景观特色等内容；控规的重点是用地性质、地块划分、设施配套、道路交通以及城市道路两边的平面安排。

成果的表达和深度不同：城市设计成果图文并茂，有一定表现性；控规以法律性的条款政策为主，图纸表现二维内容，用于解释条款和政策。

控制力度不同：城市设计的成果具有一定弹性和前瞻性；控规的成果以强制性的要求为主。

总之，控制性详细规划重在"管"，城市设计重在"设计"。一个比较常见的做法是，先做城市设计，然后再在城市设计的基础上做控制性详细规划，城市设计和控规成果融合，减少控规在市场中的失灵，将城市设计成果传递到城市物质环境建设中。

4. 我国城市设计存在的问题

1）设计方法论存在缺陷

追求"决定论"式的目标实现；将城市设计作为设计师直觉和管理者诉求的产物，将城市作为艺术品处理；同时，急功近利以满足"一年初见成效，三年面貌大变"的不科学的要求。

2）缺乏正确的设计伦理，设计有效性不足

现代城市设计委托人不再是单一的统治者，而是广大的用户群体，设计师和作为设计对象的最终用户处于分离状态。此时如果仍遵照传统的设计伦理，为管理者而设计，都会导致城市设计的失败。因此，需要革新设计伦理：为真实的人和土地而设计。

3）城市建设缺乏有效的机构组织形式保证城市设计完整实施

我国城市建设体制存在"部门分割"和"各自为政"现象。规划、设计、管理之间缺乏整合机制，导致原本完整的城市设计成果被割裂。

4）城市设计成果缺乏法律效力

5. 城市设计管理的依据和原则

（1）城市设计管理的依据

1）《中华人民共和国城乡规划法》，2008年1月1日起施行。

2）《中共中央 国务院关于进一步加强城市规划建设管理工作的若干意见》（中发〔2016〕6号）。

3）《国务院关于深入推进新型城镇化建设的若干意见》（国发〔2016〕8号）。

《城市设计管理办法》（住房和城乡建设部令第 35 号），2017 年 3 月 14 日发布，自 2017 年 6 月 1 日起施行。

（2）城市设计管理的原则

1）尊重城市发展规律，坚持以人为本，保护自然环境，传承历史文化，塑造城市特色，优化城市形态，节约集约用地，创造宜居公共空间。

2）开展城市设计，应当符合城市（县人民政府所在地建制镇）总体规划和相关标准。

3）根据经济社会发展水平、资源条件和管理需要，因地制宜，逐步推进。

2.2.2　城市空间与建筑布局

1. 城市空间布局

（1）城市的含义及其特点

1）含义：人口达到一定规模，从事非农产业，一定地域的政治、经济、文化中心。

2）特点：人口和产业活动密集（密集性）；生产效率和经济效率比较高（高效性）；交通运输和信息交流相对发达（动态性）。

（2）城市区位分析

1）区位：某一事物与其他事物的空间关系。

2）区位分析：主要进行城市自然地理区位分析。

①地理位置，首要因素。

②气候—人的分布—城市（中低纬度地区，沿海 200km 范围内居住 60% 以上的人口）。

③地形：平原地区，地形平坦，便于农耕，有利于发展交通，便于联系，节省建筑投资，最适宜人居住；高原，低纬地区，城市建在高原面上，中高纬地区，城市建在河谷地区。

④河流：提供水源；防御功能；水运；河谷地区，土壤肥沃，适合农耕。两河交汇处——重庆（嘉陵江）、宜宾（岷江）、攀枝花（雅砻江）、武汉（汉江），城市建在通航段的起点和终点处——宜宾、上海（长江）。

3）城市人文区位分析。

①资源：开采资源，吸引人迁移，建立城市，目前存在转型的问题。

②交通：交通枢纽、交通干线两侧。例如郑州、株洲，一个地方的主要交通线发生变化也会影响城市。不同时代，交通运输方式不同，城市区位也不同。

③政治：西安、洛阳。纯政治中心：巴基斯坦的伊斯兰堡、巴西利亚（开发内陆资源、均衡发展且安全）、堪培拉。军事：嘉峪关、山海关。政策：深圳。宗教：拉萨、麦加。旅游：张家界、黄山、桂林、三亚。科技：筑波。

（3）城市空间布局的特点

1）人口密集区域，城镇数量较多，并在其人流、物流的集聚部位形成比较大的城市。

2）沿河、沿湖、沿海地区城镇较多，在两条河流交汇处，或大河入海处，往往会形成较大的城市。

3）在交通运输枢纽处，也会形成大的城市。

4）在历史文化胜地、著名旅游地、大规模的商品集散地和边境口岸，都有可能形成比较大的城市。

2. 城市的土地利用

（1）土地类型

1）土地类型：农业用地（耕地、林地、牧草地等）、建设用地（商业服务业用地、工矿仓储用地、公用设施用地）、未利用土地。

2）城市的土地利用。

①含义：在城市形成和发展的过程中，人们把土地作为生产和生活资料，根据自然属性加以改造、利用和保护的全过程。

城市主要进行的是非农业活动，所以利用的主要是土地类型中的建设用地。建设用地分为商业服务业用地，所以城市土地类型有商业用地。

②城市土地类型：商业用地、工业用地、政府机关用地、住宅用地、绿地、交通用地等。在城市内部，有些土地是用来发展商业的，有些土地是作为工业用地的，不同的区域承担不同的功能。

（2）城市功能分区

1）城市功能区的类型：商业区、工业区、居住区、市政与公共服务区、交通与仓储区、风景游览区与城市绿地、特殊功能区等。

2）成因：城市土地面积有限；各个地块的交通便捷程度和地价不同；各项活动需要利用土地；城市各类活动产生竞争；同类活动在空间上高度集聚。

3）影响功能区布局的因素：自然地理条件、历史文化因素、经济发展水平（主导因素）、交通运输状况等。

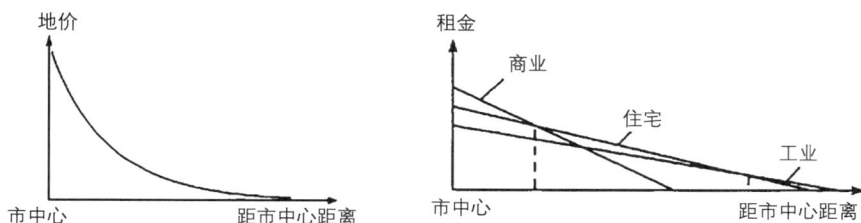

图 2-2　距城市中心距离与地价、租金的关系

①经济因素：地价、交通。地价：距市中心的远近，距市中心越近，地价、租金越高（图 2-2）。交通：交通越便捷，通达性越好，地租越高。

②历史文化因素：城市早期的布局会影响现在城市功能区的布局，例如北京的中心——故宫。

③自然地理条件：地形地质、河流、风向。河流：污染功能区布局在河流的下游。风向：最小风频，布局在居民区的上风处；单一盛行风，布局在居民区的下风处；季风区，布局在与盛行风向垂直的郊外。

（3）城市各功能区的特点

1）任何城市都具备三大功能区，城市等级越高，功能区越齐全；占地面积由大到小的排序是：住宅区 > 工业区 > 商业区。

2）某一功能区是以这一功能区为主，功能区内部还有其他功能区。

3）住宅区。

①占地面积大，是城市基本职能。

②住宅区分化为高级住宅区和低级住宅区（功能特点比较见表 2-1），主要原因在于居民收入差异。

4）商业区：占地面积最小（功能特点见表 2-2）。

5）中心商务区（CBD）：一定分布在市中心，交通最便利的地方，特点为：

①占地面积小，呈点状、条状。

②经济活动最繁忙。

③人口数量昼夜差别大（判断中心商务区）。

④建筑物高大稠密（判断中心商务区）。

⑤内部有明显的分区：垂直方向，从下到上依次为零售业、办公区、住宅区；水平方向，从中心往外依次为零售业—金融保险—住宅区。

高级住宅区与低级住宅区功能特点比较   表 2-1

因素	高级住宅区	低级住宅区
建筑质量	房屋面积大或独立庭院	面积狭小，拥挤密集
配套设施和环境质量	设施配备齐全，生活方便、环境优美	破旧、设施缺乏、生活不便、环境质量差
位置	城市边缘，与高坡文化区相连	在内城，与低地工业区相连
使用者	高收入人群	低收入人群

商业区功能特点   表 2-2

形状	位置	原因	典型
点状	市中心、街角路口	接近市场、交通便利	零售业
带状	交通干线两侧	交通便利、地租便宜	批发业

6）工业区：布局特点一，不断向市区外缘移动（原因为环境用地紧张、布局不合理、地价上涨、第三产业的兴起）；布局特点二，趋向于沿主要交通干线分布。

（4）城市形态

通常城市形态有集中式、组团式、条带式（图 2-3），三种形态的影响因素、优点、不足见表 2-3。

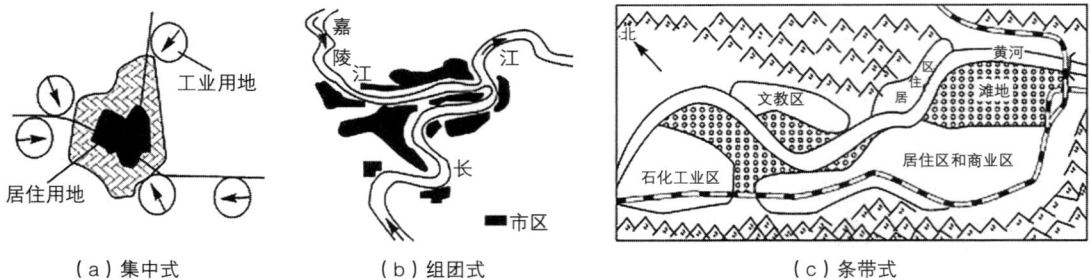

（a）集中式   （b）组团式   （c）条带式

图 2-3　三种城市形态

三种城市形态比较   表 2-3

类型	集中式（图 2-3a 为成都）	分散发展式	
		组团式（图 2-3b 为重庆）	条带式（图 2-3c 为兰州）或放射状（延安）
影响因素	地形平坦开阔	被丘陵、河流、交通线分割	沿河流、山谷、交通线延伸
优点	便于集中设置较完善的服务设施，便于行政领导和管理，节省建设投资	分散生产，分散管理，环境污染较小	各部分接近郊区，近自然，环境污染小
不足	环境污染也相对集中	用地分散，联系不便，不便于行政管理，市政建设投资大	

（5）中心地理论

不同规模城市服务功能差异，中心地理论是研究城市功能布局和空间组织的一种区位理论。

1）基本概念

①中心地：向周围地区提供各种服务和货物的地方。

②服务范围：中心地提供货物和服务所能影响到的地方。

③门槛：某一级中心地所必需的服务范围和服务人数。

2）中心地理论的内容

①中心地应位于圆形商业区域的中心，中心地的服务范围表现为以中心地为核心的正六边形。

②级别越高的中心地，服务范围越大。

③等级越高的中心地，提供的功能越齐全。

④等级越高的中心地，数量越少，两个中心地之间的距离越远。

⑤高级别的中心地包含低级别的中心地。

3）影响城市服务范围的因素

①资源条件：资源越充足，服务范围越大。

②交通条件：交通越便利，服务范围越大。

③人口条件：人口越稠密，服务范围越小。

3. 城市布局影响因素

城市布局形式的形成受到众多因素的影响，有直接因素的影响，也有间接因素的影响。对于每一个城市来说，往往是多种因素共同作用的结果。

（1）直接因素

影响城市布局形式的直接因素包括：

1）经济因素，主要指建设项目如工业基地、水利枢纽、交通枢纽、科学研究中心等的分布和各种项目的不同技术经济要求；资源情况，如矿产、森林、农业、风景资源等条件和分布特点；建设条件，如能源、水源和交通运输条件等。

2）地理环境，如地形、地貌、地质、水文、气象等。

3）城镇现状，如人口规模、用地范围等。

（2）间接因素

影响城市布局形式的间接因素包括：

　　1）历史因素。城市在长期的历史发展过程中，从城市核心的形成开始，经过自然的发展和有规划的建设，各个时期呈现不同的形式。明清北京城是一座中心轴线对称、棋盘式道路网结构的城市。这是经过封建社会几百年的历史发展，逐步形成与完善的。北京古城墙经过元代兴建和明代改建形成"凸"形城郭。

　　2）社会因素。包括社会制度，社会不同阶层，集团的利益、意志、权力等，都对城市的选址、发展方向、规划思想和城市布局结构起着十分重要的作用。

　　3）科学技术因素。现代工业的产生使城市的布局形式发生变化。钢铁工业城市要求工业区和居住区平行布置，化学工业城市要求工业区同居住区之间有一定的隔离地带。现代先进的交通运输工具和通信技术的问世，使大城市的有机疏散、分片集中的规划布局形式成为可能。

4. 城市布局形式类型

　　根据城市建成区平面形状的基本特征，城市的布局形式大致可归纳为以下主要类型。

　　（1）块状布局

　　块状布局是城镇居民点中最常见的基本形式（图2-4a）。这种布局形式便于集中设置市政设施，土地利用合理，交通便捷，容易满足居民的生产、生活和游憩等需要。在中国，块状布局形式的城镇比较多，有的是依托原有城镇发展起来的，如湘乡、郑州、石家庄等；有的是随着大型企业、水利枢纽建设而形成的，如富拉尔基（隶属齐齐哈尔）、丹江；有的是随着生产的发展将原有居民点连接起来而形成整体的，如呼和浩特等。

　　（2）带状布局

　　带状布局形式是受自然条件或交通干线的影响而形成的，有的沿着江河或海岸的一侧或两岸绵延，有的沿着狭长的山谷发展，还有的则沿着陆上交通干线延伸。这类城市沿长向发展，平面结构和交通流向的方向性较强（图2-4b）。中国的带状城市很多，如兰州是沿山谷地带发展的，沙市和洛阳是沿河流发展的，丹东和青岛是沿海岸发展的，常州呈梭形。城市形态受铁路、公路交通线的影响很大。

　　（3）环状布局

　　环状布局是城市围绕着湖泊、海域或山地呈环状分布而形成的（图2-4c）。环状城市实际上是带状城市的变式。此种城市同带状城市相比，城市各功能区之间的联系较为方便。它的中心部分为城市创造了优美的景观和良好的生态环境。在中国，典型的环状布局形式的城市尚属少见，根据厦门市的总体规划，未来的厦门将是一座围绕海湾的环状城市。

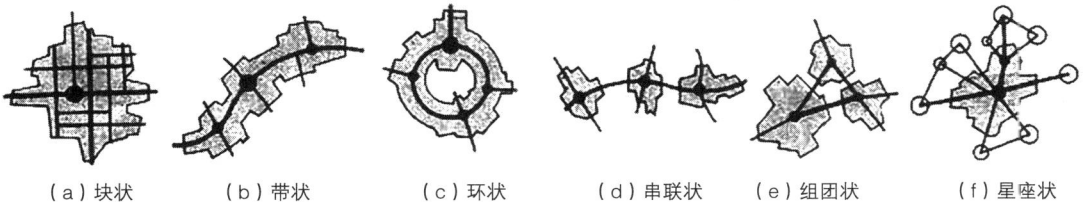

| （a）块状 | （b）带状 | （c）环状 | （d）串联状 | （e）组团状 | （f）星座状 |

图 2-4 城市布局形式类型示意图

（4）串联状布局

串联状布局是若干个城镇，以一个中心城市为核心，断续相隔一定的地域，沿交通线或河岸线、海岸线分布（图 2-4 d）。这种布局灵活性较大，城镇之间保持间隔，可使城镇有较好的环境，同郊区保持密切的联系。这种布局形式的城市，在中国有秦皇岛（北戴河、秦皇岛新区、山海关）、镇江（镇江新区、丹徒、谏壁、大港）等。

（5）组团状布局

由于自然条件等因素的影响，城市用地被分隔为几块。进行城市规划时，结合地形，把功能和性质相近的部门相对集中，分块布置，每块都布置有居住区和生活服务设施，每块称一个组团。组团之间保持一定的距离，并有便捷的联系（图 2-4 e）。如合肥由三个组团构成，绿带楔入城市中心；宜宾由五个组团组成。这种布局形式如组团之间的间隔适当，城市可保持良好的生态环境，又可获得较高的效率。

（6）星座状布局

星座状布局是一定地区内的若干个城镇，围绕着一个中心城市呈星座状分布（图 2-4 f）。这种城市布局形式因受自然条件、资源情况、建设条件和城镇现状等因素影响，使一定地区内各城镇在工农业生产、交通运输和其他事业的发展上，既是一个整体，又有分工协作，有利于人口和生产力的均衡分布。如上海是以特大城市为中心，若干大中小城市在周围地区散点分布而组成的城镇群。

5. 城市建筑布局

建筑的平面布局是决定一座建筑、一组建筑、一群建筑，甚至一个村镇、一个城市形制的重要因素。在中国古代建筑中，基本上有两种平面布局的方式。一种是庄严雄伟，整齐对称；一种是曲折变化，灵活多样。

（1）庄严雄伟，整齐对称

凡是帝王的京都、皇宫、坛庙、陵寝，官府的衙署厅堂、王府、宅第，宗教的寺院、宫观、祠堂以及会馆等，大多是采取此种形式，其平面布局的特点是有一条明显的中轴线，在中轴线上布置主要的建筑物，在中轴线的两旁布置陪衬的建筑物。这种布局主次分明，左右对称。以北京的寺庙为例，在其中轴线上的最前端有影壁或牌楼，然后是山门，山门以内有前殿，其后为大殿（或称大雄宝殿），再后为后殿及藏经楼等。在中轴线的两旁布置陪衬的建筑，整齐划一，两相对称，如山门的两边有旁门，大殿的两旁有配殿，其余殿楼的两旁有廊庑、配殿等。工匠们运用了烘云托月、绿叶托红花等手法，衬托出主要建筑的庄严雄伟。这类建筑，不论建筑物的多少、建筑群的大小，一般都采用此种布局手法。从一门一殿到两进、三进以至九重宫阙，庞大的国都也是这样的规律。这种庄严雄伟、整齐对称、以陪衬为主的方式完全满足了统治者和佛教教义对于礼敬崇高、庄严肃穆的需要，所以几千年来一直相传沿袭，并且逐步加以完善。

（2）曲折变化，灵活多样

曲折变化，灵活多样，不求整齐划一，不用左右对称，因地制宜，相宜布置。风景园林、民居房舍以及山村水镇等，大多采用这种形式，其布局的方法是按照山川形势、地理环境和自然的条件等灵活布局。例如民居甚至寺庙、官衙，凡位于山脚河边者，总是迎江背山而建，并根据山势地形，层层上筑。这种情况最适宜于西南山区和江南水网地区以及地形变化较多的地点。这种布局原则，由于适应了我国广大的不同自然条件的地区和多民族不同文化特点、风俗习惯的需要，几千年来一直沿用，并有科学的理论基础。中国式的园林更是灵活布局，曲折变化的实例。山城、水乡的城市、村镇布局也根据自然形势、河流水网的情况，因地制宜布局，出现了许多既实用又美观的古城镇规划和建筑风貌。

（3）建筑组群的特色

所谓建筑组群的特色就是建筑单体在平面上的布局方式与规律。中国古代建筑体系在平面布局方面遵循着一种简明的规律，就是以"间"为单位构成建筑单体，再以三座或四座建筑单体围绕着一个中心空间构成一个封闭的庭院，进而以庭院为单元组成各种形式的组群。一个建筑组群不管规模多大，都是与外隔绝的封闭空间。

1）建筑组群类型

①正规组群：按照宗法礼教制度进行建筑布局的组群为正规组群。这种建筑组群有明显的中轴线，建筑布局严格遵照中轴对称的规则，数座庭院沿着纵轴或横轴的方向延伸排列。上述的宫殿、衙署、寺观、祠堂乃至住宅均属此类。

②休憩型组群：多见于中国古代园林中。中国古代造园的指导思想是追求自然，建筑布局因地因势而异，没有固定的格式。

2）中国古代建筑体系

中国古代建筑体系的平面布局遵循着一种简明的组织规律，这就是先以"间"为单位构成单座建筑，再以单座建筑组成庭院，进而还可以庭院为单元，组成各种形式的建筑群。

（a）间

"间"的概念可能始于商朝，它是我国木构建筑平面、空间和结构的最基本单元。其优点是极具灵活性，既能适应不同的气候和地理环境，又能满足多方面的使用要求，组成由简单到复杂的各种类型建筑。在古代，一座建筑所含间数多为奇数，各间面积的大小不同，各朝代也有差异。一般而言，自商代至战国，建筑间阔约 3m；唐朝的宫殿、庙宇间阔则在 5m 左右；至宋代以后则逐渐增大至 7~8m 或更大；而明代最大的间阔则达 10.34m。

由"间"为单位便构成了单座建筑（单体建筑），单座建筑的平面布置在很大程度上由使用者的政治地位、经济实力及爱好所决定。从外观上看单座建筑可大体分为台基、屋身和屋顶三部分，三部分中变化最多的是屋顶形式：有庑殿、歇山、悬山、硬山、卷棚、攒尖、盔顶、盝顶、单坡、平顶、圆顶等样式。一般而言，单座建筑的平面布置以殿阁、殿堂最为整齐。

（b）庭院

庭院由若干单座建筑组成，其布局大体上可分为两种：

一种是在纵轴线上先安置主要建筑，再在院子的左右两侧，依照横轴线以两座体形较小的次要建筑相对峙，从而构成了"C"形或"H"形的三合院，这时，如果再在主要建筑的对面建上一座次要建筑，从而构成"口"形的庭院，则该庭院便是四合院了。四合院通常是用走廊、围墙将四座建筑连接起来从而形成一个封闭性较强的整体。四合院的布局方式由于适合中国古代社会的宗法及礼教制度，因而在漫长的奴隶社会及封建社会中被广泛采用，如宫殿、衙署、祠庙、寺观等。同时，还由于该布局方式便于按宗法制度安排家庭成员住所，使尊卑、长幼、男女、主仆间有明显的区别，以及对保证安全、防止风沙和求得安静、舒适环境的需要，四合院布局也被广泛地用于民宅建筑。此外，四合院布局的优点还在于它能根据需要，将庭院的数量、形状、大小等作调整、变化。

另一种是在纵轴线上建主要建筑及与其相对的次要建筑，再在院子两侧用"C"形与"L"形回廊将前后两座建筑连为一个整体。这种布局称为廊院。此种布局以回廊与建筑相组合，形成了大小、高低、虚实、明暗相对比的艺术效果，同时由于在回廊各间装有直棂窗，可由此向外眺望，使空间得以延伸。廊院的使用自汉至宋、金均有，见于宫殿、祠庙、寺观及较大住宅。在唐、宋时期大型廊院的组合曾一度相当复杂，但随着唐后期带有廊庑的四合院的兴起，其优点和实用性越来越得到人们的欣赏，以至于到明清两代廊院布局方式几乎绝迹。

（c）"组群"的产生

组群是在庭院建筑不能满足需要时纵向或横向扩展，或纵横双向扩展的结果。其扩展方向所构成的布局如下：

其一，纵向扩展组群。其特点是沿纵轴线，在主要庭院的前后，布置若干不同平面的庭院，构成深度很大而又富于变化的空间。采用这种布局时，为横向交通的方便，故常以道路或小广场将纵向庭院划为了两组或两组以上。纵向组群方式最早见于商朝宫室，且是南北朝以来宫殿及大型庙宇的常用手法。

其二，横向扩展组群。其特点是在中央主要庭院的左右，再建一组或两组纵向庭院，各组间设有夹道。该方式自唐以来常为宫殿、庙宇、衙署和大型住宅所采用。

其三，纵横双向扩展的组群。它以北京的明清故宫为典型，从大清门经天安门、端门、午门至外朝三殿与内廷三殿，采取院落重叠的纵向扩展与内廷左右横向扩展相配合的方式，形成规模巨大的群组。

此外，还有一类在纵横两轴线上都采取对称方式的群组。它以体型巨大的建筑为中心，周围以庭院环绕，再外则以矮小的附属建筑、走廊或围墙构成方形或圆形的外廊。此种布局自汉以来多有采用。中国古代建筑文化十分重视建筑物与自然环境、人文环境的群体组合。这一文化传统几千年来一脉相承。尤其在封建社会，建筑活动始终受着"恋祖情结""浓于伦理"的"理治"和"天人合一"时空观的深刻影响，以及土木为主要建筑材料的限制。"除了一些高台建筑以及佛塔之类比较高之外，中国古代建筑一般都显得平缓；不是执着地建造像西欧中世纪那样的教堂尖顶，而是热衷于使建筑群体向地面四处作有序地铺开，以象征严肃的人间伦理秩序。"这就是说，中国古代建筑之"大"及其功能的丰富多彩，一般不是在于建筑单体的向高空发展，而是表现在它的群体组合上，在地面上向四面作横向有序地铺开，在群体组合中做出回旋与往复。中国古代建筑艺术主要表现在建筑群体所表现出来的博大与壮观，一切宫殿、寺庙、园林、住宅等各类建筑莫不如此。这是中国古代建筑结构观念上，不同于西方的注重建筑单体的个性和审美效果的一个显著特征。

中国古代建筑的群体组合有其共同的规律性，以"间"为单位构成单座建筑（一般为长方形，单纯而规整），然后根据各类建筑不同的功能需要，再以单座建筑组成庭院，进而以庭院为单位组合成各种类型和不同规模的建筑群体。这种建筑群体的组合几乎都采取院落的形式，即由走廊、围墙等将四幢房屋围合成封闭性较强的庭院，所以也称为四合院。"小到一座住宅是一个四合院，大至北京的紫禁城也是由许许多多大小不同的四合院组成的皇宫建筑群，所以四合院可以说是中国古代建筑群体组合的基本单元，也是中国古建筑的基本形式，自然也是住宅的主要形式。"除了极为贫穷的人家外，大多数住宅、宫殿、衙署、庙宇等，都是由若干座个体建筑和一些回廊、围墙之类环绕成一个个庭院而组成的，其中规模最大、形象最美、最复杂的四合院群体建筑当属北京的昍清宫城——紫禁城，中国古代建筑的博大与壮观也就主要表现在这个建筑群体的组合与布局的有序性上。

中国古代建筑的庭院和组群的布局原则，不仅富有封建伦理文化的特色，还与中国人的崇中、从中、尊中的民族意识有关，它总是沿着一条中轴线（多以纵轴为主，也有以纵轴和横轴为主的），采取均衡对称的方式来布局，具有中轴线布局意识、观念特征的建筑，在中国古代随处可见。这种以中轴线为主要标志、平面对称性布置的中国古建筑的空间布局，是区别于西方建筑的特征之一。

其一，庭院是中国古建筑的群体组合中心，庭院被围合在四周房屋的中间，围绕着庭院组织建筑空间，一般都是执着于营构数重进深、曲折幽深、连绵无尽的效果，因而建筑规模需要扩大时，往往采取向纵向、横向或纵横向都扩展的方式，以重重院落相套而构成各种建筑组群。这样由庭院组成的建筑群体，就像一幅中国的手卷画，必须一段段地逐步展开，才能看到和了解到它的全貌。这正如北京故宫那样，走进了天安门之后，只能是从一个庭院走到另一个庭院，从庭院的这一头走到那一头，一步步、一院院的景色各不相同，必须都走完了，才能全部看完，在观赏行进中逐步展现，给人以强烈的感受。这种"庭深似海"的建筑组群，井井有条，整齐不紊，充分体现了中华民族长期统一、团结和稳定的愿望，这种民族精神在建筑上所表现的规整有序、和谐、安定和宏伟壮观，是中国古建筑文化的一大传统和显著特色。

其二，自古以来，中国人就有顽强深厚的空间意识和文化观念，十分强调建筑组群的中轴对称。小到住宅，大到宫殿、一个城市的规划，建筑的平面布局总是设以中轴线，这种中轴线往往由道路、建筑物、庭院、广场等组成；大到建筑群体左右对称布置，小到建筑物两旁对列的厢房或配殿，常被用来突出中轴线的对称。以中轴线为基准，比较重要的建筑物总要放在中轴线上（中国地处北半球多以南北纵轴为中轴线，最主要的建筑物也就总是设在纵向的直线上，重要的主体建筑居中，即中轴线之所在，当然主要建筑物也就是坐北朝南向阳），次要的房子（次要建筑）放在它前面两侧对峙的地方，然后向纵深方向布置若干庭院，组成有层次、有深度的建筑空间。这种以中轴线为基准，主次分明、均衡对称、层次清楚、由低到高、相互呼应，富有伦理精神的有组织、有秩序地在平面上展开的建筑群体，是中国古代建筑文化的一大传统。一般庭院布局大体分为两种：或在主要建筑（在纵轴上）左右两侧建两座对称的次要建筑（在横轴上），构成

"H"形的三合院；或在主要建筑的对面再建一座次要的建筑，用走廊、围墙连接起来构成正方形或长方形的庭院（即四合院）。当然，由于中国幅员辽阔，各地气候条件不同，人们对建筑功能和艺术要求也不同，使得中国建筑的群体组合具有多种多样的丰富性，但总的来看，自商朝以来人们只是将庭院的形状、大小与木构架建筑的体形样式、材料、装饰、色彩等加以调整而已。虽然也有在纵轴线上安置主要建筑及其对面安置次要建筑，院子两侧用回廊将主、次建筑联系起来的"廊院"；有以体形巨大的建筑为中心，周围以庭院环绕，其外用矮小的附属建筑、走廊和围墙构成方形或圆形的；还有用弯曲道路或桥梁联系建筑组群和利用地形建造对称与不对称相结合的建筑组群，甚至有古典园林式的很不规则的组群等。但是，中国古建筑的平面布局总是以房屋包围空间，或是以空间包围房屋，以中轴线为基准、以庭院为中心的建筑观念始终存在着，并在实践中起着作用，基本的还是"四合院"布局方法。这是西方建筑所没有的，也是中国古建筑所独有的一个突出特点。

（4）现代城市建筑群规划设计要点

城市中若干相邻建筑物构成的、在空间组织上紧密联系的建筑群体。城市建筑群按照建筑物的布置形式可分为：呈带形布置的沿街建筑群和成集团布置的成组建筑群；按照建筑物的使用功能可分为：公共建筑群、住宅建筑群、商业建筑群、宫殿和宗教建筑群等，还有由若干使用功能不同的建筑物组成的多功能建筑群；根据建筑群所处的位置则可分为：城市中心建筑群、城市干道建筑群、水滨（包括河滨、湖滨、海滨等）建筑群、山地建筑群、园林建筑群等。城市建筑群的规划设计，一般应注意以下几点：

①根据城市景观的总体要求，进行建筑群的规划设计。通常把城市中心建筑群（包括市中心、区中心和其他公共活动中心的建筑群）作为"点"，把城市干道建筑群作为"线"，把住宅建筑群作为"面"，既应分清主次和突出重点，又要将"点""线""面"互相结合和互相协调起来，使城市景观取得较佳的整体效果。

②建筑群的规模大小、平面布置、空间形式、体形结构等要满足使用功能的要求。功能要求对于建筑群体的组合造型有重大影响。例如工业建筑群要满足生产技术和工艺流程的要求；住宅建筑群要满足合理安排居民生活的需要。现代城市建筑群的设计还必须组织好各种人流和车流的交通路线，使建筑群同外界有便捷的联系。此外，在建筑群的规划设计中，还要考虑通风、日照、防火、防震以及埋设各种地下工程管网等方面的要求，注意照明、绿化和城市建筑小品的安排。

③建筑群应该充分结合地形、利用地形，并同周围的自然环境取得有机的联系。在规划设计上，要有利于地面水的排除，减少土石方工程，以降低建筑造价；而且要充分

利用地形、地貌为建筑群设计提供有利条件，创造出丰富、生动的艺术形象。如古希腊的雅典卫城建立在陡峭的山顶上，建筑群突出主体神庙，并沿周边布置，与山形浑然一体，成为杰出的建筑作品。处于不同地形环境的街道，其两侧建筑群可以采取不同的布置方法：地势平坦的街道，其两侧建筑群的布置，或严谨规整，或高低错落，处理上较为自由；山区丘陵地带的街道，高低起伏较大，两侧或一侧的建筑群多顺沿等高线错落布置，一般应在多变之中探索群体上的统一和协调，力求取得和谐与完整的效果。

④建筑群空间组织、色彩、体型要美化城市景观。由多座个体建筑物按照不同的形式组合成各种尺度和形状的空间，会给人以不同的感受。高度相同的建筑物沿街道排成直线，如果立面造型雷同，色彩相近，往往显得单调；如果两侧建筑物又较高，更会给人以压抑、封闭的感觉。如果沿街建筑群在空间轮廓线和平面布置上有起伏和变化，建筑色彩多样而和谐，则能产生一种节奏感，使街景丰富多彩。在规划设计中还可因地制宜采取开敞的手法，加强建筑群同周围环境的有机联系。例如，将建筑物所围成的空间的一面或两面敞开，通向绿地、森林、山岗、河流、湖泊、海面，或在敞开面展现出附近的古迹、风景点、重要建筑物等，都能形成在形式和层次上丰富多样的景观。

⑤在群体空间形式上，要体现历史文化传统。世界各个国家和民族具有不同的历史和文化传统，在地理、气候和生活习惯等方面存在着差别，城市建筑群的空间形式必然具有各自的民族特色。中国传统的城市建筑群在空间形式上比较注意院落的组织和群体空间构图上的严整、对称。而 15~16 世纪文艺复兴时期意大利的城市建筑群，则具有造型丰富、空间开朗的传统。在城市新建筑群的规划设计中，既要继承和发扬优秀的历史文化传统，又要努力创新。

2.2.3　城市历史文化与特色塑造

1. 城市历史文化概述

历史文化是城市的灵魂，要像爱惜自己的生命一样保护好城市历史文化遗产。要本着对历史负责、对人民负责的精神，传承历史文脉，处理好城市改造开发和历史文化遗产保护利用的关系，切实做到在保护中发展、在发展中保护。

城市文化是城市特色文化建设上的一门创新学科，是当代城市文化背景下新兴的一门世界性前沿学科。它不仅对中国城市特色文化理论思想建设起到了积极作用，同时作为一门城市主题文化实证科学为中国城市特色文化建设提供了一种全新的范例。历史文化作为城市主题文化的基础来源，是城市的一张名片，讲述着城市的过往、当前与将来。

城市的今天是明天的过去，城市的特质来源于其历史文化积淀。注重城市历史文化的发扬，是在城市迅速发展的背景下，兼顾保护与发展城市设计的理念与方法。我国的城市大多有着数百甚至上千年的历史文化积淀，塑造城市主题文化的作用突出，是所有资源的基础与灵魂。

城市是人类文明的产物和标志。而城市文化是一个特定的空间发展起来的历史范畴。一个城市的文化是多样性与同一性的统一。即使是两个在建筑风格上极为相似的城市，在本质上也会使在城市中活动的人产生完全不同的社会认知感。因而，除了从物质、经济这两只"眼睛"来研究城市发展动因外，还必须用文化来研究城市发展的内在动因。

以文化解读城市的另一个原因，在全球化经济影响下，中国本身的传统文化正在受到越来越多的外来文化的冲击。因此，以文化解读城市的意义除了了解城市发展的内在动因外，也是提炼城市文化精髓，使城市在全球化过程中保持自身特质的重要手段。

2. 城市文化的定义与特征

（1）城市文化的定义

关于城市文化的定义，主要存在两种定义思路，其一是从文化的定义推理演绎，例如，郑卫民（2005）援用了广义文化的定义，认为城市文化简单地说是人们在城市中创造的物质和精神财富的总和，是城市人群生存状况、行为方式、精神特征及城市风貌的总体形态。其二是从城市本身的特征出发进行定义，例如《中外城市知识辞典》认为城市文化往往也被称为"都市文化"，是市民在长期的生活过程中共同创造的、具有城市特点的文化模式，是城市生活环境、生活方式和生活习俗的总和。它具有复杂化、多元化的特点。又如秦启文（2004）认为，城市文化是指生活在城市区域内的人们在改造自然、社会和自我的对象化活动中，所共同创造的行为方式、组织结构和道德规范，以及这种活动所形成的具有地域性（或城市特色）的典章制度、观念形态、知识体系、风俗习惯、心理状态、技术和艺术成果。

（2）城市文化的特征

城市文化的特征主要包括地域性、群众性、开放性和兼容性、多元性。

1）地域性：城市文化是在特定地域内的社会生活共同体所反映出来的文化现象的总和，包括地理环境、历史渊源、生产方式、生活方式、社会制度、价值观念、宗教信仰、行为模式等。不同城市在这些方面的反映不尽相同，使得其文化也相应地具有不同的特色。

2）群众性：城市文化的群众性包含三个层面的意思：城市社会成员是城市文化的创造者和建设者，群众在城市文化的建设中起着主导地位；城市群众是城市文化的载体，既是服务对象也是文化形成、发展、传播的主体；城市群众的实践是检验城市文化先进与落后程度的客观标准。

3）开放性和兼容性：城市文化的开放性与兼容性是由城市本身的发展规律决定的，现代城市的发展具有由单一功能向多功能、由封闭向开放发展的规律。这种开放性和兼容性使得城市文化能够不断吸收新的元素，保持活力和创新。

4）多元性：城市文化内涵包括物质财富和精神财富的总和。这种多元性体现在城市居民在城市发展过程中所创造的独具特色的共同思想、价值观念、基本信念、城市精神、行为规范等精神财富上。城市文化作为城市的精神产品，规范着人们的思想和行为，对人们的影响是长远的。

城市文化的这些特征共同构成了城市文化的复杂性和多样性，使得每个城市都有其独特的文化魅力和价值。

3. 保护城市历史文化的重要性

以文化作为理解城市的重要因素之一，在规划过程中的意义是必须注意保护一个城市的历史文化，使城市文化具有一定程度的连续性。因此，保护城市历史文化的重要意义在于：

1）保护城市的发展脉络，使依附于城市物质实体上的城市文化能得以延续。

2）丰富城市的空间和文化，使各个发展阶段上的城市文化得以互相交融，从而反作用于城市客体，丰富城市的空间和文化。

3）具有教育和回味的作用，使城市居民产生认同感。

4. 城市文化的塑造

（1）突出个性

调查研究本城市优势特征，找到与其他城市形象不同的优势特征、定位、形象，系统构建避免雷同，突出城市个性，有效强化认知，提升城市品牌知名度。

（2）市场导向

城市品牌构建要能够体现城市战略发展方向和城市建设目标，从而引导内部公众与外部目标公众关注、感知本城市形象个性与优势，在心目中形成良好心理预期，并对个体行为起到规范引导作用，推动城市健康发展。

（3）公众认同

城市品牌形象构建要充分反映城市内部公众与外部目标公众心理需求与价值取向，

使公众在感知城市各方面要素和传播信息的接触中，逐渐形成对城市品牌形象的认知与支持。这包括：长期形成的城市观念、行为和表达方式，城市品牌的构建即在追求发展推动作用最大化的同时，从观念、行为和表现方式上寻求和公众的共鸣。

（4）现实可行

城市形象定位要从实际出发，符合贴近城市现实，确立经过努力可以实现的目标。这包括价值观念的可认同：历史文化、地域特征、经济环境；行为规范的可接受：城市经济环境、产业特征、市民素质特征；视觉表现的可执行：地域文化、地理环境、发展状态、投入成本；品牌管理的可操作：系统有序、原则鲜明、细节可调。城市品牌形象系统构成：它的意义和价值在于凸显差异化优势，提升城市知名度，实现经济效益；发挥凝聚功能，降低整体宣传成本，提升城市营销效益；确保城市形象的一致性和持续性；增强危机应对能力；产生正面外部效应，提升城市综合实力。

5. 国家历史文化名城分类

国家历史文化名城按照特点主要分为 7 类：

1）历史古都型：以都城时代的历史遗存物、古都的风貌为特点的城市。

2）传统风貌型：保留了一个或几个历史时期积淀的完整建筑群的城市。

3）一般史迹型：以分散在全城各处的文物古迹为历史传统主要体现方式的城市。

4）风景名胜型：由建筑与山水环境的叠加而显示出鲜明个性特征的城市。

5）地域特色型：以地域特色或独特的个性特征、民族风情、地方文化构成城市风貌主体的城市。

6）近代史迹型：以反映历史上某一事件或某个阶段的建筑物或建筑群为其显著特色的城市。

7）特殊职能型：某种职能在历史上占有极突出的地位的城市。

2.2.4　城市设计的组织实施

1. 城市设计的组织实施路径

城市设计的组织实施路径可以概括为：以整体性为特征，促进多样性融合；以多要素整合，实现总体控制，其原理示意如图 2-5 所示。

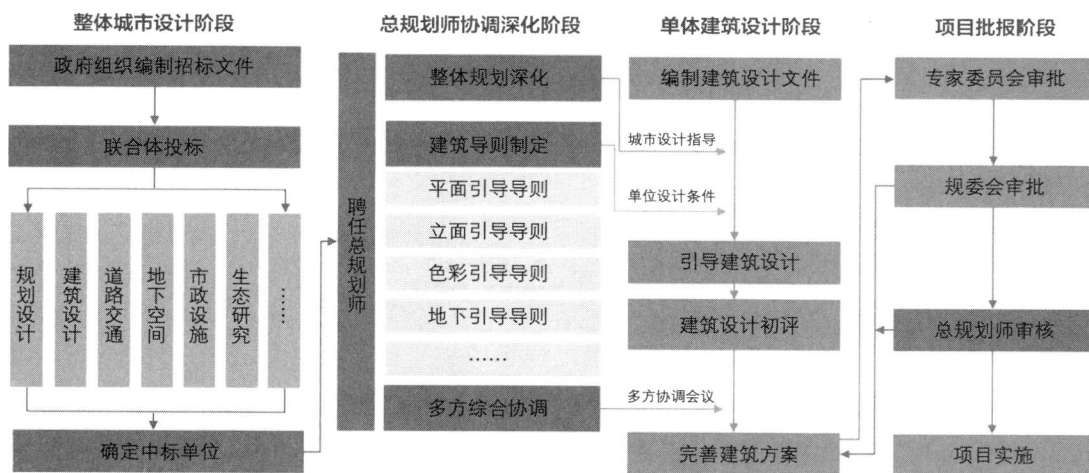

图 2-5　城市设计的组织实施路径示意图

2. 城市设计过程保障

城市设计过程保障体系的概念。目前，我国城市设计过程中缺乏的不仅是高质量的设计和管理技术，还包含了系统性的设计和运行环境，也就是城市设计过程保障体系。城市设计过程保障体系的四大要素——法规体系、机构组织、评价体系、公众参与的普遍缺失，以及他们之间组织机制的不完善，已经影响了我国城市设计组织管理的发展，并直接反映在城市建设中。

城市设计过程保障体系及其组织机制的构建和完善，需要很长一段发展过程和经验积累，与城市设计的技术方法相比不可避免地具有一定的滞后性，并且其体系涉及的机构组织也具有相当的广泛性。试图单纯依靠"自下而上"或者仅仅是部分机构进行努力的方式是不可取的，应当充分理解和发挥我国特有的规划优势，走城市设计和规划"一体化"之路，才是我国城市设计组织实施的解决之道。

3. 城市设计的工作范围

城市设计是对城市外部空间和建筑环境的设计和组织，指为达到人类的社会、经济、审美或者技术目标而在形体方面所做的构思。其设计的对象包括三个层次：

1）工程项目设计：在某一特定地段，有业主和具体设计任务与完成时间，如住区、公园、商业街区。

2）系统设计：考虑作为系统在功能上有联系的项目的设计，可能是分散分布而不构成一个具体特定地段的完整环境，如公路网、照明系统、标识系统。

3）城市或区域尺度的设计：包括多重业主，没有明确的设计任务，如新城设计、旧城更新改造等。

4. 城市设计的层次

（1）区域—城市级城市设计

区域—城市级城市设计的工作对象主要是城市建成区（Built Environment）。着重研究在城市总体规划前提下的城市形体结构、城市景观体系、开放空间和公共性人文活动空间的组织。其设计目标是为城市规划各项内容的决策和实施提供一个基于公众利益的形体设计准则，有时，它还可以指定一些特殊的地区和地段做进一步的设计研究，一般成果具有政策和导则取向为主、空间形体考虑为辅的特点。在操作中，它一般与规划过程结合，成为总体规划的一个分支。其内容包括市域范围内的生态、文化、历史在内的用地形态、空间景观、空间结构、道路格局、开放空间体系和艺术特色乃至城市天际轮廓线、标志性建筑布局等内容。

（2）分区级城市设计

分区级城市设计主要涉及城市中功能相对独立，并具有相对环境整体性的街区。其目标是，基于城市总体规划确定的原则，分析该地区对于城市整体的价值，为保护或强化该地区已有的自然环境和人造环境的特点和开发潜能，提供并建立适宜的操作技术和设计程序。

此外，通过分区级的设计研究，又可指明下一阶段优先开发实施的地段和具体项目，操作中可与分区规划和详细规划结合进行。

（3）地段级城市设计

地段级城市设计主要指由建筑设计和特定建设项目的开发，如街景、广场、交通枢纽、大型建筑物及其周边外部环境的设计。这是最常见的城市设计内容，这一尺度的城市设计多以工程和产品为取向，虽然比较微观而具体，却对城市面貌有很大影响。

地段级的城市设计主要落实到具体建筑物设计及其一些较小范围的形体环境建设项目上。在这一层次，主要依靠广大建筑师自身对城市设计观念的一种理解和自觉以及城市设计图则导则的作用。

5. 城市设计的实践类型

城市设计是对城市外部空间和建筑环境的设计和组织。主要有以下几种项目类型：

（1）开发型城市设计

包括城市中大面积的街区和建筑开发，建筑和交通设施的综合开发，城市中心开发建设和新城开发建设等大尺度的发展计划。设计目标是维护城市环境的整体性和公共利益。此类城市设计的实施通常是在政府组织架构的管理和审议中实现的。

（2）保存型城市设计

对象是具有历史文脉和场所意义的城市地段，强调城市物质环境建设的内涵和品质，而不是只注重外表量的增长。"可持续发展"的意义早已超出了狭义的资源和环境的概念，历史文化的延续也成为人居环境可持续发展的重要方面，这种类型的城市设计重要性已经被放在突出的位置上。

（3）社区设计

设计过程关注微观层面的人的具体生活要求，强调社区参与，在设计过程中重点考虑用户群体的使用要求、生活习俗和情感心理，并在设计过程中强调向社会学习，设计者和使用者相互教育。

本章复习思考题

1. 城市规划的概念。
2. 简述城乡规划体系的内容。
3. 简述城市规划的分类。
4. 简述我国城市规划的法律依据。
5. 简述城市规划编制的原则。
6. 简述我国城市规划的基本特征。
7. 城市总体规划的概念。
8. 城市总体规划的原则。
9. 简述城市总体规划的内容。
10. 城市规划管理创新的总体思路。
11. 中央城市工作会议对城市规划管理的要求。
12. 城市设计的概念。
13. 简述城市设计与建筑设计的区别和联系。
14. 数字化城市设计的特征是什么？
15. 简述城市布局的影响因素。
16. 如何塑造城市文化？
17. 简述国家历史文化名城分类。
18. 我国大城市主要分布在什么地点？请分析原因。

City ——————————

本章学习要求：了解项目建议书与可行性研究主要内容、
城市建设项目报批程序
本章学习重点：熟悉城市建设项目投资结构与决策要点
本章学习难点：掌握城市建设项目融资模式

城市建设项目主要包括城市基础设施建设项目、旧城改
造项目、城中村改造项目和房地产项目等。在城市建设
过程中，首先要对这些项目进行可行性研究并办理相关
手续；其次要进行项目投资分析，确定具体的实施方案；
最后要确定建设项目的融资方案和途径，以满足项目建
设对资金的需求。

第 3 章

城市建设项目投资决策

3.1   城市建设项目可行性研究

可行性研究就是对拟投资项目从有关的所有方面进行调查研究和综合论证，为投资决策提供科学依据，从而保证所投资项目在技术上先进可靠，经济上合理有利，操作上合法可行（图3-1）。可行性研究在国外已被广泛采用，其理论和方法也日臻完善，我国于20世纪70年代末到80

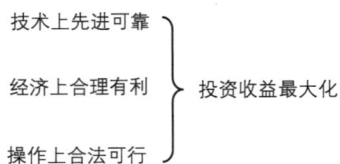

技术上先进可靠 ⎫
经济上合理有利 ⎬ 投资收益最大化
操作上合法可行 ⎭

图3-1   可行性研究的目标

年代初，摒弃了苏联的技术经济分析方法，在工程项目决策中引入西方的可行性研究方法。其主要任务是按照国民经济长期规划和地区规划、行业规划的要求，对拟建项目进行投资方案规划、工程技术论证、社会与经济效果预测和组织机构分析，经过多方面计算、分析、论证评价，为项目决策提供可靠的依据和建议。

政府采取直接投资方式、资本金注入方式投资的项目，项目单位应当编制项目可行性研究报告，按照政府投资管理权限和规定的程序，报投资主管部门或者其他有关部门审批。经投资主管部门或者其他有关部门核定的投资概算是控制政府投资项目总投资的依据。企业投资项目同样是企业投资决策过程中的重要一环，可行性研究的结论既是投资决策的重要依据，也是指导下一步工作的重要参考，为初步设计、环境评价、安全评价、节能评估、社会稳定性风险分析、融资等提供方案、参数与数据等。

3.1.1   可行性研究的作用和要求

可行性研究是建设项目投资决策前进行技术经济论证的一门科学。它的任务是综合论证一项建设工程在市场中的发展前景、技术的先进性和可行性、经济的合理性和有效性，简单地说，就是研究、评价一个建设项目从技术和经济两方面看是否可行，从而为投资决策者提供是否选择该项目进行投资的依据。

1. 可行性研究的作用

（1）为投资者进行投资决策提供依据

政府投资的项目，可行性研究的结论是政府投资主管部门审批决策的依据；企业投资的项目，可行性研究的结论既是企业内部投资决策的依据，同时，对列入《核准目录》内、需经政府投资主管部门核准的投资项目，可行性研究结论又可以作为编制项目申请报告（书）的依据；对于使用政府投资补助、贷款贴息等方式的企业投资项目，可行性研究可以作为编制资金申请报告的依据。项目前期可行性研究、设计阶段对于投资控制的重要作用，反映在建设项目前期工作和设计对投资费用的巨大影响上。在一般情况下，可行性研究、设计准备阶段节约投资的可能性最大，即其对建设项目经济性的影响程度能够达到 95%~100%；初步设计阶段为 75%~95%；技术设计阶段为 35%~75%；施工图设计阶段为 10%~35%；而至工程的施工阶段，其影响程度可能只有 10% 左右（图 3-2）。

（2）为投资者筹措资金及申请贷款提供依据

银行等金融机构一般都要求项目业主提交可行性研究报告，通过对可行性研究报告的评估，分析项目产品的市场竞争力、采用技术的可靠性、项目的财务效益和还款能力、项目的风险，然后作为对项目提供贷款的参考。

（3）为工程设计、编制初步设计文件提供依据

按照项目建设程序，一般只有在可行性研究报告完成后，才能进行初步设计（或基础设计）。初步设计（或基础设计）文件应在可行性研究的基础上，根据审定的可行性研究报告进行编制。可行性研究报告的投资估算，通常作为初步设计概算限额设计的依据。

（4）优化建设方案的依据

方案比选伴随可行性研究的全过程，围绕着投资的核心目标即投资的目的，如经济目标、健康目标、环境目标、安全目标、舒适目标、服务目标等通过可行性研究展开系统研究和方案优化。

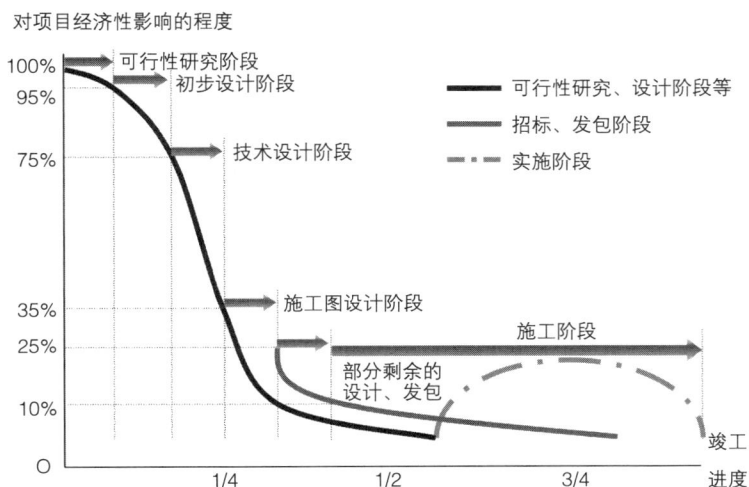

图 3-2　建设项目各阶段投资控制的影响程度

（5）落实建设条件的依据

在可行性研究过程中，围绕实现投资目标、满足最优方案的需要，往往要求建设地区在自然条件、社会经济状况、政策环境等方面找寻支撑，由可行性研究人员提出需要的条件，寻求政府、相关企业或部门各方协调解决与落实。

（6）其他作用

可行性研究报告也已成为商谈合同、签订协议、设备订货等的重要依据。同时，在项目决策过程中，伴随着一些专项审批项，诸如环境评价、安全评价、节能评价、社会稳定性风险分析等，这些专项审批需要可行性研究报告作为基础资料。

总之，可行性研究报告是投资者在前期准备工作阶段的纲领性文件，是进行其他各项投资准备工作的主要依据。

2. 可行性研究的深度要求

可行性研究的基本要求包括：预见性、客观公正性、可靠性、科学性和合规性。除基本要求以外，还应当达到以下深度要求：

1）内容齐全、数据准确、论据充分、结论明确的要求，以满足决策者定方案、定项目的需要。

2）要以市场为导向，围绕增强核心竞争力做工作，以经济效益或投资效果为中心，最大限度地优化方案，提高投资效益或效果。对项目可能的风险作出必要的提示。

3）选用的主要设备的规格、参数应能满足预订货的要求。引进技术设备的资料应能满足合同谈判的要求。

4）重大技术、财务方案，应有两个以上方案的比选。

5）确定的主要工程技术数据，应能满足项目初步设计的要求。

6）对投资和成本费用的估算应采用分项详细估算法。准确度应能满足决策者的要求。

7）融资方案应能满足项目资金筹措及使用计划对投资数额、时间和币种的要求，并能满足银行等金融机构信贷决策的需要。

8）应反映可行性研究过程中出现的对某些方案的重大分歧及未被采纳的理由，以供决策者权衡利弊进行决策。

9）可行性研究报告应符合国家、行业、地方或公司有关法律、法规和政策，符合投资方或出资人有关规定和要求。应附有供评估、决策审批所必需的合同、协议和相应的行政许可文件。报告中采用的法规文件应是最新的和有效的。

3.1.2　可行性研究的阶段划分

1. 可行性研究的主要阶段

可行性研究可划分为三个主要阶段：

1）机会研究：一般机会研究与具体机会研究，编制项目建议书。

2）初步可行性研究：编制初步可行性研究报告或项目建议书。

3）详细可行性研究：编制可行性研究报告。

此外，对某些特定的大型的、结构复杂的工程项目，还要进行辅助（专题）研究。辅助（专题）研究亦称功能研究，是指对项目某一个或几个方面的关键问题进行的专门研究。

2. 可行性研究各阶段工作目的和要求（表 3-1）

可行性研究各阶段工作目的和要求　　　　　　　　　　　　表 3-1

研究阶段	机会研究	初步可行性研究	详细可行性研究	项目评估决策
研究性质	项目设想	项目初选	项目准备	项目评估
研究目的和内容	鉴别投资方向，寻求投资机会（含地区、行业、资源和项目的机会研究），选择项目，提出项目投资建议	对项目作初步评价，进行专题辅助研究，广泛分析、筛选方案，确定项目的初步可行性	对项目进行深入细致的技术经济论证，重点对项目的技术方案和经济效益进行分析评价，进行多方案比选，提出结论性意见	综合分析各种效益，对可行性研究报告进行全面审核和评估，分析判断可行性研究的可靠性和真实性
研究要求	编制项目建议书	编制初步可行性研究报告或项目建议书	编制可行性研究报告	提出项目评估报告
研究作用	为初步选择投资项目提供依据，批准后列入建设前期工作计划，作为国家对投资项目的初步决策	判定是否有必要进行下一步详细可行性研究，进一步判明建设项目的生命力	作为项目投资决策的基础和重要依据	为投资决策者提供最后决策依据，决定项目取舍和选择最佳投资方案
估算精度	±30%	±20%	±10%	±10%

3. 项目建议书

（1）项目建议书的概念和作用

项目建议书是拟建单位向行政主管部门提出的要求建设某一具体工程项目的建议文件，是对工程项目建设的总体框架性的构想。在项目早期，由于项目条件还不够成熟，仅有规划意见书，对项目的具体建设方案还不明晰，市政、环保、交通等专业咨询意见尚未办理。项目建议书主要论证项目建设的必要性，建设方案和投资估算也比较粗，投资误差也较大。

项目建议书是由项目投资方向其主管部门上报的文件，目前广泛应用于项目的国家立项审批工作中。它要从宏观上论述项目设立的必要性和可能性，把项目投资的设想变为概略的投资建议，可以供项目审批机关作出初步决策，可以减少项目选择的盲目性，为下一步可行性研究打下基础。

（2）项目建议书的编制目的

项目建议书编制目的：机会研究或规划设想的效益前途是否可信，是否可以在此阶段阐明的资料基础上提出投资建议的决策；建设项目是否需要和值得进行可行性研究的详尽分析；项目研究中有哪些关键问题，是否需要作专题研究；所有可能的项目方案是否均已审查甄选过；在已获资料基础上，是否可以决定项目有无足够吸引力和可行度。

（3）项目建议书的主要内容

项目建议书主要内容：项目建设的必要性及相关依据；产品方案、建设规模、项目选址；建设资源条件分析、生产条件、协作方关系、供应商选择；项目投资估算、资金筹措及融资方案；项目建设的进度安排；产品的经济和社会效益分析；环境影响初步评价。

（4）项目建议书的编报程序

项目建议书编报程序：项目建议书由政府部门、全国性专业公司以及现有企事业单位或新组成的项目法人提出。其中，跨地区、跨行业的建设项目以及对国计民生有重大影响的项目、国内合资建设项目，应由有关部门和地区联合提出；中外合资、合作经营项目，在中外投资者达成意向性协议书后，再根据国内有关投资政策、产业政策编制项目建议书；大中型和限额以上拟建项目上报项目建议书时，应附初步可行性研究报告。初步可行性研究报告由有资格的设计单位或工程咨询公司编制。根据现行规定，建设项目是指在一个总体设计或初步设计范围内，由一个或几个单位工程组成，经济上统一核算，行政上实行统一管理的建设单位。因此，凡在一个总体设计或初步设计范围内经济上统一核算的主体工程、配套工程及附属设施，应编制统一的项目建议书；在一个总体设计范围内，经济上独立核算的各工程项目，应分别编制项目建议书；在一个总体设计范围内的分期建设工程项目，也应分别编制项目建议书。

项目建议书的批复是可行性研究报告的重要依据之一；可行性研究报告是项目建议书的后续文件之一。此外，在可行性研究阶段，项目至少有方案设计，市政、交通和环境等专业咨询意见也必不可少。对于房地产项目，一般还要有控制性详细规划或修建性详细规划的批复。此阶段投资估算要求较细，原则上误差在 ±10%；相应地，融资方案也要详细，每年的建设投资要落到实处，有银行贷款的项目，要有银行出具的资信证明。很多项目在报立项时，条件已比较成熟，土地、规划、环评、专业咨询意见等基本具备，特别是项目资金来源完全是项目法人自筹，没有财政资金并且不享受特殊政策，这类项目常常是项目建议书与可行性研究报告合为一体。一个项目要获得政府有关扶持，首先必须先有项目建议书，项目建议书通过筛选后，再进行项目的可行性研究，可行性研究报告经专家论证后，才最后审定。这实际上也是一种常见的审批程序，是列入备选项目和建设前期工作计划决策的依据。项目建议书和初步可行性研究报告经批准后，才可以进行以可行性研究为中心的各项工作。

3.1.3　可行性研究的基本内容

可行性研究是在项目决策前，通过调查、分析、论证与项目有关的工程、技术、经济、管理、法律等方面的条件和可能遇到的实际情况，对可能的多种方案进行比较，对项目建成后的经济效益进行预测和评价的一种投资决策研究和分析活动。项目可行性研究报告主要是通过对项目的主要内容和配套条件，如市场需求、资源供应、建设规模、工艺路线、设备选型、环境影响、资金筹措、盈利能力等，从技术、经济、工程等方面进行调查研究和分析比较，并对项目建成以后可能取得的财务、经济效益及社会影响进行预测，从而提出该项目是否值得投资和如何进行建设的咨询意见，为项目决策提供依据的一种综合性的分析方法。可行性研究具有预见性、公正性、可靠性、科学性的特点。

1. 可行性研究的分类

可行性研究报告从功能用途上，其主要分类有：

（1）用于企业融资、对外招商合作

此类研究报告通常要求市场分析准确、投资方案合理，并提供竞争分析、营销计划、管理方案、技术研发等实际运作方案。

（2）用于国家发展和改革委员会立项

相关文件是根据《中华人民共和国行政许可法》和《国务院对确需保留的行政审批项目设定行政许可的决定》而编写，是大型基础设施项目立项的基础文件，国家发展和改革委员会根据可行性研究报告进行核准、备案或批复，决定某个项目是否实施。另外医药企业在申请相关证书时也需要编写可行性研究报告。

（3）用于银行贷款

商业银行在贷款前进行风险评估时，需要项目方出具详细的可行性研究报告，对于国家开发银行等国内银行，该报告由甲级资质单位出具，通常不需要再组织专家评审，部分银行的贷款可行性研究报告不需要资格，但要求融资方案合理，分析正确，信息全面。另外在申请国家的相关政策支持资金、工商注册时往往也需要编写可行性研究报告，该文件类似用于银行贷款的可行性研究报告。

（4）用于申请进口设备免税

主要用于进口设备免税用的可行性研究报告，申请办理中外合资企业、内资企业项目确认书的项目需要提供项目可行性研究报告。

（5）用于境外投资项目核准

企业在实施走出去战略，对国外矿产资源和其他产业投资时，需要编写可行性研究报告并报给国家发展和改革委员会或省发展和改革委员会，需要申请中国进出口银行境外投资重点项目信贷支持时，也需要可行性研究报告。

2. 可行性研究报告内容要点

由于各阶段可行性研究报告内容的详略程度有差异，所以以下仅对详细可行性研究报告基本内容进行讨论，可行性研究报告的框架与内容具体如下（表3-2）。

可行性研究报告的框架与内容 表3-2

可行性研究报告目录	具体内容
总论	①概述；②研究结论；③存在的主要问题和建议
市场预测分析	①市场预测分析的目的与要求；②市场预测分析的编制内容
建设方案	①建设规模与产品方案；②生产工艺技术与装备方案研究；③建设条件与场（厂）址选择；④原材料与燃料及动力供应；⑤总图运输；⑥工程方案及配套工程方案；⑦环境保护；⑧安全、职业卫生与消防；⑨节能、节水；⑩项目组织与管理
投资估算与资金筹措	①投资估算；②资金筹措
财务分析	①财务分析的作用与要求；②财务分析的编制内容
经济分析	①经济分析的作用；②经济分析的要求；③费用效果分析；④经济分析的编制内容
风险分析	①风险分析的意义与作用；②投资项目的主要风险；③风险分析的编制内容
结论建议	①综合评价；②研究报告的结论；③存在的问题；④建议及实施条件

（1）总论

总论包括概述和研究结论、存在的主要问题和建议。研究的简要综合结论需从项目建设的必要性、装置规模、产品方案等方面给出简要明确的结论性意见。简要说明投资项目是否符合国家产业政策要求，是否符合行业准入条件，是否与所在地的发展规划或城镇规划等相适应。境外投资项目还要提出项目遇到的特殊情况及处理措施等。提出可行性研究报告推荐方案的主要理由，归纳列出项目的主要技术经济指标。

（2）市场预测分析

市场预测分析是项目可行性研究报告的重点内容，尤其是产品竞争力分析，是可行性研究的核心内容之一。其主要为判断项目产品是否有市场潜力，然后确定销售产品的规划和设想，为实现预期利润奠定基础。通过对项目的产出品、投入品或服务的市场容量、供需、价格、竞争格局等进行的调查、分析、预测，为确定项目的目标市场、建设规模和产品方案提供依据。

市场预测分析应包括国外市场、国内市场、区域市场和目标市场等多个层次。对于规模较小，且市场较为确定的项目，其重点是分析区域市场或目标市场。可行性研究报告应对主要产品的市场供需状况、价格走势以及竞争力进行预测分析。对于技术改造和改扩建项目等项目产品增量不大，对原有市场影响较小的，预测分析内容可以适当简化。对于项目规模较大，市场竞争激烈的产品、新兴产品及市场具有不确定性的产品，其市场预测分析应当进行专题研究，在做可行性研究报告之前，先完成市场专题报告。对项目影响较大的原材料、燃料、动力，必要时应编制市场预测专题报告。市场预测分析应提出项目产品或服务面临的风险，对一些特定市场或特定产品应进行营销策略分析。

（3）建设方案

建设方案研究与比选是项目决策分析与评价的核心内容之一，是在市场分析的基础上，通过多方案比选，构造和优化项目建设方案，进行估算项目投资，选择融资方案，进行项目经济、环境、安全和社会评价等，进而判别项目的可行性和合理性的基础。

（4）投资估算与资金筹措

投资估算是在对项目的建设规模与产品方案、生产工艺技术与装备方案研究、建设条件与场（厂）址选择等进行研究并基本确定的基础上，对建设项目总投资及各分项投资数额进行估算。项目资金由权益资金和债务资金构成。融资方案研究是在已确定建设方案并完成投资估算的基础上，结合项目实施组织和建设进度计划，构造融资方案，进行融资结构、融资成本和融资风险分析，优化融资方案，并作为融资后财务分析的基础。项目的融资方案研究的任务，一是调查项目的融资环境、融资形式、融资结构、融资成本、融资风险，拟定出一套或几套可行的融资方案；二是经过比选优化，推荐资金来源可靠、资金结构合理、融资成本低、融资风险小的方案。资金筹措包括权益资金和债务资金筹措。在建设方案研究的同时进行融资方案的研究。

（5）财务分析

财务分析，又称财务评价，是项目决策分析与评价中为判定项目财务可行性所进行的一项重要工作，是项目经济评价的重要组成部分，是投融资决策的重要依据。财务分析是在现行会计规定、税收法规和价格体系下，通过财务效益与费用（收益与支出）的预测，编制财务报表，计算评价指标，考察和分析项目的盈利能力、偿债能力和财务生存能力，据此判断项目的财务可行性，明确项目对财务主体及投资者的价值贡献（表3-3）。

财务分析指标   表3-3

财务分析指标	分类	
盈利能力分析	静态指标	项目息税前利润（EBIT）、项目息税折旧摊销前利润（EBITDA）、经济增加值（EVA）、利润总额、税后利润、项目投资回收期、总投资收益率、资本金净利润率、投资利税率等
	动态指标	项目投资财务内部收益率（FIRR）、项目财务净现值（FNPV）、项目资本金财务内部收益率（EFIRR）、投资各方财务内部收益率等
偿债能力分析	利息备付率、偿债备付（覆盖）率、借款偿还期等	
财务生存能力分析	分析是否有足够的净现金流量维持正常运营，尤其是在项目投产初期。分析各年累计盈余资金是否出现负值，是短期还是长期，对出现负值的原因进行分析。 非经营性项目通过财务生存能力分析提出需要政府补助维持项目持续运营的费用	

（6）经济分析

经济分析按合理配置资源的原则，采用社会折现率、影子汇率、影子工资和货物影子价格等经济分析参数，从项目对社会经济所做贡献以及社会经济为项目付出代价的角度，识别项目的效益和费用，分析计算项目对社会经济（社会福利）的净贡献，评价项目投资的经济效率，也即经济合理性。企业自主决策的项目一般不要求做经济分析。

（7）风险分析

风险分析作为可行性研究的一项重要内容，贯穿于项目分析的各个环节和全过程。一般投资项目的风险主要有市场风险、技术与工程风险、组织管理风险、政策风险、环境与社会风险以及一些项目特有的风险。风险分析的编制内容包括：风险因素的识别；风险程度的估计；研究提出风险对策；风险分析结果的反馈；编制风险与对策汇总表；风险结论与提示。

（8）研究结论

最后应对项目是否可行给出明确结论，并提供某些有利项目实施的改进意见。研究结论主要包含：综合评价；研究报告的结论；存在的问题；建议及实施条件四部分内容。

可行性研究基本内容随行业不同而有所区别、侧重。对某些经济、技术不太复杂，协作关系比较简单的，初步可行性研究与可行性研究可以合并为一个阶段。

3.1.4　部分行业项目可行性研究报告的特点

对于政府投资建设的城市基础设施等公益性项目、公共基础设施项目和环境保护等项目，除上述各项内容外，可行性研究及其报告的内容还应包括：政府投资的必要性；项目实施代建制方案；政府投资的投资方式；对采用资本金注入方式的项目，要分析出资人代表的情况及其合理性；对没有营业收入或收入不足以弥补运营成本的公益性项目，要从项目运营的财务可持续性角度，分析、研究政府提供补贴的方式和数额；PPP 项目应根据政府有关规定，在满足项目目标和基准收益的前提下，推算政府介入的条件和给予的优惠等。

部分行业项目可行性研究报告的特点

（1）部分行业项目可行性研究报告，其内容具有自身特征（表 3-4）。

部分行业项目可行性研究报告的特点　　　　　　　　　　表 3-4

项目类型	可行性研究报告特点	
水利水电项目	项目经济评价以经济分析为主，财务分析为辅	主要工程方案是主要建筑物方案。库区淹没和移民安置是极其重要的内容之一，应重点研究和论述
交通运输项目	项目经济评价以经济分析为主，财务分析为辅	社会评价是交通运输项目的重点内容之一。站线选择应充分考虑搬迁和移民安置等，应作为重点内容研究和论述
农业开发项目	项目层	以经济分析为主，财务分析为辅
	经营层	只进行财务分析
文教卫生项目	项目经济评价以经济分析为主，常用的方法有最小成本分析、经济费用效果分析等	
资源开发项目	重点研究资源开发利用的条件	
公共建筑项目	具有很强的政府主导性，大部分属于政府投资。主要强调社会服务功能，分析的重点是社会需求与服务，强调投资效果分析，经济分析的重点是强调费用效果最佳，以及财务的可持续性分析	
城市基础设施项目	与公共建筑项目基本类似，其财务分析和经济分析方法可以相互借鉴。比较适合 PPP 模式	
房地产项目	商品房项目完全由市场主导，项目研究的重点在于取得较好的地块和提升容积率。项目的营销手段是项目定价并取得盈利的重要内容。 经济适用房项目不完全由市场主导，其定价和土地供应由政府主导，项目研究的重点在于取得较好的地块和提升容积率并有较好的设计方案，满足政府和客户的需求。项目不以追求盈利为目的	

（2）特许经营类项目

BOT 项目是项目融资的一种重要方式，包括 BOT（建设—经营—移交）、BT（建设—移交）、TOT（移交—经营—移交）、BOO（建设—经营—拥有）、ROO（改造—经营—拥有）等二十多个类别。它是由项目所在国政府或所属机构为项目的建设和经营提供一种特许权协议，作为项目融资的基础，由本国或外国公司作为投资者和经营者安排融资，承担风险，开发投资项目，并在有限的时间内经营项目获取商业利益，最后根据协议将该项目转让给相应的政府机构。其核心是在自有资金到位的前提下，以项目未来的现金流作为抵押，向银行换取项目所需的资金，用于项目的投资建设。由于项目的主要投入物和产出物的价格、数量得到契约保证，最大限度地减少了投资风险，保证了投资者的利益，同时，降低了业主的筹资风险。BOT 项目的结构包括三方组织，即：项目的发起人（最终所有者），项目的投资者和经营者，项目的贷款银行。由于 BOT 项目是以项目未来的现金流作为抵押的一种融资方式，项目稳定而持续的现金流是项目各方关注的焦点，因此必须强化风险分析。

（3）PPP 项目

政府和社会资本合作（PPP）模式是指政府为增强公共产品和服务供给能力、提高供给效率，通过特许经营、购买服务、股权合作等方式，与社会资本建立的利益共享、风险分担及长期合作关系。政府和社会资本合作模式是在基础设施及公共服务领域建立的一种长期合作关系。通常模式是由社会资本承担设计、建设、运营、维护基础设施的大部分工作，并通过"使用者付费"及必要的"政府付费"获得合理投资回报；政府部门负责基础设施及公共服务价格和质量监管，以保证公共利益最大化。政府和社会资本合作（PPP）模式不但可以用于新建项目，也可以在存量、在建项目中使用。PPP 项目需要编制实施方案，作为政府和社会资本合作（PPP）项目的决策依据和实施基础，同时也可作为社会资本方对项目投资可行性、风险与收益等进行评估、决策的重要依据。实施方案包括对边界条件的设置、交易结构的设计、回报机制的研究，明确政府和社会资本合作（PPP）项目在全生命周期内的权利、义务划分，进行项目价值评估和财政承受能力论证等。

实施方案具有科学性、专业性、有效性。实施方案应坚持尊重契约精神，建立长期合作关系；坚持宏观与微观相结合，统筹近期与远期关系；坚持风险分担，利益共享；坚持维护公共利益，保障社会资本获得合理回报。实施方案的编制一般包括项目概况、风险识别与分配、项目运作方式、项目交易结构、合同体系、监管架构、社会资本采购、物有所值与财政承受能力论证等方面的内容，在具体编制时可结合项目特点和具体情况酌情增减。

3.1.5　可行性研究的工作程序

可行性研究的工作程序如下：

1. 组织工作小组与制订计划

承担项目可行性研究的单位在承接任务后，需获得项目建议书和有关项目的背景与指示文件，摸清委托者的目标和要求，明确研究内容，之后方可组成项目可行性研究工作小组或项目组，确定项目负责人和专业负责人。项目组根据书面任务书研究工作范围和工作要求，制订项目工作计划，安排具体实施进度。

2. 调查研究与收集资料

项目组在摸清委托单位对项目建设的意图和要求后，首先应组织收集和查阅与项目有关的自然环境、经济与社会情况等基础资料和文件资料，并拟定调研提纲，组织人员赴现场进行实地踏勘与调查，收集整理得到设计基础资料，必要时还需要进行专题调查研究。

3. 方案设计和优化

根据项目建议书的要求，结合市场和资源调查，在收集一定的基础资料和数据的基础上，提出几种可供选择的技术方案和建设方案，结合实际条件进行反复的方案论证和比较，会同委托部门明确选择方案的重大原则问题和优化标准，从若干方案中选择或推荐最优及次优方案，研究论证项目在技术上的可行性，进一步确定产品方案、生产经济规模、工艺流程、设备选型、车间组成、组织机构和人员配备等总体建设方案。

4. 经济分析和评价

项目的调研与经济分析人员应根据调查资料和有关规定，选定方案，以备进行进一步的综合经济评价。选定与本项目有关的经济评价基础数据和定额指标参数，列表并注明数据来源。在方案设计和优化过程中，对重大问题或有争论的问题，要会同委托单位共同讨论确定。

5. 编写项目可行性研究报告

在对建设项目进行了认真的技术经济分析论证，证明了项目建设上的必要性、技术上的可行性和经济上与社会上的合理性后，即可编制详尽的项目可行性研究报告，推荐一个以上项目建设可行性方案和实施计划，提出结论性意见和重大措施建议，为决策部门的最终决策提供科学依据。

3.1.6　项目评估与可行性研究的关系

项目评估是指在可行性研究的基础上，根据国家有关部门颁布的政策、法规、方法、参数和条例等，从项目（或企业）、国民经济和社会发展的角度出发，由有关部门（包括银行、中介咨询机构等）对拟建投资项目建设的必要性、建设条件、生产条件、产品市场需求、工程技术、财务效益、经济效益和社会效益等进行全面分析论证，并就该项目是否可行提出相应职业判断的一项技术经济评价工作。项目评估的目的是审查和判断项目可行性研究（或项目申请报告）的可行性、真实性和客观性，对拟建项目是否可行及最佳投资方案的确定是否合理提出评估意见。

1. 项目评估的要点

（1）项目评估的原则

项目评估的原则包括：考察因素的系统性；实施方案的最优性；选择指标的统一性；选取数据的准确性；分析方法的科学性。

（2）项目评估的依据

有关部门颁布的项目评估方法或行业评估方法；国家发展和改革委员会等部门发布的《建设项目经济评价方法与参数》；项目可行性研究报告（或项目申请报告）、规划方案等；项目建议书、可行性研究报告及各有关部门的批复文件，如项目建议书、可行性研究报告的批复；投资协议、合同、章程等；有关的方针、政策、法规、规定、办法等；其他有关信息资料。

对于项目贷款机构评估来说，还需要补充以下文件资料作为评估的依据：借款人近三年的损益表、资产负债表和财务状况变动表；对于合资或合作投资项目，各方投资者近三年的损益表、资产负债表和财务状况变动表；项目保证人近三年的损益表、资产负债表和财务状况变动表；银行评审需要的其他文件。

（3）项目评估的内容

项目评估的主要内容有：项目与企业概况评估；项目建设必要性评估；项目市场需求分析；项目生产规模确定；项目建设生产条件评估；项目工程与技术评估；投资估算与资金筹措；财务分析；国民经济费用效益分析；社会效益分析；不确定性分析；项目

总评估。

（4）项目评估的工作程序

了解评估项目，做好准备工作；成立评估小组，制定工作计划；调查研究，收集资料，核查整理；审查分析、综合判断；编写评估报告。

2. 项目评估与可行性报告的关系

（1）一致性

二者的一致性主要体现在：均处于项目投资的前期；基础理论基本相同；工作的内容基本相同；目的相同。

（2）区别

二者的区别主要体现在：

1）行为主体不同，即可行性研究是为决策部门和投资主体服务，项目评估是向投资和贷款的决策机构负责。

2）立足点不同，即可行性研究是立足于直接投资者项目评估、立足于贷款银行或有关部门。

3）二者所起的作用不同，即可行性研究是投资者决策依据、一般项目政府职能部门决策依据；项目评估是金融机构决策依据、重大项目政府职能部门决策依据。

4）二者所处阶段不同，即可行性研究在前，为评估提供工作基础；项目评估在后，是可行性研究的延伸、深化和再研究。

3.1.7　项目可行性研究的报批

1. 报批类型

按政府管理权限不同，项目可行性研究的报批可划分为审批制、核准制、备案制三类。

（1）审批制

对于采用直接投资和资本金注入方式的政府投资工程，政府需要从投资决策的角度审批项目建议书、可行性研究报告、初步设计、概算。对于采用投资补助、转贷和贷款贴息方式的政府投资工程，则只审批资金申请报告。政府投资工程一般经过评估论证，特别重大的应实行专家评议制度，国家将逐步实行政府投资工程公示制度。非政府投资工程实行核准制或登记备案制。

（2）核准制

企业投资建设《政府核准的投资项目目录》中的项目时，仅需向政府提交项目申请报告，不再经过批准项目建议书、可行性研究报告和开工报告的程序。

（3）备案制

对于《政府核准的投资项目目录》以外的企业投资项目，实行备案制。除国家另有规定外，由企业按照属地原则向地方政府投资主管部门备案。

2. 报批程序

根据《国务院关于投资体制改革的决定》的要求，把投资项目划分为政府投资项目和企业投资项目。企业投资项目不再实行审批制，区别不同情况实行核准制和备案制。其中，政府仅对重大项目和限制类项目从维护社会公共利益角度进行核准，其他项目无论规模大小均改为备案制。对于企业使用政府补助、转贷、贴息投资的建设项目，政府只审批资金申请报告。实行核准制的投资项目，投资者仅需向政府提交项目申请报告，政府不再批准项目建议书、可行性研究报告和开工报告等；对于实行备案制的投资项目，除国家另有规定外，由投资者按照属地原则向地方政府主管部门备案。政府投资项目仍然实行审批制：对于政府投资项目，采用直接投资和资本金注入方式的，只从投资决策角度审批项目建议书和可行性研究报告，除特殊情况外不再审批开工报告，同时应严格执行政府投资项目的初步设计、概算审批工作。对于实施核准制或登记备案制的项目，虽然政府不再审批项目建议书和可行性研究报告，但为了保证企业投资决策的质量，企业也应该编制可行性研究报告。

（1）审批制报批程序

政府投资项目实行审批制，包括审批项目建议书，项目可行性研究报告、初步设计，除情况特殊，影响重大的项目需要审批开工报告外，一般不再审批开工报告，同时应严格执行政府投资项目的初步设计、概算审批工作。政府投资项目的编制报送项目建议书。项目单位根据规划要求委托有资质的工程咨询机构编制项目建议书（初步可行性研究报告）。由国家发展和改革委员会（简称国家发改委）负责审批的项目，其项目建议书由具有甲级资质的工程咨询机构编制。编制完成后按照规定的程序和事权报送项目审批部门审批。

项目建议书（初步可行性研究报告）的受理和审批。申请安排中央预算投资3000万元及以上的项目，以及需要跨地区、跨部门、跨领域统筹的项目，由国家发改委审批或者国家发改委委托中央有关部门审批，其中特别重大项目由国家发改委核报国务院审批，其余项目按照隶属关系，由中央有关部门审批后抄送国家发改委。审批机构对于符合有关规定，确有必要建设的项目，批复项目建议书（一般称项目立项），并将批复文件抄送城乡规划、国土资源、环境保护等部门。若有必要，审批部门受理项目建议书后可委托工程咨询机构进行评估。项目建议书批准后，审批机构应按照有关规定进行公示。

编制并提交可行性研究报告。如果项目建议书得到批准，项目单位要委托有资质的工程咨询机构编制项目可行性研究报告，并提交给政府审批部门。落实各项建设和运行保障条件，并按规定取得相关行政许可或审查意见，向城乡规划、国土资源、环境保护等部门申请办理规划选址、用地预审、环境影响评价、节能等审批手续。

项目单位要根据《中华人民共和国环境影响评价法》的要求，委托有资质的机构编制环境影响评价报告。由国家发改委负责审批的项目，其项目可行性研究报告由具有甲级资质的工程咨询机构编制。项目单位按照原申报程序向原审批部门申报可行性研究报告。对一般投资项目，审批机构要委托有资质的工程咨询机构进行项目评估。承担咨询评估任务的工程咨询机构不得承担同一项目建议书和可行性研究报告的编制工作。对重大投资项目，审批机构应组织有关专家进行论证，落实专家评议制度（图 3-3）。

（2）核准制报批程序

编制项目申请书：企业投资的重大项目和限制类项目，在完成内部决策后，由企业自主编制项目申请书，任何单位和个人不得强制企业委托中介服务机构编制项目申请书。核准机关应制定并公布项目申请书示范文本，明确项目申请书的要求。项目申请书应当包括：企业基本情况、项目情况、项目利用资源情况分析及对环境的影响分析、项目对经济和社会的影响分析以及法律法规规定的相关手续的证明文件；提交和受理项目申请书。在投资者提出项目申请以后，政府核准机关应在规定的时间内对项目进行核实、论证。如果属于重大项目，政府职能部门还要委托有资质的中介咨询

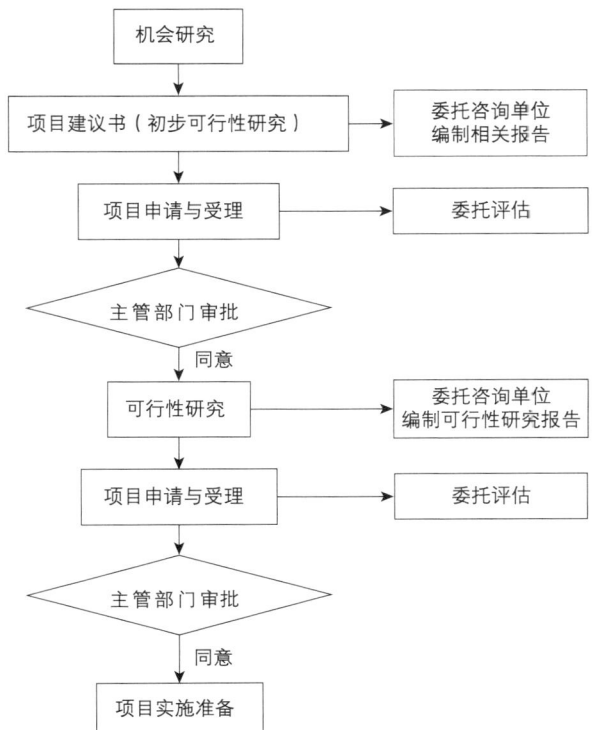

图 3-3　审批制项目报批程序

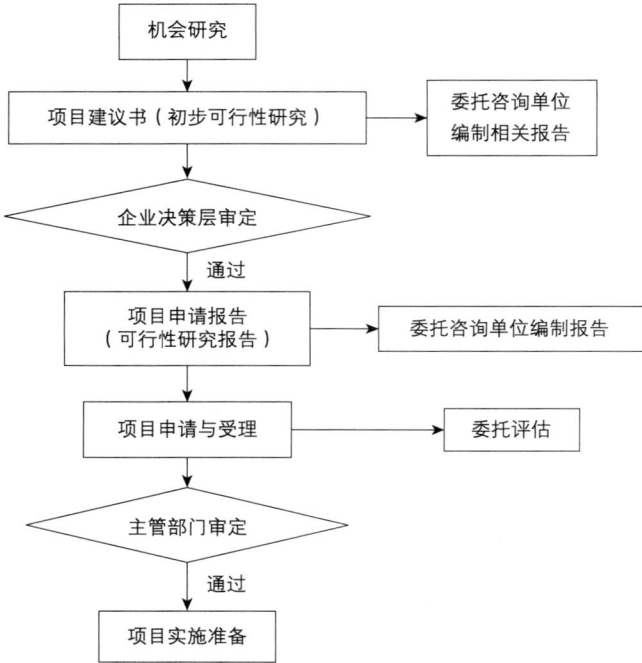

图3-4　核准制项目报批程序

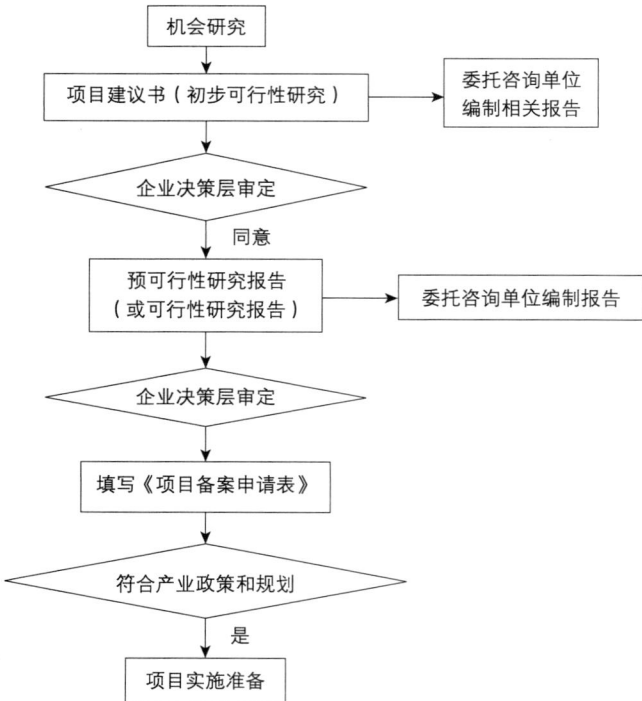

图3-5　备案制项目报批程序

机构进行项目评估，若符合有关要求，则予以核准并出具核准文件。不予核准的应当书面通知企业并说明理由，核准机关在受理项目申请书后，应当从是否危害经济安全、社会安全、生态安全等，是否符合相关发展建设规划、技术标准和产业政策，是否合理开发并有效利用资源，是否对重大公共利益产生不利影响四个方面进行审查（图3-4）。

（3）备案制报批程序

备案制项目由企业自主决策后，向政府有关部门提交备案申请，应在开工前通过在线平台将以下信息告知备案机关：企业基本情况；项目名称、建设地点、建设规模、建设内容；项目总投资额和项目符合产业政策的声明等。企业应当对备案信息的真实性负责，备案机关收到规定的全部信息即为受理备案。信息不全的，备案机关应当指导企业补全。备案机关应在正式受理后的5个工作日内做出是否予以备案的决定。经复核机关复核同意备案的项目，由备案机关向企业出具《企业投资项目备案确认书》；复核不同意备案的项目，由备案机关向企业出具《不予备案决定书》（图3-5）。

3.2　城市建设工程项目投资分析

　　工程项目投资决策是指投资者根据设定的投资目标，在调查研究的基础上，对项目建设的必要性和可行性进行多方面的技术经济分析，对项目建设方案进行评价与选择的过程。城市建设工程项目投资首先需做出是否投资建设某个项目的决策。项目目标的确定，项目建设规模和产品（服务）方案的选择，场（厂）址的选择，技术方案、设备方案、工程方案的选择，环境保护方案以及融资方案的确定等都属于投资项目决策的范畴。

3.2.1　城市建设工程项目投资构成分析

　　我国现行建设项目投资构成如图 3-6 所示。
　　建筑安装工程费用、设备及工器具购置费用、工程建设其他费用和预备费构成了建设项目的固定资产投资。建设项目的固定资产投资与涨价预备费、固定资产投资方向调节税、建设期贷款利息受变动因素影响部分的总和构成了建设项目的动态投资。

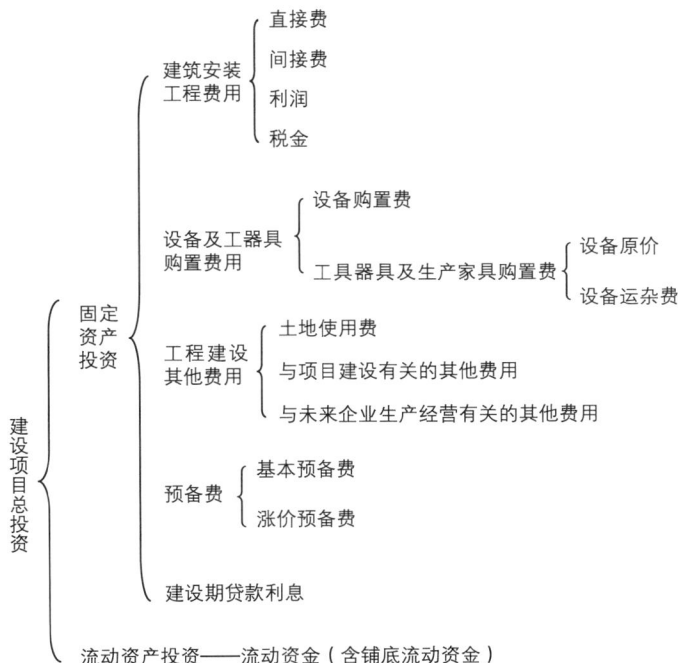

图 3-6　我国现行建设项目投资构成

1. 建筑安装工程费用构成

建筑安装工程费用可以分为建筑工程费用和安装工程费用两大部分。

（1）建筑安装工程费用

建筑工程费用包括的内容有：各类房屋建筑工程和列入房屋工程预算的供水、供暖、卫生、通风、煤气等设备费用及其装设、油饰工程的费用，列入建筑工程预算的各种管道、电力、电信和电缆导线敷设工程的费用；设备基础、支柱、工作台、烟囱、水塔、水池、灰塔等建筑工程以及各种炉窑的砌筑工程和金属结构工程的费用；为施工而进行的场地平整工程和水文地质勘察，原有建筑物和障碍物的拆除以及施工临时用水、电、气、路和完工后的场地清理，环境绿化、美化等工作的费用；矿井开凿、井巷延伸、露天矿剥离，石油、天然气钻井，修建铁路、公路、桥梁、水库、堤坝、渠灌及防洪等工程的费用。

安装工程费用包括的内容有：生产、动力、起重、运输、传动和医疗、实验等各种需要安装的机械设备的装配费用，与设备相连的工作台、梯子、栏杆等装设工程费用，附属于被安装设备的管线敷设工程费用，以及被安装设备的绝缘、防腐、保温、油漆等工作的材料费和安装费；为测定安装工程量，对单台设备进行单机试运转、对系统设备进行系统联动无负荷试运转工作的调试费。

（2）建筑安装工程费用构成关系

建筑安装工程费由直接费、间接费、利润和税金组成关系如图 3-7 所示。

1）直接费

建筑安装工程直接费由直接工程费和措施费组成。直接工程费是指施工过程中耗费的构成工程实体的各项费用，包括的内容有：人工费，即直接从事建筑安装工程施工生产工人开支的各项费用；材料费，即施工过程中耗用的构成工程实体的原材料、辅助材料、构配件、零件、半成品的费用；施工机械使用费，即施工机械作业所发生的机械使用费以及机械安拆费和场外运输费。措施费包括：环境保护费；文明施工费；安全施工费；临时设施费；夜间施工费；二次搬运费；大型机械设备进出场及安拆费；混凝土、钢筋混凝土模板及支架费；脚手架费；已完工程及设备保护费；施工排水、降水费。

2）间接费

建筑安装工程间接费是指虽不直接由施工的工艺过程引起，但却与工程的总体条件有关，建筑安装企业为组织施工和进行经营管理，以及间接为建筑安装生产服务的各项费用，包括规费和企业管理费。规费，即政府和有关权力部门规定必须缴纳的费用，包

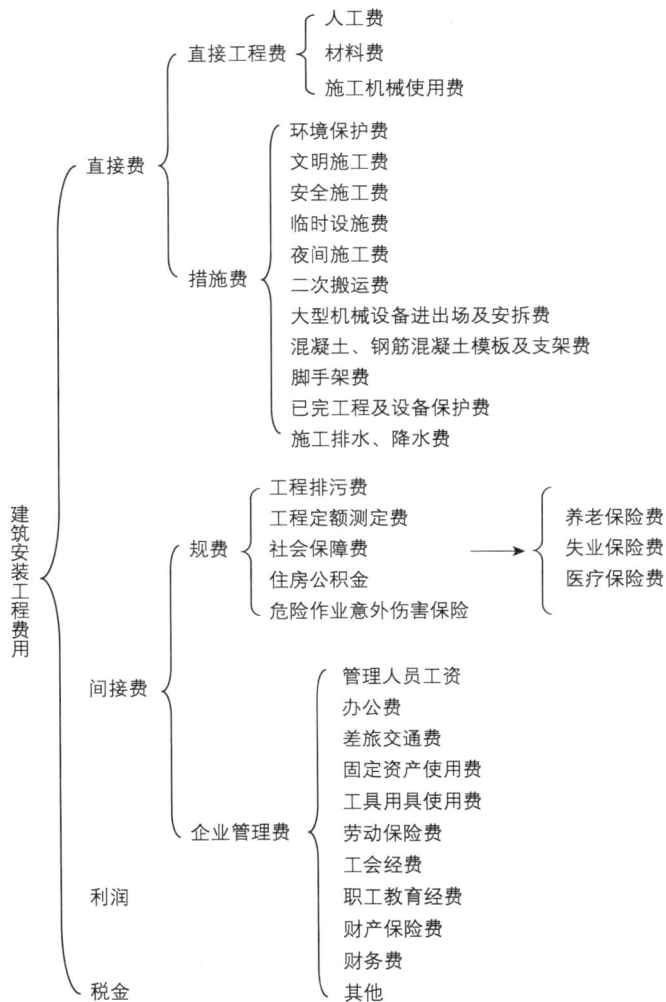

图 3-7　建筑安装工程费用构成关系示意图

括工程排污费等；企业管理费，即建筑安装企业组织施工生产和经营管理所需费用，包括：管理人员工资、办公费、差旅交通费、固定资产使用费、工具用具使用费、劳动保险费、工会经费、职工教育经费、财产保险费、财务费等。

3）利润

利润是指施工企业完成所承包工程获得的盈利。

4）税金

建筑安装工程税金是指国家税法规定的应计入建筑安装工程造价的营业税、城市维护建设税及教育费附加。

2. 设备及工具器具购置费用构成

设备及工具器具购置费用由设备购置费用和工具、器具及生产家具购置费用组成。设备购置费用即为建设工程购置或自制的达到固定资产标准的设备、工具、器具的费用。所谓固定资产标准，是指使用年限在 1 年以上，单位价值在国家或各主管部门规定的限额以上。新建项目和扩建项目的新建车间购置或自制的全部设备、工具、器具，不论是否达到固定资产标准，均计入设备及工具器具购置费中。工具器具及生产家具购置费，即新建项目或扩建项目初步设计规定所必须购置的不够固定资产标准的设备、仪器、工卡模具、器具、生产家具和备品备件的费用。

3. 工程建设其他费用构成

工程建设其他费用，按照内容分为：土地使用费，即农用土地征用费、取得国有土地使用费；与项目建设有关的其他费用，即建设单位管理费、勘察设计费、研究试验费、临时设施费、工程监理费、工程保险费、引进技术和进口设备其他费用；与未来企业生产经营有关的其他费用，即联合试运转费、生产准备费、办公和生活家具购置费。

4. 预备费

预备费包括基本预备费和涨价预备费。基本预备费即在项目实施中可能发生难以预料的支出，需要预先预留的费用，又称不可预见费，主要指设计变更及施工过程中可能增加工程量的费用；涨价预备费，即建设工程在建设期内由于价格等变化引起投资增加，需要事先预留的费用。涨价预备费以建筑安装工程费、设备工具器具购置费之和为计算基数。基本预备费率应执行国家及相关部门的有关规定。

5. 建设期贷款利息

建设期贷款利息是指项目借款在建设期内发生并计入固定资产的利息。为了简化计算，在编制投资估算时通常假定借款均在每年的年中支用；借款第一年按半年计息，其余各年份按全年计息。

6. 铺底流动资金

铺底流动资金是指生产性建设工程为保证生产和经营正常进行，按规定应列入建设工程总投资的流动资金，一般按流动资金的 30% 计算。

3.2.2　城市建设工程项目投资环境分析

投资环境是指影响制约投资活动及其结果的政治、法律、经济、自然、文化等各种外部因素的总称。投资环境分析的具体内容主要包括社会政治环境、经济环境，以及自然、技术和物质环境。

1. 投资环境的特点

1）系统性：投资环境是一个包含多种要素的有机整体，各因素之间相互作用、相互影响，构成一个完整的投资环境系统。

2）动态性：投资环境是一个动态平衡的开发系统，也就是说构成投资环境的诸因素及其评价标准都不是一成不变的。

3）相对性：这是投资环境最显著的特征，投资环境是一个开放的系统，其好坏、优劣程度是一个相对概念，是以各国或地区横向比较作为参照的。

2. 投资环境的分类

（1）按投资环境的表现形态划分

硬环境（环境硬件）：与投资活动直接相关的物质条件，是有形要素的总和，它包括基础设施和自然地理环境。

软环境：对投资活动有重大影响无形要素的总和，包括政治、法律、经济，以及社会文化等。

（2）按投资环境的层次范围划分

宏观投资环境：表现为一国的投资环境。如东道国的政治局势及其稳定性、经济发展水平、法制健全程度、居民文化素质、社会风俗及传统的观念等。

微观投资环境：具体项目所处地区的投资环境，如投资地点的自然地理位置、当地的配套基础设施、地方性政策取向、劳动力素质、技术管理水平、生产要素供应和戓本、服务环境等。

3. 投资环境的构成要素

（1）社会政治环境

社会政治环境是投资环境中最敏感的因素，包括政治环境、社会意识形态和法治建设等。对政治环境的分析是要考察国家或地区的政局稳定性、政策连续性和社会安定等情况，政府对投资者的态度，以及政府的办事能力和办事效率等。其中，政局稳定性和政策连续性是衡量国家政治环境优劣的实质性因素。对社会意识形态的分析是要考察项目所在地区的风俗习惯、宗教信仰、价值观念、生活方式、社会关系和文化素质等。

社会政治环境包括当地人的法治观念、法律的完备性、法制的稳定性、执法的公正性等。在形成投资环境的诸多因素中，法律因素起着调整投资关系，保障投资者利益和安全，调整投资行为的作用。因而，为了充分发挥投资环境诸因素的作用，给投资者提供充分的法律保护，以强化投资者的投资意愿，坚定其投资信心，必须不断健全法制，并努力保持法律的相对稳定性。对法治建设的评估是要考察与项目实施有关的法律、法规是否完善，是否有效，能否保障投资者的权益等。

（2）经济环境

经济环境是构成投资环境的诸多组成因素中，涵盖面最广、内容最丰富的因素。它涉及与投资者相关的各种经济内容，如经济体制的健全程度、社会经济发展水平及增长速度、物价及货币的稳定性、市场环境、生产要素供给水平、行业竞争状况、专业化协作水平，以及国际收支状况、国际贸易和国际金融等涉外经济政策等。

1）宏观经济环境：包括经济发展水平、对外经济交流情况、经济政策、技术进步程度、产业结构、通货膨胀水平、消费状况等。其中经济政策是国家对某类经济活动在一定期间内的要求和规定，是对经济进行干预的重要手段。包括投资政策、产业政策、税收政策、外汇政策、金融政策等。

2）财务环境：项目面临的资金、成本、利润、税收等各种条件，主要包括金融环境等。

3）资源环境：包括人力资源、土地资源、原材料资源、技术资源等。

4）市场环境：包括市场体系的完善程度，市场体系的完善程度决定了投资者获得经营资源的难易程度和成本的高低，从而影响经营效益。一是看各类主要市场如商品市场、金融市场、劳动力市场、技术市场、信息市场等是否发展齐全，二是看各类市场是否规范，三是看各类市场的效率高低，四是要考察相应时期的技术政策、科技发展水平、科技人员素质及数量、科技结构与组织结构等。

5）产品环境：项目产品所面临的市场状况，包括市场现状及未来趋势。

（3）社会文化环境

社会文化环境指影响和制约投资和经营活动的各种社会文化因素。其包括民族语言、文字、宗教信仰、风俗习惯、文化传统、价值观念、道德准则、教育水平和生活方式等。

（4）自然地理环境

自然地理环境是投资者所面临的，并与其建设、生产和经营活动直接相关的地理位置、自然资源、自然条件、人口状况等因素的总称。对自然地理环境的分析是要考察项目所在地的地理位置和自然资源状况。

（5）基础设施

基础设施是投资者进行建设、生产经营所面临的基本物质条件。生产基础设施，能源供应设施、交通运输设施、邮电通信设施等。生活基础设施，住宅、商店、娱乐场所、医院、学校等。对基础设施的分析是要考察项目所在地的运输条件、通信条件和公用设施条件等。

（6）社会服务环境

社会服务环境指投资活动能否得到便捷、高效、高质的各种服务。衡量社会服务环境的优劣，首先，要看服务的种类是否齐全，是否能满足投资者各方面的需求，包括工作方面的需求、生活方面的需求；其次，要看得到各种服务的快捷程度和方便程度；再次，要看得到各种服务的代价高低；最后，要看到各种服务的质量的好坏。

3.2.3　城市建设工程项目投资决策分析

项目投资决策是指最终做出是否投资建设某个项目的决定。项目目标的确定，项目建设规模和产品（服务）方案的选择，场（厂）址的选择，技术方案、设备方案、工程方案的选择，环境保护方案以及融资方案的确定等都属于投资项目决策的范畴。从不同决策者的角度可将项目决策分为：企业投资项目决策；政府投资项目决策；金融机构贷款决策。项目决策应遵循的原则：科学决策原则；民主决策原则；多目标综合决策原则；风险责任原则。

1. 项目投资决策分析的任务

项目投资决策分析包括方案构造、分析评价、比选优化以及评估论证的全过程。其主要任务是：

1）分析项目建设的必要性，推荐符合市场需求的产品（服务）方案和建设规模。

2）分析项目建设的可能性，研究项目运营发展所必需的条件。

3）比较并推荐先进、可靠、适用的项目建设方案。

4）估算项目建设和运营所需的投资和费用，计算项目的盈利能力和偿债能力。

5）从经济、社会、资源及环境影响的角度分析评价项目建设与运营所产生的外部影响，分析评价项目的经济合理性，分析项目与所处的社会环境是否和谐以及资源节约和综合利用效果。

6）分析项目存在的风险并提出防范和降低风险的措施。

7）归纳总结，分析项目目标的实现程度，判别项目的可行性。

8）对项目建设与运营的有关问题及应采取的措施提出必要的建议。

2. 项目投资决策分析的工作程序

（1）投资机会研究阶段

投资机会研究（Opportunity Study，OS），也称投资机会鉴别，是指为寻找有价值的投资机会而进行的准备性调查研究。其重点是分析投资环境，目的是发现有价值的投资机会。其成果为机会研究报告，具体分类如图 3-8 所示。

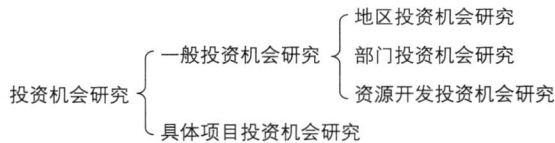

图 3-8　投资机会研究分类

（2）初步可行性研究阶段

初步可行性研究（Pre-feasibility Study，PS），也称预可行性研究，是在投资机会研究的基础上，对项目方案进行初步的技术、经济分析和社会、环境评价，对项目是否可行做出初步判断。目的是判断项目是否有生命力，是否值得投入更多的人力和资金；并初步决定是否进行投资。主要是根据国民经济和社会发展长期规划、行业规划和地区规划以及国家产业政策，从宏观上分析论证项目建设的必要性，并初步分析项目建设的可能性。初步可行性研究的成果是初步可行性研究报告或者项目建议书，可根据投资主体以及审批机构的要求确定。它们之间的差别表现在对研究成果的具体阐述上，初步可行性研究报告比项目建议书详尽一些。初步可行性研究的深度处在投资机会研究和可行性研究之间，对建设投资和生产成本的估算一般采用指标估算法。不是所有项目都必须进行初步可行性研究，小型项目或者简单的技术改造项目，投资机会研究后，可以直接进行可行性研究。

（3）可行性研究阶段

可行性研究一般是在初步可行性研究的基础上进行的详细研究。通过主要建设方案和建设条件的分析比选论证，从而得出该项目是否值得投资，建设方案是否合理、可行的研究结论，为项目最终决策提供依据。因而，可行性研究也是项目决策分析与评价最重要的工作。其成果为可行性研究报告。对于需要政府核准的企业投资的重大项目和限制类项目，还应在可行性研究报告的基础上编制项目申请报告，两者主要区别见表 3-5。

可行性研究报告与项目申请报告的主要区别　　　　　表 3-5

	可行性研究报告	项目申请报告
适用范围	适用于所有投资建设项目	适用于企业投资建设实行政府核准制的项目，即列入《政府核准的投资项目目录》的项目。政府投资项目和实行备案制的企业投资项目，均不需要编制项目申请报告
目的	目的是论证项目的可行性，供企业内部决策机构使用，并作为贷款方确定贷款的依据	目的是对政府关注的项目外部影响的有关问题进行论证说明，报请政府投资主管部门核准
内容	包括项目的内、外部影响，对企业关注的市场前景、技术方案、设备选型、项目选址、投资估算、融资方案、财务效益、投资风险等方面进行分析与研究；又要对政府关注的涉及公共利益的有关问题进行论证	主要是从维护经济安全、合理开发利用资源、保护生态环境、优化重大布局、保障公众利益、防止出现垄断等方面进行论证，属于市场、资金来源、财务效益等不涉及政府公共权力的影响，不作为主要内容，但需要对项目有关问题加以简要说明，以作为对项目外部影响评估的基础材料

（4）项目前评估阶段

项目前评估主要指为项目决策提供依据所编制的项目建议书、可行性研究报告和项目申请报告评估。对于政府投资的项目，项目建议书的评估结论是项目立项的依据，可行性研究报告的评估结论是政府投资决策的依据。对于企业投资的项目，项目业主或投资者为了分析可行性研究报告的可靠性，进一步完善项目方案，聘请另一家工程咨询单位对原可行性研究报告进行再评估，应该是企业投资决策的依据。拟对项目贷款的银行，自行组织专家组，或者委托工程咨询单位对可行性研究报告进行评估，评估结论是银行贷款决策的依据。

项目申请报告评估是政府投资主管部门根据需要委托符合资质要求的工程咨询单位对拟建项目的外部影响进行评估论证，在对项目申请报告内容的真实性和可靠性进行核实的同时，从维护经济安全、合理开发利用资源、保护生态环境、优化重大布局、保障公共利益、防止出现垄断等方面进行评估论证。评估结论是政府核准项目的依据。

3. 项目决策分析与评价的要求

项目决策分析与评价结论应坚持客观性，注意针对性，满足合规性。直接投资和资本金注入方式的政府投资项目，应满足政府投资决策的要求；采用投资补助、转贷和贷款贴息方式的，应满足政府审批资金申请报告的要求。

决策结论应对以下方面做出明确的表述：

1）项目建设的必要性，即提出建设项目的理由。

2）项目建设的可能性，即项目建设的条件（包括外部条件和企业内部条件）。

3）项目建设的可行性，即项目目标可实现性。

4）项目外部影响性。

5）项目可能面临的风险程度及拟采取的风险应对对策。

6）项目建设的必要条件，包括政策、外部配套条件等。

3.2.4　城市建设工程项目投资风险分析

投资项目风险分析包括风险识别、风险估计、风险评价与风险防范四个基本阶段。

1. 风险识别

风险识别需要在充分认识风险特征的基础上，识别项目潜在的风险和引起这些风险的具体风险因素。风险识别的结果是建立项目的风险清单。风险识别应注意借鉴历史经验，特别是类似项目后评价的经验。同时可运用"逆向思维"方法来审视项目，寻找可能导致项目"不可行"的因素，以充分揭示项目的风险来源。一般来说，根据投资项目的风险边界可以从内部和外部两个方面进行识别，内部风险主要有技术风险、组织管理风险、进度延误风险等，外部风险主要有市场风险、政策风险、环境与社会风险等。

可行性研究阶段应考虑的技术方面的风险因素主要有：对技术的适用性和可靠性认识不足，运营后达不到生产能力、质量不过关或消耗指标偏高，特别是高新技术开发项目这方面的风险更大。对于引进国外二手设备的项目，设备的性能能否如愿是应认真分析的风险因素。另外，工艺技术与原料的匹配问题也是应考察的风险因素。

管理风险是指由于项目管理模式不合理，项目内部组织不当、管理混乱或者主要管理者能力不足、人格缺陷等，导致工程质量出现问题、投资大量增加、项目不能按期建成投产造成损失的可能性。包括项目采取的管理模式、组织与团队合作以及主要管理者的道德水平等。合理设计项目的管理模式、选择适当的管理者和加强团队建设是规避管理风险的主要措施。

组织风险是指由于项目存在众多参与方，各方的动机和目的不一致将导致项目合作的风险，影响项目的进展和项目目标的实现。还包括项目组织内部各部门对项目的理解、态度和行动不一致而产生的风险。完善项目各参与方的合同，加强合同管理，可以降低项目的组织风险。

市场风险是竞争性项目常遇到的重要风险。市场风险一般来自四个方面：一是由于消费者的消费习惯、消费偏好发生变化，使得市场需求发生重大变化，导致项目的市场出现问题，市场供需总量的实际情况与预测值发生偏离。二是由于市场预测方法或数据错误，导致市场需求分析出现重大偏差。三是市场竞争格局发生重大变化，竞争者采取了进攻策略，或者是出现了新的竞争对手，对项目的销售产生重大影响。四是由于市场条件的变化，项目产品和主要原材料的供应条件和价格发生较大变化，对项目的效益产生了重大影响。

环境与社会风险是指由于对项目的社会影响估计不足，或者项目所处的社会环境发生变化，给项目建设和运营带来困难和损失的可能性。有的项目由于选址不当，或者因对利益受损者补偿不足，都可能导致当地单位和居民的不满和反对，从而影响项目的建设和运营。

2. 风险估计

风险估计是在风险识别后针对风险事件发生可能性、风险事件影响范围、风险事件发生的时间和风险后果对项目严重程度所进行的估计。风险概率估计，包括客观概率估计和主观概率估计。在项目评价中，风险概率估计中较常用的是正态分布、三角形分布、贝塔分布等概率分布形式，由项目评价人员或专家进行估计。客观概率只能用于完全可重复事件，因此并不适用于大部分现实事件。它利用同一事件的历史数据，或是类似事件的数据资料，计算出客观概率。最大的缺点是需要足够的信息，但这些信息通常是很难获取的。当有效统计数据不足或是不可能进行试验时，主观概率是唯一选择。风险影响程度评价，即通过专家凭借经验独立对各类风险因素发生后对项目的影响程度进行评价，最后将各位专家的意见归集起来，形成风险评价表。风险因素对项目的影响程度分为：重大、较大、一般、较小、微小。

3. 风险评价

风险评价是在项目风险识别和风险估计的基础上，通过相应的指标体系和评价标准，对风险程度进行划分，揭示影响项目成败的关键风险因素，以便针对关键风险因素，采取防范对策。风险评价包括单因素风险评价和项目整体风险评价。单因素风险评价，即评价单个风险因素对项目的影响程度，以找出影响项目的关键风险因素。项目整体风险评价，即综合评价若干主要风险因素对项目整体的影响程度。对于重大投资项目或估计风险很大的项目，应进行投资项目整体风险分析。工程项目风险定性评价方法主要包括专家打分法和层次分析法；工程项目风险定量评价方法主要包括决策树法、模糊综合评价法、计划评审技术和蒙特卡罗模拟法。其中决策树法为常用方法，该方法以损益值为基础，以最佳期望值为依据，以树形图描述为手段。通过计算比较各方案自然状态下的期望值大小来确定最佳方案。通过将不确定因素进行量化，从而能够对复杂的不确定因素进行比较，使决策问题简单化。

4. 风险防范

风险防范工作应从经济活动实施前就开始进行，才能起到事半功倍的效果。就投资项目而言，可行性研究中进行的风险对策研究就可以起到这样的作用。主要风险对策有以下几种：

（1）风险回避

风险回避是彻底规避风险的一种做法，即断绝风险的来源。对投资项目可行性研究而言就意味着提出推迟或否决项目的建议。在可行性研究过程中通过信息反馈彻底改变原方案的做法也属于风险回避方式。这样固然避免了可能遭受损失的风险，同时也放弃了投资获利的可能，因此采用风险回避对策一般都是很慎重的，只有在对风险的存在与发生以及对风险损失的严重性有把握的情况下才有积极意义。所以风险回避一般适用于以下两种情况：其一是某种风险可能造成相当大的损失，且发生的频率较高；其二是应用其他的风险对策防范风险代价昂贵，得不偿失。

（2）风险控制

风险控制是针对可控性风险采取的防止风险发生、减少风险损失的对策，也是绝大部分项目应用的主要风险对策。在可行性研究过程中所做风险对策研究提出的风险控制措施运用于方案的再设计；在可行性研究完成之时的风险对策研究可针对决策、设计和实施阶段提出不同的风险控制措施，以防患于未然。风险控制措施必须针对项目具体情况提出，既可以是项目内部采取的技术措施、工程措施和管理措施等，也可以采取向外分散的方式来减少项目承担的风险。例如银行为了减少自己的风险，只贷给投资项目所需资金的一部分，让其他银行和投资者共担风险。在资本筹集中采用多方出资的方式也是风险分散的一种方法。

（3）风险转移

风险转移是试图将项目业主可能面临的风险转移给他人承担，以避免风险损失的一种方法。转移风险有两种方式，一是将风险源转移出去，二是把部分或全部风险损失转移出去。就投资项目而言，第一种风险转移方式是风险回避的一种特殊形式，例如将已做完前期工作的项目转给他人投资，或将其中风险大的部分转给他人承包建设或经营。第二种风险转移方式又可细分为保险转移方式和非保险转移方式两种。保险转移是采取向保险公司投保的方式将项目风险损失转嫁给保险公司承担，例如对某些人力难以控制的灾害性风险就可以采取保险转移方式。非保险转移方式是增加项目前期工作涉及较多的风险对策，如采用新技术可能面临较大的风险，可行性研究中可以提出在技术合同谈判中注意加上保证性条款，如达不到设计能力或设计消耗指标时的赔偿条款等，可以将风险损失全部或部分转移给技术转让方，在设备采购和施工合同中也可以采用转嫁部分风险的条款。

（4）风险自担

顾名思义，风险自担就是将风险损失留给项目业主自己承担。这适用于两种情况：一种情况是已知有风险但由于可能获利而需要冒险时，必须保留和承担这种风险；另一种情况是已知有风险，但若采取某种风险防范措施，其费用支出会大于自担风险的损失时，常常主动自担风险。

以上所述的风险对策不是互斥的，实践中常常组合使用。风险防范对策贯穿于项目全生命周期建设过程中。决策阶段风险防范与管理决策阶段主要包括项目目标的确定，项目建设规模的确定，建设方案、技术方案、设备方案、工程方案的确定，环境保护方案确定等。有效的工程风险防范与管理能促进工程决策的科学化、合理化，降低决策风险，减少或消除各种经济风险、市场风险、技术风险、决策失误风险等。按照国家投资体制改革提出的"谁投资、谁决策、谁收益、谁承担风险"的原则，投资项目决策研究要贯彻落实科学发展观，根据准确可靠数据，定性与定量分析相结合，多方案比较与优化，权衡各种方法而达到科学决策的目的；设计阶段风险防范与管理经验表明，设计阶段所花费的资金一般只占工程合同价的百分之几，但是这百分之几的资金所进行的工作决定了合同价百分之九十以上资金的投资。可见，设计阶段的管理工作至关重要。设计阶段的工作可以由业主直接管理，或由专门的设计公司承担，也可委托咨询公司或项目管理公司代为管理。施工阶段风险防范、管理工程风险防范与管理能够保证工程目标在施工阶段顺利实现，使工程面临的风险损失减少到最低限度。施工阶段要根据具体工程的特定条件，思考拟订施工方案，重点落实施工工艺是否先进，方案是否合理，采用的新方法、新技术是否成熟，安全防范措施是否得当等。从施工技术和经济相结合的角度，采取控制施工风险的有力措施。要编制组织措施、管理措施、经济措施及技术组织措施，统筹安排好施工各个方面的工作，使施工过程风险降到最低程度，确保工程建设项目按期完成。施工阶段，要特别注重提高施工的机械化程度、重视管理创新和技术创新，积极采用国内外先进的施工技术。

3.3　城市建设工程项目融资

项目融资是以项目资产、预期收益或权益为抵押所取得的无追索权或有限追索权的融资或贷款活动。工程项目融资即根据项目建设要求、生产营运、对外投资及调整资金结构等活动对资金的需求，以工程项目的资产、预期收益或权益为抵押，通过一定的渠道，采取适当方式，获取无追索权或有限追索权资金的一种经济行为。

项目融资的适用范围：资源开发项目，该类项目一般经济寿命较长，有可靠的现金流，效益较好；基础设施项目，即公路、铁路、隧道、桥梁、地铁、机场、港口、供水、污水处理、电力等；其他公共设施项目，即为市民提供公共服务产品的各种公共性、服务性设施：教育、医疗卫生、文化娱乐、交通、体育、社会福利与保障、行政管理与社区服务、邮政电信和商业金融服务等，如政府办公楼、医院、学校、运动场馆等。可能的融资渠道是构造项目融资方案的基础，各种融资渠道取得资金的条件对于融资渠道的选择有着决定性的影响。主要融资渠道有：政府投资资金；国内外银行等金融机构的贷款；国内外证券市场发行的股票或债券；国内外非银行金融机构的资金；外国政府的资金，可能以赠款或贷款方式提供；国内外企业、团体、个人的资金。

3.3.1　城市建设项目的融资主体和投资产权结构

研究制定融资方案首先应确立项目的融资主体，据此拟定相应的投资产权结构和融资组织形式。

1. 项目的融资主体

项目的融资主体是指进行项目融资活动并承担融资责任和风险的经济实体。实行项目法人责任制，由项目法人对项目的策划、资金筹措、建设实施、生产经营、债务偿还和资产的保值增值，实行全过程负责。项目的融资主体应是项目法人。按是否依托于项目组建新的项目法人实体划分，项目的融资主体分为新设法人和既有法人。

（1）新设法人融资

新设法人融资是指组建新的项目法人并进行项目建设的融资活动。其特点：一是项目投资由新设法人筹集的资本金和债务资金构成；二是由新设法人承担融资责任和风险；三是从项目投产后的经济效益情况考察偿债能力。

新组建的法人有法人财产权，并承担融资责任和风险。新设法人可按《中华人民共和国公司法》的规定设立有限责任公司（包括国有独资公司）和股份有限公司。

（2）既有法人融资

既有法人融资是指以既有法人作为项目法人进行项目建设的融资活动。其特点：一是拟建项目不组建新的项目法人，由既有法人统一组织融资活动并承担融资责任和风险；二是拟建项目一般是在既有法人资产和信用的基础上进行的，并形成增量资产；三是一般从既有法人的财务整体状况考察融资后的偿债能力。所以既有法人融资又称公司融资或公司信用融资。

（3）项目法人与项目发起人及投资人的关系

项目发起人可以是项目的实际权益资金投资的出资人（项目投资人），也可以是项目产品、服务的用户或者提供者、项目业主等。项目发起人可以来自政府或民间。项目投资人是作为项目权益投资的出资人定位的。投资人提供权益资金的目的就是获取项目投资所形成的权益。权益投资人取得对项目或企业产权的所有权、控制权和收益权。投资活动的发起人和投资人可以只有一家，也可以有多家。因此，项目投资主体也可以分为两种情况，一是单一投资主体，二是多元投资主体。单一投资主体不涉及投资项目责、权、利在各主体之间的分配关系，可以自主决定其投资产权结构和项目法人的组织形式。多元投资主体则必须围绕投资项目的责、权、利在各主体之间的分配关系，恰当地选择合适的投资产权结构和项目法人的组织形式。

2. 投资产权结构

项目的投资产权结构是指项目投资形成的资产所有权结构，是项目的权益投资人对项目资产的拥有和处置形式、收益分配关系。投资产权结构与投融资的组织形式联系密切。权益投资方式有三种：股权式合资结构、契约式合资结构、合伙制结构。

（1）股权式合资结构

依法设立的有限责任公司、股份有限公司是股权式合资结构。在这种投资结构下，按照法律规定设立的公司是一个独立的法人，公司对其财产拥有产权，一般情况下，公司的股东依照股权比例来分配对于公司的控制权及收益。公司对其债务承担偿还的义务，公司的股东对于公司承担的责任以注册资本额为限。公司股东可以用货币出资，也可用实物、知识产权、土地使用权等可以用货币估价并可以依法转让的非货币财产作价出资，但法律、行政法规规定不得作为出资的财产除外，全体股东的货币出资金额不得低于公司注册资本的 30%。

（2）契约式合资结构

契约式合资结构是公司的投资人（项目的发起人）为实现共同的目的，以合作协议方式结合在一起的一种投资结构。在这种投资结构下，投资各方的权利和义务依照合作契约约定，可以不严格地按照出资比例分配，而是按契约约定分配项目投资的风险和收益。这种投资结构在石油天然气勘探和开发、矿产开采、初级原材料加工行业使用较多。

（3）合伙制结构

合伙制结构是两个或两个以上合伙人共同从事某项投资活动建立起来的一种法律关系。合伙制结构有两种基本形式：一般合伙制和有限合伙制。在一般合伙制下，每一个合伙人对于合伙制机构的债务及其他经济责任和民事责任均承担无限连带经济责任。在有限合伙制下，合伙人中至少有一个一般合伙人和若干个有限合伙人。一般合伙人对于合伙机构承担无限连带责任，有限合伙人只承担有限责任。一般合伙制通常只适用于一些小型项目。有限合伙制可以在一些大型基础设施建设及高风险投资项目中使用。

（4）投资产权结构的选择

投资产权结构是项目投资前期研究的重要内容，通常在项目研究的初期确定。项目的投资产权结构影响项目的投资方案、融资方案、融资谈判，影响项目实施的各个方面。投资产权结构选择要服从项目实施目标的要求。商业性的投资人需要取得投资收益，投资结构应当能够使权益投资人获取满意的投资收益。基础设施投资项目需要以低成本取得良好的服务效果，投资结构应当能够使得基础设施以高效率运行。

3.3.2　城市建设项目的融资类型和融资模式

项目资金通常由权益资金和债务资金组成。根据国家项目资本金制度的规定，项目资金分为项目资本金和债务资金两个部分。相应的，资金筹措可以分为资本金融资和债务资金融资。

1. 项目融资

项目的融资模式是指融资采取的基本方式。融资主体、投资产权结构、融资组织形式以及资金来源渠道和融资方式的选择不同，会形成不同的融资模式。项目的融资模式可有不同的分类，一种是根据融资主体是新设法人还是既有法人分为新设法人融资和既有法人融资；另一种分为项目融资（Project Financing）和公司融资（Corporate Financing）。公司融资即为既有法人融资；而项目融资不完全等同于新设法人融资。项目融资有广义和狭义之分：广义的项目融资可以涵盖为新建项目、收购项目以及债务重组项目所进行的融资；而狭义的项目融资往往专指具有无追索形式或有限追索形式的融资。

（1）项目融资的特点

项目融资与传统融资方式比较有以下一些特点：

1）项目导向。主要依赖于项目的现金流量而不是依赖于项目的投资人或发起人的资信安排融资。

2）有限追索。在某种意义上说，贷款人对借款人的追索形式和程度是区分融资是属于项目融资还是属于传统融资方式的标志。追索的有限性表现在时间及金额两个方面。

3）风险分担。一个成功的项目融资结构应该是在项目中没有任何一方单独承担起全部项目债务的风险责任。项目的风险分担机制是项目实施达到预期目的的保障。

4）非公司负债型融资。非公司负债型融资亦称为资产负债表之外的融资。

5）信用结构多样化。

6）融资成本较高。

（2）项目融资的组织形式

项目融资从组织形式上一般安排由专门为项目设立的独立的项目法人来负责。因此，项目融资从组织形式上一般和新设法人融资的组织形式相同。但是，新设法人融资既可以采取项目融资形式，也可以应用或套用传统的公司融资模式。既有法人融资如果采取项目融资形式，一般需要围绕项目新设立一个项目子公司或股份公司，这样就等同于新设法人的组织形式。

2. 公司融资

公司融资是以已经存在的公司本身的资信对外进行融资，取得资金用于投资与经营。这类融资可以不依赖项目投资形成的资产，不依赖项目未来的收益和权益，而是依赖于已经存在的公司本身的资信。外部的资金投入（包括公司股票、公司债券的投资者、贷款银行等）在决定是否对该公司投资或者为该公司提供贷款时的主要依据是该公司作为一个整体的资产负债、利润及现金流量的情况。公司融资难以实现"无追索权"或"有限追索权"融资，项目的发起人或投资人（借款人）需要承担债务偿还的完全责任。

3.3.3　城市建设项目资金来源和融资方式

资金来源按融资主体分为内部资金来源和外部资金来源。相应的融资可以分为内源融资和外源融资两个方面。由于内源融资不需要实际对外支付利息或股息，故应首先考虑内源融资，然后再考虑外源融资。

1. 内源融资

内源融资，即将作为融资主体的既有法人内部的资金转化为投资的过程，也称内部融资。既有法人内部融资的渠道和方式主要有：货币资金、资产变现、企业产权转让、直接使用非现金资产。

2. 外源融资

外源融资，即吸收融资主体外部的资金。外部的资金来源渠道很多，应当根据外部资金来源供应的可靠性、充足性以及融资成本、融资风险等，选择合适的外部资金来源渠道。

当前我国建设项目外部资金来源渠道主要有：

1）中央和地方政府可用于项目建设的财政性资金。

2）商业银行和政策性银行的信贷资金。

3）证券市场的资金。

4）非银行金融机构的资金。

5）国际金融机构的信贷资金。

6）外国政府提供的信贷资金、赠款。

7）企业、团体和个人可用于项目建设投资的资金。

8）外国公司或个人直接投资的资金。

融资方式是指为筹集资金所采取的方式方法以及具体的手段和措施。同一资金来源渠道，可以采取不同的融资方式；同一融资方式也可以运用于不同的资金来源渠道。外源融资又可以分为直接融资和间接融资。直接融资方式是指融资主体不通过银行等金融中介机构而从资金提供者手中直接融资，比如发行股票和企业债券融资；间接融资方式是指融资主体通过银行等金融中介机构向资金提供者间接融资，比如向商业银行申请贷款，委托信托公司进行证券化融资等。企业外源融资究竟是以直接融资为主还是以间接融资为主，除了受自身财务状况的影响外，还受国家投融资体制等的制约。

3.3.4　城市建设项目资本金筹措

项目资本金是指由项目权益投资人以获得项目财产权和控制权的方式投入的资金。投资人以资本金形式向项目或企业投入的资金称为权益投资。对于提供债务融资的债权人来说，项目的资本金可以视为负债融资的信用基础，项目的资本金后于负债受偿，可以降低债权人债权回收风险。通常，企业的权益投资以"注册资本"形式投入。项目资本金筹措不完全是为了满足国家的资本金制度要求。项目建设资金的权益资金和债务资金结构是融资方案制订中必须考虑的一个重要方面。如果权益资金占比太少，会导致负债融资的难度和融资成本的提高；如果权益资金过大，风险可能会过于集中，财务杠杆效应会下滑。根据《国务院关于固定资产投资项目试行资本金制度的通知》及相关文件，各种经营性投资项目（包括国有单位的基本建设、技术改造、房地产开发项目和集体投资项目）试行资本金制度，投资项目必须首先落实资本金才能进行建设。个体和私营企业的经营性投资项目参照规定执行。公益性投资项目不实行资本金制度。外商投资项目（包括外商投资、中外合资、中外合作经营项目）按现行有关法规执行。

投资项目资本金，是指在投资项目总投资中，由投资者认缴的出资额，对投资项目来说是非债务性资金，项目法人不承担这部分资金的任何利息和债务；投资者可按其出资的比例依法享有所有者权益，也可转让其出资，但不得以任何方式抽回。作为计算资本金基数的总投资，是指投资项目的固定资产投资（指建设投资与建设期利息之和）与铺底流动资金之和。投资项目资本金可以用货币出资，也可以用实物、工业产权、非专利技术、土地使用权作价出资。对作为资本金的实物、工业产权、非专利技术、土地使用权，必须经过有资格的资产评估机构依照法律、法规评估作价，不得高估或低估。以工业产权、非专利技术作价出资的比例不得超过投资项目资本金总额的20%，国家对采用高新技术成果有特别规定的除外。投资者以货币方式认缴的资本金，其资金来源有：①各级人民政府的财政预算内资金、国家批准的各种专项建设基金、"拨改贷"和经营性基本建设基金回收的本息、土地批租收入、国有企业产权转让收入、地方人民政府按国家有关规定收取的各种规费及其他预算外资金；②国家授权的投资机构及企业法人的所有者权益（包括资本金、资本公积金、盈余公积金和未分配利润、股票上市收益资金等）、企业折旧资金以及投资者按照国家规定从资金市场上筹措的资金；③社会个人合法所有的资金；④国家规定的其他可以用作投资项目资本金的资金。投资项目资本金占总投资的比例，根据不同行业和项目的经济效益等因素确定（表 3-6）。经国务院批准，对个别情况特殊的国家重点建设项目，可以适当降低资本金比例。投资项目的资本金一次认缴，并根据批准的建设进度按比例逐年到位。

部分项目资本金占项目总投资的比例   表 3-6

序号	投资行业	项目资本金占项目总投资的比例
1	钢铁、电解铝	40%及以上
2	水泥	35%及以上
3	煤炭、铁合金、房地产开发项目（不含保障性住房和普通商品住房）等	30%及以上
4	铁路、公路、城市轨道交通、化肥（钾肥除外）	25%及以上
5	保障性住房和普通商品住房项目、其他项目	20%及以上

有关法规要求，外商投资企业的注册资本应与生产经营规模相适应，并规定了注册资本占投资总额的最低比例。这里的投资总额是指投资项目的建设投资、建设期利息与流动资金之和。对一些特殊行业的外商投资企业，注册资本还有特别要求（表 3-7）。

注册资本占投资总额的最低比例   表 3-7

序号	投资总额	注册资本占总投资的最低比例	附加条件
1	300 万美元以下（含 300 万美元）	70%	—
2	300 万 ~1000 万美元（含 1000 万美元）	50%	其中投资总额在 420 万美元以下的，注册资金不低于 210 万美元
3	1000 万 ~3000 万美元（含 3000 万美元）	40%	其中投资总额在 1250 万美元以下的，注册资金不低于 500 万美元
4	3000 万美元以上	1/3	其中投资总额在 3600 万美元以下的，注册资金不低于 1200 万美元

1. 既有法人项目资本金筹措

既有法人项目的资本金由既有法人负责筹集。项目资本金的资金来源分为内、外两个方面。

（1）内部资金来源

内部资金来源是既有法人的自有资金。自有资金主要来自于：企业的现金，即企业库存现金和银行存款可以由企业的资产负债表得以反映，其中有一部分可以投入项目。即扣除保持必要的日常经营所需货币资金额，多余的资金可以用于项目投资；未来生产经营中获得的可用于项目的资金；企业资产变现，通常包括：短期投资、长期投资、固定资产、无形资产的变现。流动资产中的应收账款、其他应收款等应收款项降低，可以增加企业可以使用的现金，存货降低也有同样的作用，这类流动资产的变现通常体现在上述的企业未来净现金流量估算中；企业产权转让，即非现金货币资产的减少，现金货币资产的增加，而资产总额并没有发生变化。产权转让则是企业资产控制权或产权结构发生变化，对于原有的产权人，经转让后其控制的企业原有资产的资产总量会减少。

（2）外部资金来源

外部资金来源主要是既有法人通过在资本市场发行股票和企业增资扩股，以及一些准资本金筹集手段，来获取外部投资人的权益资金投入，用于新上项目的资本金。企业增资扩股：企业可以通过原有股东增资以及吸收新股东增资扩股，包括国家股、企业法人股、个人股和外资股的增资扩股；优先股：即是一种介于股本资金与负债之间的融资方式，优先股股东不参与公司的经营管理，没有公司的控制权。发行优先股通常不需要还本，但要支付固定股息，固定股息通常高于银行贷款利息。优先股相对于其他借款融资通常处于较后的受偿顺序，对于项目公司的其他债权人来说可以视为项目的资本金。而对于普通股东来说，优先股通常要优先受偿，是一种负债。

2. 新设法人项目资本金筹措

新设法人项目的资本金由新设法人负责筹集。新设法人项目资本金的形成分为两种形式：一种是在新法人设立时由发起人和投资人按项目资本金额度要求提供足额资金；另一种是由新法人在资本市场上发行股票进行融资。按照资本金制度的相关规定，主要由投资人或项目的发起人认缴或筹集足够的资本金提供给新法人。这种形式的资本金通常以注册资本的方式投入。有限责任公司及股份公司的注册资本由公司的股东按股权比例认缴，合作制公司的注册资本由合作投资方按预先约定金额投入。如果公司注册资本的额度要求低于项目资本金额度的要求，股东按项目资本金额度要求投入企业的资金超过注册资本的部分，通常以资本公积的形式记账。有些情况下，项目最初的投资人或项目发起人对投资项目的资本金并没有安排到位，而是要通过初期设立的项目法人进一步筹措。由初期设立的项目法人筹集资本金的形式主要有：在资本市场募集股本资金可以采取私募与公开募集两种基本方式。合资合作：通过在资本投资市场上寻求新的投资者，由初期设立的项目法人与新的投资者以合资合作等多种形式，重新组建新的法人，或者由设立初期项目法人的发起人和投资人与新的投资者进行资本整合，重新设立新的法人，使重新设立的新法人拥有的资本达到或满足项目资本金投资的额度要求。采用这一方式，新法人往往需要重新进行公司注册或变更登记。

3.3.5　城市建设项目债务资金筹措

债务资金筹措应考虑的主要方面有：债务期限；债务偿还；债务序列；债权保证；违约风险；利率结构；货币结构与国家风险。债务资金的货币结构可依据项目现金流量的货币结构设计，以减少项目的外汇风险。资金来源多样化是减少国家风险的一种有效措施。

1. 债务资金的资金来源和融资方式

（1）信贷方式融资

1）商业银行贷款

按照贷款期限，商业银行的贷款分为短期贷款、中期贷款和长期贷款。贷款期限在1年以内的为短期贷款，1~3年的为中期贷款，3年以上期限的为长期贷款。商业银行贷款通常不超过10年，超过10年期限，商业银行需要特别报中国人民银行备案。银行要求的材料除了一般贷款要求的借款人基本材料之外，还要有项目投资的有关材料，包括：项目的可行性研究报告等前期工作资料、政府对于项目投资核准及环境影响评价批准文件、与项目有关的重要合同、与项目有利害关系的主要方面的基本材料等。国外商业银行贷款利率有浮动利率与固定利率两种形式。国外商业银行的贷款利率由市场决定，各国政府的中央银行对于本国的金融市场利率通过一定的手段进行调控。国内商业银行贷款的利率目前受中国人民银行的调控，中国人民银行不定期对贷款利率进行调整。已经借入的长期贷款，如遇中国人民银行调整利率，利率调整在下一年度开始执行。商业银行的贷款利率以中国人民银行的基准利率为中心可以有一定幅度的上下浮动。

2）政策性银行贷款

政策性银行贷款利率通常比商业银行贷款低。我国的政策性银行有：国家开发银行、中国进出口银行、中国农业发展银行。

3）出口信贷

项目建设需要进口设备的，可以使用设备出口国的出口信贷。出口信贷分为买方信贷与卖方信贷。买方信贷以设备进口商为借款人，取得贷款资金用于支付进口设备货款，并对银行还本付息。买方信贷可以通过进口国的商业银行转贷款，也可以不通过本国商业银行转贷。卖方信贷以设备出口商为借款人，从设备出口国的银行取得贷款，设备出口商给予设备购买方以延期付款条件。出口信贷通常不能对设备价款全额贷款，只能提供设备价款 85% 的贷款，其余的 15% 价款需要由进口商以现金支付。出口信贷利率通常低于国际上商业银行的贷款利率，但需要支付一定的附加费用，如管理费、承诺费、信贷保险费等。

4）外国政府贷款

项目使用外国政府贷款需要得到我国政府的安排和支持。外国政府贷款经常与出口信贷混合使用。外国政府贷款有时还伴有一部分赠款。外国政府贷款在实际操作中通常由我国指定代理银行转贷款。我国各级财政部门可以为外国政府贷款提供担保。外国政府贷款的利率通常很低，一般为 2%~4%，甚至无息，期限较长，还款平均期限 20~30年，有的甚至长达 50 年。使用外国政府贷款也要支付管理费，国内代理银行转贷需要收取转贷手续费。外国政府贷款通常有限制性条件，如贷款必须用于采购贷款国的设备。由于贷款使用受到限制，设备进口只能在较小的范围内选择，设备价格可能较高。

5）国际金融机构贷款

国际金融机构的贷款通常带有一定的优惠性，贷款利率低于商业银行贷款利率，但也有可能需要支付某些附加费用，例如承诺费。贷款期限可以安排得很长。国际金融机构贷款通常要求设备采购进行国际招标。国际金融机构的贷款通常需要按这些机构拟定的贷款政策提供，这些机构认为应当支持的发展项目才给予贷款。以世界银行为例，贷款的发放和管理按照项目周期进行，分为项目识别、项目准备、项目评估、项目谈判、项目执行、项目后评价六个阶段。

6）银团贷款

组成银团贷款通常需要有一家或数家牵头安排银行，负责联络其他的参加银行，共同研究考察项目，进行谈判和拟定贷款条件、起草法律文件。贷款银团中还需要有一家或数家代理银行，负责监管借款人的账户，监控借款人的资金，划收及划转贷款本息。使用银团贷款，除了贷款利率之外，借款人还要支付一些附加费用，包括管理费、安排费、代理费、承诺费、杂费等。银团贷款可以通过招标方式，在多个投标银行组合中选择银团，优化贷款条件。

7）股东借款

股东借款是指公司的股东对公司提供的贷款，对于借款公司来说，在法律上是一种负债。项目的股东借款是否后于其他的项目贷款受偿，需要依照预先的约定。如果没有预先约定偿还顺序，股东贷款与其他债务处于同等受偿顺序。只在预先约定了后于项目贷款受偿条件下，相对于项目的贷款人来说，股东借款可视为项目的资本金（准资本金）。

（2）债券方式融资

1）企业债券

企业债券融资是一种直接融资，是从资金市场直接获得资金，资金成本（利率）一般低于银行借款。由于有较为严格的证券监管，只有实力强、资信良好的企业才有可能发行企业债券。在国内发行企业债券需要通过国家证券监管机构及金融监管机构的审批。债券的发行需要由证券公司或银行承销，承销证券公司或银行要收取承销费，发行债券还要支付发行手续费、兑付手续费。有第三方提供担保的，还要为此支付担保费。在国外资本市场上也可以发行债券。发行债券通常需要取得债券资信等级的评级。债券评级较高的，可以以较低的利率发行。而较低评级的债券，则利率较高。

2）可转换债券

可转换债券是企业发行的一种特殊形式的债券，在预先约定的期限内，可转换债券持有人有权选择按照预先规定的条件将债权转换为发行人公司的股权。在公司经营业绩变好时，股票价值上升，可转换债券的持有人倾向于将债权转为股权；而当公司业绩下降或者没有达到预期效益时，股票价值下降，则倾向于兑付本息。现有公司发行可转换债券，通常并不设定后于其他债权受偿，对于其他向公司提供贷款的债权人来说，可转换债券不能视为公司的资本金融资。可转换债券作为股票的一个主要衍生品种，纳入股票上市规则管理。可转换债券的发行条件与一般企业债券类似，但由于附加可转换为股权的权利，可转换债券的利率较低。

（3）租赁方式融资

租赁有经营租赁、融资租赁、杠杆租赁和回租租赁等多种方式。经营租赁是出资方以自己经营的设备租给承租方使用并收取租金。承租方则通过支付一定租金租入设备的方式，节省项目设备购置投资，或等同于筹集到一笔设备购置资金。当预计项目中使用设备的租赁期短于租入设备的经济寿命时，经营租赁可以节约项目运行期间的成本开支，并避免设备经济寿命在项目上的空耗。经营租赁有别于融资租赁，不能被认为是债务资金的一种筹措方式。融资租赁又称为金融租赁、财务租赁，是一种融物与融资相结合的筹资方式。采取这种租赁方式，通常由承租人选定需要的设备，由出租人购置后租赁给承租人使用，承租人向出租人支付租金；承租人租赁取得的设备按照固定资产计提折旧；承租人可以选择租赁期满时是否廉价购买该设备。采用融资租赁，承租人可以得到设备的全部价款融资。融资额度比使用贷款要大，租赁费中所含的相当于利息的部分也比贷款利息高。

2. 债务融资信用保证措施

对于银行和其他债权人，新设法人或者既有法人贷款融资的安全性依靠两个方面保证：一方面依靠项目未来的现金流或借款人公司的资信；另一方面依靠借款人以外的直接或间接信用保证。尤其当项目本身或借款公司本身的资信不足时，来自于借款人以外的信用保证对于项目的融资来说是至关重要的。融资信用保证方式主要有：第三方保证；财产抵押与质押；账户质押与账户监管；借款人承诺；控股股东承诺；安慰函及支持函；政府支持函；项目合同保证；保险。每一项保证措施都有其特定的作用。对于债权人来说，信用保证措施的作用主要有三个方面：控制债务人必须履行偿债责任；在债务人不履行责任时，采取行动依法强制取得补偿；取得第二还款来源。对于投资人，有些保证措施可以分散投资风险，保证项目顺利实施，比如工程施工承包方的完工及工程质量保证。

在城市基础设施建设领域的融资模式产生了非常大的变化，涌现了很多新兴的融资模式，为加快基础设施建设发挥了巨大的作用。如以特许经营的方式引入非国有的其他投资人投资。所谓基础设施特许经营，就是由国家或地方政府将基础设施的投资和经营权通过法定的程序，有偿或者无偿地交给选定的投资人投资经营。由此形成的典型的基础设施特许经营方式如：BOT、PPP、TOT 方式等。除此之外，在国内受到重视并尝试运用的新兴的融资模式还有很多，如 ABS 融资模式、PFI 融资模式等。

本章复习思考题

1. 简述项目可行性研究的基本要求。
2. 项目可行性研究可划分为哪几个阶段？
3. 简述项目建议书与可行性研究主要内容。
4. 简述可行性研究与项目评估的一致性与区别。
5. 简述城市建设项目报批程序。
6. 简述投资环境的构成要素。
7. 简述项目投资决策分析的工作程序。
8. 简述城市建设项目决策分析任务。
9. 项目融资与传统融资的区别有哪些？
10. 当前我国建设项目外部资金来源渠道主要有哪些？
11. 简述城市建设项目融资模式。

City ——————————

本章学习要求：了解城市建设工程项目建筑设计
本章学习重点：城市建设土地征收管理
本章学习难点：城市建设房屋征收与拆迁管理

城市建设工程项目在正式开工前必须要做好多方面的准备。其中，建筑设计、土地征收、房屋征收拆迁等是前期难度较大的复杂工作。建筑设计在步骤上可分为方案设计阶段、初步设计阶段、施工图设计阶段。在城市建设过程中，征收土地和国有土地上征收房屋是公共利益的需要，必须严格按照国家法律规定的权限和程序办理。

第 4 章

城市建设工程项目前期准备

4.1 城市建设工程项目建筑设计

建筑设计工作作为建设项目的一个活动阶段，是指设计一个建设项目或一幢建筑物所要做的全部设计工作，与建设项目的详细关系可用图 4-1 来表示。

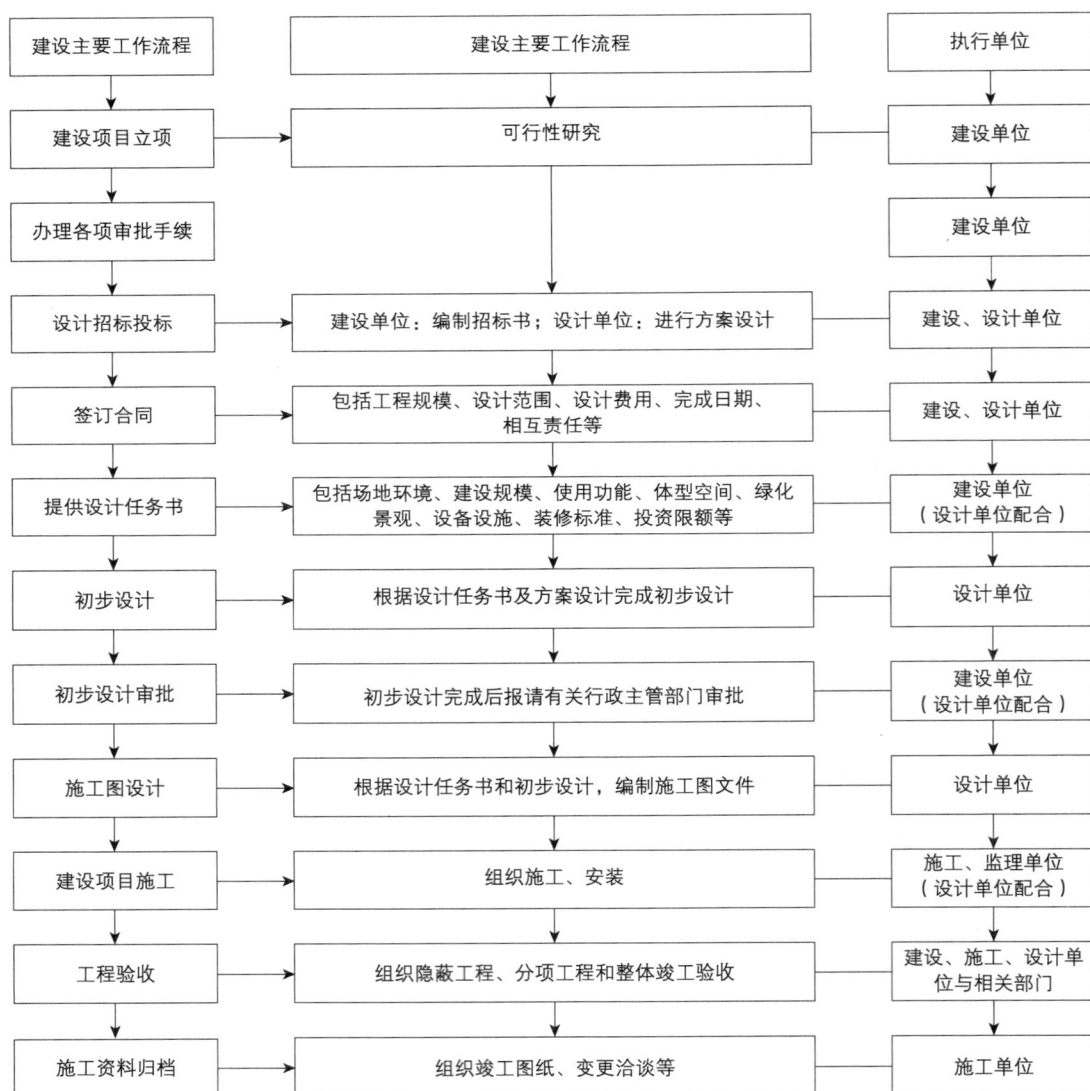

建设主要工作流程	建设主要工作流程	执行单位
建设项目立项	可行性研究	建设单位
办理各项审批手续		建设单位
设计招标投标	建设单位：编制招标书；设计单位：进行方案设计	建设、设计单位
签订合同	包括工程规模、设计范围、设计费用、完成日期、相互责任等	建设、设计单位
提供设计任务书	包括场地环境、建设规模、使用功能、体型空间、绿化景观、设备设施、装修标准、投资限额等	建设单位（设计单位配合）
初步设计	根据设计任务书及方案设计完成初步设计	设计单位
初步设计审批	初步设计完成后报请有关行政主管部门审批	建设单位（设计单位配合）
施工图设计	根据设计任务书和初步设计，编制施工图文件	设计单位
建设项目施工	组织施工、安装	施工、监理单位（设计单位配合）
工程验收	组织隐蔽工程、分项工程和整体竣工验收	建设、施工、设计单位与相关部门
施工资料归档	组织竣工图纸、变更洽谈等	施工单位

图 4-1 建筑设计工作与建设项目的关系

4.1.1 建筑设计的基本内容和程序

1. 建筑设计的基本内容

建筑工程设计包括建筑设计、结构设计、设备设计三个方面的内容，通常将这三部分统称为建筑设计。从专业分工的角度来说，建筑设计是指建筑工程设计中由建筑师承担的那一部分设计工作。

（1）建筑设计

建筑设计包括总体和单体设计两方面，一般是由注册建筑师来完成。设计内容一般包括建筑空间环境的组合设计和构造设计。

1）建筑空间环境的组合设计。通过建筑空间的规定、塑造和组合，综合解决建筑物的功能、技术、经济和美观等问题，主要通过建筑总平面设计、建筑平面设计、建筑剖面设计、建筑体型与立面设计来完成。

2）建筑空间环境的构造设计。主要是确定建筑物各构造组成部分的材料及构造方式，包括对基础、墙体、楼地层、楼梯、屋顶、门窗等构配件进行详细的构造设计，也是建筑空间环境组合设计的继续和深入。

（2）结构设计

结构设计是根据建筑设计选择切实可行的结构布置方案，进行结构计算及构件设计，一般由结构工程师完成。

（3）设备设计

设备设计主要包括给水排水、电气照明、供暖通风空调、动力等方面的设计，由有关专业的工程师配合建筑设计来完成。

2. 建筑设计的基本程序

（1）设计准备

1）接受任务。设计单位承接设计任务后，根据工作规模、项目管理等级、岗位责任制确定项目组成员，项目组在设计总负责人的主持下开展设计工作。

2）收集相关资料及调研。设计总负责人首先要和有关的专业负责人一起研究设计任务书和有关批文，搞清建设单位的设计意图、范围和要求以及政府主管部门批文的内容，然后组织有关人员去现场踏勘并与甲方交流沟通。收集有关设计基础资料和当地政府的有关法规等，当工程需采用新技术、新工艺或新材料时，应了解技术要点、生产供货、使用效果、价格等情况。

（2）确定本专业设计技术条件

在正式设计工作开始前，专业负责人应组织设计人、校对人与审定（核）人一起确定本专业设计技术条件。其内容包括以下几点：

1）设计依据有关规定、规范（程）和标准。

2）拟采用的新技术、新工艺、新材料等。

3）场地条件特征、基本功能区划、流线、体型及空间处理创意等。

4）关键设计参数。

5）特殊构造做法等。

6）专业内部计算和制图工作中需协调的问题。

（3）进行专业间配合和互提资料

为保证工程整体的合理性，消除工程安全隐患，减少经济损失，确保设计按质量如期完成，在各阶段设计中，专业之间均要各尽其责，互相配合，密切协作。在专业配合中应注意以下几点：

1）按设计总负责人制定的工作计划按时提供本专业的资料。

2）核对其他专业提供的资料，发现问题及时返提。

3）专业间互提资料应由专业负责人确认。

4）应将涉及其他专业方案性问题的资料尽早提出，发现问题并尽快协商解决。

（4）编制设计文件

编制设计文件时，设计单位的工作人员应当充分理解建设单位的要求，坚决贯彻执行国家及地方有关工程建设的法规，应符合国家现行的建筑工程建设标准，设计规范（程）和制图标准以及确定投资的有关指标，定额和费用标准的规定；满足住房和城乡建设部《建筑工程设计文件编制深度规定（2016年版）》对各阶段设计深度的要求，当合同另有约定时，应同时满足该规定与合同的要求；对一般工业建筑（房屋部分）工程设计，设计文件编制深度尚应符合有关行业标准的规定。工作中应做到以下几点：

1）贯彻确定的设计技术条件，发现问题及时与专业负责人或审定（核）人协商解决。

2）设计文件编制深度应符合有关规定和合同的要求。

3）制图应符合国家及有关制图标准的规定。

4）完成自校，要保证计算的正确性和图纸的完整性。

（5）专业内校审和专业间会签

设计工作后期，在设计总负责人的主持下各专业共同进行图纸会签。会签主要解决专业间的局部矛盾和确认专业间互提资料的落实，完成后由专业负责人在会签栏中签字，专业内校审主要由校对人、专业负责人、审核（定）人进行。设计人进行修改，要确保设计技术条件的落实，保证计算的正确和设计文件满足深度要求后，有关人员在相应签字栏中签字。

（6）设计文件归档

设计工作完成之后应将设计任务书、审批文件、收集的基础资料、全套设计文件（含计算书）、专业互提资料、校审记录、工程洽商单、质量管理程序表格等归档。

（7）施工图设计完成之后需要进行施工配合工作。向建设、施工、监理等单位进行技术交底；解决施工中出现的问题，进行工程协商或修改（补充）图纸；参加隐蔽工程的局部验收。

（8）工程总结

工程竣工后可以对建设单位和施工单位等进行回访，听取相关人员的意见进行工程总结，以便今后提高设计质量。

实际工程设计工作的基本内容可以根据其复杂程度有所增减。基本环节的编写顺序不完全代表时间顺序，有些环节是交叉或多次反复、逐步深化进行的（尤其是配合工作）。

4.1.2　建筑设计各阶段设计步骤与设计文件

工业及民用建筑工程项目可根据项目的性质、规模及技术复杂程度分阶段进行。建筑设计分为三个阶段：方案设计阶段，初步设计阶段，施工图设计阶段。这三个阶段基本是上下承接的关系，上阶段设计必须作为编制下阶段设计文件的依据，并满足编制下阶段设计文件的需要，即："编制方案设计文件，应当满足编制初步设计文件和控制概算的需要。编制初步设计文件，应当满足编制施工招标文件、主要设备材料订货和编制施工图设计文件的需要。编制施工图设计文件，应当满足设备材料采购、非标准设备制作和施工的需要，并注明建设工程合理使用年限。"（引自《建设工程勘察设计管理条例》第二十六条）

1. 方案设计阶段

方案设计是设计中的重要阶段，它是一个极富有创造性的设计阶段，同时也是一个十分复杂的问题，它涉及设计者的知识水平、经验、灵感和想象力等。应满足编制初步设计文件需要，以及方案审批或报批的需要。方案设计包括设计要求分析、系统功能分析、原理方案设计几个过程。该阶段主要是从分析需求出发，确定实现产品功能和性能所需要的总体对象（技术系统），决定技术系统，实现产品的功能与性能到技术系统的映像，并对技术系统进行初步的评价和优化。设计人员根据设计任务书的要求，运用自己掌握的知识和经验，选择合理的技术系统，构思满足设计要求的原理解答方案。

（1）方案设计内容

方案设计阶段主要是绘制方案草图，其他专业配合确定结构选型、设备系统等设想方案，并估算工程造价，组织方案审定或评选，写出定案结论，并绘制方案报批图。

方案设计文件一般包括设计说明书、总平面图、相关建筑设计图纸（若为城市区域供热或区域燃气调压站，应提供热能动力专业的设计图纸）、设计委托或设计合同中规定的透视图、鸟瞰图、模型等内容。

1）设计说明书

设计说明书主要包括设计依据、设计要求及主要技术经济指标，总平面设计说明，建筑设计说明，结构设计说明，建筑电气设计说明，给水排水设计说明，供暖通风与空气调节设计说明，热能动力设计说明，投资估算一般编制说明、总投资估算表、单项工程综合估算表、主要技术经济指标等内容。

①设计依据、设计要求及主要技术经济指标：与工程设计有关的依据性文件的名称和文号，如选址及环境评价报告、用地红线图、项目的可行性研究报告、政府有关主管部门对立项报告的批文、设计任务书或协议书等；设计所执行的主要法规和所采用的主要标准（包括标准的名称、编号、年号和版本号）；设计基础资料，如气象、地形地貌、水文地质、抗震设防烈度、区域位置等；简述政府有关主管部门对项目设计的要求，如对总平面布置、环境协调、建筑风格等方面的要求，当城市规划等部门对建筑高度有限制时，应说明建筑、构筑物的控制高度（包括最高和最低高度限值）；简述建设单位委托设计的内容和范围，包括功能项目和设备设施的配套情况；工程规模（如总建筑面积、总投资、容纳人数等）、项目设计规模等级和设计标准（包括结构的设计使用年限、建筑防火类别、耐火等级、装修标准等）；主要技术经济指标，如总用地面积、总建筑面积及各分项建筑面积（还要分别列出地上部分和地下部分建筑面积）、建筑基底总面积、绿地总面积、容积率、建筑密度、绿地率、停车泊位数（分室内、室外和地上、地下），以及主要建筑或核心建筑的层数、层高和总高度等项指标；根据不同的建筑功能，还应表述能反映工程规模的主要技术经济指标，如住宅的套型、套数及每套的建筑面积、使用面积，旅馆建筑中的客房数和床位数，医院建筑中的门诊人次和病床数等指标；当工程项

目（如城市居住区规划）另有相应的设计规范或标准时，技术经济指标应按其规定执行。

②总平面设计说明：概述场地区位、现状特点和周边环境情况及地质地貌特征，详尽阐述总体方案的构思意图和布局特点，以及在竖向设计、交通组织、防火设计、景观绿化、环境保护等方面所采取的具体措施；说明关于一次规划、分期建设，以及原有建筑和古树名木保留、利用、改造（改建）方面的总体设想。

③建筑设计说明：建筑方案的设计构思和特点；建筑与城市空间关系、建筑群体和单体的空间处理、平面和剖面关系、立面造型和环境营造、环境分析（如日照、通风、采光），以及立面主要材质色彩等；建筑的功能布局和内部交通组织，包括各种出入口，楼梯、电梯、自动扶梯等垂直交通运输设施的布置；建筑防火设计，包括总体消防、建筑单体的防火分区、安全疏散等设计原则；无障碍设计简要说明；当在建筑声学、建筑光学、建筑安全防护与维护、电磁波屏蔽以及人防地下室等方面有特殊要求时，应作相应说明；建筑节能设计说明；当项目按绿色建筑要求建设时，应有绿色建筑设计说明；当项目按装配式建筑要求建设时，应有装配式建筑设计说明。

④结构设计说明：工程概况（工程地点，工程周边环境，工程分区，主要功能，各单体或分区建筑的长、宽、高，地上与地下层数，各层层高，主要结构跨度，特殊结构及造型，工业厂房的吊车吨位等）；设计依据包括主体结构设计使用年限、风荷载、雪荷载、抗震设防烈度等自然条件，有条件时简述工程地质概况，建设单位提出的与结构有关的符合有关法规、标准的书面要求，本专业设计所执行的主要法规和所采用的主要标准（包括标准的名称、编号、年号和版本号以及场地岩土工程初勘报告）；建筑结构安全等级、建筑抗震设防类别、主要结构的抗震等级、地下室防水等级、人防地下室的抗力等级，有条件时说明地基基础的设计等级等建筑分类等级；上部结构及地下室结构方案（结构缝、伸缩缝、沉降缝和防震缝）的设置，上部及地下室结构选型概述，上部及地下室结构布置说明（必要时附简图或结构），进行方案比选，阐述设计中拟采用的新结构、新材料及新工艺等，简要说明关键技术问题的解决方法，包括分析方法（必要时说明拟采用的进行结构分析的软件名称）及构造措施或试验方法，特殊结构宜进行方案可行性论述；基础方案（有条件时阐述基础选型及持力层，必要时说明对相邻既有建筑物的影响等）；主要结构材料[混凝土强度等级、钢筋种类、钢绞线或高强钢丝种类、钢材牌号、砌体材料、其他特殊材料或产品（如成品拉索、铸钢件、成品支座、消能或减震产品等）的说明等]；需要特别说明的其他问题（如是否需进行风洞试验、振动台试验、节点试验等。对需要进行抗震设防专项审查或其他需要进行专项论证的项目应明确说明）；当项目按绿色建筑要求建设时，说明绿色建筑设计目标，采用的与结构有关的绿色建筑技术和

措施；当项目按装配式建筑要求建设时，设计说明应有装配式结构设计专门内容。

⑤建筑电气设计说明：工程概况，本工程拟设置的建筑电气系统；变、配、发电系统（负荷级别以及总负荷估算容量；电源，城市电网拟提供电源的电压等级、回路数、容量；拟设置的变、配、发电站数量和位置设置原则；确定备用电源和应急电源的型号、电压等级、容量）；智能化设计（智能化各系统配置内容，包括智能化各系统对城市公用设施的需求、电气节能及环保措施、绿色建筑电气设计、建筑电气专项设计。当项目按装配式建筑要求建设时，电气设计说明应有装配式设计专门内容）。

⑥给水排水设计说明：工程概况，本工程设置的建筑给水排水系统，给水[水源情况简述（包括自备水源及城镇给水管网），常规给水系统，热水系统，中水系统，循环冷水系统，管道直饮水系统，其他给水系统（如非传统水源）的简介]；消防[消防水源情况简述（城镇给水管网、自备水源等），消防系统（简述消防系统种类，水消防系统供水方式，消防水箱、水池等容积消防泵房的设置等），消防用水量（设计流量、一次灭火用水量、火灾延续时间），其他灭火系统、设施的设计要求等]；排水[排水体制（室内污、废水的排水合流或分流，室外生活排水和雨水的合流或分流），污、废水及雨水的排放路径，给出雨水系统重现期等主要设计参数，估算污废水排水量、雨水量等，生活排水、雨水系统设计说明，雨水控制与综合利用设计说明，污、废水的处理方法]；当项目按绿色建筑要求建设时，说明绿色建筑设计目标、采用的绿色建筑技术和措施；当项目按装配式建筑要求建设时，给水排水设计说明应有装配式设计专门内容；需要专项设计（包括二次设计）的系统；需要说明的其他问题。

⑦供暖通风与空气调节设计说明：工程概况及供暖通风和空气调节设计范围；供暖、空气调节的室内外设计参数及设计标准；冷、热负荷的估算数据；供暖热源的选择及其参数；空气调节的冷源、热源选择及其参数；供暖、空气调节的系统形式，简述控制方式；通风系统简述；防排烟系统及暖通空调系统的防火措施简述；节能设计要点；当项目按绿色建筑要求建设时，说明绿色建筑设计目标、采用的绿色建筑技术；当项目按装配式建筑要求建设时，供暖通风与空气调节设计说明应有装配式设计专门内容；废气排放处理和降噪、减振等环保措施；需要说明的其他问题。

⑧热能动力设计说明：供热（简述热源概况及供热范围，供热方式及供热参数，供热负荷，锅炉房及场区面积、区域供热时的换热站的面积，热力管道的布置及敷设方式，水源、水质、水压要求）；燃料供应（燃料来源、种类及性能要求，燃料供应范围，燃料消耗量，燃料供应方式，废气排放、灰渣储存及运输方式）；其他动力站房（站房内容、性质，站房的面积及位置，简述工艺系统形式、用量）；节能、环保、消防及安全措

施；当项目按绿色建筑要求建设时，说明绿色建筑设计目标、采用的主要绿色建筑技术和措施。

⑨投资估算一般编制说明、总投资估算表、单项工程综合估算表、主要技术经济指标：投资估算一般编制说明 [项目概况，编制依据，编制方法，编制范围（包括和不包括的工程项目与费用），其他必要说明的问题]；总投资估算表（总投资估算表由工程费用、工程建设其他费用、预备费、建设期利息、铺底流动资金、固定资产投资方向调节税等组成，工程建设其他费用、预备费、建设期利息、铺底流动资金、固定资产投资方向调节税编制）；单项工程综合估算表，由各单项工程的建筑工程、装饰工程、机电设备及安装工程、室外总体工程等专业的单位工程费用估算内容组成。

采用装配式建造的建筑应根据各地发布的装配式建筑定额进行编制。

2）设计图纸

设计图纸主要包括总平面设计图纸、建筑设计图纸和热能动力设计图纸等文件。

①总平面设计图纸：场地的区域位置；场地的范围（用地和建筑物各角点的坐标或定位尺寸）；场地内及四邻环境的反应（四邻原有及规划的城市道路和建筑物、用地性质或建筑性质、层数等，场地内需保留的建筑物、构筑物、古树名木、历史文化遗存、现有地形与标高、水体、不良地质情况等）；场地内拟建道路、停车场、广场、绿地及建筑物的布置，并表示出主要建筑物、构筑物与各类控制线（用地红线、道路红线、建筑控制线等）、相邻建筑物之间的距离及建筑物总尺寸，基地出入口与城市道路交叉口之间的距离；拟建主要建筑物的名称、出入口位置、层数、建筑高度、设计标高，以及主要道路、广场的控制标高；指北针或风玫瑰图、比例。根据需要绘制下列反映方案特性的分析图：功能分区、空间组合及景观分析、交通分析（人流及车流的组织、停车场的布置及停车泊位数量等）、消防分析、地形分析、竖向设计分析、绿地布置、日照分析、分期建设等。

②建筑设计图纸：平面图 [平面的总尺寸、开间、进深尺寸及结构受力体系中的柱网、承重墙位置和尺寸（也可用比例尺表示），各主要使用房间的名称，各层楼地面标高、屋面标高，室内停车库的停车位和行车线路，首层平面图应标明剖切线位置和编号，并应标示指北针，必要时绘制主要用房的放大平面和室内布置，图纸名称、比例或比例尺]；立面图 [体现建筑造型的特点，选择绘制有代表性的立面，各主要部位和最高点的标高、主体建筑的总高度，当与相邻建筑（或原有建筑）有直接关系时，应绘制相邻或原有建筑的局部立面图，图纸名称、比例或比例尺]；剖面图（剖面应剖在高度和层数不同、空间关系比较复杂的部位。各层标高及室外地面标高、建筑的总高度，当遇有高

度控制时，标明建筑最高点的标高，剖面编号、比例或比例尺）；当项目按绿色建筑要求建设时，以上有关图纸应示意对应的绿色建筑设计内容；当项目按装配式建筑要求建设时，以上有关图纸应表达装配式建筑设计有关内容（如平面中应表达装配技术使用部位、范围及采用的材料与构造方法，预制墙板的组合关系，预制墙板组合图、叠合楼板组合图等）。

③热能动力设计图纸：主要设备平面布置图及主要设备表；工艺系统流程图；工艺管网平面布置图。

（2）方案设计文件的编排顺序

1）封面：写明项目名称、编制单位、编制年月。

2）扉页：写明编制单位法定代表人、技术总负责人、项目总负责人及各专业负责人的姓名，并经上述人员签署或授权盖章。

3）设计文件目录。

4）设计说明书。

5）设计图纸。

（3）方案设计阶段设计步骤

1）设计准备

①方案设计前，首先由单位领导确定项目的管理等级，下达设计任务，然后由单位领导确定项目的设计总负责人、各专业的负责人，同时安排好设计力量。

②收集设计技术资料，调研及构思方案，对工程所采用新技术、新工艺或新材料等做好实际工程调研工作。

2）进行专业间配合和互提资料

①建筑专业提供资料。整理好建设单位提供的相关设计文件资料，为各专业方案设计提供依据。方案设计阶段建筑专业提供资料的内容包括建筑设计说明及设计图纸。

②建筑专业接收结构、水、暖、电资料。各专业在接收到建筑专业的资料以后应根据工程情况向建筑专业反馈技术要求和调整意见，协助建筑专业完善和深化设计。

3）编制设计文件

在方案设计阶段，建筑专业的设计文件主要是设计说明书（包括各专业设计说明以及投资估算等内容；对于涉及建筑节能设计的专业，其设计说明应有建筑节能设计专门内容），总平面图，建筑设计图纸，设计委托或设计合同中规定的透视图、鸟瞰图、模型等。其编制原则为：满足编制初步设计文件的需要，因地制宜地正确选用国家、行业和地方建筑标准设计；对于一般工业建筑（房屋部分）工程设计，设计文件编制深度应符合有关行业标准的规定；当设计合同对设计文件编制深度另有要求时，设计文件编制深度应符合设计合同的要求。

2. 初步设计阶段

设计方案审查批准后，进行初步设计，初步完成各专业配合，细化方案设计编制初步设计文件，配合建设单位办理相关的报批手续控制投资，对特殊设备提出订货条件。

（1）初步设计内容

初步设计阶段主要文件包括设计说明书、有关专业的设计图纸、工程概算书、有关专业计算书（计算书不属于必须交付的设计文件，但应按规定相关条款的要求编制）等文件。

1）设计说明书

设计说明书主要包括工程设计依据、工程建设的规模和设计范围、总指标、设计要点综述、提请在设计审批时需解决或确定的主要问题等内容。

①工程设计依据：政府有关主管部门的批文，如该项目的可行性研究报告、工程立项报告、方案设计文件等审批文件的文号和名称；设计所执行的主要法规和所采用的主要标准（包括标准的名称、编号、年号和版本号）；工程所在地区的气象、地理条件、建设场地的工程地质条件；公用设施和交通运输条件；规划、用地、环保、卫生、绿化、消防、人防、抗震等要求和依据资料；建设单位提供的有关使用要求或生产工艺等资料。

②工程建设的规模和设计范围：工程的设计规模及项目组成；分期建设的情况；承担的设计范围与分工。

③总指标：总用地面积、总建筑面积和反映建筑功能规模的技术指标；其他有关的技术经济指标。

④设计要点综述：简述各专业的设计特点和系统组成；采用新技术、新材料、新设备和新结构的情况；当项目按照装配式建筑要求建设时，简述采用的装配式建筑技术要点。

⑤提请在设计审批时需解决或确定的主要问题：有关城市规划、红线、拆迁，水、电、蒸汽或高温水、燃料及充电桩等供应的协作问题；总建筑面积、总概算（投资）存在的问题；设计选用标准方面的问题；主要设计基础资料和施工条件落实情况等影响设计进度的因素；明确需要进行专项研究的内容。

2）有关专业的设计图纸

①总平面图：在初步设计阶段，总平面专业的设计文件应包括设计说明书、设计图纸。

·设计说明书：设计依据及基础资料、场地说明、总平面布置、竖向设计、交通组织、主要的经济指标和室外工程主要材料等。

·设计图纸：区域位置图、总平面图、竖向布置图、根据项目实际情况可增加绘制交通、日照、土方图等，也可将多张图纸合并。

②建筑专业设计：在初步设计阶段，建筑专业设计文件应包括设计说明书和设计图纸。

·建筑设计说明书：设计依据、设计概述、多子项工程中的简单子项可用建筑项目主要特征表作综合说明；对需分期建设的工程，说明分期建设内容和对续建、扩建的设想及相关措施；幕墙工程和金属、玻璃和膜结构等特殊屋面工程（说明节能、抗风压、气密性、水密性、防水、防火、防护、隔声的设计要求，饰面材质色彩、涂层等主要的技术要求）及其他需要专项设计、制作的工程内容的必要说明；需提请审批时解决的问题或确定的事项以及其他需要说明的问题，建筑节能设计说明；当项目按绿色建筑要求建设时，应有绿色建筑设计说明；当项目按装配式建筑要求建设时，应有装配式建筑设计和内装专项说明。

·建筑专业设计图纸：平面图、立面图、剖面图；根据需要绘制局部的平面放大图或节点详图；对于紧邻的原有建筑，应绘出其局部的平、立、剖面；当项目按绿色建筑要求建设时，以上有关图纸应表示相关绿色建筑设计技术的内容；当项目按装配式建筑要求建设时，设计图纸应表示采用装配式建筑设计技术的内容。如在平面图中用不同图例注明采用预制构件（柱、剪力墙、围护墙体、凸窗等）位置，立面图中预制构件板块的立面示意及拼缝的位置；表达预制外墙防水、保温、隔声防火的典型构造大样和建筑构筑配件安装，以及卫生间等有水房间的地板、墙体防水节点大样等。

③结构专业设计：在初步设计阶段，结构专业设计文件应有设计说明书、设计图纸、超限设计可行性论证报告、计算书。

·结构专业设计说明书：工程设计依据、工程概况、建筑分类等级、主要荷载取值、上部及地下室结构设计、地基基础设计、结构分析、主要结构材料、其他需要说明的内容；当项目按绿色建筑要求建设时，应有绿色建筑设计说明；项目按装配式建筑要求建设时，应增加装配式建筑结构设计目标及结构技术总述，预制构件分布情况说明和预制构件技术相关说明，包括预制构件混凝土强度等级、钢筋种类、钢筋保护层等；结构典型连接方式（包括结构受力构件和非受力构件等连接），施工、吊装、临时支撑等特殊要求及其他需要说明的内容等，对预制构件脱模、翻转等要求。

·结构设计图纸：基础平面图及主要基础构件的截面尺寸，主要楼层结构平面布置图，注明主要的定位尺寸、主要构件的截面尺寸；结构平面图不能表示清楚的结构或构件，可采用立面图、剖面图、轴测图等方法表示；结构主要或关键性节点、支座示意图；伸缩缝、沉降缝、防震缝、施工后浇带的位置和宽度应在相应平面图中表示。

·建筑结构工程超限设计可行性论证报告：工程概况、工程设计依据、建筑类等级、主要荷载（作用）取值、结构选型、布置和材料；结构超限类型和程度判别、抗震性能目标；有性能设计时，明确结构限值指标，结构计算文件、静力弹性分析、弹性时程分析、静力弹塑性分析、弹塑性时程分析、楼板应力分析、关键节点、特殊构件及特殊作用工况下的计算分析，大跨空间结构的稳定分析，必要时进行大震下考虑几何和材料双非线性的弹塑性分析；超长结构必要时，应按有关规范的要求，给出考虑行波效应的多点多维地震波输入的分析比较；必要时，给出高层和大跨空间结构连续倒塌分析、徐变分析和施工模拟分析、结构抗震加强措施及论证结论。

·结构专业计算书：计算书应包括荷载作用统计、结构整体计算、基础计算等必要的内容，计算书经校审后保存。

④建筑电气设计：在初步设计阶段建筑电气专业设计文件应包括设计说明书、设计图纸、主要电气设备表、计算书。

·电气设计说明书：设计依据、设计范围、变配发电系统、配电系统、照明系统、电气节能与环保措施、绿色建筑电气设计、装配式建筑电气设计、防雷、接地及安全措施、电气消防、智能化设计、机房工程、需要提请设计审批时解决或确定的主要问题。

·电气专业设计图纸：电气总平面图（仅有单体设计时，可无此项内容）、变配发电系统、配电系统、防雷系统、接地系统、电气消防、智能化系统等设计图纸。

·主要电气设备表：注明主要电气设备的名称、型号、规格、单位、数量。

·电气设计计算书：用电负荷计算、变压器、柴油发电机选型计算、典型回路电压损失计算、系统短路电流计算、各类别的选取或计算、典型场所照度值和照明功率密度值计算、各系统计算结果应标示在设计说明或相应图纸中，因条件不具备不能进行计算的内容，应在初步设计中说明，并应在施工图设计时补算。

⑤给水排水专业设计：在初步设计阶段，建筑工程给水排水专业设计文件应包括设计说明书、设计图纸、设备及主要材料表、计算书。

·给水排水专业设计说明书：设计依据、工程概况、设计范围、建筑小区（室外）给水设计。建筑室内给水设计、建筑室内排水设计、中水系统、节水节能减排措施，对有隔振及防噪声要求的建筑物、构筑物，说明给水排水设施所采取的技术措施，对特殊地区（地震、湿陷性或胀缩性土、冻土地区、软弱地基）的给水排水设施，说明所采取的相应技术措施，对分期建设的项目，应说明前期、近期和远期结合的设计原则和依据性资料，绿色建筑设计、装配式建筑设计、各专篇（项）中给水排水专业应阐述的问题、存在的问题、设计需提供的技术材料等。

·给水排水专业设计图纸（对于简单工程项目初步设计阶段可不出图）：建筑小区（室外）应绘制给水排水总平面图、建筑室内给水排水平面图和系统原理图。

·给水排水设备及主要材料表：列出设备及主要材料及器材的名称、性能参数、计数单位、数量、备注。

·给水排水专业计算书：各类生活、生产、消防等系统用水量和生活、生产排水量，园区、屋面雨水排水量，生活热水的设计小时耗热量等计算，中水水量平衡计算、有关的水力计算及热力计算、主要设备选型和构筑物尺寸计算。

⑥供暖通风与空气调节设计：在初步设计阶段，供暖通风与空气调节设计文件应有设计说明书，除小型、简单工程外，初步设计文件还应包括设计图纸、设备表及计算书。

·供暖通风与空气调节设计说明书：设计依据、工程建设地点、建筑面积、规模、建筑防火类别、使用功能、层数、建筑高度、设计范围等，设计计算参数、供暖、空调、通风、防排烟、空调通风系统的防火和防爆措施、节能设计、绿色建筑设计、装配式建筑设计、废气排放处理和降噪、减振等环保措施，以及需提请在设计审批时解决或确定的主要问题。

·供暖通风与空气调节设计图纸：供暖通风与空气调节初步设计图纸一般包括图例、系统流程图、主要平面图。各种风道可绘单线图，系统流程图包括冷热源系统、供暖系统、空调水系统、通风及空调风路系统、防排烟等系统的流程。应表示系统服务区域名称、设备和主要管道和风道所在区域和楼层，标注设备编号、主要风道尺寸和水管干管管径，表示系统主要附件、建筑楼层编号及标高；供暖平面图，通风、空调、防排烟平面图。

·供暖通风与空气调节设备表：列出主要设备的名称、性能参数、数量等。

·供暖通风与空气调节计算书：对于供暖通风与空调工程的热负荷、冷负荷、通风和空调系统风量、空调冷热水量、冷却水量及主要设备的选择，应作初步计算。

⑦热能动力：在初步设计阶段，热能动力设计文件应有设计说明书，除小型、简单工程外，初步设计文件还应包括设计图纸、主要设备表及计算书。

·热能动力设计说明书：设计依据、设计范围、锅炉房、其他动力站房、室内管道、外管网、节能、环保、消防、安全措施等，绿色建筑设计，以及需提请设计审批时解决或确定的主要问题。

· 热能动力设计图纸：热系统设计图、锅炉房平面图、其他动力站房设计图、室内外动力管道图。

· 热能动力主要设备表：列出主要设备名称、性能参数、单位和数量等，锅炉设备应注明锅炉效率。

· 热能动力计算书：对于负荷、水电和燃料消耗量、主要管道管径、主要设备选择等，应作初步计算。

3）工程概算书

建设项目设计概算是初步设计文件重要组成部分。概算文件应单独成册。设计概算文件由封面、签署页（扉页）、目录，概算编制说明，建设项目总概算表，工程建设其他费用表，单项工程综合概算表，单位工程概算书等内容组成。

①封面、签署页（扉页）、目录。

②概算编制说明。

· 工程概况：建设项目建设地点、设计规模、建设性质（新建、扩建或改建）和项目主要特征等。

· 编制依据：设计说明书及设计图纸、批准的可行性研究报告、国家和地方政府有关工程建设和造价管理的法律法规和方针政策、当地和主管部门颁布的概算定额和指标（或预算定额、综合预算定额）、单位估价表、类似工程造价指标、工程费用定额和相关费用规定的文件等、当地现行的建设工程价格信息、建设单位提供的有关概算的其他资料、工程建设其他费用计费依据、有关文件、合同、协议等。

③建设项目总概算表。

建设项目总概算表由工程费用、工程建设其他费用、预备费及应列入项目概算总投资中的相关费用组成。

· 工程费用：按各单项工程综合概算汇总组成。

· 工程建设其他费用：建设用地费、建设管理费、场地准备费及临时设施费、勘察设计费、工程监理费、招标代理服务费、市政公用设施费、研究试验费、前期工作咨询费、环境影响评价费、工程保险费、劳动安全卫生评价费、特殊设备安全监督检验费、专利及专有技术使用费、生产准备及开办费、联合试运转费等。

· 预备费：基本预备费和价差预备费。

· 应列入项目概算总投资中的相关费用：建设期利息、铺底流动资金、固定资产投资方向调节税等。

④工程建设其他费用表。

列明费用项目名称、费用计算基数、费率、金额及所依据的国家和地方政府有关文件、文号。

⑤单项工程综合概算表。

单项工程综合概算表按每一个单项工程内各单位工程概算汇总组成。单项工程综合概算表中要表明技术经济指标，经济指标包括计量指标单位、数量、单位造价。

⑥单位工程概算书。

单位工程概算书由建筑（土建）工程、装饰工程、机电设备及安装工程、室外总体工程等专业的工程概算书组成。

·建筑工程概算书由分部分项工程内容组成，并按规定计价。

·装饰工程概算书由分部分项工程内容组成，并按规定计价。

·机电设备及安装工程由建筑电气、给水排水、供暖通风与空气调节、热能动力、弱电等专业组成。各专业概算书由分部分项工程内容组成，并按规定计价。

·室外总体工程由场地土石方工程、道路工程、广场工程、围墙、大门、室外管线、园林绿化等项组成。各专业概算书应按规定计价。

初步设计阶段，单位工程概算一般应考虑零星工程费。以上项目需包含装配式建筑相关的设计、生产、运输、施工安装等费用。

（2）初步设计阶段设计步骤

建筑方案中标并批复后，除技术要求简单的民用建筑工程外，通常需要进行初步设计，这个阶段的设计文件要满足政府主管部门报批、控制工程造价、特殊大型设备订货的需要。

初步设计阶段建筑专业设计步骤如图4-2所示。具体工程的互提资料内容和深度要求详见《民用建筑工程设计互提资料深度及图样（建筑专业）》05SJ806。

初步设计阶段，建筑专业的设计文件应包括设计说明书（包括设计总说明、各专业设计说明，对设计建筑节能设计的专业，其设计说明应有建筑节能设计专门内容）、有关专业的设计图纸、主要设备或材料表、工程概算书、有关专业计算书等。其编制原则为：满足编制施工图设计文件的需要，因地制宜地正确选用国家行业和地方建筑标准设计；一般工业建筑（房屋部分）工程设计的设计文件编制深度应符合有关行业标准的规定；当设计合同对设计文件编制深度另有要求时，设计文件编制深度应符合设计合同的要求。

初步设计主要步骤	→	初步设计主要工作内容	执行人员
设计准备	→	接受任务、收集资料、调研等	总负责人组织
发作业图	→	根据方案批复意见修改后提供平、立、剖面图和总图	建筑专业
确定设计技术条件	→	确定设计依据、方案、主要参数、做法等	专业负责人组织
各专业互提资料	→	经计算提供设备、管井及干线布置，解决专业矛盾	各专业负责任组织
编制设计文件	→	计算、编写说明书、制图	专业负责人、设计人

业内校审、专业会审	校对审核	→	对设计文件进行自校、互换和审核、填写记录单修改	设计人、校对人、专业负责人、审核人
	会审	→	确认互提资料的落实和管道综合	设计总负责人、专业负责人、设计人
	审定	→	确认设计文件符合有关要求，填写记录单	审定人
	出图归档	→	各相关人员签字，办理出图手续、设计文件装订	设计总负责人、各专业负责人以及相关人员

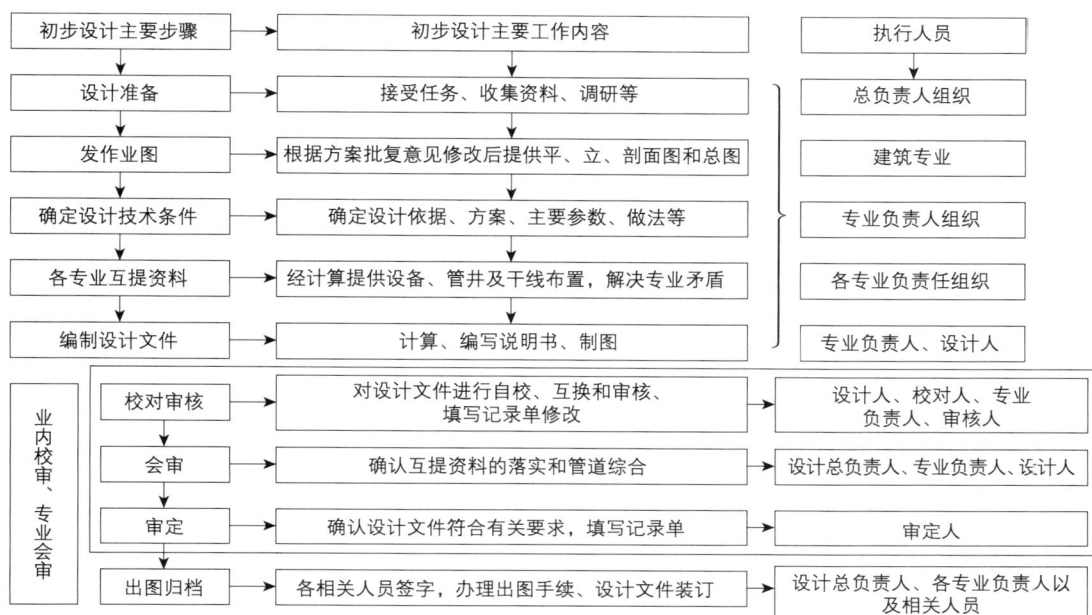

图 4-2　初步设计阶段建筑专业设计步骤

（3）初步设计文件编排顺序

1）封面：写明项目名称、编制单位、编制年月。

2）扉页：写明编制单位法定代表人、技术总负责人、项目总负责人和各专业负责人的姓名，并经上述人员签署或授权盖章。

3）设计文件目录。

4）设计说明书。

5）设计图纸（可单独成册）。

6）概算书（应单独成册）。

3. 施工图设计阶段

在取得初步设计审批文件之后，根据审批意见和审批文件，对初步设计进行必要的调整，设计总负责人应和专业负责人协调商定各专业配合进度，进行施工图设计，满足施工要求。建筑施工图设计是指把设计意图更具体、更确切地表达出来，绘成能据此进行施工的蓝图。其任务是在扩初或技术设计的基础上，把许多比较粗略的尺寸进行调整和完善；把各部分构造做法进一步考虑并予以确定；解决各工种之间的矛盾；编制出一套完整的、能据以施工的图纸和文件。施工图设计的内容包括建筑平面图、立面图、剖面图、建筑详图、结构布置图和结构详图等以及各种设备的标准型号、规格及各种非标准设备的施工图，并在施工图设计阶段编制施工图预算。

（1）施工图设计编制原则

施工图设计文件应满足设备材料采购、非标准设备制作和施工的需要（对于将项目分别发包给几个设计单位或设计分包的情况，设计文件相互关联的深度应当满足各承包或分包单位设计的需要），因地制宜地正确选用国家、行业和地方建筑标准设计；能据此进行施工、制作安装编制施工图预算和进行工程验收，对于一般工业建筑（房屋部分）工程设计文件编制深度应符合有关行业标准的规定；当设计合同对设计文件编制深度另有要求时，设计文件编制深度应符合设计合同的要求。

（2）施工图设计内容

在施工图设计阶段，建筑专业设计文件应包括合同要求所涉及的所有专业的设计图组（含图纸目录、说明和必要的设备、材料等）以及图纸总封面（对于涉及建筑节能设计的专业，其设计说明应有建筑节能设计的专项内容）、合同要求的工程预算书、各专业计算书。

1）合同要求所涉及的所有专业的设计图纸（含图纸目录、说明和必要的设备、材料表）以及图纸总封面；对于涉及建筑节能设计的专业，其设计说明应有建筑节能设计的专项内容；涉及装配式建筑设计的专业，其设计说明及图纸应有装配式建筑专项设计内容。

①在施工图设计阶段，总平面图专业设计文件应包括图纸目录、设计说明、各类设计图纸、计算书。

·图纸目录：应先列绘制的图纸，后列选用的标准图和重复利用图。

·设计说明：一般工程分别写在有关的图纸上，复杂工程也可单独列出。如重复利用某工程的施工图图纸及其说明时，应详细注明其编制单位、工程名称、设计编号和编制日期；列出主要技术经济指标表，说明地形图、初步设计批复文件等设计依据、基础资料等。

·总平面图：保留的地形和地物；测量坐标网、坐标值；场地范围的测量坐标（或定位尺寸）、道路红线、建筑控制线、用地红线等的位置；场地四邻原有及规划的道路、绿化带等的位置（主要坐标或定位尺寸），周边场地用地性质以及主要建筑物、构筑物、地下建筑物等的位置、名称、性质、层数；建筑物、构筑物（人防工程、地下车库、油库、贮水池等隐蔽工程）以虚线表示的名称或编号、层数、定位（坐标或相互关系尺寸）；广场、停车场、运动场地、道路、围墙、无障碍设施、排水沟、挡土墙、护坡等的定位（坐标或相互关系尺寸），如有消防车道和扑救场地，需注明；指北针或风玫瑰图；

建筑物、构筑物使用编号时，应列出"建筑物和构筑物名称编号表"；注明尺寸单位、比例、建筑正负零的绝对标高、坐标及高程系统（如为场地建筑坐标网时，应注明与测量坐标网的相互关系）、补充图例等。

·竖向布置图：场地测量坐标网、坐标值；场地四邻的道路、水面、地面的关键性标高；建筑物和构筑物名称或编号、室内外地面设计标高、地下建筑的顶板面标高及覆土高度限制；广场、停车场、运动场地的设计标高，以及景观设计中水景、地形、台地、院落的控制性标高；道路、坡道、排水沟的起点、变坡点、转折点和终点的设计标高（路面中心和排水沟顶及沟底）、纵坡度、纵坡距、关键性坐标，道路表明双面坡或单面坡、立道牙或平道牙，必要时标明道路平曲线及竖曲线要素；挡、护坡或土坎顶部和底部的主要设计标高及护坡坡度；用坡向箭头或等高线表示地面设计坡向，当对场地平整要求严格或地形起伏较大时，宜用设计等高线表示，地形复杂时应增加剖面表示设计地形；指北针或风玫瑰图；注明尺寸单位、比例、补充图例等；注明尺寸单位、比例、建筑正负零的绝对标高、坐标及高程系统（如为场地建筑坐标网时，应注明与测量坐标网的相互关系）、补充图例等。

·土石方图：场地范围的坐标或注明尺寸；建筑物、构筑物、挡墙、台地、下沉广场、水系、土丘等位置（用细虚线表示）；一般用方格网法（也可采用断面法），20m×20m 或 40m×40m（也可采用其他方格网尺寸）方格网及其定位，各方格点的原地面标高、设计标高、填挖高度、填区和挖区的分界线，各方格土石方量、总土石方量；土石方工程平衡表。

·管道综合图：总平面布置；场地范围的坐标（或注明尺寸）、道路红线、建筑控制线、用地红线等的位置；保留、新建的各管线（管沟）、检查井、化粪池、储罐等的平面位置，注明各管线、化粪池、储罐等与建筑物和构筑物的距离和管线间距；场外管线接入点的位置；管线密集的地段宜适当增加断面图，表明管线与建筑物、构筑物、绿化及管线之间的距离，并注明主要交叉点上下管线的标高或间距；指北针；注明尺寸单位、比例、图例、施工要求。

·绿化及建筑布置：总平面布置；绿地（含水面）、人行步道及硬质铺地的定位；建筑小品的位置（坐标或定位尺寸）、设计标高、详图索引；指北针；注明尺寸单位、比例、图例、施工要求等。

·详图：道路横断面、路面结构、挡土墙、护坡、排水沟、池壁、广场、运动场地、活动场地、停车场地面、围墙等。

·设计图纸的增减：当工程设计内容简单时，竖向布置图可与总平面图合并；当路网复杂时，可增绘道路平面图；土石方图和管线综合图可根据设计需要确定是否出图；当绿化或景观环境另行委托设计时，可根据需要绘制绿化及建筑小品的示意性和控制性布置图。

·计算书：设计依据及基础资料、计算公式、计算过程、有关满足日照要求的分析资料及成果资料等。

②在施工图设计阶段，建筑专业设计文件应包括图纸目录、设计说明、各类设计图纸及其他必要内容。

·图纸目录先列绘制图纸，后列选用的标准图或重复利用图。

·设计说明：依据文件名称文号，如批文、本专业设计所执行的主要法规和所采用的主要标准（包括标准名称、编号、年号和版本号）及设计合同等；项目概况，内容一般应包括建筑名称、建设地点、建设单位、建筑面积、建筑基底面积、项目设计规模等级、设计使用年限、建筑层数和建筑高度、建筑防火分类和耐火等级、人防工程类别和防护等级、人防建筑面积、屋面防水等级、地下室防水等级、主要结构类型、抗震设防烈度等，以及能反映建筑规模的主要技术经济指标，如住宅的套型和套数（包括套型总建筑面积等）、旅馆的客房间数和床位数、医院的床位数、车库的停车泊位数等；设计标高，工程的相对标高与总图绝对标高的关系；相关说明和室内外装修；对采用新技术、新材料和新工艺的做法说明及对特殊建筑造型和必要的建筑构造的说明；门窗表及门窗性能（防火、隔声、防护、抗风压、保温、隔热气密性、水密性等）、窗框材质和颜色、玻璃品种和规格、五金件等的设计要求；幕墙工程（玻璃、金属、石材等）及特殊屋面工程（金属、玻璃、膜结构等）的特点，节能、抗风压、气密性、水密性、防水、防火、防护、隔声的设计要求，饰面材质、涂层等主要的技术要求，并明确与专项设计的工作及责任界面；电梯（自动扶梯、自动步道）选择及性能说明（功能、额定载重量、额定速度停站数、提升高度等）；建筑设计防火设计说明，包括总体消防、建筑单体的防火分区、安全疏散、疏散人数和宽度计算、防火构造、消防救援窗设置等；无障碍设计说明，包括基地总体上、建筑单体内的各种无障碍设施要求等；建筑节能设计说明；根据工程需要采取的安全防范和防盗要求及具体措施，隔声减振减噪、防污染、防射线等的要求和措施；需要专业公司进行深化设计的部分对分包单位明确设计要求，确定技术接口的深度；当项目按绿色建筑要求建设时，应有绿色建筑设计说明；当项目按装配式建筑要求建设时，应有装配式建筑设计说明。

·平面图：承重墙、柱及其定位轴线和轴线编号，轴线总尺寸（或外包总尺寸）轴线间尺寸（柱距、跨度）、门窗洞口尺寸、分段尺寸；内墙窗户、编号门的开启方向，注明房间名称或编号，库房（储藏）注明储存物品的火灾危险性类别；墙身厚度（包括承重墙和非承重墙），柱与壁柱截面尺寸（必要时）及其与轴线关系尺寸，当围护结构为幕墙时，标明幕墙与主体结构的定位关系及平面凹凸变化的轮廓尺寸，玻璃幕墙部分标注立面分格间距的中心尺寸；变形缝位置、尺寸及做法索引；建筑设备和固定家具的位置及相关做法索引，如卫生器具、雨水管、水池、台、橱、柜、隔断等；电梯、自动扶梯、自动步道及传送带（注明规格）、楼梯（爬梯）位置，以及楼梯上下方向示意和编号索引；主要结构和建筑构造部件的位置、尺寸和做法索引，如中庭、天窗、地沟、地坑、重要设备或设备基础的位置尺寸、各种平台、夹层、人孔、阳台、雨篷、台阶、坡道、散水、明沟等；楼地面预留孔洞和通气管道、管线竖井、烟囱、垃圾道等位置、尺寸和做法索引，以及墙体（主要为填充墙，承重砌体墙）预留洞的位置、尺寸与标高或高度等；车库的停车位、无障碍车位和通行路线；特殊工艺要求的土建配合尺寸及工业建筑中的地面荷载、起重设备的起重量、行车轨距和轨顶标高等；建筑中用于检修维护的天桥、栅顶、马道等的位置、尺寸、材料和做法索引；室外地面标高、首层地面标高、各楼层标高、地下室各层标高；首层平面标注剖切线位置、编号及指北针或风玫瑰图；有关平面节点详图或详图索引号；每层建筑面积、防火分区面积、防火分区分隔位置及安全出口位置示意，图中标注计算疏散宽度及最远疏散点到达安全出口的距离（宜单独成图）；当整层仅为一个防火分区，可不注防火分区面积，或以示意图（简图）形式在各层平面中表示；住宅平面图中标注各房间使用面积、阳台面积；屋面平面应有女儿墙、檐口、天沟、坡度、坡向、雨水口、屋脊（分水线）、变形缝、楼梯间、水箱间、电梯机房、天窗及挡风板、屋面上人孔、检修梯、室外消防楼梯、出屋面管道井及其他构筑物，必要的详图索引号、标高等；表述内容单一的屋面可缩小比例绘制；根据工程性质及复杂程度，必要时可选择绘制局部放大平面图；建筑平面较长较大时，可分区绘制，但须在各分区平面图适当位置上绘出分区组合示意图，并于显著位置标注本分区部位编号；图纸名称、比例；图纸的省略：如对称平面，对称部分的内部尺寸可省略，对称轴部位用对称符号表示，但轴线号不得省略；楼层平面除轴线间等主要尺寸及轴线编号外，与首层相同的尺寸可省略；楼层标准层可共用同一平面，但需注明层次范围及各层的标高；图中不同图例注明预制构件（如预制夹心外墙、预制墙体、预制楼梯、叠合阳台等）位置，并标注构件截面尺寸及其与轴线关系尺寸；预制构件大样图，为了控制尺寸及一体化装修相关的预埋点位。

　　·立面图：两端轴线编号，立面转折较复杂时可用展开立面表示，但应准确注明转角处的轴线编号；外轮廓结构和建筑构造件的位置，如女儿墙顶、檐口、柱、变形缝、室外楼梯和垂直爬梯、室外空调机搁板、外遮阳构件、阳台、栏杆、台阶、坡道、花台、雨篷、烟囱、勒脚、门窗（消防救援窗）、幕墙、洞口、门头、雨水管，以及其他装饰构件、线脚和粉刷分格线等，当为预制构件或成品部件时，按照建筑制图标准规定的不同图例示意，装配式建筑立面应反映出预制构件的分块拼缝，包括拼缝分布位置及宽度等；建筑的总高度、楼层位置辅助线、楼层数、楼层层高和标高以及关键控制标高的标注，如女儿墙或檐口标高等；外墙的留洞应注明尺寸与标高或高度尺寸（长×宽×高及定位关系尺寸）；平、剖面图未能表示出来的屋顶、檐口、女儿墙、窗台以及其他装饰构件、线脚等的标高或尺寸；在平面图上表达不清的窗编号；各部分装饰用料、色彩的名称或代号；剖面图上无法表达的构造节点详图索引；图纸名称、比例。

2）合同要求的工程预算书。

对于方案设计后直接进入施工图设计的项目，若合同未要求编制工程预算书，施工图设计文件应包括工程概算书。

3）计算书。

计算书不属于必须交付的设计文件，但应按规定的相关条款的要求编制并归档保存。

（3）施工图设计阶段设计步骤

在初步设计文件经政府有关主管部门审查批复，甲方对有关问题给予答复后，项目组进行施工图设计工作。施工图设计阶段建筑专业设计步骤与初步设计阶段设计步骤相似，只是在确定布置和做法时，应依据国家规范、建设单位要求及各专业提出资料，只补充初步设计文件审查变更后，需重新修改和补充的内容，并进行相关计算。建筑专业需要接受、提供的技术资料主要内容要比初步设计阶段更加细致和具体。

（4）总封面标识内容

1）项目名称。

2）设计单位名称。

3）项目的设计编号。

4）设计阶段。

5）编制单位法定代表人、技术总负责人和项目总负责人的姓名及其签字或授权盖章。

6）设计日期（即设计文件交付日期）。

（5）施工配合的具体内容

施工图设计完成后需要进行施工配合工作：施工前由设计总负责人向建设、施工、监理等单位进行设计技术交底；解决施工过程中出现的问题，配合出工程商或修改（补充）图纸；参加隐蔽工程或局部工程验收施工基本完成后，参加竣工验收，检查是否满足设计文件和相关标准的要求，对不足之处提出整改意见。

1）设计技术交底主要内容

①介绍工程概况：建筑类别、面积、工程等级、层数、层高、室内外高差等。

②结构基本情况：地基、结构形式、特种结构、抗震设防烈度等。

③总平面设计：地形、地物、场地、建筑物及用地界线坐标、场地内各种设施（道路、铺地等）的布置。

④建筑物功能：平面、立面、剖面设计的简要说明，功能分区，特殊要求，防火设计，人防，地下室防水等。

⑤用料说明及室内外装修。

⑥需另行委托设计的复杂装修、幕墙等工程的说明。

⑦采用新技术、新材料及特殊建筑造型、特殊建筑构造的说明。

⑧选用电梯等建筑设备的简要说明。

⑨门窗、节能、无障碍设计等其他需要说明的问题

⑩吊顶、楼面垫层、管井、设备间等与其他专业密切相关的部位说明。

⑪建筑艺术、美观、造型方面需要交代清楚的问题

2）施工现场配合主要内容

①对于复杂、重要的工程或外地工程，设计单位为更好地保障施工进度，满足设计意图，经常派遣驻工地现场的各专业设计代表，随时配合处理施工中出现的与设计有关的问题。

②建筑师需参与处理由于施工质量、施工困难等导致的，施工单位和监理单位提出的建筑专业设计变更和工程洽商问题。

③建筑师需参与处理由于建设方的功能调整、使用标准变化、用料及设备选型更改等所导致的建筑设计变更和图纸修改工作。

④建筑师必须主动及时地处理由于设计错误、疏漏等原因所造成的施工困难，并及时做出设计变更和修改图纸。

⑤施工现场配合中所做的工程洽商、设计变更、补充修改图纸等文件按施工图设计程序完成，凡涉及多个专业的，应由设计总负责人签发；仅涉及本专业者由专业负责人签发，最后整理归档。

3）工程验收主要内容

①场外工程、隐蔽工程、结构主体工程、管线系统安装等工程验收中，凡与建筑专业密切相关的内容，建筑师都应给予极大的关注，了解其他专业分部工程施工中有无对

建筑整体设计意图产生重大损害的问题存在，并及时参与协商处理或提出整改意见。

②建筑师应紧随施工进度，及时参加本专业分部工程（如楼地面、屋面、填充墙、吊顶及内外装修门窗等工程）的验收工作。认真对照原设计文件及标准规范检查存在的问题，提出整改意见及工程洽商等记录，待全面满足要求后专业负责人或设计总负责人在验收记录单中签字。

③竣工验收。各分部工程验收合格之后，全部工程基本竣工，各专业在试运转合格之后，建设方、监理单位、设计单位会同政府行政主管部门对该工程项目进行竣工验收。对于民用建筑的主导专业——建筑专业，应认真检查建筑施工对设计意图实现的满意程度，同时总结设计工作的经验教训，对必须整改的问题提出相应的对策。竣工验收单一般由设计总负责人在设计单位栏目中签字。

4.1.3　建筑设计依据

1. 使用功能

建筑设计要满足人体尺度和人体活动所需的空间尺度。

2. 自然条件

（1）气候条件

气候条件一般包括温度、湿度、日照、雨雪、风向和风速等。气候条件对建筑设计有较大影响。例如我国南方多是湿热地区，建筑设计多以通透为主；北方干冷地区建筑设计趋向封闭，气候条件成为确定朝向和间距的主要因素。雨雪量的多少对建筑的屋顶形式与构造也有一定影响。

（2）地形、地质以及地震烈度

基地的平缓起伏、地质构成、土壤特性与承载力的大小，对建筑物的平面组合、结构布置与造型都有明显的影响。坡地建筑常结合地形错层建造，复杂的地质条件要求建筑基础采用不同的结构和构造处理等。地震对建筑的破坏作用很大，无论是从建筑的体形组合到细部构造设计必须考虑抗震措施，保证建筑的使用年限与坚固性。

（3）水文条件

水文条件是指地下水位的高低及地下水的性质，直接影响到建筑物的基础和地下室，设计时应采取相应的防水和防腐蚀措施。

3. 技术要求

（1）法规及技术标准

建筑设计应遵循国家制定的标准、规范、规程以及各地或各部门颁发的标准，如建筑设计防火规范、住宅建筑设计规范、采光设计标准等。这些法规及技术标准体现了国家的现行政策和经济技术水平。

（2）标准设计图集

工程建设标准设计图集是指国家和行业、地方对于工程建设构配件与制品、建筑物、构筑物工程设施和装置等编制的通用性文件，由技术水平较高的单位编制，并经有关专家审查，报政府部门批准实施，具有一定的权威性。它在我国的工程建设中保证了工程质量，提高了设计速度，推动了工程建设标准化。

（3）其他设计参考资料

此类资料供设计参考、借鉴，其内容与要求不等同于规范与标准，在使用时要注意取舍。

4.2　城市建设土地征收管理

我国实行土地的社会主义公有制，即全民所有制和劳动群众集体所有制。全民所有，即国家所有土地的所有权由国务院代表国家行使。任何单位和个人不得侵占、买卖或者以其他形式非法转让土地。土地使用权可以依法转让。集体土地是指农民集体所有的土地。农村和城市郊区的土地，除由法律规定属于国家所有的以外，属于农民集体所有；宅基地和自留地、自留山，属于农民集体所有。集体土地的使用权不得出让、转让或者出租用于非农业建设；但是，符合土地利用总体规划并依法取得建设用地的企业，因破产、兼并等情形致使土地使用权依法发生转移的除外。

城市建设项目必须在国有土地上进行。但城市建设用地不足时，必须通过征收活动把集体用地转变成全民所有土地才能进行城市建设。征收集体土地必须是国家为了公共利益的需要，依法将集体所有土地转变为国有土地并给予补偿的行为。国家依法实行国有土地有偿使用制度。但是，国家在法律规定的范围内划拨国有土地使用权的除外。

建设占用土地，涉及农用地转为建设用地的，应当符合土地利用总体规划和土地利用年度计划中确定的农用地转用指标；城市和村庄、集镇建设占用土地，涉及农用地转用的，还应当符合城市规划和村庄、集镇规划。不符合规定的，不得批准农用地转为建设用地。

在很长一段时期，我国没有区分征收和征用两种不同的情形，统称为"征用"。2004年3月，全国人大对《中华人民共和国宪法》(简称《宪法》)作了修改，将第十条第三款"国家为了公共利益的需要，可以依照法律规定对土地实行征用"改为"国家为了公共利益的需要，可以依照法律规定对土地实行征收或者征用并给予补偿"。2004年8月，全国人大常委会第十一次会议通过了关于修改《中华人民共和国土地管理法》(简称《土地管理法》)的决定，也区分了土地的征收和征用。征收和征用既有共同之处，又有不同之处。共同之处是：都有一定强制性，都要经过法定程序，都要依法给予补偿。不同之处在于，征收主要是所有权的改变，是国家为了公共利益需要而强制取得所有权的行为，其结果是权利发生转移；征用是在土地所有权不变的前提下，有条件的使用权的改变，是因抢险救灾等紧急需要而强制使用的行为，一旦紧急需要结束，被征用的土地应当如数返还给原权利人。

4.2.1　征收集体土地的特征

国家建设征收土地具有以下五个特征：

1. 国家建设征收土地的主体必须是国家

只有国家才能在国家建设征收土地行为中充当征收主体，只有国家才享有依法征收集体所有土地的权利，而具体的国家机关、企事业单位、社会团体以及个人只能根据用地的需要，依法定征地程序向土地机关提出用地申请，并在申请批准后获得土地的使用权。需要明确的是：国家是征收土地的主体，人民政府和各级土地管理机关代表国家具体行使此项权力。

2. 国家建设征收土地（征地）是行政行为，具有强制性

国家建设征地是基于国家建设的需要，按照法律规定的依据和程序所实施的行政行为，土地被征收的集体经济组织必须服从。

3. 国家建设征收土地是国家公共利益的需要

国家建设征收土地的原因是国家建设的需要，即《宪法》第十条所指的公共利益的需要。它可以从两个层次上加以理解。其一，是直接的国家建设需要或公共利益的需要。

比如发展和兴办国防建设、公用事业、市政建设、交通运输、水利事业、国家机关建设用地等以公共利益为直接目的的事业。其二，是广义的国家建设需要或者广义的公共利益需要。即凡是有利于社会主义现代化建设，有利于人民生活水平的提高，有利于综合国力的加强，诸如设立国家主管机关批准的集体企业、三资企业，兴办国家主管机关批准的民办大学以及其他社会公益事业等，均是广义上的国家建设和公共利益的需要。这些情况都可作为国家建设征收土地的原因。

4. 国家建设征收土地以土地补偿为必备条件

国家建设征收土地与没收土地不同，它不是无偿地强制进行，而是有偿地强制进行。土地被征收的集体经济组织可以依法取得经济上的补偿。国家建设征收土地与土地征购也不同，它并不是等价的买卖，而是有补偿条件的征收，因此，对被征收土地的适当补偿，是国家建设征收土地所必不可少的条件。所谓适当补偿，就是严格依据《土地管理法》的规定给予补偿，征地补偿以使被征收土地的单位和农民的生活水平不降低为原则。土地补偿费以及其他费用由用地单位支付。用地单位支付这些费用的义务是直接产生于国家征收土地的行政行为和国家批准用地单位用地申请的行为。

5. 国家建设征收土地的标的只能是集体所有土地

国家建设征收土地的标的，1949 年以来经历了一个发展变化的过程，随着农业合作社在全国范围内的实现，农村土地变成了农村合作经济组织集体所有，到了 1986 年《土地管理法》规定的征收土地的标的就只能是集体所有土地了。应当指出的是，国家建设用地需要用集体所有的土地来满足，也需要用国家所有的土地来满足，用集体所有的土地满足国家建设用地的法定办法是征收；用国有土地来满足国家建设用地需要的法定办法是出让、划拨等方式，而非征收方式，因为国有土地本来就是国家的，不需要再通过其他方式取得所有权，国家可直接行使处分权力。

4.2.2　征收集体土地应遵守的原则

1. 珍惜耕地，合理利用土地的原则

土地是人类赖以生存和生活的基础，具有有限性和不可再生性的特点，因此，它是最珍贵的自然资源，最宝贵的物质财富。中国耕地具有四个明显的特点：①人均占有耕地少；②耕地总体质量差；③生产水平低；④退化严重，后备资源不足。但是，随着城市建设的发展和建立社会主义市场经济体制的需要，以及人民生活水平的不断提高，必然还要占用一部分耕地。改革开放以来，我国每年都要征收大量的耕地，这将使土地的供求矛盾日益加剧。因此，在征收土地时，必须坚持"一要吃饭、二要建设"的方针，必须坚持"十分珍惜、合理利用土地和切实保护耕地"的基本国策。单位和个人必须坚持精打细算，能少占土地就不多占。坚决反对征而不用、多征少用、浪费土地的行为。

2. 保证国家建设用地原则

征收土地特别是占用耕地，必然会给被征地单位和农民带来一定的困难，但为了国家的整体和长远利益，就要求被征地单位和农民从全局出发，克服暂时的局部困难，保证国家建设用地，在征收土地时，应反对两种做法：一是以节约土地为理由，拒绝国家征收；二是大幅度提高征地费用，以限制非农业部门占用土地。因此，既要贯彻节约用地的原则，又要保证国家建设项目所必需的土地。

3. 妥善安置被征地单位和农民的原则

征收土地会给被征地单位和农民的生产、生活带来困难和不便，用地单位应根据国家和当地政府的规定，妥善安排被征地范围内的单位和农民的生产、生活，这是必须坚持的原则。没有这个原则就不能保证征地工作的顺利进行。

妥善安置主要包括：①对征收的土地要合理补偿；②对因征地给农民造成的损失要合理补助；③对征地造成的剩余劳动力要适当安排。由于中国土地辽阔，各地情况差异较大，补偿、补助标准不应简单"统一"。但补偿、补助不能因为征收土地而降低被征地农民的生活水平。

4. 有偿使用土地的原则

有偿使用土地是土地使用制度改革的核心内容，是管好土地、促进节约用地和合理利用土地、提高土地效益的经济手段。土地征收后，除一些公共设施、公益事业和基础设施外，国有土地供应原则上都应实行有偿使用，土地有偿使用将成为今后国有建设用地供应的基本制度。实行土地有偿使用，不但可以增加国家收入，防止国有资产流失，还可以促进土地资源的合理使用，是有效控制建设用地增长的经济手段。一般来说，除了国家核准划拨的以外，凡新增建设用地均实行有偿有限期使用。有偿使用土地有多种形式，如土地使用权出让、土地租赁、土地使用权作价出资、入股等。目前对国有土地没有全部实行有偿使用，即依然是土地使用权有偿出让和土地使用权划拨两种制度并行。

《中华人民共和国城市房地产管理法》对两种国有土地使用制度的适用范围有明确规定。

5. 依法征地的原则

因城市建设、工业项目等需要征收土地，建设单位必须根据国家的有关规定和要求，持有国家主管部门或者县级以上人民政府批准的证书或文件，并按照征收土地的程序和法定的审批权限，依法办理征收手续后，才能合法用地。凡无征地手续，或无权批准使用土地的单位批准使用的土地，或超权限批准使用的土地，均属非法征地，不受法律保护。近年来，征地违法违规形式有一个新变化，其中的最主要形式就是"以租代征"。所谓"以租代征"，即通过租用集体土地进行非农业建设，擅自扩大建设用地规模。其实质是规避法定的农用地转用和土地征收审批、在规划计划之外扩大建设用地规模，同时逃避了缴纳有关税费、履行耕地占补平衡的法定义务。其结果必然会严重冲击用途管制等土地管理的基本制度，影响国家宏观调控政策的落实和耕地保护目标的实现。此外，违反土地利用总体规划、扩大开发区用地规模、未批先征等行为都是当前违法征地的主要表现形式。因此，有必要采取坚决行动，遏制土地违法的行为，保证国家土地调控政策的落实。

4.2.3　征收、征用集体土地的政策规定

1. 征收土地的范围

《中华人民共和国民法典》（简称《民法典》）第二百四十三条规定：为了公共利益的需要，依照法律规定的权限和程序可以征收集体所有的土地和组织、个人的房屋以及其他不动产。征收集体所有的土地，应当依法及时足额支付土地补偿费、安置补助费以及农村村民住宅、其他地上附着物和青苗等的补偿费用。

2. 征收土地批准权限的规定

在征地依法报批前，当地土地行政主管部门应告知征地情况、确认征地调查结果、组织征地听证。当地土地行政主管部门应将拟征地的用途、位置、补偿标准、安置途径等，以书面形式告知被征地农村集体经济组织和农户。对拟征土地的权属、地类、面积以及地上附着物的权属、种类、数量等现状进行调查，调查结果应与被征地农村集体经济组织、农户和地上附着物产权人共同确认。对拟征土地的补偿标准、安置途径，被征收土地的集体组织和个人有申请听证的权利。当事人申请听证的，应按照《国土资源听证规定》规定的程序和有关要求组织听证。

征收土地批准权限的规定：①征收土地实行两级审批制度，即由国务院和省级人民政府审批；②建设占用土地，涉及农用地转为建设用地的，应办理农用地转用审批手续；③征收基本农田，基本农田以外的土地超过 35hm² 的，其他土地超过 70hm² 的，由国务院审批；④其他用地和已经批准农用地转用范围内的具体项目，由省级人民政府审批并报国务院备案。

3. 申请征地不得化整为零

一个建设项目需要征收的土地，应当根据总体设计一次申请批准，不得化整为零。分期建设的项目，应当分期征地，不得先征待用，铁路、公路和输油、输水等管线建设需要征收的土地，可以分段申请批准，办理征地手续。

工程项目施工需要材料堆放场地、运输道路和其他临时设施的用地，应尽可能在征收的土地范围内安排，确实需要另行增加临时用地的，由建设单位向批准工程项目用地的机关提出临时用地的数量和期限的申请，经批准后，同集体土地所有权单位签订临时用地协议后方可使用。临时使用土地的期限，最多不得超过 2 年，并不得改变批准的用途，不得从事生产性、营业性或其他经营性的活动，不得修建永久性建筑。临时用地期满后，应将场地清理并按用地协议支付一切费用，土地管理部门同时注销其临时用地使用权。临时用地超过批准的时间，可再提出申请，不退地又不申请的按违章用地处理。

4. 对被征地单位和农民进行安置、补偿和补助

征收土地由用地单位支付土地补偿费、安置补助费、地上附着物和青苗补偿费。

5. 联营使用集体土地政策

全民所有制企业、城镇集体所有制企业同农村集体经济组织共同投资兴办的联营企业所使用的集体土地，必须持县级以上人民政府按照国家基本建设程序批准的设计任务书或者其他批准文件，由联营企业向县级以上人民政府土地管理部门提出用地申请，按照国家建设用地的批准权限，经有批准权的人民政府批准；经批准使用的土地，可以按照国家建设用地的规定实行征收，也可以由农村集体经济组织按照协议将土地使用权作为联营条件。

这样规定是为了适应城乡横向经济联合，促进地方经济发展，既体现了占用农地必须遵守的原则，即须经批准方可用地，同时又体现了用地的灵活性，即联营企业用地，可以不改变土地权属性质。

6. 征收土地公告

依照《土地管理法》等有关规定，被征收土地所在的市、县人民政府，在收到征收土地方案后，10 日内应以书面或其他形式进行公告。

（1）征收土地公告应包括下列内容：①征收批准机关、文号、时间和用途；②被征收土地的所有权人、位置、地类和面积；③征地补偿标准和农业人口安置途径；④办理征地补偿的期限、地点。

（2）征地补偿安置方案公告应包括下列内容：①被征收土地的位置、地类、面积，地上附着物和青苗的种类、数量，需要安置农业人口的数量；②土地补偿费的标准、数量、支付对象和方式；③安置补助费的标准、数量、支付对象和方式；④地上附着物和青苗的补偿标准和支付方式；⑤农业人口具体安置途径；⑥其他有关征地补偿安置的措施。

（3）未进行征地、补偿、安置公告的，被征地单位和个人，有权拒绝办理征地相关手续。

7. 合理使用征地补偿相关费用

建设用地单位支付的各种劳动力的就业补助和应发的各种补偿及其他费用，应按有关规定管理和使用。耕地占用税用于土地开发和农业发展，菜田基金、土地复垦费、土地荒芜费、防洪费用于菜田开发建设和土地的调整和治理；征地管理费用于土地管理部门的各种业务开支。各级人民政府和土地管理部门，严格监督征地费用的管理和使用，任何单位和个人均不得占用或挪作他用。

8. 特殊征地按特殊政策办理

（1）大中型水利、水电工程建设征收土地的补偿费标准和安置费用，由国务院另行规定。

（2）征收林地、园林等按林业管理部门的规定办理。

（3）征收土地发现文物、古迹、古树等应报主管部门处理后方可征地。

（4）迁移烈士墓、华侨墓按主管部门规定办理。

（5）用地范围内的国防设施，经协商后方可征收。

4.2.4　征收集体土地的工作程序

严密、可行的工作程序，对于提高工作效率、防止工作失误、保证工作质量有着重要的作用。根据《中华人民共和国土地管理法实施条例》和《建设用地审查报批管理办法》等要求，征收土地利用总体规划确定的城市建设用地范围外的土地一般按照下列工作程序办理：

1. 申请用地

建设单位持经批准的设计任务书或初步设计、年度基本建设计划以及地方政府规定需提交的相应材料、证明和图件，向土地所在地的县级以上地方人民政府土地管理部门申请建设用地，同时填写《建设用地申请表》，并附下列材料：①建设单位有关资质证明；②项目可行性研究报告批复或其他有关批准文件；③土地行政主管部门出具的建设项目用地预审报告；④初步设计或者其他有关材料；⑤建设项目总平面布置图；⑥占用耕地的，提出补充耕地方案；⑦建设项目位于地质灾害地区的，应提供地质灾害危险性评估报告；⑧提供地价评估报告。

2. 受理申请并审查有关文件

县级以上人民政府土地行政管理部门负责建设用地的申请、审查、报批工作，对应受理的建设项目，在 30 日内拟定农用地转用方案、补充耕地方案、征地方案和供地方案，编制建设项目用地呈报说明书，经同级人民政府审核同意后报上一级土地管理部门审查。

3. 审批用地

有批准权的人民政府土地行政管理部门，收到上报土地审批文件，按规定征求有关部门意见后，实行土地管理部门内部会审制度审批土地。

4. 征地实施

经批准的建设用地，由被征收土地所在地的市县人民政府组织实施。

1）征地公告。公告的内容包括：批准征地的机关、文号、土地用途、范围、面积、征地补偿标准、农业人口安置办法和办理补偿的期限等。

2）支付土地补偿费、地上附着物和青苗补偿费。

3）安置农业人口。

4）协调征地争议。

5. 签发用地证书

1）有偿使用土地的，应签订土地使用权出让合同。

2）以划拨方式使用土地的，向用地单位签发《国有土地划拨决定书》和《建设用地批准书》。

3）用地单位持土地使用权出让合同或相关材料办理不动产登记手续。

6. 征地批准后的实施管理

建设用地批准后直至颁发不动产权证之前，应进行跟踪和管理，其主要任务是：①会同有关部门落实安置措施；②督促被征地单位按期移交土地；③处理征地过程的各种争议；④填写征地结案报告。

7. 建立征收土地档案

建立征收土地档案的基本要求：一是整理和收集征收土地过程中形成的各种文件；二是收集存档的文件一律要原件；三是市、县范围内的土地档案应统一格式。

征收土地利用总体规划确定的城市建设用地范围内的土地，由市、县人民政府土地行政主管部门拟定农用地转用方案、补充耕地方案和征收土地方案，编制建设项目用地呈报说明书，经同级人民政府审核同意后，报上一级土地行政主管部门审查。只征收农民集体所有建设用地的，市、县人民政府土地行政主管部门只需拟定征收土地方案和供地方案。

4.2.5　征收集体土地补偿的范围和标准

土地的补偿范围和补偿、补助标准的确定，是征地工作的主要内容，也是一项难度较大的工作，涉及国家、集体、个人的利益。组织征地的地方政府必须按征地协议书如数支付补偿费，被征地单位也不得额外索取。在征地告知后，凡被征地农村集体经济组织和农户在拟征土地上抢栽、抢种、抢建的地上附着物和青苗，征地时一律不予补偿。

根据《土地管理法》的规定，征收耕地的补偿费用包括土地补偿费、安置补助费以及地上附着物和青苗的补偿费。《民法典》还规定，除要依法足额支付上述费用外，还应当安排被征地农民的社会保障费用，保障被征地农民的生活，维护被征地农民的合法权益。

1. 土地补偿费

土地补偿费是征地费的主要部分，是国家建设征用土地时，为补偿被征地和原土地使用人的经济损失而向其支付的款项。国家建设征收土地，由用地单位支付土地补偿费。

土地补偿费的标准为：

1）征收耕地的补偿费，为该耕地被征收前 3 年平均年产值的 6~10 倍。

2）征收其他土地的补偿费标准由省、自治区、直辖市参照征收耕地的补偿费标准规定。

2. 安置补助费

国家建设征收土地，除支付补偿费外，还应当支付安置补助费。安置补助费是为安置因征地造成的农村剩余劳动力的补助费。

安置补助费按照需要安置的农业人口数计算。需要安置的农业人口数，按照被征收的耕地数量除以征地前被征地单位平均每人占有耕地的数量计算。每一个需要安置的农业人口的安置补助费标准，为该耕地被征收前 3 年平均年产值的 4~6 倍，即人均耕地平均年产值的 4~6 倍。但单位面积被征收耕地的安置补助费，最高不得超过被征收前 3 年平均年产值的 15 倍。

征收其他土地的安置补助费标准，由省、自治区、直辖市参照征收耕地的安置补助费标准规定。

在人均耕地特别少的地区，按前述标准支付的土地补偿费和安置补助费，尚不能使需要安置的农民保持原有生活水平的，经省级人民政府批准，可以增加安置补助费。但土地补偿和安置补助费之和不得超过该土地被征收前 3 年平均年产值的 30 倍。

《国务院关于深化改革严格土地管理的决定》进一步完善征地补偿的办法，规定依照现行法律规定支付土地补偿费和安置补助费，尚不能使被征地农民保持原有生活水平的，不足以支付因征地而导致无地农民社会保障费用的，省、自治区、直辖市人民政府应当批准增加安置补助费。土地补偿费和安置补助费的总和达到法定上限，尚不足以使被征地农民保持原有生活水平的，当地人民政府可以用国有土地有偿使用收入予以补贴。省、自治区、直辖市人民政府要制订并公布各市县征地的统一年产值标准或区片综合地价，征地补偿做到同地同价，国家重点建设项目必须将征地费用足额列入概算。对有稳定收益的项目，农民可以将依法批准的建设用地使用权入股。

3. 地上附着物和青苗补偿费等

被征收土地上的附着物和青苗的补偿标准，由省、自治区、直辖市规定。地上附着物是指依附于土地上的各类地上、地下建筑物和构筑物，如房屋、水井、地上（下）管线等。青苗是指被征收土地上正处于生长阶段的农作物。

征收城市郊区菜地，按照国家有关规定缴纳新菜地开发建设资金。城市郊区菜地，是指连续 3 年以上常年种菜或养殖鱼、虾的商品菜地和精养鱼塘。

4. 临时用地补偿

征用临时用地，应当与农村集体经济组织签订临时用地协议，并按该土地前 3 年平均年产值逐年给予补偿。但临时用地逐年累计的补偿费最高不得超过按征收该土地标准计算的土地补偿费和安置补助费的总和。

5. 合理使用土地补偿费、安置补助费

土地补偿费归农村集体经济组织所有；地上附着物和青苗补偿费归地上附着物和青苗的所有者所有。由农村经济集体组织安置的人员，安置补助费由农村集体经济组织管理和使用，由其他单位安置的人员，安置补助费支付给安置单位；不需要统一安置的人员，补助费发放给个人。

对上述补偿费用，各省级人民政府一般均会定期公布各征地区片的综合地价标准，各地征地统一年产值及补偿标准，房地产估价师应及时关注。

4.3 城市建设国有土地上房屋征收

4.3.1 房屋征收概述

国家对权利人的财产实行平等保护。但为了国防和外交以及由政府组织实施的基础设施建设、公共事业、保障性安居工程建设、旧城区改建等公共利益的需要，或者因抢险、救灾等紧急需要，国家可依法征收或者征用集体、单位和个人的房屋。征收是国家以行政权取得集体、单位和个人的财产所有权的行为。

1. 房屋征收的概念

房屋征收是指国家为了公共利益的需要，依照法律规定的权限和程序强制取得国有土地上单位、个人的房屋及其他不动产的行为。房屋征收是物权变动的一种特殊的情形，是国家取得房屋所有权的一种方式。房屋征收的主体是国家，通常是政府代表国家以行

政命令的方式执行，这在《民法典》中有专门的规定。

2011 年 1 月 21 日国务院公布了《国有土地上房屋征收与补偿条例》（简称《房屋征收条例》），同时废止了 2001 年 6 月 13 日国务院公布的《城市房屋拆迁管理条例》。房屋征收通常处于建设项目的前期工作阶段，是城市建设的重要组成部分。

在实践中，国有土地上房屋被依法征收的，同时收回国有土地使用权。

2. 房屋征收的限制条件

房屋征收作为一种以取得国有土地上单位、个人的房屋为目的的强制性行为，有严格法定的限制条件：①房屋征收只能是为了公共利益的需要；②房屋征收必须严格依照法律规定的权限和程序；③以房屋征收决定公告之日被征收房屋类似房地产的市场价格对被征收人的损失予以公平补偿。

3. 房屋征收的前提条件

（1）公共利益的界定

房屋征收的核心是不需要房屋所有权人的同意而强制取得其房屋，收回国有土地使用权，"公共利益"是国家征收国有土地上单位、个人的房屋的前提条件。为此，《宪法》《民法典》《土地管理法》《城市房地产管理法》均明确规定房屋征收必须基于"公共利益的需要"。《房屋征收条例》界定了公共利益的范围，即：①国防和外交的需要；②由政府组织实施的能源、交通、水利等基础设施建设的需要；③由政府组织实施的科技、教育、文化、卫生、体育、环境和资源保护、防灾减灾、文物保护、社会福利、市政公用等公共事业的需要；④由政府组织实施的保障性安居工程建设的需要；⑤由政府依照《城乡规划法》有关规定组织实施的对危房集中、基础设施落后等地段进行旧城区改建的需要；⑥法律、行政法规规定的其他公共利益的需要。

（2）公共利益的特点

1）公共利益是客观的。公共利益的客观性表现在它客观地影响着社会公众整体的生存与发展。公共利益不是完全主观地从不同的层级利益中剥离出来的，不因各个利益主体主观认识上的不同有所改变，而是独立地、真实地存在于各种利益之上的客观利益。

2）公共利益是共享的。公共利益具有整体性、相对普遍性和共有性。公共利益不是个体利益的简单相加，也不是多数人利益在数量上的直接体现，它是社会共同的、整体的、普遍的利益。因此，判断公共利益内涵时，不应仅仅考虑个体利益的正当需求，应在不同利益格局中选择利益综合体，维护公共社会的价值体系。社会公共利益具有整体性和普遍性两大特点。换言之，社会公共利益在主体上是整体的而不是局部的利益，在内容上是普遍的而不是特殊的利益。公共利益当然涉及多数人与少数人的利益问题，但并不能说多数人的就一定是公共利益，公共利益还必须有价值判断。

3）公共利益是不确定的。公共利益在实体法上是一个广泛存在的概念，但同时它又是一个不确定的概念。公共利益的"最大特别之处，在于其概念内容的不确定性"，包括"利益内容的不确定性"和"受益对象的不确定性"。利益的实质是某种价值，社会客观事实决定利益的形成和同时期的利益价值的内容，而社会客观事实本身是不确定的，利益内容也就具有不确定性。受益对象的不确定性源于"公共"的不确定性，普遍的对"公共"的理解是许多个体的集合，"许多"又是一个没有界限的概念。

4. 征收与征用的异同

《民法典》第一百一十七条规定：为了公共利益的需要，依照法律规定的权限和程序征收、征用不动产或者动产的，应当给予公平、合理的补偿。征收是国家强制取得集体和单位、个人的财产；征用是国家强制使用集体和单位、个人的财产。

征收与征用的主要区别如下：

1）适用对象不同。征收的财产主要是不动产，征用的财产既包括不动产也包括动产。

2）前提条件不同。虽然征收、征用都是强制性的，但前提条件有所不同。征收是为了国防和外交以及由政府组织实施的基础设施建设、公共事业、保障性安居工程建设、旧城区改建等公共利益的需要，征用是因抢险、救灾等紧急需要。

3）所有权转移不同。征收主要是所有权的改变，是国家将集体所有或者私人所有的财产强制地征归国有，不存在返还的问题，通俗地说是"强买"；征用只是使用权的改变，是国家强制地使用集体所有或者私人所有的财产，被征用的财产使用后，应返还被征用人，通俗地说是"强租"。

4）补偿内容不同。《民法典》对征收规定了具体的补偿办法，这就是说任何征收都要给予补偿，而且必须依法补偿。征用在财产使用后首先应及时返还被征用人。关于征用补偿，《民法典》只是规定应当给予公平、合理的补偿，此处的补偿主要是指财产因征用而毁损或灭失，应对其征用前的实物状态或价值状态进行复原。究竟如何补偿，可以由双方依据法律规定协商确定。

4.3.2 国有土地上房屋征收管理体制与程序

1. 国有土地上房屋征收的管理体制

国有土地上房屋征收管理体制是指由房屋征收主体、房屋征收部门及其管理职责、管理程序、相互关系等组成的有机整体。《房屋征收条例》规定的房屋征收管理的分工如下：

1）房屋征收主体。房屋征收的主体是市、县级人民政府。市、县级人民政府负责本行政区域的房屋征收与补偿工作。

2）房屋征收部门。房屋征收部门是由市、县级人民政府确定的。房屋征收部门组织实施本行政区域的房屋征收与补偿工作。市、县级人民政府有关部门应当依据相应的职责分工，互相配合，保障房屋征收与补偿工作的顺利进行。

3）房屋征收实施单位。房屋征收部门可以委托房屋征收实施单位，承担房屋征收与补偿的具体工作，并对其在委托范围内实施的房屋征收与补偿行为负责监督，对其行为后果承担法律责任。房屋征收实施单位不得以营利为目的。

4）房屋征收的监督与指导部门。上级人民政府应当加强对下级人民政府房屋征收与补偿工作的监督。国务院住房和城乡建设主管部门和省、自治区、直辖市人民政府住房和城乡建设主管部门应当会同同级财政、国土资源、发展与改革等有关部门，加强对房屋征收与补偿实施工作的指导。任何组织和个人对违反《房屋征收条例》规定的行为，都有权向有关人民政府、房屋征收部门和其他有关部门举报。接到举报的有关人民政府、房屋征收部门和其他有关部门对举报应当及时核实、处理。监察机关应当加强对参与房屋征收与补偿工作的政府和有关部门或者单位及其工作人员的监察。

2. 国有土地上房屋征收的程序

（1）拟定征收补偿方案

房屋征收部门拟定征收补偿方案，报市、县级人民政府。征收补偿方案的内容包括房屋征收目的、房屋征收范围、实施时间、补偿方式、补偿金额、补助和奖励、安置用房面积和安置地点、搬迁期限、搬迁过渡方式和过渡期限等事项。

（2）组织有关部门论证

收到房屋征收部门上报的征收补偿方案后，市、县级人民政府应当组织发展改革、城乡规划、国土资源、环境资源保护、文物保护、财政、建设等有关部门对征收补偿方案进行论证。主要论证内容包括建设项目是否符合国民经济和社会发展规划、土地利用总体规划、城乡规划和专项规划，房屋征收目的是否符合房屋征收的条件，房屋征收范围是否科学合理，补偿方案是否公平等。

（3）征求公众意见

对征收补偿方案进行论证、修改后，市、县级人民政府应当予以公布，征求公众意见，期限不得少于 30 日。征收补偿方案征求公众意见结束后，市、县级人民政府应当将征求意见情况进行汇总，根据公众意见反馈情况对征收补偿方案进行修改，并将征求意见情况和根据公众意见修改情况及时公布。因旧城区改建需要征收房屋的，如果多数被征收人认为征收补偿方案不符合《房屋征收条例》规定，市、县级人民政府应当组织召开听证会进一步听取意见。参加听证会的代表应当包括被征收人代表和社会各界公众代表。市、县级人民政府应当听取公众意见，就房屋征收补偿方案等群众关心的问题进行说明。根据听证情况，市、县级人民政府应当对征收补偿方案进行修改完善，对合理意见和建议要充分吸收采纳。

（4）房屋征收决定

市、县级人民政府作出房屋征收决定前，应当按照有关规定进行社会稳定风险评估；房屋征收决定涉及被征收人数量较多的，应当经政府常务会议讨论决定。市、县级人民政府作出房屋征收决定后应当及时公告。公告应当载明征收补偿方案和行政复议、行政诉讼权利等事项。市、县级人民政府及房屋征收部门应当做好房屋征收与补偿的宣传、解释工作。房屋被依法征收的，国有土地使用权同时收回。

（5）与房屋征收相关的几项工作

1）组织调查登记。调查登记，一般应当在房屋征收决定前进行，调查登记应当全面深入，以满足拟定征收补偿方案和进行评估的需要。调查登记事项，一般包括被征收房屋的权属、区位、用途、建筑面积等。上述因素是评估确定被征收房屋价值的主要依据，对其他可能影响房屋价值评估的因素，在调查过程中也应予以查明。调查结果应当在征收范围内向被征收人公布。

2）对未进行登记的建筑物先行调查、认定和处理。为了避免在房屋征收时矛盾过分集中，市、县级人民政府应当依法加强建设活动管理，对违反城乡规划进行建设的，依法予以处理；另外，市、县级人民政府作出房屋征收决定前，应当组织有关部门依法对征收范围内未经登记的建筑进行调查、认定和处理。当事人对有关部门的认定和处理结果不服的，可以依法提起行政复议或者诉讼。

3）暂停办理相关手续。在房屋征收范围确定后，不得在房屋征收范围内实施新建、扩建、改建房屋和改变房屋用途等不当增加补偿费用的行为；违反规定实施上述行为的，不予补偿。房屋征收部门应当将暂停办理事项书面通知有关部门。暂停办理相关手续的书面通知应当载明暂停期限。暂停期限最长不得超过 1 年。

4）作出房屋征收决定前，征收补偿费用应当足额到位、专户存储、专款专用。足额到位，是指用于征收补偿的货币、实物的数量应当符合征收补偿方案的要求，能够保证全部被征收人得到依法补偿和妥善安置。专户存储、专款专用是保证补偿费用不被挤占、挪用的重要措施。专款专用，是指征收补偿费用只能用于发放征收补偿，不得挪作他用。

4.3.3 国有土地上房屋征收的补偿

为了公共利益的需要，征收国有土地上单位、个人的房屋，应当对被征收房屋所有权人给予公平补偿。

1. 房屋征收补偿的内容

对被征收人给予的补偿内容包括：

1）被征收房屋价值的补偿。对被征收房屋价值的补偿，不得低于房屋征收决定公告之日被征收房屋类似房地产的市场价格。

2）因征收房屋造成的搬迁、临时安置的补偿。因征收房屋造成搬迁的，房屋征收部门应当向被征收人支付搬迁费。选择房屋产权调换的，产权调换房屋交付前，房屋征收部门应当向被征收人支付临时安置费或者提供周转用房。

3）因征收房屋造成的停产停业损失的补偿。对因征收房屋造成停产停业损失的补偿，根据房屋被征收前的效益、停产停业期限等因素确定。具体办法由省、自治区、直辖市制定。

此外，市、县级人民政府应当制定补助和奖励办法，对被征收人给予补助和奖励。征收个人住宅，被征收人符合住房保障条件的，作出房屋征收决定的市、县级人民政府还应当优先给予住房保障。具体办法由省、自治区、直辖市制定。

2. 房屋征收补偿的方式

房屋征收补偿的方式有货币补偿和房屋产权调换两种，由被征收人选择。选择房屋产权调换的，市、县级人民政府应当提供用于产权调换的房屋，并与被征收人计算、结清被征收房屋价值与用于产权调换房屋价值的差价。

因旧城区改建征收个人住宅，被征收人选择在改建地段进行房屋产权调换的，作出房屋征收决定的市、县级人民政府应当提供改建地段或者就近地段的房屋。

3. 被征收房屋价值的评估

被征收房屋的价值由具有相应资质的房地产价格评估机构按照《国有土地上房屋征收评估办法》评估确定。

房地产价格评估机构由被征收人协商选定。协商不成的，通过多数决定、随机选定等方式确定，具体办法由省、自治区、直辖市制定。房地产价格评估机构应当独立、客观、公正地开展房屋征收评估工作，任何单位和个人不得干预。

对评估确定的被征收房屋价值有异议的，可以向房地产价格评估机构申请复核评估。对复核结果有异议的，可以向房地产价格评估专家委员会申请鉴定。

4. 订立补偿协议或作出补偿决定

房屋征收部门与被征收人就补偿方式、补偿金额和支付期限、用于产权调换房屋的地点和面积、搬迁费、临时安置费或者周转用房、停产停业损失、搬迁期限、过渡方式和过渡期限等事项，订立补偿协议。

补偿协议订立后，一方当事人不履行补偿协议约定的义务的，另一方当事人可以依法提起诉讼。

房屋征收部门与被征收人在征收补偿方案确定的签约期限内达不成补偿协议，或者被征收房屋所有权人不明确的，由房屋征收部门报请作出房屋征收决定的市、县级人民政府依照《房屋征收条例》的规定，按照征收补偿方案作出补偿决定，并在房屋征收范围内予以公告。

被征收人对补偿决定不服的，可以依法申请行政复议，也可以依法提起行政诉讼。

5. 公布补偿情况和审计结果

房屋征收部门应当依法建立房屋征收补偿档案，并将分户补偿情况在房屋征收范围内向被征收人公布。

审计机关应当加强对征收补偿费用管理和使用情况的监督，并公布审计结果。

4.3.4　国有土地上房屋征收与补偿的法律责任

为了维护公共利益，保障被征收人的合法权益，保障房屋征收与补偿工作依法顺利进行，《房屋征收条例》明确规定了房屋征收与补偿的主体、主管部门和有关单位、个人的法律责任。承担法律责任的种类有行政责任、民事责任和刑事责任。

1. 市、县级人民政府及房屋征收部门工作人员的法律责任

市、县级人民政府及房屋征收部门的工作人员承担法律责任的情形既有不作为，又有乱作为。市、县级人民政府及房屋征收部门的工作人员在房屋征收与补偿工作中不履行《房屋征收条例》规定的职责，或者滥用职权、玩忽职守、徇私舞弊的，由上级人民政府或者本级人民政府责令改正，通报批评；造成损失的，依法承担赔偿责任；对直接负责的主管人员和其他直接责任人员，依法给予处分；构成犯罪的，依法追究刑事责任。

2. 暴力野蛮搬迁的法律责任

《房屋征收条例》明确规定了暴力野蛮搬迁的相关单位及其直接负责的主管人员和其他直接责任人员需要根据情节严重程度不同承担民事责任、行政责任或刑事责任。

采取暴力、威胁或者违反规定中断供水、供热、供气、供电和道路通行等非法方式迫使被征收人搬迁，造成损失的，依法承担赔偿责任；对直接负责的主管人员和其他直接责任人员，构成犯罪的，依法追究刑事责任；尚不构成犯罪的，依法给予处分；构成违反治安管理行为的，依法给予治安管理处罚。

3. 非法阻碍依法征收与补偿的法律责任

在实践中，一些人采取暴力、威胁等方式阻挠依法进行的征收，按照《房屋征收条例》规定，根据情节严重程度不同应依法追究其民事责任或刑事责任。采取暴力、威胁等方法阻碍依法进行的房屋征收与补偿工作，构成犯罪的，依法追究刑事责任；构成违反治安管理行为的，依法给予治安管理处罚。

4. 涉及征收补偿费用的法律责任

征收补偿费用关系被征收人的切身利益，因此有必要加强管理，明确法律责任。贪污、挪用、私分、截留、拖欠征收补偿费用的，责令改正，追回有关款项，限期退还违法所得，对有关责任单位通报批评、给予警告；造成损失的，依法承担赔偿责任；对直接负责的主管人员和其他直接责任人员，构成犯罪的，依法追究刑事责任；尚不构成犯罪的，依法给予处分。

5. 出具虚假或有重大差错的评估报告的法律责任

房地产价格评估机构或者房地产估价师出具虚假或者有重大差错的评估报告的，可以给予警告、罚款、吊销证书等行政处罚，并将有关处罚记录记入诚信档案；造成损失的，依法承担赔偿责任；构成犯罪的，依法追究刑事责任。

本章复习思考题

1. 简述建筑设计的基本内容。

2. 简述建筑设计的基本程序。

3. 简述建筑设计各阶段设计步骤与设计文件。

4. 简述建筑设计依据。

5. 国有土地包括哪些土地？集体土地包括哪些土地？

6. 土地权属有哪几种？

7. 国家建设所需的土地，可采取哪些途径获得？

8. 征收集体土地的特点与原则是什么？

9. 政府征收集体土地的批准权限分别有哪些？审批时应注意哪几点？

10. 简述征收集体土地的工作程序。

11. 征收补偿费主要包括哪几项？其标准如何确定？

12. 什么是建设用地使用权出让？

13. 建设用地使用权出让的方式有哪几种？

14. 建设用地使用权出让的最高年限是如何规定的？

15. 在什么情况下国家可以收回建设用地使用权？

16. 建设用地使用权出让合同的主要内容有哪些？

17. 什么是建设用地使用权划拨？

18. 以划拨方式取得的土地使用权转让、出租、抵押的条件是什么？

19. 什么是闲置土地？

20. 闲置土地的处置方式有哪几种？

21.《房屋征收条例》实施的范围是什么？

22. 房屋征收的条件是什么？

23. 公共利益有什么特点？

24. 国有土地上房屋征收的程序是什么？

25. 房屋征收补偿的方式有哪些？

26. 房屋征收评估有哪些规定？

27. 对房地产违法违规的处罚有哪些具体规定？

City ——————————

本章学习要求： 了解城市建设工程项目招标投标的法律
法规
本章学习重点： 城市建设工程项目招标、投标
本章学习难点： 城市建设工程项目开标、评标、中标

招标投标是受法律约束的市场交易行为。城市建设过程
中采用招标投标机制选择最优的设计单位、材料设备供
应商、施工单位和其他咨询服务单位。招标方、投标方、
代理机构、评标专家等都必须严格按照相关法律法规规
定的程序和要求开展工作，否则将承担法律责任。

第 5 章

城市建设工程项目招标投标

5.1　城市建设工程项目招标投标概述

5.1.1　工程项目招标投标的概念

1. 招标投标的概念

招标投标是一种国际上普遍运用的、有组织的市场交易行为，主要用于建设工程、货物买卖、财产租赁和中介服务等经济活动。在工程建设过程中，通常采用招标投标方式选择承包商。

招标投标活动可以涵盖建设项目的设计、设备采购、施工的全过程或某一个阶段。在招标投标过程中，招标人（发包方）通过公开工程建设概况和选择要求，吸引众多的投标人（卖方）参与竞争。招标人（发包方）组织技术、经济和法律等方面的专家对投标人进行综合评审，从中择优选定中标人。

招标是指招标人发出招标通知，说明采购条件，邀请投标人在规定的时间和地点进行投标。投标则是投标人响应招标人的邀请，按照招标要求和条件递交投标文件，争取中标的行为。

招标投标活动是一种市场交易活动，涉及买卖双方：一方有购买需求（招标人），另一方有售卖需求（投标人）。这个过程实质上是招标人通过竞争机制选择最佳承建方的过程。

2. 工程项目招标的概念

工程项目招标是指招标人事先提出工程项目的条件和要求，邀请众多投标人参加投标，并按照规定程序从中选择工程承包商的一种市场交易行为。

3. 招标投标的特征

1）通过竞争机制，实现交易公平。

2）鼓励竞争，防止垄断，优胜劣汰实现较好的经济效益。

3）通过科学合理的规范化管理制度和运行程序，有效杜绝不正之风，保证交易的公正性。

5.1.2　工程项目招标投标的法律依据及适用范围

1. 工程项目招标投标的法律依据

1）《中华人民共和国招标投标法》。

2）《中华人民共和国政府采购法》。

3）《中华人民共和国招标投标法实施条例》。

4）其他相关法律法规。

《中华人民共和国招标投标法》（简称《招标投标法》）由第九届全国人大常委会于1999 年 8 月 30 日第十一次会议审议通过，2017 年 12 月 27 日进行修正。《招标投标法》共六章六十八条，是我国社会主义市场经济法律体系中一部非常重要的法律，是招标投标法领域的基本法律。

2. 招标投标法的适用范围

招标投标法的适用范围包括必须进行招标的项目和可以不招标的情形。

（1）《招标投标法》的适用范围

我国《招标投标法》第二条规定，在中华人民共和国境内进行招标投标活动，适用本法。

《招标投标法》只适用于中国境内进行的招标投标活动，不适用于国内企业到中国境外投标。国内企业到中国境外投标的，应当适用招标所在地国家（地区）的法律。

我国境内进行的招标投标活动，其资金来源属于国际组织或者外国政府贷款、援助资金，贷款方、资金提供方对招标投标的具体条件和程序有不同规定的，可以适用其规定，但违背中华人民共和国的社会公共利益的除外。

（2）必须进行招标的项目

《招标投标法》第三条规定，在中华人民共和国境内进行下列工程建设项目包括项目的勘察、设计、施工、监理以及与工程建设有关的重要设备、材料等的采购，必须进行招标：

1）大型基础设施、公用事业等关系社会公共利益、公众安全的项目。

2）全部或者部分使用国有资金投资或者国家融资的项目。

3）使用国际组织或外国政府贷款、援助资金的项目。

为了确定必须进行招标的工程建设项目的具体范围和规模标准，规范招标投标活动，根据《招标投标法》第三条的规定，制定了《工程建设项目招标范围和规模标准规定》

（国家发展计划委员会令第 3 号），2000 年 5 月施行。

2018 年 3 月 8 日，国务院批准《必须招标的工程项目规定》，依法必须进行招标的工程建设项目的具体范围和规模标准，由国务院发展和改革部门会同国务院有关部门制订，报国务院批准后公布施行。

涉及公共利益、公共安全、国有资金和国际组织投资项目等必须招标项目的范围和规模标准将在修订原国家计委 3 号令时规定。按区域、行业分别制定必须招标范围和规模标准，适当缩小范围，提高规模标准额，免除部分民营投资项目，并不再授权省级及以下人民政府制定招标范围和规模。

需要注意的是，必须招标采购项目与为了反腐倡廉及国有资产保值增值要求企业生产经营采购招标的区别。

（3）行政监督职责分工

1）在行政监督职责分工方面，国务院发展和改革部门指导和协调全国招标投标工作，对国家重大建设项目的工程招标投标活动实施监督检查。国务院工业和信息化、住房和城乡建设、交通运输、铁道、水利、商务等部门，按照规定的职责分工对有关招标投标活动实施监督。

2）县级以上地方人民政府发展和改革部门指导和协调本行政区域的招标投标工作。县级以上地方人民政府有关部门按照规定的职责分工，对招标投标活动实施监督，依法查处招标投标活动中的违法行为。县级以上地方人民政府对其所属部门有关招标投标活动的监督职责分工另有规定的，从其规定。

3）财政部门依法对实行招标投标的政府采购工程建设项目的预算执行情况和政府采购政策执行情况实施监督。

4）监察机关依法对与招标投标活动有关的监察对象实施监察。

（4）招标投标交易场所

在招标投标交易场所方面，设区的市级以上地方人民政府可以根据实际需要，建立统一规范的招标投标交易场所，为招标投标活动提供服务。招标投标交易场所不得与行政监督部门存在隶属关系，不得以营利为目的。

国家鼓励利用信息网络进行电子招标投标。电子招标投标不仅因为提高效率、节能减排等，更重要的是信息一体化（行业、地域范围一体化，企业与项目管理全程一体化）是市场一体化以及主体诚信自律的基础。

5.2　城市建设工程项目招标

5.2.1　招标形式的确定

1. 项目招标申请

按照国家有关规定需要履行项目审批、核准手续的依法必须进行招标的项目，其招标范围、招标方式、招标组织形式应当报项目审批、核准部门进行审批、核准。项目审批、核准部门应当及时将审批、核准确定的招标范围、招标方式、招标组织形式通报有关行政监督部门。

没有要求必须与项目可行性研究报告同时审批，核准招标范围、方式和组织形式的，可以在招标前单独申请审批（政府投资的公共设施、生态、科技等项目）或核准（企业投资的重大和限制类项目，有核准项目目录）。企业投资备案类项目不需要申请审批和核准，但应符合项目招标投标行政监督部门要求。

2. 邀请招标

国有资金占控股或者主导地位的依法必须进行招标的项目，应当公开招标；但有下列情形之一的，可以邀请招标：

1）技术复杂、有特殊要求或者受自然环境限制，只有少量潜在投标人可供选择。

2）采用公开招标方式的费用占项目合同金额的比例过大。

有 2）所列情形，属于《中华人民共和国招标投标法实施条例》（简称《实施条例》）第七条规定的项目，由项目审批、核准部门在审批、核准项目时作出认定；其他项目由招标人申请有关行政监督部门作出认定。

建立信誉投标人短名单应注意的问题：客观原因和特殊要求（保密、技术和环境制约、供不应求等）决定不能、不宜公开招标，且事先有可靠事实证明只能选择明确和公认的少量潜在投标人，按《实例条例》第七条规定要求办理审批、核准手续。既要防止利用邀请招标进行虚假招标和串标，又要防止适合邀请招标的项目采用公开招标而失效。

3. 可以不招标的项目

除《招标投标法》第六十六条规定的可以不进行招标的特殊情况外，有下列情形之一的，可以不进行招标：

1）需要采用不可替代的专利或者专有技术。

2）采购人依法能够自行建设、生产或者提供。

3）已通过招标方式选定的特许经营项目投资人依法能够自行建设、生产或者提供。

4）需要向原中标人采购工程、货物或者服务，否则将影响施工或者功能配套要求。

5）国家规定的其他特殊情形。

招标人为适用前款规定弄虚作假的，属于《招标投标法》第四条规定的规避招标。

①《招标投标法》第六十六条指涉及国家安全、国家秘密和抢险救灾等项目；②仅指采购人自己建设和使用，不包括投资相关人；③指特许经营项目投资人，并不是中标人。④情形确实存在，且比较复杂和普遍，防止利用此款规避或虚假招标，如违反程序建设造成后继工程无法招标，以行业垄断作为配套理由等。

4. 自行招标条件

《招标投标法》第十二条第二款规定的招标人具有编制招标文件和组织评标能力，是指招标人具有与招标项目规模和复杂程度相适应的技术、经济等方面的专业人员。

这是原国家计委 5 号令自行招标五项条件的实质内容。其中的专业人员包括取得招标职业资格的人员以及工程师、咨询师、经济师、造价师、会计师等专业人员。有关政府和企业自行组织招标应当具有的专业人员的数量与结构以及其他条件等应在修订相关规章和规范时具体规定。须向招标监督部门备案。

5.2.2　招标代理机构

1. 招标代理机构资格认定

招标代理机构的资格依照法律和国务院的规定由有关部门认定。

国务院住房和城乡建设、商务、发展和改革、工业和信息化等部门，按照规定的职责分工对招标代理机构依法实施监督管理。

按照现行的职责分工，住房和城乡建设、商务、发展和改革、工业和信息化等部门分别负责工程、进口机电产品、中央投资项目、通信工程的招标代理机构资格。招标职业资格制度建立后，亟待修订招标代理机构资格认定办法，并应努力推动建立招标代理机构资格互认机制。

2. 招标代理机构资格条件

招标代理机构应当拥有一定数量的取得招标职业资格的专业人员。取得招标职业资格的具体办法由国务院人力资源和社会保障部门会同国务院发展和改革部门制定。

建立招标职业资格制度，提高招标代理的职业素质，强化职业自律责任，规范职业行为。应当拥有招标职业资格的专业人员数量将在修订相关招标代理机构资格认定办法中分别作出规定。招标职业考试、从业注册管理制度以及与现行招标采购专业人员的职业水平考试评价制度的衔接办法另行制定印发，已于 2013 年开始实施。

3. 招标代理机构的义务

招标代理机构在其资格许可和招标人委托的范围内开展招标代理业务，任何单位和个人不得非法干涉。

招标代理机构代理招标业务，应当遵守《招标投标法》和《实施条例》关于招标人的规定。招标代理机构不得在所代理的招标项目中投标或者代理投标，也不得为所代理的招标项目的投标人提供咨询。

招标代理机构不得涂改、出租、出借、转让资格证书。

招标人与招标代理机构是民事委托代理关系；招标代理机构可以依法转让投资股权；统一规定简单比选和随机抽取选择招标代理机构的弊端；各地要求招标代理机构在当地注册分公司方可承担招标代理业务的原因，属于非法干涉、保护、排斥市场行为。

4. 招标委托合同

招标人应当与被委托的招标代理机构签订书面委托合同，合同约定的收费标准应当符合国家有关规定。

书面明确委托代理关系；防止恶性低价竞争和超额收费两个极端现象。应根据《国家计委关于印发〈招标代理服务收费管理暂行办法〉的通知》（计价格〔2002〕1980 号）和《国家发展改革委关于降低部分建设项目收费标准规范收费行为等有关问题的通知》（发改价格〔2011〕534 号）。政府指导价，可上下浮动 20%，否则可以处罚。

收费标准指组织全流程一次招标收费基准价，按标段（包）计费，降低了 5 亿元以上的计费标准并封顶，工程 450 万元、货物 350 万元、服务 300 万元，可以向招标人或招标文件明确约定向中标人收费。收费标准不含工程量清单、工程标底或工程招标控制价的编制费用。

5. 标底编制

招标人可以自行决定是否编制标底。一个招标项目只能有一个标底。标底必须保密。

接受委托编制标底的中介机构不得参加受托编制标底项目的投标，也不得为该项目的投标人编制投标文件或者提供咨询。

招标人设有最高投标限价的，应当在招标文件中明确最高投标限价或者最高投标限价的计算方法。招标人不得规定最低投标限价。

6. 招标终止

招标人终止招标的，应当及时发布公告，或者以书面形式通知被邀请的或者已经获取资格预审文件、招标文件的潜在投标人。已经发售资格预审文件、招标文件或者已经收取投标保证金的，招标人应当及时退还所收取的资格预审文件、招标文件的费用，以及所收取的投标保证金及银行同期存款利息。

当约定的投标保证金形式不产生银行利息则不必退还利息；同时，同期银行存款利率有多种可能，所以必须事先根据招标投标的时间约定利率标准，以免纠纷。

5.2.3 资格审查文件

1. 资格预审文件的规定

公开招标的项目，应当依照《招标投标法》和相关条例的规定发布招标公告、编制招标文件。

招标人采用资格预审办法对潜在投标人进行资格审查的，应当发布资格预审公告、编制资格预审文件。

依法必须进行招标的项目的资格预审公告和招标公告，应当在国务院发展和改革部门依法指定的媒介发布。在不同媒介发布的同一招标项目的资格预审公告或者招标公告的内容应当一致。指定媒介发布依法必须进行招标的项目的境内资格预审公告、招标公告，不得收取费用。

编制依法必须进行招标的项目的资格预审文件和招标文件，应当使用国务院发展和改革部门会同有关行政监督部门制定的标准文本。

依法必须招标项目应当使用《标准施工招标资格预审文件》《标准施工招标文件》《标准设计施工总承包招标文件》以及有关部门指定的相关行业标准文本。

应当努力推动监理行业、企业招标采购技术管理标准体系，与法律体系相互结合补充，才能共同调整规范招标投标行为。

资格预审文件和招标文件的发售应符合以下规定：

1）招标人应当按照资格预审公告、招标公告或者投标邀请书规定的时间、地点发售资格预审文件或者招标文件。资格预审文件或者招标文件的发售期不得少于 5 日。

2）招标人发售资格预审文件、招标文件收取的费用应当限于补偿印刷、邮寄的成本支出，不得以营利为目的。

2. 资格预审文件的内容

招标人应当合理确定提交资格预审申请文件的时间。依法必须进行招标的项目提交资格预审申请文件的时间，自资格预审文件停止发售之日起不得少于 5 日。依法必须进行招标的项目提交资格预审申请文件的时间相当于自发售资格预审文件之日起至少 10 日。

（1）资格审查委员会

资格预审应当按照资格预审文件载明的标准和方法进行。

国有资金占控股或者主导地位的依法必须进行招标的项目，招标人应当组建资格审查委员会审查资格预审申请文件。资格审查委员会及其成员应当遵守《招标投标法》和《实施条例》有关评标委员会及其成员的规定。

（2）资格预审结果

资格预审结束后，招标人应当及时向资格预审申请人发出资格预审结果通知书。未通过资格预审的申请人不具有投标资格。

通过资格预审的申请人少于 3 个的，应当重新招标。

重新招标的方式有：再组织资格预审，或直接采用资格后审。首先要分析申请人少于 3 个的不同原因，以作出相应改进，重新招标容易发生串标和抬标；重新招标失败可以改为其他采购或发包方式。

（3）资格后审

招标人采用资格后审办法对投标人进行资格审查的，应当在开标后由评标委员会按照招标文件规定的标准和方法对投标人的资格进行审查。

（4）文件澄清与修改

招标人可以对已发出的资格预审文件或者招标文件进行必要的澄清或者修改。澄清或者修改的内容可能影响资格预审申请文件或者投标文件编制的，招标人应当在提交资格预审申请文件截止时间至少 3 日前，或者投标截止时间至少 15 日前，以书面形式通知所有获取资格预审文件或者招标文件的潜在投标人；不足 3 日或者 15 日的，招标人应当顺延提交资格预审申请文件或者投标文件的截止时间。

招标文件修改内容涉及投标资格条件和招标范围变更，原则上应该重新发布招标公告。

（5）异议与答复

潜在投标人或者其他利害关系人对资格预审文件有异议的，应当在提交资格预审申请文件截止时间 2 日前提出；对招标文件有异议的，应当在投标截止时间 10 日前提出。招标人应当自收到异议之日起 3 日内作出答复；作出答复前，应当暂停招标投标活动。

需注意这是潜在投标人提出异议的截止时间，这比（4）中招标人的澄清答复截止时间延长，一般可以在资格预审文件或招标文件中约定具体时间，要求潜在投标人必须响应；招标人按本条操作的答复内容涉及资格预审申请文件和投标文件编制的，必定需要顺延投标截止时间。

（6）文件内容应合法

招标人编制的资格预审文件、招标文件的内容违反法律、行政法规的强制性规定，违反公开、公平、公正和诚实信用原则，影响资格预审结果或者潜在投标人投标的，依法必须进行招标的项目的招标人应当在修改资格预审文件或者招标文件后重新招标。

（7）标段划分

招标人对招标项目划分标段的，应当遵守《招标投标法》的有关规定，不得利用划分标段限制或者排斥潜在投标人。依法必须进行招标的项目的招标人不得利用划分标段规避招标。

禁止利用划分标段进行规避和虚假招标的情形：化整为零，指定分包，标段（包）数量与投标人数量相近，评标后随意划分和调整标段（包），招小标、事后送大标等。

（8）投标有效期

招标人应当在招标文件中载明投标有效期。投标有效期从提交投标文件的截止之日起算。

投标有效期的约束效力和作用：投标文件标明的投标有效期不能短，但可以长；在投标有效期内，投标人撤销和修改其投标文件，或在被确定为中标人后拒绝签订合同和提交履约保证金的，其投标保证金不予退还；中标通知书应在投标有效期内发出，即对双方产生约束力。招标人应当与中标人在投标有效期内签订合同，如不能完成合同签订，可以要求中标人延长投标有效期。

（9）投标保证金

招标人在招标文件中要求投标人提交投标保证金的，投标保证金不得超过招标项目估算价的 2%。投标保证金有效期应当与投标有效期一致。

依法必须进行招标的项目的境内投标单位，以现金或者支票形式提交的投标保证金应当从其基本账户转出。招标人不得挪用投标保证金。

5.2.4　两阶段招标与总承包招标

1. 两阶段招标

对技术复杂或者无法精确拟定技术规格的项目，招标人可以分两阶段进行招标。

第一阶段，投标人按照招标公告或者投标邀请书的要求提交不带报价的技术建议，招标人根据投标人提交的技术建议确定技术标准和要求，编制招标文件。

第二阶段，招标人向在第一阶段提交技术建议的投标人提供招标文件，投标人按照招标文件的要求提交包括最终技术方案和投标报价的投标文件。

招标人要求投标人提交投标保证金的，应当在第二阶段提出。

使用两阶段招标的主要原因：第一阶段是征集技术方案，编制招标文件阶段，可以交流谈判和修改技术方案，不受招标投标程序约束，可以要求附带经济指标或最高限价（并非实质报价）；第二阶段的投标人一般是第一阶段递交技术方案的单位。防止技术方案的倾向和排斥性。

2. 总承包招标

招标人可以依法对工程以及与工程建设有关的货物、服务全部或者部分实行总承包招标。以暂估价形式包括在总承包范围内的工程、货物、服务属于依法必须进行招标的项目范围且达到国家规定规模标准的，应当依法进行招标。

所谓暂估价，是指总承包招标时不能确定价格而由招标人在招标文件中暂时估定的工程、货物、服务的金额。

5.2.5　限制或者排斥投标人行为

1. 限制或者排斥投标人行为的规定

招标人不得以不合理的条件限制、排斥潜在投标人或者投标人。

2. 限制或者排斥投标人行为的情形

招标人有下列行为之一的，属于以不合理条件限制、排斥潜在投标人或者投标人。

1）就同一招标项目向潜在投标人或者投标人提供有差别的项目信息。

2）设定的资格、技术、商务条件与招标项目的具体特点和实际需要不相适应或者与合同履行无关。

3）依法必须进行招标的项目以特定行政区域或者特定行业的业绩、奖项作为加分条件或者中标条件。

注意2）、3）应当是与标的使用需求和专业技术特征关联、适应的合理条件。

4）对潜在投标人或者投标人采取不同的资格审查或者评标标准。

5）限定或者指定特定的专利、商标、品牌、原产地或者供应商。

6）依法必须进行招标的项目非法限定潜在投标人或者投标人的所有制形式或者组织形式。

7）以其他不合理条件限制、排斥潜在投标人或者投标人。

注意5），应当使用技术经济指标体现使用性能质量需求，必须使用品牌体现性能质量需求者，使用"相当于"某品牌，且保证足够的竞争投标人；必须使用不可替代的专利技术则可以不招标。

5.3 城市建设工程项目投标

5.3.1 投标的一般性规定

1. 投标不受地区或部门限制

投标人参加依法必须进行招标的项目的投标，不受地区或者部门的限制，任何单位和个人不得非法干涉。

这是招标投标的本质要求，十分重要，我国的《反垄断法》和《反不正当竞争法》都有相似的规定，但实施效果受现行行政、财税等条块分割管理体制的制约。

2. 对投标人的限制

与招标人存在利害关系可能影响招标公正性的法人、其他组织或者个人，不得参加投标。

单位负责人为同一人或者存在控股、管理关系的不同单位，不得参加同一标段投标或者未划分标段的同一招标项目投标。

违反前两款规定的，相关投标均无效。

3. 投标截止

投标人撤回已提交的投标文件，应当在投标截止时间前书面通知招标人。招标人已收取投标保证金的，应当自收到投标人书面撤回通知之日起 5 日内退还。投标截止后投标人撤销投标文件的，招标人可以不退还投标保证金。

未通过资格预审的申请人提交的投标文件，以及逾期送达或者不按照招标文件要求密封的投标文件，招标人应当拒收。

招标人应当如实记载投标文件的送达时间和密封情况，并存档备查。

招标人接受投标文件时应审验其密封，并应允许投标人在投标截止前修正密封偏差，或记录微小密封偏差后接收。投标文件接收时不审验，开标时招标人或监督代表根据密封状况判别废标是错误的，开标时应由投标人自己审验投标文件密封状况。

4. 联合体投标

招标人应当在资格预审公告、招标公告或者投标邀请书中载明是否接受联合体投标。

招标人接受联合体投标并进行资格预审的，联合体应当在提交资格预审申请文件前组成。资格预审后联合体增减、更换成员的，其投标无效。

联合体各方在同一招标项目中以自己名义单独投标或者参加其他联合体投标的，相关投标均无效。

招标文件应当明确是否接受联合体投标以及分别规定两类联合体资质和业绩认定条件标准；联合体协议应明确分工和责任；投标保证金由联合体主办方或成员各方提交。同一招标项目中只能投标一次，否则任何一方均无效。

5. 投标人变化

投标人发生合并、分立、破产等重大变化的，应当及时书面告知招标人。投标人不再具备资格预审文件、招标文件规定的资格条件或者其投标影响招标公正性的，其投标无效。

5.3.2 串通投标行为的界定

1. 投标人相互串通投标的情形

有下列情形之一的，属于投标人相互串通投标：

1）投标人之间协商投标报价等投标文件的实质性内容。

2）投标人之间约定中标人。

3）投标人之间约定部分投标人放弃投标或者中标。

4）属于同一集团、协会、商会等组织成员的投标人按照该组织要求协同投标。

5）投标人之间为谋取中标或者排斥特定投标人而采取的其他联合行动。

2. 基于主体行为意识和目的角度的投标人相互串通投标情形

从主体行为意识和目的角度来看，有下列情形之一的，视为投标人相互串通投标：

1）不同投标人的投标文件由同一单位或者个人编制。

2）不同投标人委托同一单位或者个人办理投标事宜。

3）不同投标人的投标文件载明的项目管理成员为同一人。

4）不同投标人的投标文件异常一致或者投标报价呈规律性差异。

5）不同投标人的投标文件相互混装。

6）不同投标人的投标保证金从同一单位或者个人的账户转出。

出现上述客观事实结果，无条件视为串标。

3. 招标人与投标人串通投标情形

有下列情形之一的，属于招标人与投标人串通投标：

1）招标人在开标前开启投标文件并将有关信息泄露给其他投标人。

2）招标人直接或者间接向投标人泄露标底、评标委员会成员等信息。

3）招标人明示或者暗示投标人压低或者抬高投标报价。

4）招标人授意投标人撤换、修改投标文件。

5）招标人明示或者暗示投标人为特定投标人中标提供方便。

6）招标人与投标人为谋求特定投标人中标而采取的其他串通行为。

4. 投标人其他方式的弄虚作假情形

投标人有下列情形之一的，属于《招标投标法》第三十三条规定的以其他方式弄虚作假的行为：

　　1）使用伪造、变造的许可证件。

　　2）提供虚假的财务状况或者业绩。

　　3）提供虚假的项目负责人或者主要技术人员简历、劳动关系证明。

　　4）提供虚假的信用状况。

　　5）其他弄虚作假的行为。

5.4　开标、评标和中标

5.4.1　开标与评标

1. 开标

　　招标人应当按照招标文件规定的时间、地点开标。

　　投标人少于 3 个的，不得开标；招标人应当重新招标。

　　投标人对开标有异议的，应当在开标现场提出，招标人应当当场作出答复，并制作记录。

　　记录实际情况，不作结论是开标的基本原则。当出现投标人少于 3 个，无法开标的情况时，应研究投标人少于 3 个的原因和相应的改进措施以及重新招标可能发生的不利情形。

2. 评标

　　招标人应当向评标委员会提供评标所必需的信息，但不得明示或者暗示其倾向或者排斥特定投标人。

　　招标人应当根据项目规模和技术复杂程度等因素合理确定评标时间。超过三分之一的评标委员会成员认为评标时间不够的，招标人应当适当延长。

　　评标过程中，评标委员会成员有回避事由、擅离职守或者因健康等原因不能继续评标的，应当及时更换。被更换的评标委员会成员作出的评审结论无效，由更换后的评标委员会成员重新进行评审。

　　（1）评标标准和办法

　　评标委员会成员应当依照《招标投标法》和《实施条例》的规定，按照招标文件规定的评标标准和方法，客观、公正地对投标文件提出评审意见。招标文件没有规定的评标标准和方法不得作为评标的依据。

评标委员会成员不得私下接触投标人，不得收受投标人给予的财物或者其他好处，不得向招标人征询确定中标人的意向，不得接受任何单位或者个人明示或者暗示提出的倾向或者排斥特定投标人的要求，不得有其他不客观、不公正履行职务的行为。

（2）标底的作用

招标项目设有标底的，招标人应当在开标时公布。标底只能作为评标的参考，不得以投标报价是否接近标底作为中标条件，也不得以投标报价超过标底上下浮动范围作为否决投标的条件。

同时，应当逐步限制采用以接近标底或其复合的基准价的报价为最高评分办法。

（3）否决投标的情形

有下列情形之一的，评标委员会应当否决其投标：

1）投标文件未经投标单位盖章和单位负责人签字。

2）投标联合体没有提交共同投标协议。

3）投标人不符合国家或者招标文件规定的资格条件。

4）同一投标人提交两个以上不同的投标文件或者投标报价，但招标文件要求提交备选投标的除外。

5）投标报价低于成本或者高于招标文件设定的最高投标限价。

6）投标文件没有对招标文件的实质性要求和条件作出响应。

7）投标人有串通投标、弄虚作假、行贿等违法行为。

这里1）是指既无单位公章又无负责人签字。招标文件约定的情形可以比此更严格；关于法人公章的含义和实际使用要求。非法人组织（分公司）虽然可以投标并使用公章，实际大多受到限制。不适用不同货物集中捆绑招标，事先没有固定分标包，同一投标人依据招标文件要求，以不同产品为单元，分别编制投标文件的做法。5）、6）情形均需要在招标文件中具体约定，并明确标注，以免任意扩大或发生争议。其中"成本"是指投标人自己的个别成本。

（4）投标文件澄清、说明

投标文件中有含义不明确的内容、明显文字或者计算错误，评标委员会认为需要投标人作出必要澄清、说明的，应当书面通知该投标人。投标人的澄清、说明应当采用书面形式，并不得超出投标文件的范围或者改变投标文件的实质性内容。

评标委员会不得暗示或者诱导投标人作出澄清、说明，不得接受投标人主动提出的澄清、说明。

即使需要并允许当面口头澄清说明者，最终也应该以书面文件（含电子文件）为准。

（5）评标报告

评标完成后，评标委员会应当向招标人提交书面评标报告和中标候选人名单。中标候选人应当不超过 3 个，并标明排序。

评标报告应当由评标委员会全体成员签字。对评标结果有不同意见的评标委员会成员应当以书面形式说明其不同意见和理由，评标报告应当注明该不同意见。评标委员会成员拒绝在评标报告上签字又不书面说明其不同意见和理由的，视为同意评标结果。

（6）评标结果公示

依法必须进行招标的项目，招标人应当自收到评标报告之日起 3 日内公示中标候选人，公示期不得少于 3 日。

投标人或者其他利害关系人对依法必须进行招标的项目的评标结果有异议的，应当在中标候选人公示期间提出。招标人应当自收到异议之日起 3 日内作出答复；作出答复前，应当暂停招标投标活动。

公示媒体平台未作规定，一般应包括依法发布招标公告的指定网络媒体。

3. 评标专家库

国家实行统一的评标专家专业分类标准和管理办法。具体标准和办法由国务院发展和改革部门会同国务院有关部门制定。

省级人民政府和国务院有关部门应当组建综合评标专家库。

政府建立综合评标专家库有利于共享专家资源，并异地公证评标，减少评标"不规范"的现象，已经成为规范招标投标的重要措施和发展趋势。综合评标专家库应当由省级人民政府组建，由国务院有关部门共同联合组建和共享，逐渐过渡完善。

4. 评标委员会成员的确定

除《招标投标法》第三十七条第三款规定的特殊招标项目外，依法必须进行招标的项目，其评标委员会的专家成员应当从评标专家库内相关专业的专家名单中以随机抽取方式确定。任何单位和个人不得以明示、暗示等任何方式指定或者变相指定参加评标委员会的专家成员。

依法必须进行招标的项目的招标人非因《招标投标法》和《实施条例》规定的事由，不得更换依法确定的评标委员会成员。更换评标委员会的专家成员应当依照相关规定进行。

评标委员会成员与投标人有利害关系的，应当主动回避。

有关行政监督部门应当按照规定的职责分工，对评标委员会成员的确定方式、评标专家的抽取和评标活动进行监督。行政监督部门的工作人员不得担任本部门负责监督项目的评标委员会成员。

特殊项目评标专家：

《招标投标法》第三十七条第三款所称特殊招标项目，是指技术复杂、专业性强或者国家有特殊要求，采取随机抽取方式确定的专家难以保证胜任评标工作的项目。

特殊招标项目可以由招标人从评标专家库内或库外直接选聘确定。

5.4.2　中标及后续事项

1. 中标人的确定

国有资金占控股或者主导地位的依法必须进行招标的项目，招标人应当确定排名第一的中标候选人为中标人。排名第一的中标候选人放弃中标、因不可抗力不能履行合同、不按照招标文件要求提交履约保证金，或者被查实存在影响中标结果的违法行为等情形，不符合中标条件的，招标人可以按照评标委员会提出的中标候选人名单排序依次确定其他中标候选人为中标人，也可以重新招标。

履约能力审查：中标候选人的经营、财务状况发生较大变化或者存在违法行为，招标人认为可能影响其履约能力的，应当在发出中标通知书前由原评标委员会按照招标文件规定的标准和方法审查确认。

评标结束后，原评标委员会并没有解散。履约能力复核审查应在中标通知书发出前。中标通知书发出后，合同即成立，对双方产生约束力。

2. 签订合同

招标人和中标人应当依照《招标投标法》和《实施条例》的规定签订书面合同，合同的标的、价款、质量、履行期限等主要条款应当与招标文件和中标人的投标文件的内容一致。招标人和中标人不得再行订立背离合同实质性内容的其他协议。

招标人最迟应当在书面合同签订后5日内向中标人和未中标的投标人退还投标保证金及银行同期存款利息。

中标通知书发出30日内签订书面合同，并可视为合同生效条件。因为招标投标的公平性和防止串标的要求，与一般签约有区别，不得签订背离招标投标实质性内容的条款，但可以细化和补充非实质性的内容。

项目招标文件应按照实际采用投标保证金方式和事件明确约定保证金利息标准；如很少发生或不发生银行存款利息的，应事先声明不退还利息，以免发生纠纷。

3. 履约保证金

招标文件要求中标人提交履约保证金的，中标人应当按照招标文件的要求提交。履约保证金不得超过中标合同金额的 10%。

按招标文件约定方式提交履约保证金可以作为中标合同生效条件之一。

中标人应当按照合同约定履行义务，完成中标项目。中标人不得向他人转让中标项目，也不得将中标项目肢解后分别向他人转让。

中标人按照合同约定或者经招标人同意，可以将中标项目的部分非主体、非关键性工作分包给他人完成。接受分包的人应当具备相应的资格条件，并不得再次分包。

中标人应当就分包项目向招标人负责，接受分包的人就分包项目承担连带责任。

中标合同区别于一般合同，不得转让（转包）；主体和关键工作不得分包，特殊情形除外。

5.5　投诉及法律责任

5.5.1　投诉与处理

1. 投诉

投标人或者其他利害关系人认为招标投标活动不符合法律、行政法规规定的，可以自知道或者应当知道之日起 10 日内向有关行政监督部门投诉。投诉应当有明确的请求和必要的证明材料。

就《实施条例》第二十二条、第四十四条、第五十四条规定事项投诉的，应当先向招标人提出异议，异议答复期间不计算在前款规定的期限内。资格预审文件、招标文件、开标以及评标公示的异议（异议提出后 3 天答复期不计算在投诉期限内），作为投诉的前置条件。

2. 投诉的处理

投诉人就同一事项向两个以上有权受理的行政监督部门投诉的，由最先收到投诉的行政监督部门负责处理。

行政监督部门应当自收到投诉之日起 3 个工作日内决定是否受理投诉，并自受理投诉之日起 30 个工作日内作出书面处理决定；需要检验、检测、鉴定、专家评审的，所需时间不计算在内。

投诉人捏造事实、伪造材料或者以非法手段取得证明材料进行投诉的，行政监督部门应当予以驳回。

3. 行政监督措施

行政监督部门处理投诉，有权查阅、复制有关文件、资料，调查有关情况，相关单位和人员应当予以配合。必要时，行政监督部门可以责令暂停招标投标活动。

行政监督部门的工作人员对监督检查过程中知悉的国家秘密、商业秘密，应当依法予以保密。

5.5.2　法律责任

1. 限制或者排斥潜在投标人的处罚

招标人有下列限制或者排斥潜在投标人行为之一的，由有关行政监督部门依照《招标投标法》第五十一条的规定处罚：

1）依法应当公开招标的项目不按照规定在指定媒介发布资格预审公告或者招标公告。

2）在不同媒介发布的同一招标项目的资格预审公告或者招标公告的内容不一致，影响潜在投标人申请资格预审或者投标。

依法必须进行招标的项目的招标人不按照规定发布资格预审公告或者招标公告，构成规避招标的，依照《招标投标法》第四十九条的规定处罚。

2. 招标人违法行为的处罚

招标人有下列情形之一的，由有关行政监督部门责令改正，可以处 10 万元以下的罚款：

1）依法应当公开招标而采用邀请招标。

2）招标文件、资格预审文件的发售、澄清、修改的时限，或者确定的提交资格预审申请文件、投标文件的时限不符合《招标投标法》和《实施条例》规定。

3）接受未通过资格预审的单位或者个人参加投标。

4）接受应当拒收的投标文件。

招标人有 1）、3）、4）所列行为之一的，对单位直接负责的主管人员和其他直接责任人员依法给予处分。

3. 同时代理招标与投标的处罚

招标代理机构在所代理的招标项目中投标、代理投标或者向该项目投标人提供咨询的，接受委托编制标底的中介机构参加受托编制标底项目的投标或者为该项目的投标人编制投标文件、提供咨询的，依照《招标投标法》第五十条的规定追究法律责任。

4. 违规收取保证金的处罚

招标人超过《实施条例》规定的比例收取投标保证金、履约保证金或者不按照规定退还投标保证金及银行同期存款利息的，由有关行政监督部门责令改正，可以处 5 万元以下的罚款；给他人造成损失的，依法承担赔偿责任。

5. 投标串标行为的处罚

投标人相互串通投标或者与招标人串通投标的，投标人向招标人或者评标委员会成员行贿谋取中标的，中标无效；构成犯罪的，依法追究刑事责任；尚不构成犯罪的，依照《招标投标法》第五十三条的规定处罚。投标人未中标的，对单位的罚款金额按照招标项目合同金额依照《招标投标法》规定的比例计算。

投标人有下列行为之一的，属于《招标投标法》第五十三条规定的情节严重行为，由有关行政监督部门取消其 1 年至 2 年内参加依法必须进行招标的项目的投标资格：

1）以行贿谋取中标。

2）3 年内 2 次以上串通投标。

3）串通投标行为损害招标人、其他投标人或者国家、集体、公民的合法利益，造成直接经济损失 30 万元以上。

4）其他串通投标情节严重的行为。

投标人自 2）规定的处罚执行期限届满之日起 3 年内又有该款所列违法行为之一的，或者串通投标、以行贿谋取中标情节特别严重的，由工商行政管理机关吊销营业执照。

法律、行政法规对串通投标报价行为的处罚另有规定的，从其规定。

我国《刑法》第二百二十三条、《反垄断法》《反不正当竞争法》对串通投标和联合抵制公平竞争交易者，分别有相应的禁止和处罚规定。此外，《招标投标法》第五十三条规定，串通投标给招标人造成损失的，依法承担赔偿责任。为此，招标文件可以事先约定发生上述行为，不退还投标保证金。

6. 串通投标罪的处罚

串通投标罪，指投标者相互串通投标报价，损害招标人或者其他投标人利益，或者投标者与招标者串通投标，损害国家、集体、公民的合法权益，情节严重的单位和个人犯罪行为。

关于串通投标罪立案（追诉）标准在 2022 年《最高人民检察院 公安部关于公安机关管辖的刑事案件立案追诉标准的规定（二）》中有了新的规定。

根据《刑法》第二百二十三条，投标人相互串通投标报价，或者投标人与招标人串通投标，涉嫌下列情形之一的，应予立案追述：

1）损害招标人、投标人或者国家、集体、公民的合法利益，造成直接经济损失数额在五十万元以上的。

2）违法所得数额在十万元以上的。

3）中标项目金额在二百万元以上的。

4）采取威胁、欺骗或者贿赂等非法手段的。

5）虽未达到上述数额标准，但两年内因串通投标，受过行政处罚两次以上，又串通投标的。

6）其他情节严重的情形。

投标人以他人名义投标或者以其他方式弄虚作假骗取中标的，中标无效；构成犯罪的，依法追究刑事责任；尚不构成犯罪的，依照《招标投标法》第五十四条的规定处罚。依法必须进行招标的项目的投标人未中标的，对单位的罚款金额按照招标项目合同金额依照《招标投标法》规定的比例计算。投标人有违法行为的，且属于《招标投标法》第五十四条规定的情节严重行为，由有关行政监督部门取消其 1 年至 3 年内参加依法必须进行招标的项目的投标资格。

7. 投标弄虚作假的处罚

1）伪造、变造资格、资质证书或者其他许可证件骗取中标。

2）3 年内 2 次以上使用他人名义投标。

3）弄虚作假骗取中标给招标人造成直接经济损失 30 万元以上。

4）其他弄虚作假骗取中标情节严重的行为。

投标人自 2）规定的处罚执行期限届满之日起 3 年内又有该款所列违法行为之一的，或者弄虚作假骗取中标情节特别严重的，由工商行政管理机关吊销营业执照。

《招标投标法》第五十四条规定，投标人弄虚作假给招标人造成损失的，依法承担赔偿责任。因此，招标文件可以事先约定发生上述行为者，不退还投标保证金。

8. 违法出租资格、资质的处罚

出让或者出租资格、资质证书供他人投标的，依照法律、行政法规的规定给予行政处罚；构成犯罪的，依法追究刑事责任。

9. 违法组建评标委员会的处罚

依法必须进行招标的项目的招标人不按照规定组建评标委员会，或者确定、更换评标委员会成员违反《招标投标法》和《实施条例》规定的，由有关行政监督部门责令改正，可以处 10 万元以下的罚款，对单位直接负责的主管人员和其他直接责任人员依法给予处分；违法确定或者更换的评标委员会成员作出的评审结论无效，依法重新进行评审。

国家工作人员以任何方式非法干涉选取评标委员会成员的，依照《实施条例》第八十一条的规定追究法律责任。

10. 评标成员违规行为的处罚

评标委员会成员有下列行为之一的，由有关行政监督部门责令改正；情节严重的，禁止其在一定期限内参加依法必须进行招标的项目的评标；情节特别严重的，取消其担任评标委员会成员的资格：

1）应当回避而不回避。

2）擅离职守。

3）不按照招标文件规定的评标标准和方法评标。

4）私下接触投标人。

5）向招标人征询确定中标人的意向或者接受任何单位或者个人明示或者暗示提出的倾向或者排斥特定投标人的要求。

6）对依法应当否决的投标不提出否决意见。

7）暗示或者诱导投标人作出澄清、说明或者接受投标人主动提出的澄清、说明。

8）其他不客观、不公正履行职务的行为。

11. 评标成员收受贿赂的处罚

评标委员会成员收受投标人的财物或者其他好处的，没收收受的财物，处 3000 元以上 5 万元以下的罚款，取消担任评标委员会成员的资格，不得再参加依法必须进行招标的项目的评标；构成犯罪的，依法追究刑事责任。

12. 必须招标项目违法行为的处罚

依法必须进行招标的项目的招标人有下列情形之一的，由有关行政监督部门责令改正，可以处中标项目金额 10‰以下的罚款；给他人造成损失的，依法承担赔偿责任；对单位直接负责的主管人员和其他直接责任人员依法给予处分：

1）无正当理由不发出中标通知书。

2）不按照规定确定中标人。

3）中标通知书发出后无正当理由改变中标结果。

4）无正当理由不与中标人订立合同。

5）在订立合同时向中标人提出附加条件。

13. 中标人违规行为的处罚

中标人无正当理由不与招标人订立合同，在签订合同时向招标人提出附加条件，或者不按照招标文件要求提交履约保证金的，取消其中标资格，投标保证金不予退还。对依法必须进行招标的项目的中标人，由有关行政监督部门责令改正，可以处中标项目金额 10‰以下的罚款。

14. 招标人违规行为的处罚

招标人和中标人不按照招标文件和中标人的投标文件订立合同，合同的主要条款与招标文件、中标人的投标文件的内容不一致，或者招标人、中标人订立背离合同实质性内容的协议的，由有关行政监督部门责令改正，可以处中标项目金额 5‰以上 10‰以下的罚款。

15. 中标人违约行为的处罚

中标人将中标项目转让给他人的，将中标项目肢解后分别转让给他人的，违反《招标投标法》和《实施条例》规定将中标项目的部分主体、关键性工作分包给他人的，或者分包人再次分包的，转让、分包无效，处转让、分包项目金额 5‰以上 10‰以下的罚款；有违法所得的，并处没收违法所得；可以责令停业整顿；情节严重的，由工商行政管理机关吊销营业执照。

16. 违法投诉和不答复的处罚

投标人或者其他利害关系人捏造事实、伪造材料或者以非法手段取得证明材料进行投诉，给他人造成损失的，依法承担赔偿责任。

招标人不按照规定对异议作出答复，继续进行招标投标活动的，由有关行政监督部门责令改正，拒不改正或者不能改正并影响中标结果的，依照《实施条例》第八十二条的规定处理。

17. 招标从业人员违法行为的处罚

取得招标职业资格的从业人员违反国家有关规定办理招标业务的，责令改正，给予警告；情节严重的，暂停一定期限内从事招标业务；情节特别严重的，取消招标职业资格。

18. 依法公告违法行为的处罚

国家建立招标投标信用制度。运用信息技术，建立招标投标信用信息共享体系。有关行政监督部门应当依法公告对招标人、招标代理机构、投标人、评标委员会成员等当事人违法行为的行政处理决定。

19. 行政监管违法行为的处罚

项目审批、核准部门不依法审批、核准项目招标范围、招标方式、招标组织形式的，对单位直接负责的主管人员和其他直接责任人员依法给予处分。

有关行政监督部门不依法履行职责，对违反《招标投标法》和《实施条例》规定的行为不依法查处，或者不按照规定处理投诉、不依法公告对招标投标当事人违法行为的行政处理决定的，对直接负责的主管人员和其他直接责任人员依法给予处分。项目审批、核准部门和有关行政监督部门的工作人员徇私舞弊、滥用职权、玩忽职守，构成犯罪的，依法追究刑事责任。

20. 工作人员违法干涉行为的处罚

国家工作人员利用职务便利，以直接或者间接、明示或者暗示等任何方式非法干涉招标投标活动，有下列情形之一的，依法给予记过或者记大过处分；情节严重的，依法给予降级或者撤职处分；情节特别严重的，依法给予开除处分；构成犯罪的，依法追究刑事责任：

1）要求对依法必须进行招标的项目不招标，或者要求对依法应当公开招标的项目不公开招标。

2）要求评标委员会成员或者招标人以其指定的投标人作为中标候选人或者中标人，或者以其他方式非法干涉评标活动，影响中标结果。

3）以其他方式非法干涉招标投标活动。

21. 违法招标投标无效

依法必须进行招标的项目的招标投标活动违反《招标投标法》和《实施条例》的规定，对中标结果造成实质性影响，且不能采取补救措施予以纠正的，招标、投标、中标无效，应当依法重新招标或者评标。

已经签订的合同属于无效合同，据此结合实际作出处理。

本章复习思考题

1. 简述工程项目招标的概念。

2. 招标投标的特征有哪些？

3. 必须进行招标的项目有哪些？

4. 简述适用邀请招标的情形。

5. 哪些项目可以不招标？

6. 如何计算投标有效期？

7. 如何计算投标保证金？

8. 哪些属于限制或者排斥投标人行为？

9. 哪些情况应当拒收投标文件？

10. 属于投标人相互串通投标的情形有哪些？

11. 属于招标人与投标人串通投标的情形有哪些？

12. 标底的作用是什么？

13. 否决投标的情形有哪些？

14. 行政监督部门如何处理投诉？

15. 简述中标人违规行为的法律责任。

16. 简述中标人违约行为的法律责任。

City ———————————

本章学习要求： 了解城市建设施工管理基本制度。
本章学习重点： 城市建设工程质量管理、安全生产管理。
本章学习难点： 城市建设工程绿色建造管理。

城市建设施工是将规划、设计蓝图变成城市各类具有使用功能实物的建造过程。在现阶段，政府对从事工程建设活动的各类组织和专业人员实行市场准入制度。建设工程质量、施工安全生产和绿色施工管理关系着人民生命、财产安全和职业健康。工程质量管理要确保建筑材料、施工技术和施工流程符合相关标准和规范；要通过严格落实安全生产责任制，强化技术措施，确保实现安全生产目标；要按照绿色发展理念的要求做好材料节约、水资源节约、能源节约、土地节约、人力资源节约和施工现场环境保护。

第 6 章

城市建设工程施工管理

6.1　城市建设施工管理基本制度

6.1.1　施工企业和人员市场准入制度

1. 施工企业市场准入制度

企业市场准入（Market Access）制度是指政府对企业或投资者进入某些经营领域从事业务活动施加限制或禁止，对企业的设立和经营活动范围实行审批或特许经营的有关规定。

（1）《建筑法》的规定

企业登记注册管理、企业资质管理是最基本的市场准入的实现方式。《中华人民共和国建筑法》（1997 年 11 月 1 日公布，2019 年 4 月 23 日修正）第十三条：从事建筑活动的建筑施工企业、勘察单位、设计单位和工程监理单位，按照其拥有的注册资本、专业技术人员、技术装备和已完成的建筑工程业绩等资质条件，划分为不同的资质等级，经资质审查合格，取得相应等级的资质证书后，方可在其资质等级许可的范围内从事建筑活动。

《建设工程安全生产管理条例》（2003 年 11 月 24 日国务院令第 393 号）第二十条：施工单位从事建设工程的新建、扩建、改建和拆除等活动，应当具备国家规定的注册资本、专业技术人员、技术装备和安全生产等条件，依法取得相应等级的资质证书，并在其资质等级许可的范围内承揽工程。

《安全生产许可证条例》（2004 年 1 月 13 日国务院令第 397 号，2014 年 7 月 29 日修订）第二条：国家对矿山企业、建筑施工企业和危险化学品、烟花爆竹、民用爆炸物品生产企业实行安全生产许可制度。第四条：省、自治区、直辖市人民政府建设主管部门负责建筑施工企业安全生产许可证的颁发和管理，并接受国务院建设主管部门的指导和监督。

（2）企业资质制度的规定

2014 年发布的《建筑业企业资质标准》的相关规定如下：

1）类别与等级

施工总承包资质序列 12 个类别、四个等级，专业承包序列 36 个类别、三个等级，施工劳务资质不分类别。

2）考核指标

净资产，主要人员，工程业绩。

2020 年 11 月 11 日，国务院常务会议审议通过《建设工程企业资质管理制度改革方案》，主要改革措施包括：①将 10 类施工总承包企业特级资质调整为施工综合资质，可承担各行业、各等级施工总承包业务。②保留 12 类施工总承包资质。③将民航工程的专业承包资质整合为施工总承包资质。④将 36 类专业承包资质整合为 18 类。⑤将施工劳务企业资质改为专业作业资质，由审批制改为备案制。⑥综合资质和专业作业资质不分等级。⑦施工总承包资质、专业承包资质等级原则上压减为甲、乙两级（部分专业承包资质不分等级），其中，施工总承包甲级资质在本行业内承揽业务规模不受限制。

2. 施工企业人员市场准入

国家职业资格是对从事某一职业所必备的学识、技术和能力的基本要求。国家职业资格包括从业资格和执业资格。

执业资格是指政府对某些责任较大，社会通用性强，关系公共利益的专业（职业）实行市场准入控制。《中华人民共和国建筑法》第十四条：从事建筑活动的专业技术人员，应当依法取得相应的执业资格证书，并在执业资格证书许可的范围内从事建筑活动。

《注册建造师管理规定》（2006 年 12 月 28 日建设部令第 153 号）第三条：未取得注册证书和执业印章的，不得担任大中型建设工程项目的施工单位项目负责人，不得以注册建造师的名义从事相关活动。第七条：取得一级建造师资格证书并受聘于一个建设工程勘察、设计、施工、监理、招标代理、造价咨询等单位的人员，应当通过聘用单位向单位工商注册所在地的省、自治区、直辖市人民政府建设主管部门提出注册申请。省、自治区、直辖市人民政府建设主管部门受理后提出初审意见，并将初审意见和全部申报材料报国务院建设主管部门审批……符合条件的，由国务院建设主管部门核发《中华人民共和国一级建造师注册证书》，并核定执业印章编号。第九条：取得二级建造师资格证书的人员申请注册，由省、自治区、直辖市人民政府建设主管部门负责受理和审批，具体审批程序由省、自治区、直辖市人民政府建设主管部门依法确定。

《中华人民共和国安全生产法》（2002 年 6 月 29 日公布，2021 年 6 月 10 日修正）第二十四条：矿山、金属冶炼、建筑施工、运输单位和危险物品的生产、经营、储存、装卸单位，应当设置安全生产管理机构或者配备专职安全生产管理人员。第三十条：生产经营单位的特种作业人员必须按照国家有关规定经专门的安全作业培训，取得相应资格，方可上岗作业。

《建设工程安全生产管理条例》（2003 年 11 月 24 日国务院令第 393 号）第三十六条：施工单位的主要负责人、项目负责人、专职安全生产管理人员应当经建设行政主管部门或者其他有关部门考核合格后方可任职。第二十五条：垂直运输机械作业人员、安装拆卸工、爆破作业人员、起重信号工、登高架设作业人员等特种作业人员，必须按照国家有关规定经过专门的安全作业培训，并取得特种作业操作资格证书后，方可上岗作业。

《建筑起重机械安全监督管理规定》（2008 年 1 月 28 日建设部令第 166 号）第二十五条：建筑起重机械安装拆卸工、起重信号工、起重司机、司索工等特种作业人员应当经建设主管部门考核合格，并取得特种作业操作资格证书后，方可上岗作业。省、自治区、直辖市人民政府建设主管部门负责组织实施建筑施工企业特种作业人员的考核。

6.1.2 建设工程施工许可制度

1. 施工许可证的主管部门

国家授权的建设行政主管部门，在建设工程开工之前，对其是否符合法定的开工条件进行审核，确认其能否开工建设。

由建设单位向县级以上建设主管部门申请领取施工许可证。

2. 申请领取施工许可证的条件

1）已经办理建筑工程用地批准手续。

2）已经取得建设工程规划许可证。

3）施工现场已经具备施工条件。

4）已经确定施工企业。

5）施工图设计文件已经审核合格。

6）有保证工程质量和安全生产的措施。

7）建设资金已经落实。

8）法律法规规定的其他条件。

6.2　城市建设工程质量管理

6.2.1　工程质量责任主体类型及其责任

1. 工程质量责任主体及其类型

（1）建设工程质量责任主体

1）建设单位。

2）勘察单位。

3）设计单位。

4）施工单位。

5）监理单位。

6）材料设备供应单位。

7）施工图设计审查单位。

8）工程检测单位。

9）工程质量监督机构。

（2）工程质量责任主体分类

工程质量责任主体可归集为自控主体、监控主体、验证主体、监督主体。

1）自控主体包括勘察单位、设计单位、施工单位、材料设备供应单位。

2）监控主体包括建设单位、工程监理单位。

3）验证主体包括施工图设计审查单位、工程检测单位。

4）监督主体是指工程质量监督机构。

2. 工程质量责任主体的责任界定

（1）建设单位的质量责任

1）建设单位应当将工程发包给具有相应资质等级的单位。建设活动不同于一般的经济活动，从业单位能力和素质的高低直接影响着工程质量。因此，国家规定承接建设工程设计、施工、监理、工程检测、施工图审查等的单位必须符合严格的资质条件。

2）禁止建设单位肢解发包。肢解发包是指建设单位将应当由一个承包单位完成的建设工程分解成若干部分发包给不同的承包单位的行为。建设市场中有一些建设单位利用肢解发包工程进行不正当交易，因此，《建筑法》和《建设工程质量管理条例》都明令禁止建设单位将建设工程肢解发包。

3）建设单位应当依法对工程建设项目的勘察、设计、施工、监理以及与工程建设有关的重要设备、材料等的采购进行招标。《中华人民共和国招标投标法》第三条规定，在我国境内进行工程建设项目的勘察、设计、施工、监理以及与工程建设有关的重要设备、材料等的采购，必须进行招标的范围。

4）建设单位不得对承包单位的建设活动进行不合理干预，建设单位不得迫使承包方以低于成本的价格竞标，不得任意压缩合理工期。这一规定对保证工程质量至关重要。实际工作中，不少建设单位一味强调降低成本，压级压价。例如，要求甲级设计单位按乙级资质取费，一级施工企业按二级资质取费，或迫使投标方互相压价，最终承包单位以低于其成本的价格中标。而中标单位在承包工程后，为了减少开支，降低成本，不得不偷工减料、以次充好、粗制滥造，致使工程出现质量问题。

5）建设单位不得明示或暗示设计单位或施工单位违反工程建设强制标准。这是保证工程结构安全可靠的基础性要求，违反了这类标准，必然会给工程带来重大质量隐患。在实践中，一些建设单位为了自身的经济利益，明示或暗示承包单位违反强制性标准的要求，降低工程质量的标准，这种行为必须坚决制止。

6）建设单位不得明示或暗示施工单位使用不合格的建筑材料、建筑构配件和设备。不合格的建筑材料、建筑构配件和设备是导致工程质量事故的直接因素，建设单位明示或暗示施工单位使用不合格的建筑材料、建筑构配件和设备，是一种严重的违法行为。

7）施工图设计文件未经审查批准的，建设单位不得使用。《建设工程质量管理条例》规定了施工图设计文件审查制度，这是政府对工程设计质量进行质量监督管理的重要措施。一些设计单位常受制于建设单位，违心地服从建设单位提出的种种不合理要求，违反国家和地方的有关规定和强制性标准，导致各种各样的设计质量问题。建设部制订的《建筑工程施工图设计文件审查暂行办法》规定，建筑工程的建设单位应当将施工图报送建设行政主管部门，由建设行政主管部门委托有关审查机构审查。

8）实行监理的建设工程，建设单位应当委托具有相应资质等级的工程监理单位进行监理，也可以委托具有工程监理相应资质等级并与被监理工程的施工承包单位没有隶属关系或者其他利害关系的该工程的设计单位进行监理。

9）建设单位必须向有关的勘察、设计、施工、工程监理等单位提供与建设工程有关的原始资料。原始资料必须真实、准确、齐全。

（2）勘察、设计单位的质量责任

1）从事建设工程勘察、设计的单位应当依法取得相应等级的资质证书，并在其资质等级许可的范围内承揽工程。禁止勘察、设计单位超越其资质等级许可的范围或者以其他勘察、设计单位的名义承揽工程。禁止勘察、设计单位允许其他单位或者个人以本单位的名义承揽工程。勘察、设计单位不得转包或者违法分包所承揽的工程。

2）勘察、设计单位必须按照工程建设强制性标准进行勘察、设计，并对其勘察、设计的质量负责。注册建筑师、注册结构工程师等注册执业人员应当在设计文件上签字，对设计文件负责。

3）勘察单位提供的地质、测量、水文等勘察成果必须真实、准确。设计单位应当根据勘察成果文件进行建设工程设计。设计文件应当符合国家规定的设计深度要求，注明工程合理使用年限。

4）设计单位在设计文件中选用的建筑材料、建筑构配件和设备，应当注明规格、型号、性能等技术指标，其质量要求必须符合国家规定的标准。

除有特殊要求的建筑材料、专用设备、工艺生产线等外，设计单位不得指定生产厂、供应商。

（3）施工单位的质量责任

1）施工单位应当依法取得相应等级的资质证书，并在其资质等级许可的范围内承揽工程。禁止施工单位超越本单位资质等级许可的业务范围或者以其他施工单位的名义承揽工程。禁止施工单位允许其他单位或者个人以本单位的名义承揽工程。施工单位不得转包或者违法分包工程。

2）施工单位对建设工程的施工质量负责。施工单位应当建立质量责任制，确定工程项目的项目经理、技术负责人和施工管理负责人。建设工程实行总承包的，总承包单位应当对全部建设工程质量负责；建设工程勘察、设计、施工、设备采购的一项或者多项实行总承包的，总承包单位应当对其承包的建设工程或者采购的设备的质量负责。总承包单位依法将建设工程分包给其他单位的，分包单位应当按照分包合同的约定对其分包工程的质量向总承包单位负责，总承包单位与分包单位对分包工程的质量承担连带责任。

3）施工单位必须按照工程设计图纸和施工技术标准施工，不得擅自修改工程设计，不得偷工减料。施工单位在施工过程中发现设计文件和图纸有差错的，应当及时提出意见和建议。

4）施工单位必须按照工程设计要求、施工技术标准和合同约定，对建筑材料、建筑构配件、设备和商品混凝土进行检验，检验应当有书面记录和专人签字；未经检验或者检验不合格的，不得使用。施工人员对涉及结构安全的试块、试件以及有关材料，应当在建设单位或者工程监理单位监督下现场取样，并送具有相应资质等级的质量检测单位进行检测。

5）施工单位必须建立、健全施工质量的检验制度，严格工序管理，作好隐蔽工程的质量检查和记录。隐蔽工程在隐蔽前，施工单位应当通知建设单位和建设工程质量监督机构。施工单位对施工中出现质量问题的建设工程或者竣工验收不合格的建设工程，应当负责返修。

6）建设工程承包单位在向建设单位提交工程竣工报告时，应当向建设单位出具质量保修书。质量保修书中应当明确建设工程的保修范围、保修期限和保修责任等。

（4）工程监理单位的质量责任

1）工程监理单位应当依法取得相应等级的资质证书，并在其资质等级许可的范围内承担工程监理业务。禁止工程监理单位超越本单位资质等级许可的范围或者以其他工程监理单位的名义承担工程监理业务。禁止工程监理单位允许其他单位或者个人以本单位的名义承担工程监理业务。工程监理单位不得转让工程监理业务。

2）工程监理单位应当依照法律、法规以及有关技术标准、设计文件和建设工程承包合同，代表建设单位对施工质量实施监理，并对施工质量承担监理责任。工程监理单位与被监理工程的施工承包单位以及建筑材料、建筑构配件和设备供应单位有隶属关系或者其他利害关系的，不得承担该项建设工程的监理业务。

3）工程监理单位应当选派具备相应资格的总监理工程师和监理工程师进驻施工现场。未经监理工程师签字，建筑材料、建筑构配件和设备不得在工程上使用或者安装，施工单位不得进行下一道工序的施工。未经总监理工程师签字，建设单位不拨付工程款，不进行竣工验收。

（5）设备材料供应单位的质量责任

《中华人民共和国产品质量法》（1993年2月22日公布，2018年12月29日修正）在第三章第一节规定了生产者的产品质量责任和义务，在第二节规定了销售者的产品质量责任和义务。

1）生产者应当对其生产的产品质量负责

①不存在危及人身、财产安全的不合理的危险，有保障人体健康和人身、财产安全的国家标准、行业标准的，应当符合该标准。②具备产品应当具备的使用性能，但是，对产品存在使用性能的瑕疵作出说明的除外。③符合在产品或者其包装上注明采用的产品标准，符合以产品说明、实物样品等方式表明的质量状况。

2）产品或者其包装上的标识必须真实并符合要求

①有产品质量检验合格证明。②有中文标明的产品名称、生产厂厂名和厂址。③根

据产品的特点和使用要求，需要标明产品规格、等级、所含主要成分的名称和含量的，用中文相应予以标明；需要事先让消费者知晓的，应当在外包装上标明，或者预先向消费者提供有关资料。④限期使用的产品，应当在显著位置清晰地标明生产日期和安全使用期或者失效日期。⑤使用不当，容易造成产品本身损坏或者可能危及人身、财产安全的产品，应当有警示标志或者中文警示说明。裸装的食品和其他根据产品的特点难以附加标识的裸装产品，可以不附加产品标识。⑥易碎、易燃、易爆、有毒、有腐蚀性、有放射性等危险物品以及储运中不能倒置和其他有特殊要求的产品，其包装质量必须符合相应要求，依照国家有关规定作出警示标志或者中文警示说明，标明储运注意事项。⑦生产者不得生产国家明令淘汰的产品。⑧生产者不得伪造产地，不得伪造或者冒用他人的厂名、厂址。⑨生产者不得伪造或者冒用认证标志等质量标志。⑩生产者生产产品，不得掺杂、掺假，不得以假充真、以次充好，不得以不合格产品冒充合格产品。

3）销售者的产品质量责任和义务

①销售者应当建立并执行进货检查验收制度，验明产品合格证明和其他标识。②销售者应当采取措施，保持销售产品的质量。③销售者不得销售国家明令淘汰并停止销售的产品和失效、变质的产品。④销售者销售的产品的标识应当符合《中华人民共和国产品质量法》第二十七条的规定。⑤销售者不得伪造产地，不得伪造或者冒用他人的厂名、厂址。⑥销售者不得伪造或者冒用认证标志等质量标志。⑦销售者销售产品，不得掺杂、掺假，不得以假充真、以次充好，不得以不合格产品冒充合格产品。

（6）施工图设计审查单位的质量责任

施工图审查是指建设主管部门认定的施工图审查机构（简称审查机构）按照有关法律、法规，对施工图涉及公共利益、公众安全和工程建设强制性标准的内容进行的审查。

1）审查机构是不以营利为目的、符合条件的独立法人。由省级建设行政主管部门认定。

2）审查机构应当对施工图审查下列内容：

①是否符合工程建设强制性标准。

②地基基础和主体结构的安全性。

③勘察设计企业和注册执业人员以及相关人员是否按规定在施工图上加盖相应的图章和签字。

④其他法律、法规、规章规定必须审查的内容。

3）施工图审查原则上不超过下列时限：一级及以上建筑工程、大型市政工程为 15 个工作日，二级及以下建筑工程、中型及以下市政工程为 10 个工作日。工程勘察文件，甲级项目为 7 个工作日，乙级及以下项目为 5 个工作日。

4）审查机构对施工图审查工作负责，承担审查责任。施工图经审查合格后，仍有违反法律、法规和工程建设强制性标准的问题，给建设单位造成损失的，审查机构依法承担相应的赔偿责任。

5）审查不合格的，审查机构应当将施工图退建设单位并书面说明不合格原因。同时，应当将审查中发现的建设单位、勘察设计企业和注册执业人员违反法律、法规和工程建设强制性标准的问题，报工程所在地县级以上地方人民政府建设主管部门。

（7）工程质量检测单位的质量责任

1）检测机构是具有独立法人资格的中介机构。检测机构从事规定的质量检测业务，应当依据建设行政主管部门制定的办法取得相应的资质证书。检测机构未取得相应的资质证书，不得承担本办法规定的质量检测业务。任何单位和个人不得涂改、倒卖、出租、出借或者以其他形式非法转让资质证书。

2）质量检测试样的取样应当严格执行有关工程建设标准和国家有关规定，在建设单位或者工程监理单位监督下现场取样。提供质量检测试样的单位和个人，应当对试样的真实性负责。

3）检测机构完成检测业务后，应当及时出具检测报告。检测报告经检测人员签字、检测机构法定代表人或者其授权的签字人签署，并加盖检测机构公章或者检测专用章后方可生效。检测报告经建设单位或者工程监理单位确认后，由施工单位归档。见证取样检测的检测报告中应当注明见证人单位及姓名。任何单位和个人不得明示或者暗示检测机构出具虚假检测报告，不得篡改或者伪造检测报告。

4）检测机构应当对其检测数据和检测报告的真实性和准确性负责。检测机构违反法律、法规和工程建设强制性标准，给他人造成损失的，应当依法承担相应的赔偿责任。

（8）工程质量监督机构的质量责任

《房屋建筑和市政基础设施工程质量监督管理规定》第十一条第二款专门规定：监督机构经考核合格后，方可依法对工程实施质量监督，并对工程质量监督承担监督责任。那么，应如何看待监督责任？

一方面，要把监督责任与质量责任主体的自控责任、监控责任、验证责任区分开来。工程参建各单位及有关人员按各自职责对工程质量负终身责任，而政府的质量监督则是对监督行为负责任。另一方面，监督责任作为一种政府监管责任，如果存在失职渎职行为，就必然要被追责。对此，第十七条规定：主管部门工作人员玩忽职守、滥用职权、徇私舞弊，构成犯罪的，依法追究刑事责任；尚不构成犯罪的，依法给予行政处分。

6.2.2　建筑工程五方责任主体项目负责人质量终身责任制

2014 年 8 月 25 日，住房和城乡建设部印发《建筑工程五方责任主体项目负责人质量终身责任追究暂行办法》。其目的在于加强房屋建筑和市政基础设施工程（简称建筑工程）质量管理，提高质量责任意识，强化质量责任追究，保证工程建设质量。

1. 工程质量终身责任的含义

建筑工程五方责任主体项目负责人是指承担建筑工程项目建设的建设单位项目负责人、勘察单位项目负责人、设计单位项目负责人、施工单位项目经理、监理单位总监理工程师。建筑工程开工建设前，建设、勘察、设计、施工、监理单位法定代表人应当签署授权书，明确本单位项目负责人。

建筑工程五方责任主体项目负责人质量终身责任，是指参与新建、扩建、改建的建筑工程项目负责人按照国家法律法规和有关规定，在工程设计使用年限内对工程质量承担相应责任。

建设单位项目负责人对工程质量承担全面责任，不得违法发包、肢解发包，不得以任何理由要求勘察、设计、施工、监理单位违反法律法规和工程建设标准，降低工程质量，其违法违规或不当行为造成工程质量事故或质量问题应当承担责任。

勘察、设计单位项目负责人应当保证勘察设计文件符合法律法规和工程建设强制性标准的要求，对因勘察、设计导致的工程质量事故或质量问题承担责任。

施工单位项目经理应当按照经审查合格的施工图设计文件和施工技术标准进行施工，对因施工导致的工程质量事故或质量问题承担责任。

监理单位总监理工程师应当按照法律法规、有关技术标准、设计文件和工程承包合同进行监理，对施工质量承担监理责任。

2. 应当依法追究项目负责人质量终身责任的情形

1）发生工程质量事故。

2）发生投诉、举报、群体性事件、媒体报道并造成恶劣社会影响的严重工程质量问题。

3）由于勘察、设计或施工原因造成尚在设计使用年限内的建筑工程不能正常使用。

4）存在其他需追究责任的违法违规行为。

3. 工程质量终身责任的内容

工程质量终身责任实行书面承诺和竣工后永久性标牌等制度。

项目负责人应当在办理工程质量监督手续前签署工程质量终身责任承诺书，连同法定代表人授权书，报工程质量监督机构备案。项目负责人如有更换的，应当按规定办理变更程序，重新签署工程质量终身责任承诺书，连同法定代表人授权书，报工程质量监督机构备案。

建筑工程竣工验收合格后，建设单位应当在建筑物明显部位设置永久性标牌，载明建设、勘察、设计、施工、监理单位名称和项目负责人姓名。

建设单位应当建立建筑工程各方主体项目负责人质量终身责任信息档案，工程竣工验收合格后移交城建档案管理部门。项目负责人质量终身责任信息档案包括下列内容：

1）建设、勘察、设计、施工、监理单位项目负责人姓名，身份证号码，执业资格，所在单位，变更情况等。

2）建设、勘察、设计、施工、监理单位项目负责人签署的工程质量终身责任承诺书。

3）法定代表人授权书。

4. 工程质量终身责任的追究

对建设单位项目负责人按以下方式进行责任追究：

1）项目负责人为国家公职人员的，将其违法违规行为告知其上级主管部门及纪检监察部门，并建议对项目负责人给予相应的行政、纪律处分。

2）构成犯罪的，移送司法机关依法追究刑事责任。

3）处单位罚款数额5%以上10%以下的罚款。

4）向社会公布曝光。

对勘察单位项目负责人、设计单位项目负责人按以下方式进行责任追究：

1）项目负责人为注册建筑师、勘察设计注册工程师的，责令停止执业1年；造成重大质量事故的，吊销执业资格证书，5年以内不予注册；情节特别恶劣的，终身不予注册。

2）构成犯罪的，移送司法机关依法追究刑事责任。

3）处单位罚款数额5%以上10%以下的罚款。

4）向社会公布曝光。

对施工单位项目经理按以下方式进行责任追究：

1）项目经理为相关注册执业人员的，责令停止执业1年；造成重大质量事故的，吊销执业资格证书，5年以内不予注册；情节特别恶劣的，终身不予注册。

2）构成犯罪的，移送司法机关依法追究刑事责任。

3）处单位罚款数额 5% 以上 10% 以下的罚款。

4）向社会公布曝光。

对监理单位总监理工程师按以下方式进行责任追究：

1）责令停止注册监理工程师执业 1 年；造成重大质量事故的，吊销执业资格证书，5 年以内不予注册；情节特别恶劣的，终身不予注册。

2）构成犯罪的，移送司法机关依法追究刑事责任。

3）处单位罚款数额 5% 以上 10% 以下的罚款。

4）向社会公布曝光。

项目负责人因调动工作等原因离开原单位后，被发现在原单位工作期间违反国家法律法规、工程建设标准及有关规定，造成所负责项目发生工程质量事故或严重质量问题的，仍应按规定依法追究相应责任。项目负责人已退休的，被发现在工作期间违反国家法律法规、工程建设标准及有关规定，造成所负责项目发生工程质量事故或严重质量问题的，仍应按规定依法追究相应责任，且不得返聘从事相关技术工作。项目负责人为国家公职人员的，根据其承担责任依法应当给予降级、撤职、开除处分的，按照规定相应降低或取消其享受的待遇。

工程质量事故或严重质量问题相关责任单位已被撤销、注销、吊销营业执照或者宣告破产的，仍应按规定依法追究项目负责人的责任。违反法律法规规定，造成工程质量事故或严重质量问题的，除追究项目负责人终身责任外，还应依法追究相关责任单位和责任人员的责任。

6.2.3　工程质量监督

1. 工程质量监督管理的内容

根据《房屋建筑和市政基础设施工程质量监督管理规定》第五条的规定，工程质量监督管理应当包括下列内容：

1）执行法律法规和工程建设强制性标准的情况。

2）抽查涉及工程主体结构安全和主要使用功能的工程实体质量。

3）抽查工程质量责任主体和质量检测等单位的工程质量行为。

4）抽查主要建筑材料、建筑构配件的质量。

5）对工程竣工验收进行监督。

6）组织或者参与工程质量事故的调查处理。

7）定期对本地区工程质量状况进行统计分析。

8）依法对违法违规行为实施处罚。

2. 工程质量监督管理的程序

根据《房屋建筑和市政基础设施工程质量监督管理规定》第六条的规定，工程项目实施质量监督，应当依照下列程序进行：

1）受理建设单位办理质量监督手续。

2）制订工作计划并组织实施。

3）对工程实体质量、工程质量责任主体和质量检测等单位的工程质量行为进行抽查、抽测。

4）监督工程竣工验收，重点对验收的组织形式、程序等是否符合有关规定进行监督。

5）形成工程质量监督报告。

6）建立工程质量监督档案。

3. 工程质量监督检查的措施

根据《房屋建筑和市政基础设施工程质量监督管理规定》第八条的规定，主管部门实施监督检查时，有权采取下列措施：

1）要求被检查单位提供有关工程质量的文件和资料。

2）进入被检查单位的施工现场进行检查。

3）发现有影响工程质量的问题时，责令改正。

6.3　城市建设工程安全生产管理

6.3.1　安全生产管理制度

建设主管部门通过监督安全生产责任主体严格执行安全生产管理制度来达到安全生产的目的。

1. 安全生产责任制度

安全生产责任制是最基本的安全生产管理制度，是所有安全生产管理制度的核心。具体做法是将安全生产责任分解到相关单位的主要负责人、项目负责人、班组长以及每个岗位的作业人员。

2. 安全生产许可证制度

国家对建筑施工企业实行安全生产许可证制度。安全生产许可证由省级人民政府建设主管部门负责颁发。企业取得安全生产许可证应当具备若干条件。安全生产许可证有效期为 3 年，期满前 3 个月应向原证颁发机关办理延期手续。

3. 政府安全生产监督检查制度

国务院负责安全生产监督管理的部门，对全国建设工程安全生产工作实施综合监督管理。国务院建设行政主管部门，对全国建设工程安全生产工作实施监督管理。县级以上地方人民政府建设行政主管部门，对本行政区域内的建设工程安全生产实施监督管理。

4. 安全生产教育培训制度

一般包括对管理人员、特种作业人员、企业员工的安全生产教育。

企业员工的安全教育主要有：新员工上岗前的三级教育；改变工艺和变换岗位安全教育；经常性安全教育。

5. 安全生产措施计划制度

安全生产措施计划的范围包括：改善劳动条件；防止事故发生；预防职业病和职业中毒。

安全生产措施计划的内容包括：安全技术措施；职业卫生措施；安全宣传教育措施；辅助设施措施。

6. 特种作业人员持证上岗制度

（1）特种作业人员应具备的条件：

1）年满 18 周岁，且不超过国家法定退休年龄。

2）身体健康，无妨碍从事相应特种作业的器质性疾病和生理缺陷。

3）具有初中及以上文化程度。

4）具备必要的安全技术知识和技能。

5）相应特种作业规定的其他条件。

（2）特种作业人员种类

《建设工程安全生产管理条例》第二十五条规定：垂直运输机械作业人员、安装拆卸工、爆破作业人员、起重信号工、登高架设作业人员等特种作业人员，必须按照国家有关规定经过专门的安全作业培训，并取得特种作业操作资格证书后，方可上岗作业。

特种作业人员操作证每 3 年复查一次，若在有效期内连续从事本工种 10 年以上，复查时间可延长至每 6 年一次。

7. 专项施工方案专家论证制度

《建设工程安全生产管理条例》第二十六条规定：对下列达到一定规模的危险性较大的分部分项工程编制专项施工方案，并附具安全验算结果，经施工单位技术负责人、总监理工程师签字后实施，由专职安全生产管理人员进行现场监督：

1）基坑支护与降水工程。

2）土方开挖工程。

3）模板工程。

4）起重吊装工程。

5）脚手架工程。

6）拆除、爆破工程。

7）国务院建设行政主管部门或者其他有关部门规定的其他危险性较大的工程。

8. 危及施工安全工艺设备材料淘汰制度

《建设工程安全生产管理条例》第四十五条规定：国家对严重危及施工安全的工艺、设备、材料实行淘汰制度。具体目录由国务院建设行政主管部门会同国务院其他有关部门制定并公布。

9. 施工起重机械使用登记制度

由施工单位向建设行政主管部门提出登记，应当提交施工起重机械的有关资料包括：

1）机械生产方面的资料：设计文件、制造质量证明书、检验证书、使用说明书、安装证明等。

2）机械使用的情况资料：机械使用管理制度、使用情况、作业人员情况等。

10. 安全生产检查制度

1）安全检查的内容：查思想、查制度、查管理、查隐患、查整改、查伤亡事故处理等。

2）安全检查的重点：检查"三违"；安全生产责任制的落实。

3）安全隐患的处理程序：登记—整改—复查—销案。

11. 生产安全事故报告和调查处理制度

根据《安全生产法》第二十一条，生产经营单位的主要负责人负责及时、如实报告生产安全事故。《生产安全事故报告和调查处理条例》第四条规定：事故报告应当及时、准确、完整，任何单位和个人对事故不得迟报、漏报、谎报或者瞒报。施工安全事故调查流程如下：①勘察现场；②收集资料；③提取物证；④证人证言；⑤计算损失；⑥技术鉴定。

12. "三同时"制度

凡是我国境内新建、改建、扩建的基本建设工程、技术改造工程和引进的建设项目，其安全生产设施必须符合国家规定的标准，必须与主体工程同时设计、同时施工、同时投入生产和使用。

13. 安全预评价制度

在建设工程项目前期，应用安全评价的原理和方法对工程项目的危险性、危害性进行预测性评价。

14. 意外伤害保险制度

2019 年 4 月 23 日新修正的《建筑法》第四十八条规定：建筑施工企业应当依法为职工参加工伤保险缴纳工伤保险费。鼓励企业为从事危险作业的职工办理意外伤害保险，支付保险费。

6.3.2　生产安全事故管理

1. 施工生产安全事故的分类

在我国，职业健康安全事故分两大类型，即职业伤害事故与职业病。职业伤害事故是指因生产过程及工作原因或与其相关的其他原因造成的伤亡事故。

（1）按照事故发生的原因分类

按照我国《企业职工伤亡事故分类》GB 6441—1986 规定，职业伤害事故分为 20 类，其中与建筑业有关的有以下 12 类：

1）物体打击：指落物、滚石、锤击、碎裂、崩块、砸伤等造成的人身伤害，不包括因爆炸而引起的物体打击。

2）车辆伤害：指被车辆挤、压、撞和车辆倾覆等造成的人身伤害。

3）机械伤害：指被机械设备或工具绞、碾、碰、割、戳等造成的人身伤害，不包括车辆、起重设备引起的伤害。

4）起重伤害：指从事各种起重作业时发生的机械伤害事故，不包括上下驾驶室时发生的坠落伤害，起重设备引起的触电及检修时制动失灵造成的伤害。

5）触电：电流经过人体导致的生理伤害，包括雷击伤。

6）灼烫：指火焰引起的烧伤、高温物体引起的烫伤、强酸或强碱引起的灼伤、放射线引起的皮肤损伤，不包括电烧伤及火灾事故引起的烧伤。

7）火灾：在火灾时造成的人体烧伤、窒息、中毒等。

8）高处坠落：由于危险势能差引起的伤害，包括从架子、屋架上坠落以及平地坠入坑内等。

9）坍塌：建筑物、堆置物倒塌以及土石方等引起的事故伤害。

10）火药爆炸：指在火药的生产、运输、储藏过程中发生的爆炸事故。

11）中毒和窒息：煤气、油气、沥青、化学、一氧化碳中毒等。

12）其他伤害：包括扭伤、跌伤、冻伤、野兽咬伤等。

以上 12 类职业伤害事故中，在建设工程领域中发生频率最高的是高处坠落、物体打击、机械伤害、触电、坍塌、中毒、火灾 7 类。

（2）按事故严重程度分类

我国《企业职工伤亡事故分类》GB 6441—1986 规定，按事故严重程度分类，事故分为 3 类：

1）轻伤事故，是指造成职工肢体或某些器官功能性或器质性轻度损伤，能引起劳动能力轻度或暂时丧失的伤害的事故，一般每个受伤人员休息 1 个工作日以上（含 1 个工作日），105 个工作日以下。

2）重伤事故，一般指受伤人员肢体残缺或视觉、听觉等器官受到严重损伤，能引起人体长期存在功能障碍或劳动能力有重大损失的伤害，或者造成每个受伤人损失 105 个工作日以上（含 105 个工作日）的失能伤害的事故。

3）死亡事故，其中，重大伤亡事故指一次事故中死亡 1~2 人的事故；特大伤亡事故指一次事故死亡 3 人以上（含 3 人）的事故。

（3）按事故造成人员伤亡或者直接经济损失分类

依据 2007 年 6 月 1 日起实施的《生产安全事故报告和调查处理条例》规定，按生产安全事故（以下简称事故）造成的人员伤亡或者直接经济损失，事故分为 4 类：

1）特别重大事故，是指造成 30 人以上死亡，或者 100 人以上重伤（包括急性工业中毒，下同），或者 1 亿元以上直接经济损失的事故。

2）重大事故，是指造成 10 人以上 30 人以下死亡，或者 50 人以上 100 人以下重伤，或者 5000 万元以上 1 亿元以下直接经济损失的事故。

3）较大事故，是指造成 3 人以上 10 人以下死亡，或者 10 人以上 50 人以下重伤，或者 1000 万元以上 5000 万元以下直接经济损失的事故。

4）一般事故，是指造成 3 人以下死亡，或者 10 人以下重伤，或者 1000 万元以下直接经济损失的事故。

2. 施工生产安全事故的报告

事故发生后，及时、准确、完整地报告事故，对于及时、有效地组织事故救援，减少事故损失，顺利开展事故调查具有非常重要的意义。因此，及时向有关部门报告生产安全事故，一方面可以使有关部门及时配合生产经营单位进行抢救，防止事故扩大，减少人员伤亡和损失，如实掌握事故的情况，按照规定向社会披露相关事故信息；另一方面也有利于有关部门对事故进行调查处理，分析事故的原因，处理有关责任人员，提出防范措施。生产经营单位的主要负责人应当按照相关法律、法规、规章的规定，及时、如实报告生产安全事故，不得隐瞒不报、谎报或者迟报。

（1）事故报告过程

1）《安全生产法》第八十三条规定：生产经营单位发生生产安全事故后，事故现场有关人员应当立即报告本单位负责人。单位负责人接到事故报告后……按照国家有关规定立即如实报告当地负有安全生产监督管理职责的部门，不得隐瞒不报、谎报或者迟报，不得故意破坏事故现场、毁灭有关证据。第八十四条规定：负有安全生产监督管理职责的部门接到事故报告后，应当立即按照国家有关规定上报事故情况。负有安全生产监督管理职责的部门和有关地方人民政府对事故情况不得隐瞒不报、谎报或者迟报。

2）《生产安全事故报告和调查处理条例》对事故报告过程进行了更加详细的规定。该条例规定：事故发生后，事故现场有关人员应当立即向本单位负责人报告；单位负责人接到报告后，应当于 1 小时内向事故发生地县级以上人民政府安全生产监督管理部门和负有安全生产监督管理职责的有关部门报告。

情况紧急时，事故现场有关人员可以直接向事故发生地县级以上人民政府安全生产监督管理部门和负有安全生产监督管理职责的有关部门报告。

安全生产监督管理部门和负有安全生产监督管理职责的有关部门接到事故报告后，应当依照下列规定上报事故情况，并通知公安机关、劳动保障行政部门、工会和人民检察院：

①特别重大事故、重大事故逐级上报至国务院安全生产监督管理部门和负有安全生产监督管理职责的有关部门。

②较大事故逐级上报至省、自治区、直辖市人民政府安全生产监督管理部门和负有安全生产监督管理职责的有关部门。

③一般事故上报至设区的市级人民政府安全生产监督管理部门和负有安全生产监督管理职责的有关部门。

④安全生产监督管理部门和负有安全生产监督管理职责的有关部门依照前款规定上报事故情况，应当同时报告本级人民政府。国务院安全生产监督管理部门和负有安全生产监督管理职责的有关部门以及省级人民政府接到发生特别重大事故、重大事故的报告后，应当立即报告国务院。

⑤必要时，安全生产监督管理部门和负有安全生产监督管理职责的有关部门可以越级上报事故情况。

⑥安全生产监督管理部门和负有安全生产监督管理职责的有关部门逐级上报事故情况，每级上报的时间不得超过 2 小时。

我国实行综合监管与专项监管相结合的安全生产管理体制，因此在报告安全生产事故时单位负责人要向县级以上人民政府安全生产监督管理部门报告，也要向负有安全生产监督管理职责的有关部门报告。并且事故的发生除了需要及时采取救援措施，还涉及其他的很多方面的工作，比如，安全生产事故可能涉及违法犯罪，需要及时通知公安机关和检察院，以便公安机关和检察院迅速开展调查取证工作，以及对犯罪嫌疑人采取措施，同时维护事故现场秩序，保护事故现场。此外，安全生产事故常导致人员的伤亡，伴随着需要解决工伤认定和工伤保险赔偿等问题，因此还需要通知劳动保障行政部门和工会。

（2）报告事故包括的内容

1）事故发生单位概况。单位概况根据实际情况来确定，尽量全面、简洁，一般包括单位的全称、地理位置、所有制形式、生产经营范围和规模、持有各类证照的情况、单位负责人的基本情况等。

2）事故发生的时间、地点以及事故现场情况。事故发生的时间尽量精确到分钟。事故发生的地点包括事故发生的中心地点和所波及的区域。事故现场的情况包括：现场的总体情况；现场人员的伤亡情况；设备设施的毁损情况；事故发生前的现场情况等。

3）事故的简要经过。对事故发生全过程进行简要描述。

4）事故已经造成或者可能造成的伤亡人数（包括下落不明的人数）和初步估计的直接经济损失。可能造成的伤亡人数不应该是无根据的猜测，而应该是根据现存的一些证据（如值班记录等）合理推断。直接经济损失主要指事故所导致的建筑物的毁损、生产设备设施和仪器仪表的损坏等，对直接经济损失应该进行合理的初步估算。

5）已经采取的措施。指事故现场有关人员、事故单位责任人、已经接到事故报告的安全生产管理部门为减少损失、防止事故扩大和便于事故调查所采取的应急救援和现场保护等具体措施。

6）其他应当报告的情况。这部分内容根据实际情况确定，比如已经初步知道事故原因的应该对事故原因进行报告。

事故报告后出现新情况的，应当及时补报。自事故发生之日起 30 日内，事故造成的伤亡人数发生变化的，应当及时补报。道路交通事故、火灾事故自发生之日起 7 日内，事故造成的伤亡人数发生变化的，应当及时补报。

3. 施工生产安全事故的调查处理

（1）事故的应急处理

事故应急处理的基本要求：

1）单位负责人接到事故报告后，应当迅速采取有效措施，组织抢救，防止事故扩大，减少人员伤亡和财产损失，不得在事故调查处理期间擅离职守。

2）有关地方人民政府和负有安全生产监督管理职责的部门的负责人接到生产安全事故报告后，应当按照生产安全事故应急救援预案的要求立即赶到事故现场，组织事故抢救。

3）参与事故抢救的部门和单位应当服从统一指挥，加强协同联动，采取有效的应急救援措施，并根据事故救援的需要采取警戒、疏散等措施，防止事故扩大和次生灾害的发生，减少人员伤亡和财产损失。几个核心概念的含义是：

①警戒措施，一般是指对具有危险因素的事故现场周围的道路、出入口等进行暂时

封闭，设立警戒标志或者人工隔离，防止与事故抢救无关的人员进入危险区域而受到伤害。

②疏散，是指将事故现场危险区域的从业人员和群众及时转移安置到其他安全场所，防止聚集在事故现场及其周边的人员受到进一步的伤害。

③次生灾害，是指由原生灾害诱导出来的灾害，生产安全事故发生后，由于事故源本身的特点或采取措施不及时等原因，进一步引发其他灾害事故。

4）事故抢救过程中应当采取必要措施，避免或者减少对环境造成的危害。

5）任何单位和个人都应当支持、配合事故抢救，并提供一切便利条件。

6）事故发生后，有关单位和人员应当妥善保护事故现场以及相关证据，任何单位和个人不得破坏事故现场、毁灭相关证据。

①事故现场保护主体是有关单位和人员，主要指事故发生单位和接到事故报告并赶赴事故现场的安全生产监督管理部门和负有安全生产监督管理职责的有关部门及其工作人员。

②现场保护，是指在现场勘查之前，维持现场的原始状态。在事故调查组未进入事故现场前，根据事故现场的具体情况和周围环境，划定保护区的范围，布置警戒，并派专人看护现场，禁止随意触摸或者移动事故现场的任何物品。

7）因抢救人员、防止事故扩大以及疏通交通等原因需要移动事故现场物件的，经过事故单位负责人或者组织事故调查的安全生产监督管理部门和负有安全生产监督管理职责的有关部门的同意后，在尽量减少对现场破坏的前提下，做出标志和绘制现场简图后可以移动，但是要对该过程作出书面记录，妥善保存现场重要痕迹、物证。

（2）事故调查

《安全生产法》第八十六条规定，事故调查处理应当按照科学严谨、依法依规、实事求是、注重实效的原则，及时、准确地查清事故原因，查明事故性质和责任，评估应急处置工作，总结事故教训，提出整改措施，并对事故责任单位和人员提出处理建议。事故调查报告应当依法及时向社会公布。

1）事故调查的组织单位

①特别重大事故由国务院或者国务院授权有关部门组织事故调查组进行调查。

②重大事故、较大事故、一般事故分别由事故发生地省级人民政府、设区的市级人民政府、县级人民政府负责调查。省级人民政府、设区的市级人民政府、县级人民政府可以直接组织事故调查组进行调查，也可以授权或者委托有关部门组织事故调查组进行调查。

③未造成人员伤亡的一般事故，县级人民政府也可以委托事故发生单位组织事故调查组进行调查。

④上级人民政府认为必要时，可以调查由下级人民政府负责调查的事故。

⑤自事故发生之日起 30 日内，因事故伤亡人数变化导致事故等级发生变化，应当由上级人民政府负责调查的，上级人民政府可以另行组织事故调查组进行调查。

⑥特别重大事故以下等级事故，事故发生地与事故发生单位不在同一个县级以上行政区域的，由事故发生地人民政府负责调查，事故发生单位所在地人民政府应当派人参加。

2）事故调查的实施

（a）事故调查组成员的基本要求：

①事故调查组的组成应当遵循精简、效能的原则。

②根据事故的具体情况，事故调查组由有关人民政府、安全生产监督管理部门、负有安全生产监督管理职责的有关部门、监察机关、公安机关以及工会派人组成，并应当邀请人民检察院派人参加。

③事故调查组可以聘请有关专家参与调查。

④事故调查组成员应当具有事故调查所需要的知识和专长，并与所调查的事故没有直接利害关系。

⑤事故调查组组长由负责事故调查的人民政府指定。事故调查组组长主持事故调查组的工作。

（b）调查组的职责：

①查明事故发生的经过、原因、人员伤亡情况及直接经济损失。

②认定事故的性质和事故责任。

③提出对事故责任者的处理建议。

④总结事故教训，提出防范和整改措施。

⑤提交事故调查报告。

（c）事故调查组的职权：

①事故调查权，即事故调查组有权向有关单位和个人了解与事故有关的情况。包括事故发生单位和个人，以及事故发生有关联的单位和个人，如设备制造单位、设计单位、施工单位等，还包括与事故发生有关的政府及其有关部门和人员等。

②文件资料获得权，即事故调查组有权要求有关单位和个人提供相关文件、资料，有关单位和个人不得拒绝。

（d）事故调查实施过程中的要求：

①任何单位和个人不得阻挠和干涉对事故的依法调查处理。

阻挠和干涉对事故的报告，指通过强制命令、威逼利诱、明示或暗示或授意别人等手段，所进行的不允许他人报告事故；要求他人不报告事故或者不如实报告事故；为他人报告事故设置障碍等行为。

②事故调查组有权向有关单位和个人了解与事故有关的情况，并要求其提供相关文件、资料，有关单位和个人不得拒绝。

③事故发生单位的负责人和有关人员在事故调查期间不得擅离职守，并应当随时接受事故调查组的询问，如实提供有关情况。

④事故调查中发现涉嫌犯罪的，事故调查组应当及时将有关材料或者其复印件移交司法机关处理。

⑤事故调查中需要进行技术鉴定的，事故调查组应当委托具有国家规定资质的单位进行技术鉴定。必要时，事故调查组可以直接组织专家进行技术鉴定。技术鉴定所需时间不计入事故调查期限。

⑥事故调查组成员在事故调查工作中应当诚信公正、恪尽职守，遵守事故调查组的纪律，保守事故调查的秘密。

⑦未经事故调查组组长允许，事故调查组成员不得擅自发布有关事故的信息。

⑧事故调查组应当自事故发生之日起60日内提交事故调查报告；特殊情况下，经负责事故调查的人民政府批准，提交事故调查报告的期限可以适当延长，但延长的期限最长不超过60日。

3）事故调查报告

事故调查报告应当包括下列内容：

①事故发生单位概况。

②事故发生经过和事故救援情况。

③事故造成的人员伤亡和直接经济损失。

④事故发生的原因和事故性质。

⑤事故责任的认定以及对事故责任者的处理建议。

⑥事故防范和整改措施。

事故调查报告应当附具有关证据材料。事故调查组成员应当在事故调查报告上签名。没有事故调查组成员签名的事故调查报告，可以不予批复。签名应当由事故调查组成员本人签署，特殊情况下由他人代签的，要注明本人同意。事故调查中的不同意见在签名时可一并说明。事故调查报告报送负责事故调查的人民政府后，事故调查工作即宣告结束。事故调查的有关资料应当归档保存，事故调查组成员不得私自保存。

（3）事故处理

事故的处理包括两方面，一方面是对造成事故的相关人员的处罚，另一方面是指吸取事故教训，预防发生类似事故而采取的整改措施。此处主要对整改进行说明。

事故调查处理的最终目的是预防和减少事故。事故发生单位作为安全生产工作的责任主体，也应当是落实防范和整改措施的主体。企业的安全生产规章制度和操作规程不健全，未对职工进行安全教育和培训，管理人员违章指挥，职工违章冒险作业，事故隐患未及时排除等是造成安全生产事故发生的主要原因。事故发生单位应当认真反思，吸取教训，查找安全生产管理方面的不足和漏洞，吸取事故教训。事故调查组在查昕事故原因后，事故发生单位应提出有针对性的防范和整改措施。

安全生产监督管理部门和负有安全生产监督管理职责的有关部门应当对事故发生单位落实防范和整改措施的情况进行监督检查。安全生产监督管理部门对安全生产实施综合监督管理，各有关部门对各自领域的安全生产实施监督管理。负有安全生产监督管理职责的有关部门是指除本级政府安全生产监督管理部门外，依照法律、行政法规和职责分工，对安全生产负有监督管理职责的部门，在建设工程领域主要是指建设管理部门。

6.3.3　生产安全应急管理

1. 应急管理的内涵及特征

（1）应急管理的内涵

联合国国际减灾战略署在《术语：灾害风险消减的基本词汇》（UNISDR，2004）中，将应急管理的内涵概括为：应急管理是组织与管理应对紧急事务的资源与责任，特别是准备、响应与恢复。它包括各种科学的计划、组织与安排，其目的是将政府、志愿者与各种私人机构的工作以综合协调的方式整合起来，满足各种各样的紧急需求，包括预防、响应与恢复，将潜在的或者已发生的突发事件带来的损失降到最低。

"应急管理"这一术语最早由核电行业引入我国。1989 年 5 月 27 日，《人民日报》发表了《我国核安全进入法制化轨道——已发布 6 个核安全法规 24 个安全导则》，提到"核事故应急管理"。2003 年"非典"事件后，我国开始建立以"一案三制"为核心的应急管理体系，应急管理开始进入学术研究范围之内。2018 年 3 月，国务院组建应急管理部，同年 10 月，武警消防部队退出现役，组建综合性消防救援队伍。我国的应急管理正朝着专业化、专门化的方向发展。

从应急管理的主体上看，应急管理是政府的基本职责，是公共服务的组成部分。在我国，应急管理强调"政府主导，社会参与"，因此，应急管理的主体除了政府，还包括军队、非政府组织、企业和个人。

从应急管理的客体上看，应急管理强调对突发事件的综合管理。按照《中华人民共和国突发事件应对法》第三条规定，应急管理的客体包括自然灾害、事故灾难、公共卫生事件和社会安全事件。

应急管理也是对突发事件全过程的管理。应急管理包括突发事件的预防与应急准备、监测与预警、应急处置与救援、事后恢复与重建四个过程。应急管理工作贯穿于突发事件始终，并充分体现"以防为主、防抗救相结合"的应急管理理念。

（2）应急管理相关概念

在理解应急管理概念的时候需要正确区分风险管理、危机管理和应急救援。应急管理过程涉及风险管理、危机管理和应急救援。风险管理处于应急管理的前端，是对突发事件的监测和预警，应急救援处于应急管理的后端，是对突发事件发生后的应急处置。

1）应急救援

应急救援（Emergency Rescue）是应急管理的中心工作，是针对突发的、有破坏性的紧急事件采取的一系列预防、预备、响应和恢复的活动与计划，其目的是防止和控制事态扩大，挽救人民生命安全和财产损失，应急救援应当遵循以下原则：

（a）以人为本，生命第一

把保障生命安全和身体健康、最大限度地预防和减少安全生产事故造成的人员伤亡作为首要任务。充分发挥人的主观能动性，充分发挥先期配置的专业救援力量骨干作用和社会救援机构的基础作用。

（b）统一领导，分级负责

在项目应急救援小组统一领导和组织协调下项目部各部门按照各自职责和权限，负责突发事故的应急管理和应急处理工作。

（c）依靠科学，依法规范

充分发挥专家作用，实行科学决策，采用先进的救援装备和技术，增强应急救援能力。依照规范制定预案，依照程序实施预案，确保应急预案科学、可行。

（d）预防为主，平战结合

贯彻落实"安全第一，预防为主，综合治理"的安全方针，坚持事故应急与预防工作相结合。做好预防、预测、预警和预报工作，做好常态的风险评估、物资装备、队伍建设、完善装备、预案演练等工作。

2）危机管理

在管理实践中，"危机"（Crisis）与"突发事件"的概念常常混用，但使用"危机"界定的事件，其严重程度高于一般的突发事件，危机是针对特定主体而言，突发事件则没有特定的主体。危机具有高度的不确定性，从而导致危机管理通常是非程序化决策问题。

从任务目的来看，危机管理与应急管理都是要最大限度地降低社会和环境的损失；从研究范围来看，应急管理比危机管理范围更广，"危机"一词本身蕴含着事态可能失控的意味，危机管理的任务是尽可能控制事态，或将已失控的事态重新控制住，尽量减少损失。应急管理则是一个全过程的概念，在突发事件发生之前，就要做好应急准备。在突发事件发生后，要进行控制，避免突发事件进入危机状态。在危机已形成后，继续采取措施，避免形成现实灾难。

3）风险管理

"风险"（Risk）最初出现在保险业，指"损失的可能性"。进入政策领域后，风险的内涵变得更加丰富。国际风险分析协会将"风险"定义为"对人类生命、健康、财产或者环境安全产生的不利后果的可能"。风险是一种可能性，风险管理则是对这种可能性进行管控，避免其变为现实突发事件和危机。

风险管理讲求防患于未然，将管理重点放在风险源上，对其进行评估和分析，应用相应手段减少、降低、消灭致灾的可能性和概率，从根本层面上防止突发事件及其损失的产生。应急管理则是一种全过程管理。不仅要预防，还要对已发生的紧急事件做好应对处理工作。

（3）应急管理的特征

1）政府主导性

政府主导性体现在两个方面：一方面，政府主导性是由法律规定的。《中华人民共和国突发事件应对法》规定，县级人民政府对本行政区域内突发事件的应对工作负责，涉及两个以上行政区域的，由有关行政区域共同的上一级人民政府负责，或者由各有关行政区域的上一级人民政府共同负责，从法律上明确界定了政府的责任；另一方面，政府主导性是由政府的行政管理职能决定的。政府掌管行政资源和大量的社会资源，拥有严密的行政组织体系，具有庞大的社会动员能力，这是任何非政府组织和个人无法比拟的行政优势，只有由政府主导，才能动员各种资源和各方面力量开展应急管理。

2）社会参与性

《中华人民共和国突发事件应对法》规定，公民、法人和其他组织有义务参与突发事件应对工作，从法律上规定了应急管理的全社会义务。尽管政府是应急管理的责任主体，但是没有全社会的共同参与，突发事件应对不可能取得好的效果。

3）行政强制性

在处置突发事件时，政府应急管理的一些原则、程序和方式将不同于正常状态，权力将更加集中，决策和行政程序将更加简化，一些行政行为将带有更大的强制性。当然，这些非常规的行政行为必须有相应法律、法规做保障，应急管理活动既受到法律、法规的约束，需正确行使法律、法规赋予的应急管理权限，同时又可以以法律、法规作为手段，规范和约束管理过程中的行为，确保应急管理措施到位。

4）目标广泛性

应急管理追求的是社会安全、社会秩序和社会稳定，关注的是包括经济、社会、政治等方面的公共利益和社会大众利益，其出发点和落脚点就是把人民群众的利益放在第一位，保证人民群众生命财产安全，保证人民群众安居乐业，为社会全体公众提供全面优质的公共产品，为全社会提供公平公正的公共服务。

5）管理局限性

一方面，突发事件的不确定性决定了应急管理的局限性。另一方面，突发事件发生后，尽管管理者作出了正确的决策，但指挥协调和物资供应任务十分繁重，要在极短时间内指挥协调、保障物资，本身就是一件艰巨的工作，特别是一些以前没有出现过的突发事件，物资保障更是难以满足。加之受到突发事件影响的社会公众往往处于紧张、恐慌、激动之中，情绪不稳定，加大了应急管理难度。

2. 施工生产安全应急管理的主要内容

施工企业的生产安全应急管理工作主要包括：

（1）组建专门的应急救援队伍

根据《生产安全事故应急条例》规定，建筑施工单位等人员密集场所经营单位，应当建立应急救援队伍。应急救援队伍的应急救援人员应当具备必要的专业知识、技能、身体素质和心理素质。应急救援队伍建立单位或者兼职应急救援人员所在单位应当按照国家有关规定对应急救援人员进行培训；应急救援人员经培训合格后，方可参加应急救援工作。应急救援队伍应当配备必要的应急救援装备和物资，并定期组织训练。在应急救援队伍组建完毕后，建筑施工单位应当及时将本单位应急救援队伍建立情况按照国家有关规定报送县级以上人民政府负有安全生产监督管理职责的部门，并依法向社会公布。

（2）制定应急管理责任制度

对于建筑施工生产安全事故应急管理工作，应该形成专门制度，以规范的制度来保证应急救援工作的顺利展开。除了一般生产经营单位需要制定的岗位责任制度、应急预案制度、安全隐患排查制度、资金管理制度、监督制度、上报制度等应急管理制度之外，建筑施工单位还应建立应急值班制度，根据建筑工程的规模配备一定数量的应急值班人员，随时做好应对安全事故的准备工作。

（3）应急教育培训

建筑施工企业应该对施工现场的全体人员进行应急培训，并通过考核。人员的教育培训是提高全员应急意识和应急能力的基础性工作，是应急管理的重要环节。

（4）安全隐患管理

安全隐患管理包括危险源的辨识与分析、危险源的风险评估、危险源的监控预警、危险源的控制实施以及危险源的信息管理和档案管理等。安全隐患管理是应急管理的重要内容之一。安全隐患管理是对建筑施工现场所涉及各类安全隐患的识别及处理的具体规定。以制度的形式对建筑施工安全隐患进行风险管控，可以保证该项工作的规范化和科学化。

（5）应急预案管理

应急预案管理包括应急预案的编制要求、编制程序、编制内容、预案启动情形、预案的改进等内容。建筑施工企业应根据本企业和工程项目的实际情况编制应急预案并形成体系。保证建筑施工企业应急预案的编制按照要求进行，保证预案的形式和内容标准化、规范化。

（6）应急救援管理

应急救援管理包括救援的形式、工作程序、工作内容、人员的职责权限，以及救援过程中的决策指挥权、不同主体间的协调、救援的优先级等内容。应急救援是应急管理中最重要的管理内容之一。加强应急救援管理，指导应急救援行动的有效实施，提高企业应急救援管理的效率。

（7）善后处置

善后处置包括对突发事件造成的财产损失和人员伤亡进行登记、报告、调查、处理和统计分析工作，总结和吸取突发事件应对的经验教训。同时还应该调查清楚事故原因，追究相关人的责任。善后处置是应急管理的内容之一，是尽快清理事故现场恢复正常的工程建设秩序的保障。

6.4　城市建设绿色施工管理

6.4.1　绿色施工管理概述

1. 绿色施工的政策背景

20 世纪 80 年代，以联合国世界环境与发展委员会发布《我们共同的未来》报告为标志，可持续发展的概念被提出。绿色建筑是建筑产业领域实践可持续发展理念体现出的产品形式，作为产品形态的绿色建筑，其产品实体的生成过程是绿色施工过程。

在 2011 年发布的国家"十二五"规划中，明确提出：建筑业要大力发展绿色建筑，用先进的建造技术、材料技术、信息技术优化结构和服务模式。2013 年，国家启动了《绿色建筑行动方案》，在政府层面上表明了大力发展节能、环保、低碳绿色建筑的具体实践操作的线路图和时间表。在《住房城乡建设事业"十三五"规划纲要》中强调：全面推进绿色建筑发展。强化绿色建筑质量管理，鼓励各地采用绿色建筑标准开展施工图审查、施工、竣工验收，逐步将执行绿色建筑标准纳入工程管理程序。推进绿色建筑全产业链发展，以绿色建筑设计标准为抓手，推广应用绿色建筑新技术、新产品。在建造环节，加大绿色施工技术和绿色建材推广应用力度。绿色建筑是建筑产品的一种形态，而实现绿色建筑的关键是需要工程建设全过程的绿色保障，即通过绿色建造整合绿色设计、绿色施工、绿色材料、绿色技术、绿色运维，形成新型建造方式。

《"十四五"建筑业发展规划》中提出要推广绿色建造方式。持续深化绿色建造试点工作，提炼可复制推广经验。开展绿色建造示范工程创建行动，提升工程建设集约化水平，实现精细化设计和施工。培育绿色建造创新中心，加快推进关键核心技术攻关及产业化应用。研究建立绿色建造政策、技术、实施体系，出台绿色建造技术导则和计价依据，构建覆盖工程建设全过程的绿色建造标准体系。在政府投资工程和大型公共建筑中全面推行绿色建造。积极推进施工现场建筑垃圾减量化，推动建筑废弃物的高效处理与再利用，探索建立研发、设计、建材和部品部件生产、施工、资源回收再利用等一体化协同的绿色建造产业链。

2020 年 9 月 22 日，第七十五届联合国大会一般性辩论上，我国郑重宣布：中国将提高国家自主贡献力度，采取更加有力的政策和措施，二氧化碳排放力争于 2030 年前达到峰值，努力争取 2060 年前实现碳中和。在此之后，中共中央、国务院印发《关于完整准确全面贯彻新发展理念做好碳达峰碳中和工作的意见》，国务院印发《2030 年前碳达峰行动方案》，作出顶层设计，明确时间表、路线图。国家有关部门出台能源、工业、建筑、交通、农业农村等 12 份重点领域重点行业实施方案，以及科技支撑、财政支持、统计核算、生态碳汇等 11 份支撑保障方案，31 个省份制定碳达峰实施方案，"双碳"政策体系构建完成并持续落实。

2. 绿色施工的概念

住房和城乡建设部在《绿色施工导则》中规定：绿色施工是指工程建设中，在保证质量、安全等基本要求的前提下，通过科学管理和技术进步，最大限度地节约资源与减少对环境负面影响的施工活动，实现"四节一环保"（节能、节地、节水、节材和环境保护）。

绿色施工是建筑全生命周期中的一个重要阶段。实施绿色施工，应进行总体方案优化。在规划、设计阶段，应充分考虑绿色施工的总体要求，为绿色施工提供基础条件。

实施绿色施工，应对施工策划、材料采购、现场施工、工程验收等各阶段进行控制，加强对整个施工过程的管理和监督。

3. 绿色施工的总体构架

绿色施工的总体构架由施工管理、环境保护、节材与材料资源利用、节水与水资源利用、节能与能源利用、节地与施工用地保护六个方面组成（图 6-1）。这六个方面涵盖了绿色施工的基本指标，同时包含了施工策划、材料采购、现场施工、工程验收等各阶段的指标的子集。

4. 绿色施工的要求

1）把高效利用资源放在重要位置。建设工程施工现场存在各种材料、物资、设备、劳动力等生产要素浪费、使用效率低的现象。资源的稀缺性使得建造成本持续上升，因此要实行资源的高效利用。

2）将保护环境和控制污染物排放作为前提条件。环境保护是基本国策，但施工现场的环境污染源较多，建筑垃圾等废弃物排放以及噪声、光污染等对施工现场周边环境产生破坏作用。

3）坚持以人为本、减轻劳动强度和改善作业条件。党的十八大以来，以习近平同志为核心的党中央始终强调让改革发展成果惠及更多群众，让人民生活更加幸福美满。要坚持把实现好、维护好、发展好最广大人民根本利益作为一切工作的出发点和落脚点。

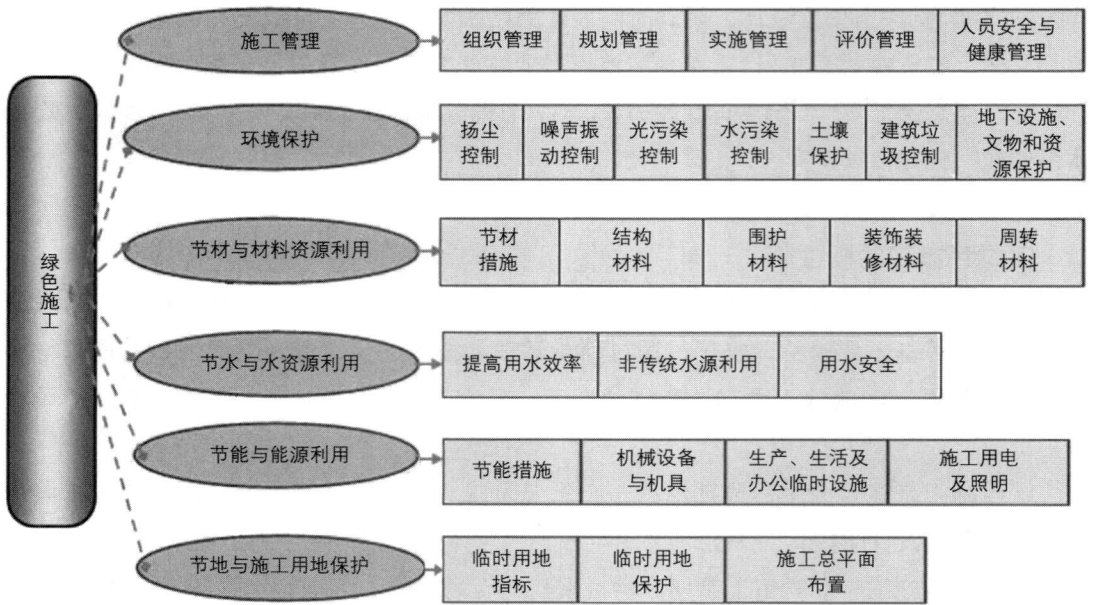

图 6-1 绿色施工的总体构架

目前而言，建筑业仍然属于劳动密集型行业，工作条件艰苦，体力劳动强度大，因而要切实改善作业条件，使用更多的机械设备替代人工劳动。

4）坚持科技进步、把推进建筑工业化和信息化作为重要支撑。绿色施工只有建立在科技进步的基础上才能取得实际效果。当前，随着新型工业化技术、新一代信息技术、数字技术的日益普及应用，为实现低碳、绿色建筑目标提供了坚实的支撑力量。

5）以管理创新作为核心手段。管理创新和技术创新是绿色施工不可或缺的双轮驱动手段。管理创新具有生产力和生产关系的双重特性，在建筑业绿色施工过程中发挥着核心作用。

6.4.2 绿色施工要点

1. 施工管理要点

绿色施工管理主要包括组织管理、规划管理、实施管理、评价管理和人员安全与健康管理五个方面。

（1）组织管理

1）建立绿色施工管理体系，并制定相应的管理制度与目标。

2）项目经理为绿色施工第一责任人，负责绿色施工的组织实施及目标实现，并指定绿色施工管理人员和监督人员。

（2）规划管理

1）编制绿色施工方案。该方案应在施工组织设计中独立成章，并按有关规定进行审批。

2）绿色施工方案应包括以下内容：

①环境保护措施，制定环境管理计划及应急救援预案，采取有效措施，降低环境负荷，保护地下设施和文物等资源。

②节材措施，在保证工程安全与质量的前提下，制定节材措施。如进行施工方案的节材优化，建筑垃圾减量化，尽量利用可循环材料等。

③节水措施，根据工程所在地的水资源状况，制定节水措施。

④节能措施，进行施工节能策划，确定目标，制定节能措施。

⑤节地与施工用地保护措施，制定临时用地指标、施工总平面布置规划及临时用地节地措施等。

（3）实施管理

1）绿色施工应对整个施工过程实施动态管理，加强对施工策划、施工准备、材料采购、现场施工、工程验收等各阶段的管理和监督。

2）应结合工程项目的特点，有针对性地对绿色施工进行相应的宣传，通过宣传营造绿色施工的氛围。

3）定期对职工进行绿色施工知识培训，增强职工绿色施工意识。

（4）评价管理

1）对照相关导则的指标体系，结合工程特点，对绿色施工的效果及采用的新技术、新设备、新材料与新工艺，进行自评估。

2）成立专家评估小组，对绿色施工方案、实施过程至项目竣工，进行综合评估。

（5）人员安全与健康管理

1）制订施工防尘、防毒、防辐射等职业危害的措施，保障施工人员的长期职业健康。

2）合理布置施工场地，保护生活及办公区不受施工活动的有害影响。施工现场建立卫生急救、保健防疫制度，在安全事故和疾病疫情出现时提供及时救助。

3）提供卫生、健康的工作与生活环境，加强对施工人员的住宿、膳食、饮用水等生活与环境卫生等管理，明显改善施工人员的生活条件。

2. 环境保护技术要点

（1）扬尘控制

1）运送土方、垃圾、设备及建筑材料等，不污损场外道路。运输容易散落、飞扬、流漏物料的车辆，必须采取措施封闭严密，保证车辆清洁。施工现场出口应设置洗车槽。

2）土方作业阶段，采取洒水、覆盖等措施，达到作业区目测扬尘高度小于 1.5m，不扩散到场区外。

3）结构施工、安装装饰装修阶段，作业区目测扬尘高度小于 0.5m。对易产生扬尘的堆放材料应采取覆盖措施；对粉末状材料应封闭存放；场区内可能引起扬尘的材料及建筑垃圾搬运应有降尘措施，如覆盖、洒水等；浇筑混凝土前清理灰尘和垃圾时尽量使用吸尘器，避免使用吹风器等易产生扬尘的设备；机械剔凿作业时可用局部遮挡、掩盖、水淋等防护措施；高层或多层建筑清理垃圾应搭设封闭性临时专用道或采用容器吊运。

4）施工现场非作业区达到目测无扬尘的要求。对现场易飞扬的材料采取有效措施，如洒水、地面硬化、围挡、密网覆盖、封闭等，防止扬尘产生。

5）构筑物机械拆除前，做好扬尘控制计划。可采取清理积尘、拆除体洒水、设置隔挡等措施。

6）构筑物爆破拆除前，做好扬尘控制计划。可采用清理积尘、淋湿地面、预湿墙体、屋面敷水袋、楼面蓄水、建筑外设高压喷雾状水系统、搭设防尘排栅和直升机投水弹等综合降尘。选择风力小的天气进行爆破作业。

7）在场界四周隔挡高度位置测得的大气总悬浮颗粒物（TSP）月平均浓度与城市背景值的差值不大于 0.08mg/m³。

（2）噪声与振动控制

1）现场噪声排放不得超过国家标准《建筑施工场界环境噪声排放标准》GB 12523—2011 的规定。

2）在施工场界对噪声进行实时监测与控制。监测方法执行国家标准《建筑施工场界环境噪声排放标准》GB 12523—2011。

3）使用低噪声、低振动的机具，采取隔声与隔振措施，避免或减少施工噪声和振动。

（3）光污染控制

1）尽量避免或减少施工过程中的光污染。夜间室外照明灯加设灯罩，透光方向集中在施工范围。

2）电焊作业采取遮挡措施，避免电焊弧光外泄。

（4）水污染控制

1）施工现场污水排放应达到国家标准《污水综合排放标准》GB 8978—1996 的要求。

2）在施工现场应针对不同的污水，设置相应的处理设施，如沉淀池、隔油池、化粪池等。

3）污水排放应委托有资质的单位进行废水水质检测，提供相应的污水检测报告。

4）保护地下水环境。采用隔水性能好的边坡支护技术。在缺水地区或地下水位持续下降的地区，基坑降水尽可能少地抽取地下水；当基坑开挖抽水量大于 50 万 m^3 时，应进行地下水回灌，并避免地下水被污染。

5）对于化学品等有毒材料、油料的储存地，应有严格的隔水层设计，做好渗漏液收集和处理。

（5）土壤保护

1）保护地表环境，防止土壤侵蚀、流失。因施工造成的裸土，及时覆盖砂石或种植速生草种，以减少土壤侵蚀；因施工造成容易发生地表径流土壤流失的情况，应采取设置地表排水系统、稳定斜坡、植被覆盖等措施，减少土壤流失。

2）沉淀池、隔油池、化粪池等不发生堵塞、渗漏、溢出等现象。及时清掏各类池内沉淀物，并委托有资质的单位清运。

3）对于有毒有害废弃物如电池、墨盒、油漆、涂料等应回收后交有资质的单位处理，不能作为建筑垃圾外运，避免污染土壤和地下水。

4）施工后应恢复施工活动破坏的植被（一般指临时占地内）。与当地园林、环保部门或当地植物研究机构进行合作，在先前开发地区种植本地或其他合适的植物，以恢复剩余空地地貌或科学绿化，补救施工活动中人为破坏的植被和地貌造成的土壤侵蚀。

（6）建筑垃圾控制

1）制定建筑垃圾减量化计划，如住宅建筑，每 1 万 m^2 的建筑垃圾不宜超过 400t。

2）加强建筑垃圾的回收再利用，力争建筑垃圾的再利用和回收率达到 30%，建筑物拆除产生的废弃物的再利用和回收率大于 40%。对于碎石类、土石方类建筑垃圾，可采用地基填埋、铺路等方式提高再利用率，力争再利用率大于 50%。

3）施工现场生活区设置封闭式垃圾容器，施工场地生活垃圾实行袋装化，及时清运。对建筑垃圾进行分类，并收集到现场封闭式垃圾站，集中运出。

（7）地下设施、文物和资源保护

1）施工前应调查清楚地下各种设施，做好保护计划，保证施工场地周边的各类管道、管线、建筑物、构筑物的安全运行。

2）施工过程中一旦发现文物，立即停止施工，保护现场、通报文物部门并协助做好工作。

3）避让、保护施工场区及周边的古树名木。

4）逐步开展统计分析施工项目的 CO_2 排放量，以及各种不同植被和树种的 CO_2 固定量的工作。

3. 节材与材料资源利用技术要点

（1）节材措施

1）图纸会审时，应审核节材与材料资源利用的相关内容，达到材料损耗率比定额损耗率降低 30%。

2）根据施工进度、库存情况等合理安排材料的采购、进场时间和批次，减少库存。

3）现场材料堆放有序。储存环境适宜，措施得当。保管制度健全，责任落实。

4）材料运输工具适宜，装卸方法得当，防止损坏和遗漏。根据现场平面布置情况就近卸载，避免和减少二次搬运。

5）采取技术和管理措施提高模板、脚手架等的周转次数。

6）优化安装工程的预留、预埋、管线路径等方案。

7）应就地取材，施工现场 500km 以内生产的建筑材料用量占建筑材料总重量的 70% 以上。

（2）结构材料

1）推广使用预拌混凝土和商品砂浆。准确计算采购数量、供应频率、施工速度等，在施工过程中动态控制。结构工程使用散装水泥。

2）推广使用高强钢筋和高性能混凝土，减少资源消耗。

3）推广钢筋专业化加工和配送。

4）优化钢筋配料和钢构件下料方案。钢筋及钢结构制作前应对下料单及样品进行复核，无误后方可批量下料。

5）优化钢结构制作和安装方法。大型钢结构宜采用工厂制作，现场拼装；宜采用分段吊装、整体提升、滑移、顶升等安装方法，减少方案的措施用材量。

6）采取数字化技术，对大体积混凝土、大跨度结构等专项施工方案进行优化。

（3）围护材料

1）门窗、屋面、外墙等围护结构选用耐候性及耐久性良好的材料，施工确保密封性、防水性和保温隔热性。

2）门窗采用密封性、保温隔热性能、隔声性能良好的型材和玻璃等材料。

3）屋面材料、外墙材料具有良好的防水性能和保温隔热性能。

4）当屋面或墙体等部位采用基层加设保温隔热系统的方式施工时，应选择高效节能、耐久性好的保温隔热材料，以减小保温隔热层的厚度及材料用量。

5）屋面或墙体等部位的保温隔热系统采用专用的配套材料，以加强各层次之间的粘结或连接强度，确保系统的安全性和耐久性。

6）根据建筑物的实际特点，优选屋面或外墙的保温隔热材料系统和施工方式，例如保温板粘贴、保温板干挂、聚氨酯硬泡喷涂、保温浆料涂抹等，以保证保温隔热效果，并减少材料浪费。

7）加强保温隔热系统与围护结构的节点处理，尽量降低热桥效应。针对建筑物的不同部位保温隔热特点，选用不同的保温隔热材料及系统，以做到经济适用。

（4）装饰装修材料

1）贴面类材料在施工前，应进行总体排板策划，减少非整块材的数量。

2）采用非木质的新材料或人造板材代替木质板材。

3）防水卷材、壁纸、油漆及各类涂料基层必须符合要求，避免起皮、脱落。各类油漆及胶黏剂应随用随开启，不用时及时封闭。

4）幕墙及各类预留预埋应与结构施工同步。

5）木制品及木装饰用料、玻璃等各类板材等宜在工厂采购或定制。

6）采用自粘类片材，减少现场液态胶黏剂的使用量。

（5）周转材料

1）应选用耐用、维护与拆卸方便的周转材料和机具。

2）优先选用制作、安装、拆除一体化的专业队伍进行模板工程施工。

3）模板应以节约自然资源为原则，推广使用定型钢模、钢框竹模、竹胶板。

4）施工前应对模板工程的方案进行优化。多层、高层建筑使用可重复利用的模板体系，模板支撑宜采用工具式支撑。

5）优化高层建筑的外脚手架方案，采用整体提升、分段悬挑等方案。

6）推广采用外墙保温板替代混凝土施工模板的技术。

7）现场办公和生活用房采用周转式活动房。现场围挡应最大限度地利用已有围墙，或采用装配式可重复使用围挡封闭。力争工地临时用房、临时围挡材料的可重复使用率达到 70%。

4. 节水与水资源利用技术要点

（1）提高用水效率

1）施工中采用先进的节水施工工艺。

2）施工现场喷洒路面、绿化浇灌不宜使用市政自来水。现场搅拌用水、养护用水应采取有效的节水措施，严禁无措施浇水养护混凝土。

3）施工现场供水管网应根据用水量设计布置，管径合理、管路简洁，采取有效措施减少管网和用水器具的漏损。

4）现场机具、设备、车辆冲洗用水必须设立循环用水装置。施工现场办公区、生活区的生活用水采用节水系统和节水器具，提高节水器具配置比率。项目临时用水应使用节水型产品，安装计量装置，采取针对性的节水措施。

5）施工现场建立可再利用水的收集处理系统，使水资源得到梯级循环利用。

6）施工现场分别确定生活用水与工程用水定额指标，并分别计量管理。

7）大型工程的不同单项工程、不同标段、不同分包生活区，凡具备条件的应分别计量用水量。在签订不同标段分包或劳务合同时，将节水定额指标纳入合同条款，进行计量考核。

8）对混凝土搅拌站点等用水集中的区域和工艺点进行专项计量考核。施工现场建立雨水、中水或可再利用水的收集利用系统。

（2）非传统水源利用

1）优先采用中水搅拌、中水养护，有条件的地区和工程应收集雨水养护。

2）处于基坑降水阶段的工地，宜优先采用地下水作为混凝土搅拌用水、养护用水、冲洗用水和部分生活用水。

3）现场机具、设备、车辆冲洗、喷洒路面、绿化浇灌等用水，优先采用非传统水源，尽量不使用市政自来水。

4）大型施工现场，尤其是雨量充沛地区的大型施工现场建立雨水收集利用系统，充分收集自然降水用于施工和生活中适宜的部位。

5）力争施工中非传统水源和循环水的再利用量大于30%。

（3）用水安全

在非传统水源和现场循环再利用水的使用过程中，应制定有效的水质检测与卫生保障措施，避免对人体健康、工程质量以及周围环境产生不良影响。

5. 节能与能源利用技术要点

（1）节能措施

1）制订合理施工能耗指标，提高施工能源利用率。

2）优先使用国家、行业推荐的节能、高效、环保的施工设备和机具，如选用变频技术的节能施工设备等。

3）施工现场分别设定生产、生活、办公和施工设备的用电控制指标，定期进行计量、核算、对比分析，并有预防与纠正措施。

4）在施工组织设计中，合理安排施工顺序、工作面，以减少作业区域的机具数量，相邻作业区充分利用共有的机具资源。安排施工工艺时，应优先考虑耗用电能或其他能耗较少的施工工艺。避免设备额定功率远大于使用功率或超负荷使用设备的现象。

5）根据当地气候和自然资源条件，充分利用太阳能、地热等可再生能源。

（2）机械设备与机具

1）建立施工机械设备管理制度，开展用电、用油计量，完善设备档案，及时做好维修保养工作，使机械设备保持低耗、高效的状态。

2）选择功率与负载相匹配的施工机械设备，避免大功率施工机械设备低负载长时间运行。机电安装可采用节电型机械设备，如逆变式电焊机和能耗低、效率高的手持电动工具等，以利节电。机械设备宜使用节能型油料添加剂，在可能的情况下，考虑回收利用，节约油量。

3）合理安排工序，提高各种机械的使用率和满载率，降低各种设备的单位耗能。

（3）生产、生活及办公临时设施

1）利用场地自然条件，合理设计生产、生活及办公临时设施的体形、朝向、间距和窗墙面积比，使其获得良好的日照、通风和采光。南方地区可根据需要在其外墙窗设遮阳设施。

2）临时设施宜采用节能材料，墙体、屋面使用隔热性能好的材料，减少夏天空调、冬天取暖设备的使用时间及耗能量。

3）合理配置供暖、空调、风扇数量，规定使用时间，实行分段分时使用，节约用电。

（4）施工用电及照明

1）临时用电优先选用节能电线和节能灯具，临电线路合理设计、布置，临电设备宜采用自动控制装置。采用声控、光控等节能照明灯具。

2）照明设计以满足最低照度为原则，照度不应超过最低照度的 20%。

6. 节地与施工用地保护技术要点

（1）临时用地指标

1）根据施工规模及现场条件等因素合理确定临时设施，如临时加工厂、现场作业棚及材料堆场、办公生活设施等的占地指标。临时设施的占地面积应按用地指标所需的最低面积设计。

2）要求平面布置合理、紧凑，在满足环境、职业健康与安全及文明施工要求的前提下尽可能减少废弃地和死角，临时设施占地面积有效利用率大于90%。

（2）临时用地保护

1）应对深基坑施工方案进行优化，减少土方开挖和回填量，最大限度地减少对土地的扰动，保护周边自然生态环境。

2）红线外临时占地应尽量使用荒地、废地，少占用农田和耕地。工程完工后，及时将红线外占地恢复原地形、地貌，使施工活动对周边环境的影响降至最低。

3）利用和保护施工用地范围内原有绿色植被。对于施工周期较长的现场，可按建筑永久绿化的要求，安排场地新建绿化。

（3）施工总平面布置

1）施工总平面布置应做到科学、合理，充分利用原有建筑物、构筑物、道路、管线为施工服务。

2）施工现场搅拌站、仓库、加工厂、作业棚、材料堆场等布置应尽量靠近已有交通线路或即将修建的正式或临时交通线路，缩短运输距离。

3）临时办公和生活用房应采用经济、美观、占地面积小、对周边地貌环境影响较小，且适合于施工平面布置动态调整的多层轻钢活动板房、钢骨架水泥活动板房等标准化装配式结构。生活区与生产区应分开布置，并设置标准的分隔设施。

4）施工现场围墙可采用连续封闭的轻钢结构预制装配式活动围挡，减少建筑垃圾，保护土地。

5）施工现场道路按照永久道路和临时道路相结合的原则布置。施工现场内形成环形通路，减少道路占用土地。

6）临时设施布置应注意远近结合（本期工程与下期工程），努力减少和避免大量临时建筑拆迁和场地搬迁。

7. 发展新技术、新设备、新材料与新工艺

绿色施工方案应发展适合绿色施工的资源利用与环境保护技术，对落后的施工方案

和管理办法进行限制或淘汰，鼓励绿色施工技术的发展，推动绿色施工技术的创新。

大力发展现场监测技术、低噪声的施工技术、现场环境参数检测技术、自密实混凝土施工技术、清水混凝土施工技术、建筑固体废弃物再生产品在墙体材料中的应用技术、新型模板及脚手架技术的研究与应用。

加强信息技术应用，如绿色施工的虚拟现实技术、三维建筑模型的工程量自动统计、绿色施工组织设计数据库建立与应用系统、数字化工地、基于电子商务的建筑工程材料及设备与物流管理系统等。通过应用新一代信息技术，进行精益规划、设计、精心建造和优化集成，提高绿色施工的各项指标，实现工程建设目标。

本章复习思考题

1. 简述施工企业市场准入制度。
2. 申请领取施工许可证需要具备哪些条件？
3. 建设工程质量责任主体有哪些？
4. 简述工程质量监督管理的内容。
5. 简述安全生产责任制度。
6. 特种作业人员应具备的条件有哪些？
7. 哪些分部分项工程应编制专项施工方案？
8. 如何按事故造成人员伤亡或者直接经济损失划分事故类型？
9. 在建设工程领域中事故发生频率最高的有哪几类？
10. 简述施工现场扬尘控制措施。
11. 简述施工现场节材措施。
12. 简述施工现场节水措施。
13. 简述施工现场节能措施。
14. 临时用地保护措施有哪些？
15. 施工总平面布置有哪些要求？
16. 简述绿色施工的要求。

City ——————————

本章学习要求：了解城市基础设施的概念、城市基础设施重点领域发展政策

本章学习重点：城市绿色交通、地下空间、绿色建筑、绿色生态网络建设管理

本章学习难点：城市绿色空间结构、城市绿色空间规划与实践、城市绿色空间用地布局、海绵城市建设基本方法与措施

绿色城市具有绿色经济和绿色人居环境两大特征。绿色经济是指城市产业、能源、建筑、交通、消费、可持续土地利用等维度以及相关技术和措施等是绿色低碳的。绿色人居环境是指人居环境必须是绿色、宜居、健康的。城市绿色空间是由园林绿地、城市/城郊森林、立体空间绿化、都市农田、绿色廊道和水域湿地等构成的绿色网络系统，其范围包括中心城区及其周围区域，具有维持生态平衡、调节微气候、削减噪声、水土保持、提升环境质量、提供人们亲近自然的场所等多重功能。海绵城市的建设是采取"渗透、滞流、蓄存、净化、利用、排放"等多种手段和措施，消除城市内涝，控制水体污染，提高雨水资源利用率，实现城市的可持续发展。

第 7 章

绿色城市与基础设施建设管理

7.1   绿色城市与城市基础设施概述

7.1.1   绿色城市概述

1. 绿色城市的概念

绿色城市是指人与自然健康发展、资源能源清洁高效、自然环境健康宜人、基础设施完善舒适、社会环境和谐文明的城市，包括绿色产业、绿色能源、绿色建筑、绿色交通和绿色生活；是以绿色建筑、绿色街区为载体，城市设计符合美学理念，公共交通体系及绿道网络发达，以最大限度地保护地球自然资源和提高人类健康水平为原则，实现"生产空间集约高效、生活空间宜居适度、生态空间山清水秀"的发展范式。

绿色城市具有繁荣的绿色经济和绿色人居环境两大特征。繁荣的绿色经济是指城市的经济系统包括产业、能源、建筑、交通、消费、可持续土地利用等维度以及相关技术和措施等是绿色的，废弃物回收利用和处理体系是高效的。绿色人居环境是指人居环境必须是绿色、宜居、健康的。良好的环境质量，充足易达的绿色公共空间，良好的文化传承，保存和维护良好的历史遗迹和古迹。绿色城市的建设必须融入"绿色、健康、安全"的理念。

绿色城市是充满绿色空间、生机勃勃的开放城市；是管理高效、协调运转、蓬勃上进的健康城市；是以人为本、舒适恬静、适宜居住和生活的家园城市；是各具特色和风貌的文化城市；是环境、经济和社会可持续发展的动态城市。这五个方面是绿色城市的建设目标。

2. 城市环境的影响因素

（1）城市的总体规划

城市是由若干分散的系统组成的综合体，城市环境污染是由城市的性质、规模及其产业构成所决定的。城市的总体规划与布局成功与否直接影响环境质量的优劣，无论新建或扩建城市都必须因地制宜进行规划与布局。城市用地一般由工业区、生活居住区、道路交通运输设施、公用设施构成，它们各自对环境质量有不同的要求，本身又给环境带来不同特征和不同程度的污染。

（2）城市交通

道路交通在很大程度上影响着城市的工业、居住、行政、经济等的分布和城市的格局，是城市规划与布局的重要内容。而各种交通工具在运行中产生的振动噪声给环境带来的干扰，又影响着人们的活动和休息。

（3）城市空气污染

城市空气污染直接影响着城市居民的健康和城市的发展，城市的气象、地理因素是造成空气污染的主要因素。气象因素包括风、湍流、温度层结、逆温、不同温度层结下的烟型；地理因素包括地形、地貌、海陆位置、城镇分布、空气温度、气压、风向、风速、湍流的变化；此外，还有其他因素影响城市空气质量，例如，污染物的性质和成分、污染物的几何形态和排放方式、污染源的强度和高度等。

（4）水体环境

水是一种宝贵资源，城市需水量随着人口激增而快速增长，而污染物进入水体中的量超过水的自净能力时，水质变差，水的用途受到影响。对水体环境产生影响的因素有水体自净作用、水体稀释作用、水体中氧的消耗与溶解、水体中的微生物等。

（5）土壤环境因素

城市土壤与自然土壤不同，具有明显的特异性质。例如形态方面土层无分化，含碳量低，细菌总数较少等。由于人为压实降低了土壤的孔隙度，从而降低土壤持水能力和通气性能，增加植物根系生长的阻力，同时普遍存在 pH 值太高及有机质、氮和磷含量低等特点。

3. 绿色城市建设理念

（1）循环可持续发展理念

绿色城市建设的核心是生态和谐，强调人与自然的有机协调与可持续发展。城市是由不同的资源相互结合而来的，并且通过不断的结合和分解形成城市的发展，绿色城市的一大特点是对资源的可持续循环利用。而对于分解形成的资源的充分利用，则是城市内在发展的重要体现，是城市可持续发展的必由之路，是绿色城市建设的基本原则。

（2）整体设计理念

城市是不断发展的，也是全面发展的，绿色城市建设的目标是城市中自然、经济、社会、文化等多种要素有机统一，在绿色城市建设过程中，首先应认识到城市的整体性，从全面的、综合的角度来看待绿色城市，注重经济、社会和环境的协调发展，做到生产、生态、生活齐头并进，对城市的不同子系统统筹兼顾，寻求一种各个子系统之间协调、可持续发展的整体和谐，提高城市实力，实现稳定发展的绿色城市的规划与建设。

（3）共生原理

城市是一个由不同元素组成的，各个元素之间彼此依存互相作用，进而并存，这种关系也可以叫作共生。城市的生态系统是一个共生的系统，是一个有机协调的整体，各元素之间是一种互补关系，城市中的人、资源和环境存在于一个有机的整体中，都是绿色城市生态运转过程中不可缺少的一环，在绿色城市建设中必须遵循共生原理。

（4）宜居适度

绿色城市应注重生活空间宜居适度，生态空间山清水秀。综合城市环境容量和承载能力，推动形成绿色低碳的生活方式，创造优良人居环境。控制城市开发强度，开展生态修复，以自然为美，把山水风光融入城市，建设天蓝、地绿、水净的美好家园。

4. 绿色城市设计原则

（1）坚持以人为本的基本原则

城市是人们居住的重要场所，人类是城市中各种不同类型建筑应用的主体，城市设计的最终目标是为人们提供舒适的生活环境，绿色城市设计就必须遵循以人为本的原则，加强对人们健康和生活质量的重视，保证设计的合理性，满足人们的应用需求，为人们生活提供更多便利，提高城市环境与居民之间的相适性。

（2）注重城市生态人文环境原则

在城市设计中，应与自然保持良好的关系，将自然生态环境与生活环境结合起来，坚持以环境为本，生态优先原则，促进城市环境、自然环境之间的和谐，在允许的范围要尽可能保持原有的自然环境不受到破坏，使其能够得以保护和延续，因地制宜，打造生态人文环境，提升城市绿色水平。

（3）做好城市空间布局设计的原则

科学、合理的空间布局可以在很大程度上促进城市的健康发展，在城市规划中，根据城市当前空间布局现状，科学预测城市未来的发展趋势，以此为依托进行城市的规划设计。做好区域功能的分区，注重动态空间和静态空间之间的协调，提升城市空间的丰富性，为人们生活提供更多体验，提升居住环境质量。

（4）低碳、节能原则

绿色规划的思想归根结底体现在人与自然的和谐发展，绿色城市规划的核心就是节约、清洁，所以，要实现绿色城市的规划设计，就应该将这两种核心理念融入城市规划包括城市生活的每一个环节，秉持节能和可再生的原则，采用绿色建筑和节能材料，建设低碳的绿色城市，为人们提供健康、宜居和高效的城市空间，实现城市的低碳环保，促进城市发展。

5. 绿色城市评价体系

城市绿色发展是以生态环境容量和资源承载力等自然约束条件为基础，以节约资源、降低污染和保护环境为原则，通过政策引导、技术创新和制度保障，在城市社会经济生产、流通、交换和消费的各个环节中，实现资源环境与经济社会的可持续发展的一种发展模式。概括而言，可以将绿色城市评价指标体系归纳为绿色生产、绿色生活和绿色环境质量三个方面（表 7-1）。

绿色城市评价指标体系　　　　　　　　　　　表 7-1

一级指标	二级指标	三级指标
绿色生产	资源利用	可再生能源消费比重
		单位 GDP 能耗
		单位 GDP 水耗
		工业用水重复利用率
		工业固体废物综合利用率
		单位 GDP 建设用地面积
		环境保护投资占 GDP 的比重
		单位 GDP 能耗下降率
		单位 GDP 二氧化碳排放量
		建筑废物综合利用率
		非常规水资源利用率
	污染控制	单位 GDP 氨氮排放量
		单位 GDP 化学需氧量排放量
		单位 GDP 氮氧化物排放量
		单位 GDP 二氧化硫排放量
		工业废水达标排放率
		单位 GDP 工业固体废物产生量
		危险废物处置率
绿色生活	绿色市政	生活污水集中处理率
		供水管网漏损率
		生活垃圾无害化处理率
		生活垃圾清运率
		生活垃圾分类设施覆盖率
		餐厨垃圾资源化利用率
		雨污分流管网覆盖率

续表

一级指标	二级指标	三级指标
绿色生活	绿色市政	年径流总量控制率
	绿色建筑	绿色建筑占新建建筑的比例
		大型公共建筑单位面积能耗
		节能建筑比例
		屋顶利用比例
	绿色交通	清洁能源公共车辆比例
		万人公共交通车辆保有量
		公共交通出行分担率
		慢行交通网络覆盖率
		绿色出行比例
		公共事业新能源车辆比例
		公共交通站点 500 米覆盖率
	绿色消费	人均居民生活用水量
		人均居民生活用电量
		人均生活垃圾产生量
		人均生活燃气量
		节水器具和设备普及率
		照明节能灯具使用率
绿色环境质量	生态环境	建成区绿化覆盖率
		生态恢复治理率
		生态保护红线区面积保持率
		综合物种指数
		本土植物指数
		人均公园绿地面积
		建成区绿地率
		公园绿地 500 米服务半径覆盖率
	大气环境	空气质量优良天数
		灰霾日数
	水环境	集中式饮用水水源地水质达标率
		地下水环境功能区水质达标率
		地表水劣 V 类水体比例
		地表水环境功能区水质达标率

一级指标	二级指标	三级指标
绿色环境质量	水环境	地表水达到或好于Ⅲ类水体比例
	土壤环境	受污染土壤面积占国土面积比例
		中度及以上土壤侵蚀面积比例
		受污染耕地安全利用率
		污染地块安全利用率
	声环境	环境噪声达标区覆盖率
		交通干线噪声平均值
	其他	公众对环境的满意度
		环境保护宣传教育普及率

6. 碳达峰碳中和与绿色城市建设

进入工业化时代之后，随着工业生产、人类生活排放的温室气体越来越多，大气中温室气体的浓度越来越高，引发了一系列气候问题，全球变暖最为典型。《联合国气候变化框架公约》明确了六种需要控制的温室气体，分别是二氧化碳（CO_2）、甲烷（CH_4）、氧化亚氮（N_2O）、氢氟碳化物（HFCs）、全氟碳化物（PCFs）和六氟化硫（SF_6）。在这些温室气体中，二氧化碳的占比最大，大约为60%，二氧化碳的来源非常广泛，汽车尾气排放就是其中之一。据研究，在交通行业的温室气体排放中，二氧化碳占比达到了99%。因此，"碳排放"指的就是二氧化碳排放，也是温室气体排放的总称与简称。

"碳达峰"指在某一个时点，二氧化碳的排放达到峰值不再增长，之后逐步回落。"碳中和"是指在规定时期内，二氧化碳的人为移除与人为排放相抵消。简单来说，碳中和就是人为碳排放等于人为碳移除。人为排放即人类活动造成的二氧化碳排放，包括化石燃料燃烧、工业过程、农业及土地利用活动排放等，人为移除则是人类从大气中移除二氧化碳，包括植树造林增加碳吸收、碳捕集等。

2020年9月22日，我国在第七十五届联合国大会一般性辩论上郑重承诺，中国将提高国家自主贡献力度，采取更加有力的政策和措施，二氧化碳排放力争于2030年前达到峰值，努力争取2060年前实现碳中和。党的十九届五中全会、中央财经委员会第九次会议等一系列会议对碳达峰、碳中和工作进行了部署，密集出台了一系列政策，明确了实现碳达峰与碳中和的基本思路，细致规划了各项举措，从理论与政策两个方面为碳达峰、碳中和的实现提供了强有力的支持。在"十四五"规划和"2035远景目标"中明确提出，推动绿色低碳发展，推动社会经济发展方式发生深刻变革，向着绿色低碳的方向转型发展。

城市是现代化的重要载体，也是人口最密集、污染排放最集中的地方。建设人与自然和谐共生的现代化，必须把保护城市生态环境摆在更加突出的位置，科学合理规划城市的生产空间、生活空间、生态空间，处理好城市生产生活和生态环境保护的关系，既提高经济发展质量，又提高人民生活品质。生态文明建设的重要动力在城市、实现"双碳"目标的主战场在城市、以城带乡建设美丽中国的主要责任在城市。建设人与自然和谐共生的现代化，必须完整准确全面贯彻新发展理念，以系统思维谋划布局推进绿色城市建设，加快实现城市规划、建设和治理的绿色转型。

7.1.2　城市基础设施概述

1. 城市基础设施的概念

城市基础设施是城市生存和发展所必须具备的工程性基础设施和社会性基础设施的总称，是城市进行各种经济活动和相关社会活动而建设的各类设施及设备装置的总称。基础设施是一切企业、单位和居民生产经营工作和生活的共同的物质基础，是城市主体设施正常运行的保证，既是物质生产的重要条件，也是劳动力再生产的重要条件，是城市运营和发展的基础性、工程性的物质和技术系统，是城市开展各项生产、生活的平台。

2. 城市基础设施的分类

城市基础设施一般分为两类，分别是工程性基础设施和社会性基础设施。

1）工程性基础设施一般指能源供给系统、给水排水系统、道路交通系统、通信系统、环境卫生系统以及城市防灾系统六大系统。

2）社会性基础设施则指城市行政管理、文化教育、医疗卫生、基础性商业服务、教育科研、宗教、社会福利及住房保障等。

在我国，一般提及城市基础设施时多指工程性基础设施。

3. 城市基础设施重点领域发展政策

（1）加大新型电力基础设施建设力度，实施可再生能源替代行动

实施可再生能源替代行动，稳步推进以沙漠、戈壁、荒漠地区为重点的大型风电光伏基地、西南水电基地以及电力外送通道建设，可再生能源电量输送比例原则上不低于

50%。主要体现在保障能源供应的基础设施更加完善、促进绿色转型的能源基础设施加快建设、能源民生基础设施实现普惠化、新型能源基础设施蓬勃发展四个方面。

（2）全面部署新型数字基础设施

工业和信息化部发布的《"十四五"信息通信行业发展规划》瞄准发展目标、聚焦问题短板，分别从新型数字基础设施、数字化发展、行业管理、安全保障以及跨地域跨行业统筹协调五个方面，提出新型数字基础设施建设方面，统筹优化数据中心布局，构建绿色智能、互通共享的数据与算力设施，积极发展工业互联网和车联网等融合基础设施，加快构建并形成以技术创新为驱动、以新一代通信网络为基础、以数据和算力设施为核心、以融合基础设施为突破的新型数字基础设施体系。

（3）推动交通运输领域新型基础设施建设

交通运输部印发的《关于推动交通运输领域新型基础设施建设的指导意见》，贯彻落实党中央、国务院决策部署，围绕加快建设交通强国总体目标，以技术创新为驱动，以数字化、网络化、智能化为主线，以促进交通运输提效能、扩功能、增动能为导向，推动交通基础设施数字转型、智能升级，建设便捷顺畅、经济高效、绿色集约、智能先进、安全可靠的交通运输领域新型基础设施。

（4）加快推进城镇环境基础设施建设，推动生态文明建设和绿色发展

国家发展和改革委员会、生态环境部、住房城乡和建设部、国家卫生健康委员会发布的《关于加快推进城镇环境基础设施建设的指导意见》提出立足新发展阶段，完整、准确、全面贯彻新发展理念，构建新发展格局，推动高质量发展，深化体制机制改革创新，加快转变发展方式，着力补短板、强弱项，优布局、提品质，全面提高城镇环境基础设施供给质量和运行效率，推进环境基础设施一体化、智能化、绿色化发展，逐步形成由城市向建制镇和乡村延伸覆盖的环境基础设施网络，推动减污降碳协同增效，促进生态环境质量持续改善，助力实现碳达峰、碳中和目标。

（5）推动城市基础设施共建共享，促进形成区域与城乡协调发展新格局

统筹规划建设区域交通、水、能源、环卫、园林、信息等重大基础设施布局，协同建设区域生态网络和绿道体系，促进基础设施互联互通、共建共享。构建覆盖城乡的基础设施体系以及生态网络体系，促进城乡基础设施的衔接配套建设，提高一体化监管能力。

（6）完善城市生态基础设施体系，推动城市绿色低碳发展

统筹城市水资源利用和防灾减灾，积极推进海绵城市建设；以园林城市创建为抓手，完善城市公园体系和绿道网络建设；优先发展城市公共交通，完善非机动车道、人行道等慢行网络；积极发展绿色照明。

7.2 城市工程性基础设施建设管理

7.2.1 城市能源供给系统

1. 城市能源供给系统构成与功能

（1）城市供电工程系统

城市供电工程由城市电源工程、城市输配电网络工程构成。

1）城市电源工程

城市电源工程含有城市电厂和区域变电所（站）。城市电厂是专为本城市服务的火力发电厂、风力发电厂、水力发电厂（站）、核能发电厂（站）、地热发电厂等各类发电设施（图7-1~图7-4）；区域变电所（站）（图7-5）是区域电网上供给城市电源所接入的变电所（站），通常是110kV及以上电压的高压变电所（站）或超高压变电所（站），为城市提供电源。

另外利用垃圾填埋场沼气发电具有很大的潜力，尽管沼气从填埋场到内燃发电机组要经过脱硫净化，并克服垃圾填埋产生沼气的速率稳定问题，但随着技术的成熟，该工程能够减少温室气体的排放并发电。

2）城市输配电网络工程

城市输配电网络工程由城市输送电网和配电网组成。城市输送电网络工程包括城市变电所（站）和从城市电厂、区域变电所（站）接入的输送电线路等设施，其功能是将城市电源输入城区，并将电源变压进入城市配电网（图7-6）；城市配电网络工程由高压、低压配电网组成，包括变配电所（站）、开关站、电力线路等设施，具有为用户直接

图7-1 火力发电厂

图7-2 风力发电厂

图 7-3　水力发电站

图 7-4　核能发电站

图 7-5　变电所

图 7-6　高压输电线路

供电的功能。随着信息技术的发展以及用户对用电质量与安全性要求的提高，智能电网的研究与建设成为当今世界的发展趋势，实现电网的经济、高效、环境友好和安全使用。

（2）城市燃气工程系统

城市燃气工程系统由燃气气源工程、储气工程、输配气管网工程等组成。

1）城市燃气气源工程

城市燃气气源工程具有为城市提供可靠的燃气气源的功能，包含煤气厂、天然气门站（图 7-7）、液化石油气气化站（图 7-8）、生物质制气设施（如沼气池）等。

煤气厂主要有炼焦煤气厂、直立炉煤气厂、水煤气厂、油制气煤气厂四种类型，天然气门站收集当地或远距离输送来的天然气，液化石油气气化站由液化石油气贮罐、气化器、调压器和生产辅助用房（如锅炉房等）组成。液化石油气气化站是目前无天然气、煤气厂的城市用作管道燃气的气源，设置方便、灵活。

图 7-7　天然气门站

图 7-8　液化石油气气化站

2）燃气储气工程

燃气储气工程包括各种管道燃气的储气站、液化石油气储存站等设施，储气站储存煤气厂生产的燃气或输送来的天然气，调节满足城市日常和高峰时的用气需要。液化石油气储存站具有满足液化气气化站用气的需求和城市液化石油气供应站的需求等功能。

3）燃气输配气管网工程

燃气输配气管网工程包含燃气调压站、不同压力等级的燃气输送管网、配气管道。一般情况下，燃气输送管网采用中、高压管道，配气管为低压管道。燃气输送管网具有中、长距离输送燃气的功能，不直接供给用户使用。配气管则具有直接供给用户使用燃气的功能。燃气调压站具有升降管道燃气压力之功能，以便于燃气远距离输送，或由高压燃气降至低压，向用户供气。

（3）城市供热工程系统

城市供热工程由供热热源工程和供热管网工程组成。

1）供热热源工程

城市供热热源工程包括城市热电厂（站）、区域锅炉房、换热站、大型热泵站等设施。城市热电厂（站）是以城市供热为主要功能的火力发电厂（站），供给高压蒸汽、供暖热水等。区域锅炉房是城市地区性集中供热的锅炉房，主要用于城市供暖，或提供近距离的高压蒸汽。包括地热能供热、生物质能供热、太阳能热利用、清洁电力供热等的可再生能源供热方式，其中风电清洁供暖为间接热能利用，其余为直接热能利用。

2）供热管网工程

供热管网工程包括热力泵站、热力调压站和不同压力等级的蒸汽管道、热水管道等设施。热力泵站主要用于远距离输送蒸汽和热水。热力调压站调节蒸汽管道的压力。

（4）能源发展趋势

随着能源的日益紧缺，节约能源，合理利用能源，提高能源使用率是今后的发展趋势。目前，冷热电联产、分布式能源是能源集约、高效利用的方向和趋势。热电联产和冷热电联产是一种建立在能量梯级利用概念基础上，将制冷、供热及发电过程一体化的系统。分布式能源是一种新型的建于用户当地或附近的发电系统，产生电能及其他形式能量，并优先满足当地用户需求，由用户来支配管理，相对于传统的集中式能源方式而言，分布式能源将能源系统以小规模分散式的方式布置在用户附近，可独立地输出电、热或（和）冷能的系统。

2. 城市能源供给系统评价指标

1）城市供电工程系统服务水平评价指标：电源结构、人均用电量、户均负荷量、供电保证率等。

2）城市燃气工程系统服务水平评价指标：燃气普及率、管道燃气普及率。

3）城市供热工程系统服务水平评价指标：热源结构、集中供热覆盖率。

3. 城市能源供给系统规划

（1）城市供电工程系统规划

结合城市和区域电力资源状况，合理确定规划期内的城市用电量、用电负荷，进行城市电源规划；确定城市输、配电设施的规模、容量以及电压等级，科学布局变电所（站）等变配电设施和输配电网络；制定各类供电设施和电力线路的保护措施。

（2）城市燃气工程系统规划

结合城市和区域燃料资源状况，选择城市燃气气源，合理确定规划期内各种燃气的用量，进行城市燃气气源规划；确定各种供气设施的规模、容量；选择并确定城市燃气管网系统；科学布置气源厂、气化站等产供气设施和输配气管网；制定燃气设施和管道的保护措施。

（3）城市供热工程系统规划

根据当地气候、生活与生产需求，确定城市集中供热对象、供热标准、供热方式；合理确定城市供热量和负荷，选择并进行城市热源规划，确定城市热电厂、热力站等供热设施的数量和容量；科学布局各种供热设施和供热管网；制定节能保温的对策与措施，以及供热设施的防护措施。

7.2.2　城市给水排水系统

1. 城市给水设施系统构成与功能

城市给水设施系统由城市取水工程、净水工程和输配水工程构成。

（1）城市取水工程

城市取水工程包括城市水源（含地表水、地下水）、取水口、取水构筑物、提升原水的一级泵站以及输送原水到净水工程的输水管等设施，还应包括在特殊情况下为蓄、引城市水源所筑的水闸、堤坝等设施。取水工程的功能是将原水取、送到城市净水工程，为城市提供足够的水源。

（2）净水工程

净水工程包括城市自来水厂、清水库、输送净水的二级泵站等设施，其功能是将原水净化处理成符合城市用水水质标准的净水，并加压输入城市供水管网（图7-9）。

（3）输配水工程

输配水工程包括从净水工程输入城市供配水管网的输水管道，供配水管网以及调节水量、水压的高压水池、水塔、清水增压泵站等设施，输配水工程功能是将净水保质、保量、稳压地输送至用户（图7-10）。

2. 城市排水设施系统构成与功能

城市排水工程系统由雨水排放工程、污水处理与排放工程和中水工程构成。

（1）城市雨水排放工程

城市雨水排放工程有雨水管渠、雨水收集口、雨水检查井、雨水提升泵站、排涝泵站、雨水排放口等设施，还应包括为确保城市雨水排放所建的水闸、堤坝等设施。城市雨水排放工程的功能是及时收集与排放城区雨水等降水，抗御洪水、潮汐水侵袭，避免

图7-9　自来水厂

图7-10　高压水池

或迅速排出城区积水。

（2）城市污水处理与排放工程

城市污水处理与排放工程包括污水处理厂（站）、污水管道、污水检查井、污水提升泵站、污水排放口等设施。污水处理与排放工程的功能是收集与处理城市各种生活污水、生产废水，综合利用、妥善排放处理后的污水，控制与治理城市水污染，保护城市与区域的水环境。

（3）城市中水工程

城市中水（即再生水）设施主要包括中水原水设施、中水处理设施以及中水供水设施三个部分。中水原水设施主要是指收集、输送中水原水到中水处理设施的管道及附属构筑物。中水处理设施主要构筑物有沉淀池、混凝池、生物处理设施等。中水供水设施主要包括中水配水管道、中水贮水池、中水泵站等。

城市中水设施的主要功能是收集城市各种生活污水、生产废水，经过一定的处理后达到一定的水质要求，将其供给一定范围内用户进行生产和生活使用，是城市污水资源化的有效措施和解决水资源匮乏的有效手段。

3. 城市给水排水系统评价指标

城市给水系统服务水平评价指标包括水质、自来水普及率、人均综合用水量、供水保证率、中水回用率等。城市排水系统服务水平评价指标包括污水处理率、下水道普及率、雨污分流比例、排渍时间等。

4. 城市给水排水系统规划

（1）城市给水系统规划

结合城市生产、生活情况，对水资源与城市用水量供需平衡进行分析，估算城市用水总量，根据水源水质及水量情况，选择水源，确定取水位置及取水方式，同时确定水源地卫生防护措施，根据水源水质变化情况和供水水质目标，选择水处理工艺形式，规划城市给水处理厂。选择给水设施的位置，确定输配水干管走向，估算干管管径；制订水资源保护以及开源节流的要求和措施，规划城市节约用水和再生水工程。

（2）城市排水系统规划

根据城市自然环境和用水状况，制定全市性的排水方案、估算排水量，合理确定规划期内污水处理量，污水处理设施的规模与容量，降水排放设施的规模与容量；科学布局污水处理厂（站）等各种污水处理与收集设施、排涝泵站等雨水排放设施以及布置排水管网、防洪堤等；制定水环境保护、污水利用等对策与措施。

7.2.3 城市道路交通系统

1. 城市交通设施系统构成与功能

城市交通设施系统指的是为保证城市人与物的空间移动正常进行而配备的各项工程设施。由城市航空交通、水运交通、轨道交通、道路交通、综合交通枢纽分项工程系统构成，具有城市对外交通、城市内部交通两大功能（表 7-2）。

城市交通工程系统构成及功能   表 7-2

工程设施	构成部分	主要设施	功能
城市交通工程	航空交通	城市航空港	快速、远程运送客流、货物
		市内直升机场	市域内便捷、中远程运送客流、货物 紧急抗灾、抢险、消防、医疗救护 旅游交通
		军用机场（军民两用机场）	区域性军事战略、防卫（起到城市航空港作用）
	水运交通	海运交通工程	城市对外近、远海客运和大宗货物运输 城市近海、海岸旅游
		内河水运交通工程（包括湖面）	城市内外江河、湖泊客运 慢速、大宗货物运输 旅游交通
	轨道交通	市际轨道交通工程	城市陆地对外中、远程客运和大宗货物运输 市域旅游交通
		市内轨道交通工程	快速、准时、大运量运载城市客流
	道路交通	公路交通	城市陆地对外中、近程客运、货运运输 市域旅游交通
		城区道路交通	市内陆上日常客货交通运输
	综合交通枢纽	两种及以上运输方式	旅客和货物通过、到发、换乘与换装以及运载工具技术作业的场所 各种运输方式之间、城市交通与城间交通的衔接处

（1）城市航空交通工程

城市航空交通工程系统主要有城市航空港、市内直升机场以及军用机场等设施。

（2）城市水运交通工程

城市水运交通工程系统分为海运交通、内河水运交通两部分。海运交通有海上客运站、海港等设施。内河水运交通有内河（包括湖泊）客运站、码头等设施。

（3）城市轨道交通工程

城市轨道交通工程系统有市际轨道交通、市内轨道交通两部分。

1）市际轨道交通

市际轨道交通是为某一区域内的各个城市和重要城镇的旅客出行而服务的便捷、快速、衔接合理的工程系统。

2）市内轨道交通

市内轨道交通包括地铁、轻轨和有轨电车。部分城市内部用于交通运输的磁悬浮列车也包含在市内轨道交通范畴内。交通设施包括地铁站、轻轨站、调度中心、车辆场（库）和地下、地面、架空轨道以及桥涵等。

（4）城市道路交通工程

城市道路交通工程系统分公路交通与城区道路交通两部分。公路是指连接城市、乡村，主要供汽车行驶的具备一定技术条件和设施的道路。城区道路是指在城市范围内，供车辆及行人通行的具备一定技术条件和设施的道路。公路交通有长途汽车站、货运站、高速公路、汽车专用道、公路以及为其配套的公路加油站、停车场等设施。城区道路交通有各类公交站场、车辆保养场、加油场、停车场、城区道路以及桥涵、隧道等设施。

（5）城市综合交通枢纽工程

城市综合交通枢纽工程是指位于综合交通网络交会处，一般包括两种及以上运输方式，由高速公路、铁路、干线公路、航空港、陆路港等重要线路和场站等设施组成。

2. 城市交通设施系统评价指标

城市交通设施系统服务水平评价指标：人均道路面积、道路网密度、万人公交车数量、公交站点与居民通达距离、地铁运营能力等。

3. 城市交通设施系统规划

（1）城市航空设施规划布局

合理确定机场与城市的位置关系，选定具有良好工程地质和水文地质条件的机场用地，确定机场与城市之间的交通联系，规定临近机场地区的建筑物（构筑物）的建筑限界。

（2）水运设施

根据港口的生产需要、自然及地理条件、水域陆域条件、水陆交通衔接要求以及所在城市的性质，选择港口位置，建设和改造港口，规划足够的岸线长度，用以布置不同的作业区，对危险品和污染严重的货物，能与其他区域保持足够的距离，尽量不占或少占良田、少拆迁、避免大挖大填。因地制宜地发展多种集疏运方式，建立完善通畅的集疏运系统，规划内河航道，加强铁路、公路的连接，并配置适当数量的库场，以增加港口的货物储存能力，提高港口通过能力。

（3）轨道交通

依据城市社会与经济环境，分析城市经济地理特征、城市总体规划目标及城市交通结构的协调性，评估城市轨道交通的功能，预测城市轨道交通系统客流，确定线网规模，选择线网构架方案和方案的评估。确定城市轨道交通网络及线路建设规模、能力水平。

（4）道路交通

结合城市布局、工业布局、居民点的分布，根据客货运输的不同特点，分析客货流生成及其分布规律，采用定量和定性相结合的分析方法以及城市土地使用的可能性来确定客货运站场的地理位置。根据公共交通的车种车辆数、服务半径和所在地区的用地条件布局城市公交场站设施，公共交通停车场应大、中、小相结合，分散布置，一般大、中型公共交通停车场宜布置在城市的边缘地区。

7.2.4　城市通信系统

1. 城市通信设施系统构成与功能

城市通信设施系统由城市邮政、电信、广播和电视工程组成。

（1）城市邮政工程

城市邮政工程通常有邮政局所、邮政通信枢纽、报刊门市部、售邮门市部、邮亭等设施，邮政局所经营邮件传递、报刊发行、邮政储蓄等业务，邮政通信枢纽起收发、分拣各种邮件的作用。电商时代的到来、公众对邮政服务品质和速度需求提升、快递业务迅猛发展，快递具有高效、便捷、适应性强等特征，成为现代生活中不可或缺的服务类型。

（2）城市电信工程

城市电信工程从通信方式上分有线电话和无线电通信两部分。无线电通信有微波通信、移动电话、无线寻呼等。电信系统由电信局（所、站）工程和电信网工程组成。电信局（所、站）工程有长途电话局、市话局（含各级交换中心、汇接局、端局等）、微波站、移动电话基站、无线寻呼台以及无线电收发讯台等设施。电信局（所、站）具有各种电信量的收发、交换、中继等功能。电信网工程包括电信光缆、电信电缆、光接点、电话接线箱等设施，具有传送电信信息流的功能。

随着4G、5G移动通信的来临，电信服务以及对应的电信工程的转变成为未来的趋势，当前的信息系统已经不再是传统意义上的电信网络。

（3）城市广播工程

城市广播工程从发播方式上有无线电广播和有线广播两种。广播系统含有广播台站工程和广播线路工程，前者包含了无线广播电台、有线广播电台、广播节目制作中心等设施，后者包含了有线广播的光缆、电缆以及光电缆管道等，城市广播工程的功能是制作播放广播节目，传递广播信息给听众。城市无线广播作为应急通信系统的组成部分，在灾时救援过程中将起到重要作用。

（4）城市电视工程

城市电视工程系统有无线电视和有线电视（含闭路电视）两种发播方式，城市电视工程由电视台（站）工程和线路工程组成，电视台（站）工程有无线电视台、电视节目制作中心、电视转播台、电视差转台以及有线电视台等设施。线路工程主要是有线电视及闭路电视的光缆、电缆管道光接点等设施。电视台站工程的功能是制作、发射电视节目内容以及转播、挂出上级与其他电视台的电视节目，电视线路工程的功能是将有线电视台（站）的电信号传送给观众的电视接收器。

城市有线电视台往往与无线电视台设置在一起，以便经济、高效地利用电视制作资源，有些城市将广播电台、电视台和节目制作中心设置在一起，建成广播电视中心共同制作节目内容，共享信息系统。

2. 城市通信设施系统评价指标

城市通信设施系统评价指标有移动电话普及率、互联网普及率、有线电视普及率、邮政局所服务半径等。随着移动电话和互联网的迅速发展，移动电话普及率和互联网普及率是必不可少的评价指标。

3. 城市通信设施系统规划

结合城市通信实况和发展趋势，确定规划期内城市通信的发展目标，预测通信需求，合理确定邮政、电信、广播、电视等各种通信设施的规模、容量；科学布局各类通信设施和通信线路；制定通信设施综合利用对策与措施，以及通信设施的保护措施。

4. 通信系统发展新趋势

三网融合是将无线网络、电视网络、电信网络结合起来，形成一个共享的媒体终端，此终端将面对家庭或者个人用户，因此，在今后的城市通信工程规划中应当按照此趋势的技术特征来进行规划，以此保证规划的前瞻性。

7.2.5 城市环境卫生系统

1. 城市环境卫生设施系统构成与功能

城市环境卫生设施系统有城市垃圾处理厂（场）、垃圾填埋场、垃圾收集站、转运站、车辆清洗场、环卫车辆场、公共厕所以及城市环境卫生管理设施。城市环境卫生设施系统的功能是收集与处理城市各种废弃物，综合利用，变废为宝，清洁市容，净化城市环境。

随着技术和环保节能要求的发展，城市垃圾的资源化利用已经成为趋势，资源化利用的方式主要包括可回收垃圾的回收利用、可堆肥垃圾的资源化利用、垃圾焚烧余热利用、沼气回收利用等（图7-11、图7-12）。

图7-11 垃圾焚烧发电厂

图7-12 沼气回收利用工程

2. 城市环境卫生设施系统评价指标

城市环境卫生设施系统服务水平的评价指标包括：城市垃圾处理率、垃圾无害化处理率、垃圾收集半径、垃圾转运时间、公共厕所服务半径和水厕与旱厕比例等。其中垃圾处理率、垃圾无害化处理率、垃圾收集半径和垃圾转运时间反映了垃圾的处理及转运的情况，公共厕所服务半径等指标反映了城市环境卫生的服务水平。

3. 城市环境卫生设施系统规划

根据城市发展目标和城市布局，确定城市环境卫生设施配置标准和垃圾集运、处理方式；合理确定主要环境卫生设施的数量、规模；科学布局垃圾处理厂（场）等各种环境卫生设施，制定环境卫生设施的隔离与防护措施；提出垃圾回收利用的对策与措施。

7.2.6　城市防灾系统

1. 城市防灾设施系统构成与功能

城市防灾工程系统主要由城市消防工程、防洪（潮、汛）工程、抗震工程、人防工程及救灾生命线系统工程等组成。

（1）城市消防工程

城市消防工程系统有消防站（队）、消防给水管网、消火栓等设施（图 7-13、图 7-14）。消防工程系统的功能是日常防范火灾、及时发现与迅速扑灭各种火灾，避免或减少火灾损失。

图 7-13　消防站　　　　　　　　　　　图 7-14　消火栓

根据城市综合防灾规划的要求，城市消防站分为陆上消防站、水上（海上）消防站和航空消防站。陆上消防站分为普通消防站和特勤消防站，普通消防站有一级普通消防站和二级普通消防站。有条件的城镇应形成陆上、水上、空中相结合的消防立体布局和综合扑救体系。

（2）城市防洪（潮、汛）工程

城市防洪（潮、汛）工程系统有防洪（潮、汛）堤、截洪沟、泄洪沟、分洪闸、防洪闸、排涝泵站等设施。城市防洪工程系统的功能是采用避、拦、堵、截、导等各种方法，抗御洪水和潮汐的侵袭，排除城区涝渍，保护城市安全。

（3）城市抗震工程

城市抗震工程主要由避难疏散通道、避难疏散场所（含场地和建筑物）、生命线工程组成。其为保证震时人民生命和财产安全发挥着巨大的作用。

（4）城市人民防空袭工程（简称城市人防工程）

城市人防工程系统由防空袭指挥中心、专业防空设施、防空掩体工事、地下建筑、地下通道以及战时所需的地下仓库、水厂、变电站、医院等设施组成。平战结合，合理利用地下空间，地下商场、娱乐设施、地铁等均可属人防工程设施范畴。有关人防工程设施在确保其安全要求的前提下，尽可能为城市日常活动使用。城市人防工程系统的功能是提供战时市民防御空袭、核战争的安全空间和物资供应。

（5）城市救灾生命线系统工程

城市救灾生命线系统工程由城市急救中心、疏运通道以及给水、供电、通信等设施组成。城市救灾生命线系统工程的功能是在发生各种城市灾害时，提供医疗救护、运输以及供水、电、通信调度等物质条件。

2. 城市防灾工程系统评价指标

城市防灾工程系统能力评价主要基于安全性、可靠性、应急能力三个因子。

3. 城市防灾设施系统规划

根据城市自然环境、灾害区划和城市地位，确定城市各项防灾标准，合理确定各项防灾设施的等级、规模；科学布局各项防灾设施；充分考虑防灾设施与城市常用设施的有机结合，制定防灾设施的统筹建设、综合利用、防护管理等对策与措施。

7.2.7　城市基础设施建设重点任务

住房和城乡建设部联合国家发展和改革委员会印发实施《"十四五"全国城市基础设施建设规划》（简称《规划》）提出四个方面重点任务：一是推进城市基础设施体系化建设，增强城市安全韧性能力；二是推动城市基础设施共建共享，促进形成区域与城乡协调发展新格局；三是完善城市生态基础设施体系，推动城市绿色低碳发展；四是加快新型城市基础设施建设，推进城市智慧化转型发展。

其中，包括全面提升城市各类基础设施的防灾、减灾、抗灾、应急救灾能力和极端条件下城市重要基础设施快速恢复能力、关键部位综合防护能力。推进城市市政基础设施普查，摸清底数，找准短板。推动城市群都市圈基础设施一体化发展，支持超大、特大城市为中心的重点都市圈，织密以城市轨道交通和市域（郊）铁路为骨干的轨道交通网络，促进中心城市与周边城市（镇）一体化发展。统筹城乡基础设施建设，推进以县城为重要载体的城镇化建设，有条件的地区按照小城市标准建设县城，加快县城基础设施补短板强弱项等。

　　《规划》以解决人民群众最关心、最直接、最现实的利益问题为立足点，着力补短板、强弱项、提品质、增效益，提出八项重大行动：城市交通设施体系化与绿色化提升行动；城市水系统体系化建设行动；城市能源系统安全保障和绿色化提升行动；城市环境卫生提升行动；城市园林绿化系统提升行动；城市基础设施智能化建设行动；老旧小区市政配套基础设施补短板行动；城市燃气管道等老化更新改造行动。

7.3　城市绿色基础设施建设管理

7.3.1　城市绿色交通

1. 绿色交通的概念

　　绿色交通是指为了降低环境污染、节省自然资源、促进社会公平、节省建设维护费用而发展低污染、有利于城市环境的多元化城市交通运输系统。从交通方式来看，绿色交通体系包括步行交通、自行车交通、城市公共交通和轨道交通。从交通工具上看，绿色交通工具包括各种低污染车辆，如双能源汽车、天然气汽车、电动汽车、氢气动力车、太阳能汽车等。绿色交通还包括各种电气化交通工具，如无轨电车、有轨电车、轻轨、地铁等。

　　绿色交通是可持续、可协调的交通，其本质是建立维持城市可持续发展的交通体系，是以最少的社会成本实现最大的交通效率，满足人们的交通需求，建立节约能源、保护生态环境的可持续发展交通运输体系。其基本要求是要实现城市交通"持续、环保、节能、低耗、高效、安全、公平、健康"的长久发展。

　　绿色交通理念应该成为现代城市交通网络规划的指导思想，将绿色交通理念注入城市交通网络规划优化决策之中。在交通运输系统规划时，利用节能环保型材料与技术，对城市交通系统进行建设，在保证城市交通系统发挥出应有作用的同时，减少交通运输活动对自然环境的破坏。

2. 绿色交通与普通交通的区别

　　绿色交通作为一种全新的发展理念和当前交通运输业的主流发展方向，与我们所知道的普通交通运输有着很大的不同，首先，城市普通交通方式远比城市绿色交通方式广泛，城市的绿色交通模式分为步行、自行车骑行、公共交通和新能源交通，但只要能够满足城市居民出行需求的各种交通工具都可以纳入城市的一般交通工具；其次，绿色交通是集约型发展模式，而一般交通工具则是粗放式发展模式，绿色交通强调和提倡步行、自行车骑行、乘坐城市公共交通和驾驶新能源汽车等低能耗、低污染的交通方式。

3. 绿色交通的特点及优势

（1）低能耗、低污染性

绿色交通的主要理念是鼓励人们在日常出行中走向绿色，让出行变得更加环保。在绿色交通理念指导下的绿色出行是指在出行过程中，尽可能地降低能耗和污染，选择对环境影响较小的出行方式，如选择步行、自行车骑行出行几乎不消耗能源，公共汽车、地铁等公共交通工具主要使用天然气或高效率、低排放的柴油机车和接近零排放的电力机车，对环境的影响很小。公共交通单位运载的乘客数量巨大，人均能耗很低，这属于低能耗运输方式。绿色交通主要体现在它着重强调环保出行和节约资源。因此，绿色交通方式具有低能耗、低污染的特点。

（2）高效性、舒适性

现代社会是一个信息、人员快速流动的社会，人们日常出行不只是要求交通工具简单地移动使自己能够"到"某个地方，而是要求能够"及时地"和"舒适地"到目的地。因此，高效率、舒适性也是城市绿色交通的重要特点。为了满足交通系统的基本需求，缓解当前各大城市居民"出行难"的现状，提高城市交通的通达性，满足居民对出行时效性的要求，作为公共服务的绿色交通系统，设计与完善道路规划、改善公共交通条件、鼓励民众以自行车和公交出行、使用清洁能源和新型汽车，对解决城市交通拥堵也有一定的成效。因此绿色交通具有的第一个明显特点就是运行效率高、舒适性好，即为了进行社会生产活动的人、物的移动，而不仅仅是交通工具在空间和时间上的位移。

（3）以人为本，实现共赢

绿色交通在实现交通、环境和经济协调发展的同时，也是为了使人们更好地出行。在发展绿色交通的过程中，通过公共交通的治理和改善能够更好地满足人们对出行质量的需求，这体现了以人为本和以乘客为中心；政府对绿色交通的推动和引导，能够使市民认识到发展绿色交通有利于环境和民生，从而自愿选择绿色交通；在广泛宣传和全民积极参与绿色交通的过程中，不仅大大提高了市民的绿色出行意识，而且使公民的素质和道德修养也迈上了一个新台阶。因此，绿色交通的出现不仅体现了以人为本，而且实现了经济、环境、市民素质的共赢。

4. 城市绿色交通发展的对策建议

（1）合理规划公共交通，建立高质量公共交通系统

推进城市公交优先发展战略，提高城市公共交通的密度、公交车数量、每平方公里公交线路网等指标，使市民出行更加方便快捷，增强公交吸引力，提高公交分担率，缓解城市交通压力。优化公交线网布局，按照城区人口的布局、流动特点完善公交线路，对人流量、车流量增长较快区域，及时布点，增加线路，调整车次，扩大公交覆盖率，提高公交运行的通达性、时效性。科学设置运营时间，方便市民乘坐公交出行，满足人们出行需求。

提升公交车质量，建立舒适的乘车环境。完善智能公交系统，实现公交信息的全方位公布，提高出行质量。

（2）完善基础设施系统，加强慢行交通建设

完善步行和自行车交通系统基础设施，提升慢行交通系统的舒适性和便捷性，在主干道和市中心进行必要的慢行道改造或建设，优先打造舒适的慢行出行环境。

完善绿道景观系统建设，构建特色绿色交通廊道。完善城市自行车与步行交通系统，加强绿道与公共交通衔接；增强绿廊系统、慢行系统、服务设施系统、标识系统、交通衔接系统的安全高效利用。加强绿道系统的景观建设，城市规划中预留充足的绿化空间，提升慢行出行品质。

（3）落实配套设施，推进新能源汽车与绿色电能发展

改变机动车的能源结构，预测新能源汽车的增量，加大充电桩建设的投资，跟进充电桩数量，大力推广新能源汽车。而新能源汽车数量的增长必然加大对交通电能的需求，调整城市能源供应体系，绿色电能与新能源汽车相互配合，实现城市交通零排放。建设占地少、成本低、见效快的机械式与立体式停车充电一体化设施。落实电动汽车配套设施，推动新能源汽车的发展。

（4）合理布局，推进城市轨道交通系统建设

地铁系统、轻轨系统、单轨系统、有轨电车、磁浮系统、自动导向轨道系统、市域快速轨道系统等轨道交通作为城市公共交通的一种方式，具有节能环保、大运能、舒适人性化、快速便捷、环境适应性强等特点，受到越来越多的关注。根据城市发展状况，选择合适的轨道交通形式，建设城市轨道交通系统。城市轨道交通的建设，还可以促使城市人口向轨道两侧迁移，推动城市用地集约化与居住环境改善的统一，促进城市空间结构的改变。

7.3.2 地下空间绿色能源及建筑

1. 地热

地热能是存储在地球内部的一种热量，不同的温度有不同的利用途径，150℃以上的高温地热资源主要用来发电，90~150℃的中温地热资源与 25~90℃的低温地热资源可以用于工业、农业、医疗、旅游及日常生活的各个场景，25℃以下的浅层地热资源主要用来供暖、制冷。作为新能源的重要组成部分，近年来，地热能受到了广泛关注，应用模式不断拓展，从简单的地热温泉逐渐转向地热发电等深度开发模式，切实提高了地热资源的利用效率。

（1）地热能分类

地热能即地球内部隐藏的能量，是驱动地球内部一切热过程的动力源，其热能以传导形式向外输送。地热能是来自地球深处的可再生性热能，它源于地球的熔融岩浆和放射性物质的衰变。

按储存形式，地热能可分为蒸汽型、热水型、地压型、干热岩型和熔岩型五大类。按温度的高低，地热能可分为高温型和中低温型两类，其中高温型一般温度高于 150℃，中低温型一般低于 150℃。

地热能利用主要分为直接利用和地热发电两大类。地热能直接利用已广泛地应用于工业加工、民用供暖和空调、洗浴、医疗、农业温室、农田灌溉、土壤加温、水产养殖、畜禽饲养等各个方面。地热发电是把地下的热能转变为机械能再转变为电能的能量转变过程，在全球 20 多个国家已有应用（图 7-15）。

（2）地热能利用发展趋势

地热能作为新能源中的优势能源之一，已进入经济发展的主流趋势，而其利用模式也由市场经济初期的地热温泉利用，逐步向能源为主的利用模式转型，使地热资源得到充分、高效的利用。

1）地热直接利用，主推集中供暖 + 冷热站

集中供暖是地热能应用的一个主要场景。利用地热能集中供暖可以切实提升地热能的利用效率，减少能源损耗。冷热站将深层的地热井供暖与浅层的地源热泵制冷相结合，可以实现集中供暖与集中制冷，提高能效，为人们创造一个更加舒适的生活环境。

2）地热发电技术，探索深层地热能利用

地热能更高级的应用就是地热发电，是地热能利用中对资源品位要求最高的，是对地热勘察技术和地热钻井技术的最高考验，但是，它在所有地热利用项目中，回报率是

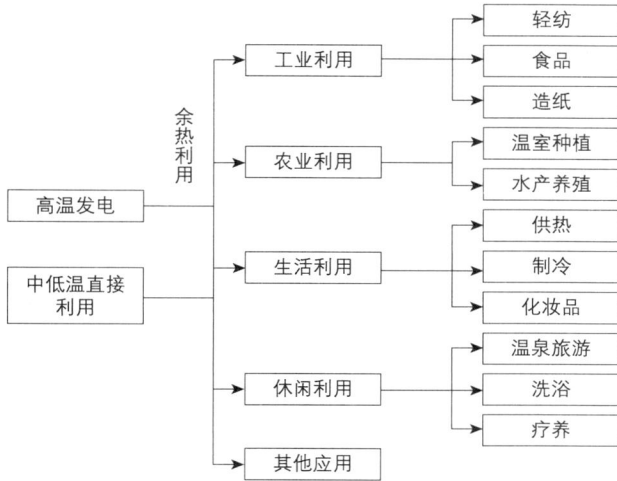

图 7-15　地热能利用途径

最高的，对于国家能源供给、环境问题的解决，也是最有效果的。全球地热发电累计装机容量不断增长，2022 年底全球地热发电总装机容量达到 16127MW。虽然我国拥有丰富的地热资源，但大多存储在地下数千米深处的干热岩中，由于现阶段的开采技术尚不成熟，开采成本极高，只有少数区域可以直接利用高温地热资源发电。

3）地热梯级利用，实现多功能综合规划

地热能与太阳能、风能利用的最大区别在于，可以根据不同温度层次，进行分层的梯级利用。高温进行地热发电后，带有中温的余水还可进行地热供暖，而供暖后的余水，经过处理后输入其他管道进行梯级利用，使每个阶段的温度得到充分利用，既节约了资源，又提高了效率，同时也有利于多角度收益，是全面提升地热能竞争力的一个有效手段。

2. 能源隧道

（1）能源隧道的概念

能源隧道是指一种利用隧道衬砌内的热交换管路来提取隧道空气热能或隧道围岩中的地热能，实现隧道附近建筑的供热 / 制冷服务的技术。

能源隧道具有以下优势：具有结构和暖通双重功能，比传统空调系统节能 30% 以上；节能环保，无噪声污染，占地少，成本低；能解决寒区隧道的冻胀和结冰等病害问题。

（2）能源隧道的工作原理

能源隧道是一种崭新的地热能开发利用技术，其将传统地埋管地源热泵技术的热交换管路直接植入到隧道初衬与复合式防水板之间、衬砌管片内或隧道其他部位内，与隧道围岩进行热交换，利用热交换管内的传热循环工质与围岩之间的温差提取隧道围岩中的地热能，经地源热泵提升后，实现隧道附近建筑的供热／制冷服务，并可用于寒区隧道的防冻加热，以及高岩温隧道的冷却降温。能源隧道具有承重和换热双重功能，解决了在城市中推广地源热泵技术的占地和成本高两个主要障碍（图7–16）。

能源隧道工作原理是：热交换管由分、集水管与地源热泵前端相连，形成封闭系统，系统内注满循环介质（含防冻液），在水泵的驱动下，热交换管内的循环介质在管内循环流动，吸收围岩中的地热能或空气热量，经热泵提升后，用于隧道内部或者周围建筑物的制冷／供热。

（3）能源隧道的应用

某过江隧道在地下连续墙内设置埋管换热管路，来提取地源的地热能，实现隧道附近建筑的供热、制冷。隧道连续墙最大埋深60m，连续墙每段长度为5m；60m深度位置土壤层温度为16.5~17.5℃；采用单U形盘管，De32PE塑料管，埋深按平均55m计算，盘管间距2.5m。地下连续墙内埋管直接绑扎在地下连续墙的主筋上，与地下连续墙一起形成换热构件，省去了钻孔费用，且具有传热效果好、稳定性和耐久性好、不占用额外的地下空间等优点。

隧道江北段管理养护中心用房面积约为4409.65m²，利用连续墙埋管及热泵机组进行供暖与制冷，参数如下：①制热量265kW；②制冷量485kW；③单U形盘管，De32PE塑料管；④需要埋管的连续墙长度共120m；⑤总投资约120万元（含埋管换热器、热泵机组、水泵及管道等费用）；⑥节约电能约23.5万kW·h/a（按年运行时间5000h）。隧道江南段参数如下：①单U形盘管，De32PE塑料管；②可埋管的

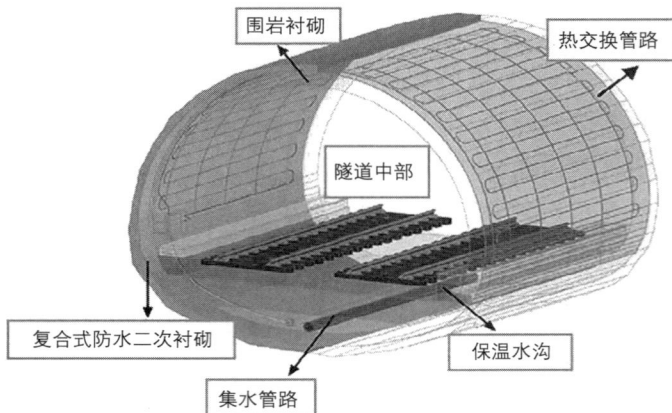

图7–16 能源隧道示意图

连续墙长度共 1300m；③埋管总散热量 2800kW；④总投资约 850 万元（含埋管换热器、热泵机组、水泵及管道等费用）；⑤节约电能约 235.2 万 kW·h/a（按年运行时间5000h）。

3. 城市地下立体智能停车系统

全球人口增长和城市化的趋势既影响发达国家，也影响发展中国家，如何将亿万城市人口的居住、工作、交通和休闲组织得经济、安全又无碍于环境，是全球可持续发展的巨大问题。向地下要土地、要空间，是全世界城市发展的必然趋势，并成为衡量城市现代化的重要标志。伴随数字技术、人工智能技术的不断发展，高效利用城市地下空间的城市地下立体智能系统得到快速发展。其中，地下立体智能停车系统是城市地下立体智能系统的典型案例[①]。

地下立体智能停车系统是在中心城区，基于立体化、集约化的发展背景，增加停车泊位的供给，以满足一定的停车需求，并且发展智慧停车，而产生的"地下 + 立体 + 智能"的停车系统（图 7-17）。

地下停车重点是利用城市地下空间资源，在中心城区，受土地资源的制约，结合公园绿地、城市道路、既有建筑等不同区域开展地下停车设施建设。地下空间的开发利用，有助于城市的集约化发展和可持续发展，有利于城市高效低碳的建设。

立体停车占地小、施工周期短、影响面小、适应性强，可根据停车需求、实际建设条件等灵活布置车库规模，在土地资源紧张地区也可以有效地增加车位供给。立体停车

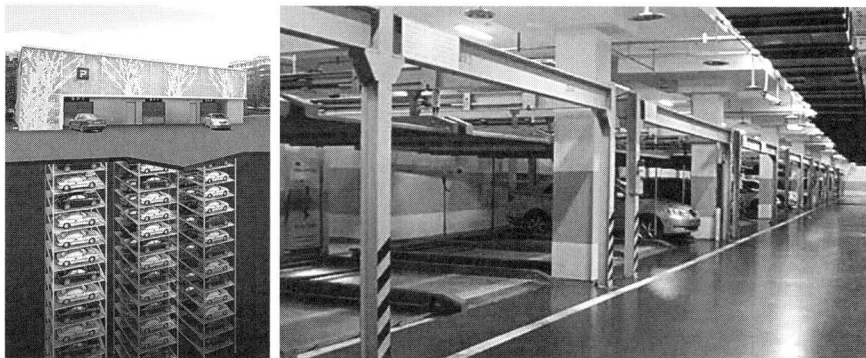

图 7-17　地下立体智能停车系统

① 南京人防. 地下空间利用　管窥地下立体智能停车系统 [EB/OL]. （2021-12-13）. http://nz.xiangyang.gov.cn'xwzx/bmdt/202112/t20211213_2663533.shtml.

在我国逐步开始应用，北京、上海、南通等地都已有正在建设或已运营案例。智能立体停车是指在传统全自动式机械停车基础上，进一步融合智能控制、信息技术、物联网、移动互联等新技术，实现全自动、智能化、远程控制、存取预约、在线缴费、实时监控、高效存取等多种功能，如常见的平面移动、垂直升降和巷道堆垛类三种类型。近些年来出现了 AGV 停车机器人车库等新类型。

地下立体智能停车具有以下优势与特征：

1）智慧。具有存取完全自动化功能。现在市场上的智能停车全部采用完全自动化的运行操作，车辆驶入停车系统指定区域后，系统就可以自动完成存取的全部过程。还可通过监控视频实时观察车库内部运行情况，安全、可靠。

2）节地。占地面积小，适应性强，可根据停车需求、实际建设条件等灵活布置车库规模，能够充分利用商业街区、医院或生活小区等区域的零散地块或绿地等。

3）绿色。位于地下，不影响地面景观环境，通过地面景观的布置，可与周边环境融为一体。

4）节能与安全。后期运营费用低，人员无须进入车库，车辆存取安全、可靠[1]。

地下立体停车设施不仅可以提高城市土地利用率，而且对场地及空间适应性很强。立体停车设施极大地优化利用了停车空间，减少繁杂的交通流动带来的噪声、尾气污染，减少对原有地形地貌的破坏。

4. 城市绿色污水处理

目前，全球面临水资源紧缺的问题，保护与净化水资源，已成为节约用水、促进水资源循环利用的重要途径。发展绿色、可循环、低能耗的地下式污水处理厂不仅可以有效处理污水，节省水资源，还可以统筹兼顾社区、环境和土地等要素，因地制宜地引入绿植，美化环境，将污水处理与提供生态景观、休闲娱乐、科普教育、科技研发、湿地绿化等公共服务有机融合，地上地下统筹规划，降低对环境的污染，实现社会与经济的可持续发展。

（1）地下绿色污水处理厂的特点

1）占用空间少

在地下污水处理厂设计中，考虑到地下空间和投资的限制，构筑物设计都比较紧凑，技术上也尽量选用占地面积小的处理工艺。地下污水处理厂不需要考虑绿化及隔离带等

---

① 陶灵犀. 中心城区城市停车解决方案思考 [J]. 城市道桥与防洪，2021（3）：25–27，31.

要求，故占地面积较小。

2）二次环境污染小

地下污水处理厂由于处于地下全封闭管理，对产生的臭气进行全面处理，主要设备均处于地下，机械的振动和噪声对地面建筑和居民不会产生影响，有效避免噪声对周围居民生活与工作的影响。

3）上部空间利用方式灵活

地下污水处理厂由于只有部分辅助建筑物建在地面，节省了城市开阔空间。对于周边区域的未来发展没有障碍。地下污水处理厂上部空间利用价值亦较高，可用于绿化、公园等公益事业，也可用于商业开发。

4）温度较恒定

地下污水处理厂由于处于地下，除受进水水质条件的影响以外，基本不受外部环境因素的影响，特别是地下常年温差比地面温差要小，温度比较恒定，有利于各种污水生物处理工艺的稳定运行。

（2）城市绿色污水处理实践案例

北京某再生水厂采用全地下设计，主要在地下工作，全封闭处理，避免污水处理过程中产生的异味和噪声对周围环境造成影响和破坏，将地下再生水厂划分成不同的单元，设置不同的功能，并设置出相应的地下综合管廊。主要的工艺环节分为 4 个步骤，分别为预处理、MBR、臭氧环节、紫外，整个过程全部自动化。建造在地下的处理厂有效地集约了土地，占地面积相对较小，且能够对污泥、污水等各种资源进行处理再利用，结合中水源热泵系统，利用天然气热源还可以进一步减少煤炭的使用量，起到节能减排的效果（图 7–18）。

在运营管理上采用了 MBR 工艺，为流域水环境提供高品质再生水，$16hm^2$ 的湿地公园其中有 $13hm^2$ 建于再生水厂屋顶之上，同时，利用再生水厂所产再生水，构建了人工湿地，结合雨洪蓄滞，使其成为一个水清草碧、鸟栖鱼藏的充满生机和活力的湿地公园，是国内首次屋顶湿地景观与大型

图 7–18　北京某再生水厂

地下再生水基础设施融为一体的设计尝试，是国内最大的屋顶湿地公园。

该再生水厂在实践应用的过程中不仅可以有效处理污水，还可以通过因地制宜的方式引入绿植，起到美化环境的效果，综合效益相对较高。

5. 城市雨洪调蓄系统

调蓄是城市雨洪控制利用系统和排水内涝防治规划中最重要的组成部分，通过对调蓄设施的合理设计、应用，可以很好地控制径流污染、削减径流总量和峰值、缓解洪涝灾害、利用雨水资源等。

（1）调蓄的概念

根据调蓄的功能或作用原理，可将调蓄分为调节、储蓄、多功能调蓄三类。调节是一种较成熟的、传统的雨水径流控制方法，指在暴雨期间对峰值径流量进行暂时性的储存，降雨结束后或峰值流量过后再逐渐排放，从而达到控制径流峰值的目标，一般并不能减小排向下游的雨水总量，对径流总量、水质并无明显控制效果。储蓄是储存和滞蓄的统称，是指通过对雨水径流量进行储存、滞留或蓄渗以达到削减径流排放量、控制水质、收集回用或补充地下水等综合利用雨水资源的目的。与调节最大的不同，一是针对的控制目标不同，二是要利用雨水或减少外排的雨水量。多功能调蓄则具有多种功能，而且还有两层含义，从作用原理角度而言，将调节与储蓄的功能相结合，是一种多目标控制的调蓄设施；从土地资源利用角度而言，是指充分利用城市土地资源，兼可作为公园、绿地、运动场等其他用途，发挥环境和社会多方面功能的一类调蓄设施。

此外，随着城市雨洪管理体系与技术的不断发展，又出现一些其他形式的调蓄设施，如生物滞留设施、调蓄隧道、延时调节设施等。

（2）我国城市雨洪调蓄中存在的问题

1）缺乏系统的思想和解决方案

因面对解决城市水涝、径流污染、雨水利用等问题的迫切需求，国内近年出现大量调蓄设施的规划设计与实践。北京、沈阳、广州、上海等城市考虑通过建设深层调蓄隧道来重点解决内涝问题等。这些工程项目对解决城市雨洪问题具有重要意义，但是，它们的功能、构造和设计计算方法其实都不相同，而且大多局限于局部问题缓解和末端控制，投资较高，整体效果有限。总体而言，缺少城市或区域尺度内各类调蓄设施的系统性规划设计，难以产生规模效益。

2）相关系统衔接关系不清

调蓄设施是城市雨水系统中的核心设施之一，既可用于排水系统的源头、中途和末端，也可用于雨水利用、径流污染控制和洪涝控制等多个子系统，目前，业内不仅存在对雨洪控制利用系统各子系统间调蓄的衔接关系缺乏理解的问题，更缺乏对可量化的科学数据识别和合理衔接关系的掌握，难以为实际工程的规划设计和建设提供可靠的支撑。例如，在排水内涝防治系统中，如何评估、优化源头控制和大小排水系统不同的调蓄设施组合；在旧城 CSO 溢流污染控制系统和内涝治理中，如何量化水质控制和暴雨峰流量控制的关系和效果。此外，调蓄设施涉及的土地空间如何在城市规划和绿地系统规划中得到体现和落实，这些都是需要给出清晰回答的重大问题。

　　3）对绿色调蓄设施重视不足

　　事实上，绿色调蓄设施是城市"海绵体"最重要的形式，离开了绿色调蓄设施，"海绵城市"也将成为空中楼阁。但城市的过度开发过程已导致大量自然调蓄设施遭受严重破坏，"海绵"功能锐减甚至丧失。绿色调蓄设施不仅需要水专业的重视，更需要城市规划和建筑、园林景观等相关专业的重视。按照《城市居住区规划设计标准》GB 50180—2018 中规定，新区建设绿地率不应低于 30%，旧区改建绿地率不宜低于 25%，但我国城市绝大部分的宝贵绿地，大多习惯性地被设计成"凸"绿地，不仅难以发挥绿地的调蓄、渗透吸纳和净化等"海绵"功能，还容易产生严重的高耗水量和水土流失等问题，危害环境[①]。

　　（3）城市雨洪调蓄系统

　　城市雨洪调蓄设施涉及多目标（控制污染、错峰、回用等）、多尺度和多形式，在《城镇雨水调蓄工程技术规范》GB 51174—2017 中，有水体调蓄、绿地广场调蓄、隧道调蓄等多种方式；在《城镇内涝防治技术规范》GB 51222—2017 中，在源头子系统、小排水子系统和大排水子系统中，也都有调蓄设施。从城市尺度综合解决雨洪问题，并非单一形式、单一功能的调蓄设施能够实现。因此，必须有一个调蓄系统的清晰框架，并合理地纳入到当地的"排水防涝规划"、绿地规划、相关城市规划和用地规划中。

　　小尺度（即在通常进入市政管线前的独立用地单元内）分散式调蓄，以控制径流排放总量和污染、雨水利用等功能为主，常用雨水池/桶、生物滞留设施等灰色及绿色源头调蓄设施，针对中小降雨事件来设计设施规模。中尺度（如进入市政的一个排水区域）往往更侧重于控制径流污染、防控内涝，常用调节池、储蓄池、雨水湿地和景观水体等设施。大尺度（例如城市、流域范围）除了要涵盖前两个尺度的调蓄和控制目标外，还需要考虑从更大范围和利用终端设施来控制超常规暴雨，往往还需要考虑采用大型调节

---

① 车伍，武彦杰，杨正，等．海绵城市建设指南解读之城市雨洪调蓄系统的合理构建 [J]．中国给水排水，2015，31（8）：13-17，23．

池、调蓄隧道、多功能调蓄公园或开放空间、泛洪调蓄区等大型设施才能实现其控制效果，而且，在这三个尺度之间，也具有十分复杂的耦合和交叉关系，并不是截然分开。

此外，还可从城市雨洪控制利用各子系统中的控制目标来分析调蓄系统的构成，即由具有径流总量和污染控制、雨水利用、排水防涝峰值控制等不同功能的各种调蓄设施所组成，也是源头 LID（低影响开发）控制系统、小排水系统、大排水系统的重要组成部分。通过调蓄系统和管渠排放系统的有机组合，为构建城市良性水文循环和海绵城市发挥关键作用。

6. 地下综合管廊

（1）综合管廊的概念

城市地下综合管廊亦称综合管廊或"共同沟"，是指在城市地下建造的管线公共隧道，将电力、通信、燃气、给水、热力、排水等两种以上市政管线集中敷设在同一个构筑物内，并通过设置专门的投料口、通风口、检修口和监测系统保证其正常营运，实施市政公用管线"统一规划、设计、施工和维护"，以做到城市道路地下空间的综合开发利用和市政公用管线的集约化建设和管理，最终形成一种现代化、集约化的城市基础设施（图 7-19）。

综合管廊的优点是承载力强、服务水平高、节约城市土地资源。一次规划设计、可长期反复使用。超前预留未来管线空间以满足城市长远发展。具有提高城市综合防灾能力的优点。

综合管廊的缺点是建设投资巨大，管理成本高昂。设计入廊内管线类型有限，地下空间利用冲突。管廊的建设报批手续、权证办理存在难度。综合管廊的收费定价政策模糊、不确定。

图 7-19　地下综合管廊

（2）地下综合管廊的组成

1）综合管廊本体

综合管廊的本体是以混凝土为材料，采用现浇或预制方式建设的地下构筑物，其主要作用是为收容各种城市管线提供物质载体。

2）管线

城市中地下综合管廊涉及的公共管线一般有电力电缆、通信、给水管、再生水管、压力污水管、热力管和天然气管线等，综合管廊中收容的各种管线是共同沟的核心和关键，目前原则上各种城市管线都可以进入综合管廊，但对于雨水管、污水管等各种重力流管线，由于进入综合管廊将增加综合管廊的造价，应慎重对待。

3）监控系统

监控系统包括对共同沟的湿度、煤气浓度以及人员进入状况等进行监控的系统设备和地面控制中心，是综合管廊防灾的重要设施。

4）通风系统

为延长管线的使用寿命，保证综合管廊的安全和维护、管线放置施工人员的生命安全及健康，在综合管廊内设有通风系统，一般以机械通风为主。

5）供电系统

为综合管廊的正常使用、检修、日常维护等所采用的供电系统，用电设备包括通风设备、排水通信及监控设备、照明设备、管线维护和施工的工作电源等，供电系统包括供电线路、光源等，供电系统设备宜采用防潮、防爆类产品。

6）排水系统

综合管廊内因渗水或进出口位置雨天进水等原因，会存在一定的积水，为此，综合管廊内应装设包括排水沟、积水井和排水泵等组成的排水系统。

7）通信系统

联系综合管廊内部与地面控制中心的通信设备，含对讲系统、广播系统等，主要采用有线系统。

（3）地下综合管廊的分类

综合管廊根据其所收容的管线不同，可分为干线综合管廊、支线综合管廊、缆线综合管廊（电缆沟）三种。

干线综合管廊：设置于机动车道或道路中央下方，采用独立分舱敷设主干管线的综合管廊。一般设置于道路中央下方或道路红线外综合管廊带内，主要输送原站（如自来水厂、发电厂、燃气制造厂等）到支线综合管廊，一般不直接服务沿线地区。其主要收容的管线为电力、通信、自来水、燃气、热力等管线，有时根据需要也将排水管线收容在内。

支线综合管廊：设置在道路两侧或单侧，采用单舱或双舱敷设配给管线，直接服务于邻近地块终端用户的综合管廊。主要负责将各种供给从干线综合管廊分配、输送至各直接用户。其一般设置在道路的两旁，收容直接服务的各种管线。

电缆沟：封闭式不通行、盖板可开启的电缆构筑物，盖板与地坪相齐或稍有上下。主要负责将市区架空的电力、通信、有线电视、道路照明等电缆收容至埋地的管道。一般设置在道路的人行道下面，其埋深较浅，一般在1.5m左右。

（4）综合管廊对城市发展的意义

1）避免对城市地上空间造成破坏

地下管廊是在地下设置的廊道空间，管线入廊后能有效地避免对地上空间造成影响，完善的综合管廊建设能够帮助城市降低路面开挖率，使得管线的具体布置与城市规划得以有效整合，对各个方面的信息与资料加以统筹，还能确保地下空间不受拥堵。避免影响市政交通等各个方面。

2）降低城市建设成本

综合管廊的建设对促进城市市容有很好的效果，现在倡导绿色、文明城市，综合管廊的建设，能够将原本裸露在空中的电力电缆、通信网线等线缆统一收于地下，还城市一片整洁、干净的空间，也为城市景观减负，避免现有资源浪费。综合管廊能够节约建设和维护管理成本，尤其是避免了由于直埋对环境造成的影响，间接地降低了城市建设成本。

3）统筹利用地下空间，提高了社会效益

城市地下综合管廊建设消除了空中"蜘蛛网"，使地下及地上空间的规划及利用更加规范、有序并且安全。此外，地下综合管廊能够满足50年管线扩容要求，并达到对地下空间的合理利用，提高了基础设施的社会利用效率。地下综合管廊在城市建设中的应用，对城市建设的健康发展起到了推动作用。

总之，地下综合管廊内管线布置更加科学，不仅节约了城市用地，而且便于对地下管线的敷设和维修。最后，地下综合管廊在城市建设中的应用，可以营造健全的城市生态系统，使得城市景观更加优美。

（5）综合管廊规划设计建造要点

1）与城市用地规划保持连续性

城市综合管廊设计必须与城市用地规划保持连续性，结合城市的市政管路管线规划进行设计，同时还应充分考虑地面以下空间的利用情况，与其他开发活动保持协调，最大程度发挥社会效益和经济效益。

2）保障综合管廊的安全

保障综合管廊的安全以及廊内管线的安全运营，充分发挥管廊的优势，明确综合管廊抗震、防火、防洪等的原则、标准和基本措施。

3）与城市建设规划保持一致

综合管廊规划应坚持因地制宜、远近结合、统一规划、统筹建设、适度超前的原则。各个管线的布设情况统筹安排建设时机，将城市近期规划与长期建设纳入到设计之中，保证管廊的建设与城市建设时序的协调性。

4）规划建设相关的附属设施

为了确保综合管廊在后期能够安全稳定的正常运作，就必须设置相关的附属设施。综合考虑交通状况，与其协调配合，合理确定控制中心、变电所、投料口、通风口、人员出入口等配套设施规模、用地和建设标准，并设计消防、通风、爆燃警报等防御系统，做好桥架支架等附属系统，减少对路面、地下空间的影响。

5）兼顾城市能源结构的调整

综合管廊在规划建设中要与城市的各类能源介质传输相结合，与地下交通、地下物流、能源场站等各类地下空间相融合，才能实现节约型、高品质的城市建设理念。例如，雨污分离与雨水的充分利用，城市物流、垃圾转向地下运输，地下空间综合体将城市物资流、能源流和信息流有机结合等。

7.3.3　绿色生态网络

城市绿地具有净化空气、维持碳氧平衡、调节气候、蓄水保土、净化土壤、降低环境噪声、灭菌效应等生态服务功能。

1. 城市绿色生态网络的内涵

城市生态网络是由具有生态意义的绿地斑块和生态廊道组成的网络结构体系，它以城市绿地空间为基础，主要服务于保护生物多样性、恢复景观格局、保护生态环境，提升城市景观品质等整体性目的。

城市绿色生态网络也称为绿地网络、绿地生态网络、绿色网络、绿道网络等，是除了建设密集区或用于集约农业、工业或其他人类高频度活动以外，自然的或植被稳定的以及依照自然规律而人工连接的空间，主要以植被带、河流和农地为主（包括人造自然景观），强调自然的过程和特点。它通过绿地斑块、廊道、绿道、楔形绿地等，将城市的公园、街头绿地、苗圃、自然保护地、农地、河流、滨水绿带和山地等纳入绿地生态网络，构成一个自然、多样、高效、有一定自我维持能力的动态绿色景观结构体系，促进城市与自然的协调。并且把城市环境代谢作用从营养结构的直链模式，转变为区域环境的分解循环代谢模式，即营养结构的环链模式。城市绿地生态网络是一种应用景观生态学、保护生物学思想，从空间结构上解决环境问题的规划范式。

2. 城市绿地生态网络的作用

（1）环境作用

在物质循环和能量流动过程中，城市绿地生态网络具有多种重要环境功能，可以将生态环境质量进一步改善提升，这种持续作用在城市通过净化空气、调节小气候、改善热岛效应、水土保持、扬尘和噪声污染控制、空气环境优化、净化水体和土壤等多方面都有着明显效果。

（2）生态服务功能

城市绿地生态网络为野生动物提供生境，维持动植物群落之间的交流，保护城市生物多样性，避免发生生境破碎化导致物种数量减少。城市绿地作为野生动物生境的生态功能，与植被类型、斑块面积、形状等特征相联系。动物在不同时间利用在空间上相互联系的不同斑块，因此它们依赖于栖息地的连通性。斑块连通性从很大程度上影响着生物的生存和繁衍，为此，通过合理地规划设计城市生态网络体系可以保护生态多样性，达到自然保护的目的。

（3）社会作用

景观游憩功能得以实现的基础是城市绿地景观、人文景观、建筑景观等。在城市中存在的廊道、绿地斑块较多，发挥其保护作用，构建美观的城市形象。建设湿地公园、森林公园、科技博物馆等，既提升了城市生态服务功能，又推动景观游憩形式朝着多元化方向改善。

城市绿地生态网络常以河流、山脊等自然地理要素作为骨架，对具有保护意义的公园、遗址、名胜风景区等景点进行连接，使之免受开发的危险。将城市中具有重要历史和文化价值的地点进行连接，构成城市独特的风貌特色，保护了历史及文化资源。

同时，城市绿地生态网络中丰富多样的动植物资源和自然地理要素，使其具有高度的景观美感，从而为美学教育的开展提供了保证[1]。

---

[1] 于然，王全.城市绿地生态网络综述 [J].城市建设理论研究，2013（36）；1–3.

3. 城市生态网络的实施策略

（1）细化城市绿色生态网络框架

对城市的人文特色、生态环境特点等加强了解和研究，确保在城市绿色生态网络体系构建中充分发挥当地的特色，加强当地山水景观等资源的利用，构建具有特色的城市区域。有机整合绿色生态环境，将城市生态网络体系进一步优化，提高本土特色。相关管理部门要明确工程法律法规，做好评估制度的构建和优化，有效落实反馈机制，积极改善、优化、创新城市生态网络体系建设工作。

（2）从多个角度进行构建

加大保护生态资源的力度，提高各项资源的利用率，从而将城市生态网络的系统性、整体性提高。在构建生态网络体系过程中要有机结合乡镇的生态资源、人文特色、生态环境、自然资源，统筹协调，从宏观角度进行规划设计，加大力度开发利用生态资源，促进城市生态网络系统完善合理。充分结合人文资源，确保城市生态网络体系能够符合城市发展。

（3）制定完善的评估体系

完善的评估体系能够明确城市生态网络体系构建的效果和结果，能够了解民众对生态网络体系的满意度。在评估生态网络体系中，要对环境承载能力进行客观评价。确认是否能够顺利地落实开展各项工作，同时能够保证生态网络建设中参考数据准确可靠，有助于提高城市生态网络体系建设的合理性。要重点划分生态环境区域的保护等级，按照特别重要区域、重要区域和非重要区域进行各个区域的合理划分，在构建城市生态网络体系中也要以划分的区域等级为基础，合理地划分各个区域的调整和生态保护需求，从而采取针对性的保护方法。

例如，山东淄博在全域范围内构建由"绿廊—绿环—绿楔"组成相互关联的、多层次的、完整的绿色生态网络提升城市生态系统稳定性。绿廊方面，以城市主要河流、道路为基础，结合两侧绿地建设，构建城市滨河生态绿廊和交通生态绿廊，推进城市景观重塑，优化生态空间配置。绿环方面，分内环和外环两个层次。绿楔方面，规划"四大主题"类型的生态绿楔。以张店区为核心，依托周边自然山水空间、农业空间和城市道路，构建中心城区生态内环；围绕四位一体主城区和临淄区外围自然山水空间、农业空间和城市道路，构建中心城区生态外环。

7.4 城市绿色空间建设管理

7.4.1 城市绿色空间的概念与特征

1. 城市绿色空间的概念

城市空间分为两部分：城市绿色空间与城市灰色空间。城市灰色空间是指城市建筑以及功能性灰色空间（如道路、停车场等）。城市绿色空间构成城市的绿色基础设施，形成城市的新陈代谢系统，对维护城市的可持续发展发挥着非常重要的作用。

城市绿色空间广义上指在城市环境中出现的存在于住宅之外的任何植被空间，是与建筑物、路面铺砌物所覆盖的城市建筑空间相对应的，是由园林绿地、城市/城郊森林、立体空间绿化、都市农田、绿色廊道和水域湿地等构成的绿色网络系统，其范围包括中心城区及其周围区域。为居民提供了相互接触的空间、休闲游憩的机会，为自然界的物种提供了生境，维护了生物多样性。城市绿色空间既可以是公园、廊道和自然保护区等已开发的具体场所，也可以是待人工利用的绿地。此外，城市绿色空间既包含现阶段居民和游客可以进入的开放空间，也包含未来可能可以进入的空间。

城市绿色空间作为城市生态系统的重要组成部分，具有维持生态平衡、调节微气候、削减噪声、水土保持、提升环境质量、提供人们亲近自然的场所等多重功能，并将城市各类生态要素有效地组织起来。根据中国城市建设和发展的具体情况，城市绿色空间是城市里唯一的自然或半自然的土地利用状态，是城市空间结构的基本要素之一，其与城市生活密切相关，是增进民生福祉、反映市民生活品质、体现人民幸福感和获得感的重要载体。

2. 城市绿色空间的特征与分类

（1）城市绿色空间的特征

由于各城市的财力物力不同，城市发展的观念也各有差异，有时其绿色空间并不能完全体现出所有特性。但通常都基本具有可供公众休憩的设施、具有绿化景观、完善的绿化空间、有全部覆盖的地面、具有安全性的开放空间等基础特性（表7-3）。

（2）城市绿色空间的分类

城市绿色空间与位置、大小、规模、功能、所有权属、可进入性、非竞争性和安全性等相关。位置不同大体上决定了城市绿色空间的主要表现形式。

城市绿色空间的特征　　　　　　　　　表 7-3

特征	含义
生态性	以绿色自然为主，尊重生态、尊重自然
多样性	形式与功能多样，丰富多彩
城市性	位于城市内部及近郊，具备城市标志性
文化性	有利于文明建设，具有文化艺术品位
和谐性	整体和谐，井然有序
愉悦性	有视觉趣味与人情味，环境优美宜人
安全性	步行及自行车环境为主，无视线死角
通达性	交通便利，人流便于到达
舒适性	环境压力小，为大众放松身心
社会性	公共开放性，为大众共享

1）地域分类

按地域将城市绿色空间分为 3 类（表 7-4）。

按地域划分的城市绿色空间的类型　　　　　　　表 7-4

名称	地域空间	定义	表现方式
正式的休闲场所	主要集中于市中心	至少包括 1hm² 的可进入绿色空间，包括正式的公园、花园，可进入休闲场所，可进入城市林地以及其他方便进入的城市自然区域	城市公园
城市边缘绿色空间	主要位于市郊	与城市边缘相邻近的未开发的土地，面积大约为 10hm²	自然保护区、绿色廊道和绿带等
非正式的绿色空间	连接市中心和市郊的城市绿色空间	人为设计的"自然"，以非正式绿色空间的绿地率来测量	行道树、绿带、廊道等

2）功能分类

按功能将城市绿色空间分为生产型、环境型、服务型、保护型、文化型和保留型。城市绿色空间是由具有光合作用的绿色植被与其周围的光、土、水、气等环境要素共同构成的具有生命支撑、社会服务和环境保护等多重功能的城市地域空间。不同的组成要素和人类活动干扰程度，使城市绿色空间具有不同的外部特征和功能。

3）构成要素分类

按构成要素分类，城市绿色空间可分为自然、半自然和人工型三类。

①自然型是受人类干扰少，自然演替占优势的自然生态区，多以自然林地、次生林为主，面积一般较大且多位于城市的郊区，植被覆盖度较高。主要包括：

· 自然保护区，如野生生物栖息地、湿地以及特殊地质景观等。

· 自然保留区，即在城市化中被废弃或忽略而保留下来的具很高生物多样性的区域，如荒野地、未耕地、工业废弃地等。

· 难开发区，指受自然地理条件限制不宜开发的区域，如陡峭山体、陡坡等。

②半自然型是指人类为非生产性目的（如娱乐、休闲、环境保护）改造开发的自然区域。人类干扰活动明显增强，兼具生态防护和植物的生产作用的绿色空间。主要包括：

· 郊区公园、风景区、森林公园以及河流、湖泊。

· 绿色廊道（防护林带、河岸林带）以及工业区隔离带。

③人工型是完全由人类开展建设的区域，以休闲游憩为主要目的，同时兼具生态保护功能，在种植上包括灌木、乔木和草地，同时还涉及一部分滨水改造空间。主要包括：

· 农业用地，如耕地、园地、牧草地与养殖水域等。但是，这类绿地在城市化中很容易被侵占而变为建设用地，失去绿色空间的特征与功能。

· 城市园林绿地，往往与城市建筑相结合，如草坪广场和城市公园。

7.4.2　城市绿色空间结构

1. 城市空间结构形式

城市空间结构存在同心圆结构、扇形结构和多核心结构三种典型的结构模式，不同的城市空间结构决定了城市绿色空间的构成类型与布局。从城市空间结构的环境效益 / 功能，分析城市空间结构对城市绿色空间布局的影响，同时，将城市绿色空间规划纳入体系，有利于城市合理、科学、高效、持续的发展，从而有利于整个人类生存环境的可持续发展。

2. 城市空间布局模式

国内外城市绿色空间布局结构模式类型多样，根据不同布局结构归纳了城市建设经常采用的四类基本布局模式。

（1）环城绿带圈层式绿色空间布局结构

环城绿带圈层式绿色空间布局结构指在城市中心或城区外围建设带状或线状的绿色

开敞空间，与其他绿地相结合形成环绕城市的绿色空间，是为城市提供生态效益的圈层及限制城市无限蔓延的重要手段。

环城绿带圈层式绿色空间布局结构模式对改善城市生态环境、提高城市居民生活质量及控制城市空间格局等方面具有显著作用，发达城市的相对稳定的环城绿带实践表明，较大的环城绿带控制半径对于其实施和保护是必要的。国内外城市的环城绿带规划中往往以城市的地理自然条件为建设基础，构建拥有具体功能性和实用性并可以平衡城市和周边地区之间发展关系的环城绿带。环城绿带的形态结构多样且主要围绕着建设程度较高的城市中心城区或建成区，通过绿带对城市的无序扩展进行控制，保障并塑造结构合理的城市空间。北京、上海、成都、伦敦、巴黎等城市围绕城市中心，在城区外围建设具有一定宽度的环城绿带和绿化控制带（图 7-20）。

环城绿带的规划建设要以城市具体的发展模式和空间特征为出发点进行考量。在控制城市无序扩张、保护城市生态环境的基础上，结构复杂且功能复合的环城绿带可以更好地适应城市发展的需要，充分考虑利于城市的发展情况，为城市居住人口的持续增长提供舒适的居住空间。

（2）楔形放射式绿色空间布局结构

楔形放射式绿色空间布局结构模式主要由楔形绿地所构成，并结合河流及城市周边森林、农田等绿色空间进行布置。主要体现为城市外围的大型绿色空间逐渐变窄旦楔形嵌入城市内部，由城市外围楔形绿地，将城市与郊区自然环境进行联系，有机地联通城市内外围绿色空间，有效地在城市内部引入城郊的自然资源，对于改善城市局部气候、缓解城市热岛效应具有明显的效果，有助于维持城市生态环境的健康发展，限制城市面积无限制增长等。例如莫斯科、墨尔本和哥本哈根等城市绿色空间主要采用楔形放射式的布局结构模式。

图 7-20　北京市环城绿带局部示意图

楔形绿地具有改善城市景观风貌的功能，可以营造人工景观和自然环境有机结合的城市景观环境。楔形绿地的布局模式通常结合扇形城市空间结构而形成城市绿色空间布局模式，由于扇形城市空间结构具有放射性的城市肌理及交通网络，可以有效缓解集中密集分布的城市人口及建设用地等问题，利于城市绿色空间在中心区域的布局，使楔形绿地更好地在城市中分布，便于城市中心地区的居民得到更多接触绿地的机会。

（3）廊道网络式绿色空间布局结构

通过绿色开放的线性空间将城市中离散的生境斑块进行连接，形成城市中有机结合的生态廊道，使城市绿色空间形成更加稳定的网络化复合式布局，能够有效地串联城市自然生态资源，保护城市生物多样性，改善城市生态功能，减少城市绿色斑块破碎化等，是构建城市生态安全的重要手段。

城市环境中生态廊道是一种具有较高生态功能且自然特征明显的线性空间，生态廊道可以由线性种植空间或河流、交通道路等结合构成，其主要作用是将城市中散布的绿色斑块及城市周边的大型生态空间连接起来并形成网络，减少城市环境中分散的生境岛屿数量。同时生态廊道还可以为野生动物提供迁徙通道和生存环境，有助于城市生态系统的生物多样性及景观异质性的提高。生态廊道有效地连接城市建设环境和乡村生态环境，并向城市内部引入郊野的新鲜空气，具有提升城市景观风貌、改善城市气候等作用。根据不同物种的迁徙周期，绿色廊道在提供物种迁移功能时必须要具备一定的宽度（表7-5）。例如：深圳市以自然生态绿色空间为基底，构建由生态廊道网络、城市绿色空间和区域绿地系统结合而成的生态绿地体系；广州市整合优化自然保护地体系，将生态岛屿与重要的生态廊道交叉以及大尺度生态区相结合，形成市域"九片、六核、八廊"的绿色空间布局结构，构建多层次、多功能的稳定健康的生态屏障。

（4）生态绿心式绿色空间布局结构

生态绿心式绿色空间布局结构是由生态绿心作为主要城市绿色空间布局结构，主要体现为城市中心城区内建设被城市组团包围且尺度各异的生态绿心，具有整合城市资源、提高绿地生态效益、遏制城市无限制蔓延等功能。绿心是空间形态为团块状，由连续的开敞空间所组成且位于城市建设空间内部、边缘或外围的规模较大的绿色生态斑块。生态绿心与城市建设空间在空间上要呈现环绕关系，可以使生态绿心接触城市建设空间的面积增大，提高绿色空间可达性，为城市建成区提供良好的生态环境，作为多种生态服务功能的载体，对城市生态系统稳定性的保持具有重要作用。

"田园城市"布局结构中体现了城市生态绿心结构的雏形。例如：以山水为骨，顺应自然山水格局，高起点、高标准地规划建设城市绿地系统的乐山；以江南水乡自然本底为基础，通过沿江沿河的生态廊道的建设，构建以生态廊道为纽带的多层次、多类型、网络化的绿色空间布局和自然保护地体系的苏州。

廊道宽度与生态功能[①]　　　　　　　　　　　　表 7-5

廊道宽度（m）	功能及特点
3~12	廊道宽度与草本植物和鸟类的物种多样性之间相关性趋近于零，基本满足保护无脊椎动物种群的功能
12~30	对于草本植物和鸟类而言，12m 是区别线状和带状廊道的标准；12m 以上的廊道中草本植物多样性平均为狭窄地带的 2 倍以上；12~30m 能够包含草本植物和多数鸟类的边缘种，但多样性较低，满足鸟类及小型哺乳动物
30~60	含有较多草本植物和鸟类边缘种，但多样性仍然很低，基本满足动植物迁移和传播以及生物多样性保护的功能；30m 以上的湿地同样可以满足野生动物对生境的需求，截获从周围土地流向河流 50% 以上的沉积物
60~100	对于草本植物和鸟类来说具有较大的多样性和内部性，满足动植物迁移和传播以及生物多样性保护的功能，满足鸟类及小型生物迁移和生物保护功能的道路缓冲带宽度，许多乔木种群存活的最小廊道宽度
100~200	保护鸟类，保护生物多样性比较合适的宽度
≥ 600~1200	能创造自然的、物种丰富的景观结构，含有较多植物及鸟类内部种，通常森林边缘效应有200~600m 宽，森林鸟类被捕食的边缘效应大约为 600m，窄于 1200m 的廊道不会有真正的内部生境

7.4.3　城市绿色空间规划与实践

1. 城市绿色空间规划

绿色空间规划是城市规划的重要内容，其对于城市环境优化和生态建设具有深刻影响。影响绿色空间规划的因素有地形地貌、气候因素、人文特征等。绿色空间规划要结合城市现状，开展具有城市特色的规划设计。

（1）遵循"以人为本"的规划设计原则

人类作为社会空间的主体，以人为本是绿色空间规划中需要坚持的核心原则，城市的规划发展要将"人"放在关键的位置上，营造出适宜的生活环境。例如：在道路两边、园林等地方栽一些遮光较强的树木，可利于人们夏季休息、降低温度、补充湿度；污染较严重的地区栽植松树、柏树等，净化当地的空气；将城市的地理、环境、人文、信仰、文化、经济条件等引入到城市规划区的规划设计之中，维持当地的生态平衡等。优化城

① 朱强，俞孔坚，李迪华.景观规划中的生态廊道宽度 [J].生态学报，2005（9）：2406-2412.

市规划区绿色空间，可以有效提升人们的生活质量。

（2）明确绿色空间规划思路

生态文明建设是城市空间规划体系建立的前提，因此在规划之初，就应当将绿色空间的统筹纳入目标范围，确定清晰的规划思路，指导城市绿色空间规划工作的有序开展。开展城市绿色空间规划，应注重微观规划、横向规划及区域规划工作的开展。在城市绿色空间微观规划中，重视绿色空间的拓展，构建更加丰富、多样的生态环境。例如，建筑屋顶采用绿地区域的修建方式，并且号召业主降低空调等设施的排放量，以此实现对生态环境的有效保护。横向规划工作开展中，应将河流治理工作当作重点。对河段所具有的水文特点加以调查，开展合理的城市规划工作，以促进城市水资源保护和水文生态的恢复。公园建设是城市绿色空间区域规划的要点，秉持自然、简洁的设计原则，最大限度地保留城市公园内的自然景观，减少对生态环境的破坏，实现城市环境的持续优化。

（3）重视绿色空间的低碳发展

低碳环保是目前城市发展的一个重要目标，在实施绿化空间规划的过程中，对工业生产区域的碳实际排放量进行严格控制，倡导"低碳环保"发展理念。政府相关部门结合工业生产相关的碳排放标准，实施严格的考核。加大对于风能、太阳能等清洁能源有关技术的研发与应用，确保各种资源和能源节约的有效实现。加强"低碳出行"，给予人们相应的鼓励和引导，从而保证较好的空气环境，给人们提供更加适宜生活的城市环境。做好绿色节能建筑技术的推广工作，促进人们生活和自然环境之间的和谐发展。

（4）加强绿色空间构建尺度

城市绿色空间规划建设具有较强的区域性、综合性和复杂性，要统筹城市全局，从城市整体规划的层面进行绿色空间的规划，构建全新的绿色空间规划尺度。系统考虑城市土地条件、居民主要休闲娱乐环境位置，对城市污染状况、绿色空间建设途径进行有效分析。

城市绿色空间规划与当前智慧城市、生态城市、海绵城市等多种理念相融合，提升城市绿色空间规划的整体效益。如在城市绿色空间规划中，针对绿化带、绿色空间内道路等设计内容，注重其与海绵城市建设理念的融合，更好地服务城市绿色空间，提升绿色空间的服务效果。

（5）科学规划绿色空间建设途径

城市绿色空间规划中，应将生态环境恢复作为重点工作，以此来优化城市建设的整体水平。从环境恢复层面开展城市绿色空间建设，首先，在城市生态环境建设中，与城市职能要求相匹配，提升城市服务整体效果。其次，重视绿色空间规划标准的建设，结合城市建设现状、发展要求，设计科学合理的绿色空间生态环境及建设标准。从城市绿色廊道、综合性生态景观等不同的尺度构建城市绿色空间，确保城市绿色空间空气清新、环境优美、生态良好。融入城市的历史文化，实现历史人文与生态建设的有机统一。

（6）遵循可持续发展要求，合理利用自然

城市绿色空间规划要特别关注对山和水、草和花、树林与天空等天然资源的高效化利用。利用当地原始天然的土地、景观、气候等要素来促进环境保护，保障绿色空间的良好发展。有效地减少对原有生态环境的破坏程度，推动生态系统的协调运行，实现自然资源、人文资源的充分利用，建成绿色空间的复合形态，促进人类活动与自然活动和谐发展。

2. 城市绿色空间实践

（1）北京市

北京市提出建设"国际一流的和谐宜居之都"的发展目标，结合北京市绿地系统规划，从环首都生态协同发展、市域生态格局构建、城市绿色空间建设、绿地游憩体系发展以及园林景观风貌塑造等方面进行规划。通过河流水系、道路廊道、城市绿道等绿廊绿带相连接，构建多类型、多层次、多功能、成网络的高质量绿色空间体系，不断扩大绿色生态空间，指导新时期北京绿色空间的规划设计。

规划以"层级规划 + 梯次设计"完善北京绿色空间体系。以环首都生态协同发展视角，提出区域统筹策略，以明确路径；以市域生态格局构建视角，提出城绿协同策略，以优化格局，拓绿增效；以城市绿色空间建设视角，提出精明增长策略，以分区施策，差异发展；以绿地游憩体系构建视角，提出供给改革策略，推动绿地游憩体系人本宜居，活力多元发展；以园林景观风貌塑造视角，提出多元培育策略，以传承历史，面向世界。规划从多维度全方位考虑北京绿色空间设计。

北京市的市域整体空间由山区、平原区和城市建设区三个梯度所构成，基本形成了"一屏、三环、五河、九楔"的城市绿色空间结构，楔形绿地与城市空间穿插布置，绿色廊道与公园绿地进行串联形成城市绿色空间点、线、面相结合的复合式布局结构体系。北京市四环内的城市扩张方式以"摊大饼"形式为主，五环到六环之间的环城绿带用来分隔中心城区和外圈的卫星城，宽度约 1km，由环形绿带和楔形绿色空间组成环网放射型绿色空间布局模式，使城市建成环境中的大型绿色空间斑块与生态廊道、环形绿带相连接并构成复合系统。

（2）上海市

结合城市主要风向并考虑最大化发挥绿色空间的生态效应，上海市将各级公共绿地作为城市绿色空间规划的核心，通过由绿色廊道、河流廊道等构成的绿色空间形成网络并连接郊区大型的生态绿色斑块，利用楔形绿色空间连接城市内外的绿带和城镇带。上海市形成"环、楔、廊、园、林"结合的市域绿色空间总体布局结构，构建生态廊道与绿色斑块结合的绿色空间生态网络，形成城在林中、人在绿中的上海绿化基础。

（3）广州市

以生态优先，统筹广州市域山水林田湖海等生态资源，整合优化自然保护地体系，将生态岛屿与重要的生态廊道交叉点以及大尺度生态区相结合，形成市域"九片六核多廊"的绿色空间布局结构，构建多层次、多功能的稳定健康的生态屏障。在中心城区重点补充中小绿色斑块，完善中心城区绿道网络建设，建立多类型、多功能、网络化的绿色空间，实现"森林环城、绿廊织城、公园满城"、蓝绿交织的网状绿色空间系统。

7.4.4　城市绿色空间用地布局

依据"自然生态平衡、经济生态高效、社会生态公平"的原则，城市绿色空间用地规划要与城市各专项规划高度衔接，合理安排城区生态、生产、生活空间，辨识、利用已有环境和土地资源，在空间上的整合，协调好与相邻城市建设区及乡镇的发展关系。通过生态网络与关键区规划建设，合理安排城市生态用地的空间布局和规模，保障城市生态功能。通过都市农业与游憩业规划建设，引导城市绿色空间的生产功能。做好城镇化转型区和村庄规划建设，鼓励与环境相融的开发模式，打造集工作、生活、娱乐、旅游等于一体的综合性生态绿心，控制城市绿色空间的生活功能。

1. 明确城市绿色空间用地布局的总体目标

分析城市各类自然资源、景观游憩资源、产业资源状况，把握城市建设状况和总体规划对城市发展的具体建设要求，分析现状问题，梳理发展诉求，明确城市绿色空间用地规划目标和指标。

2. 科学细化城市"三区四线"，提升城市发展空间

依据城市总体规划确定的空间管制要求，坚持紧凑发展与节约集约相结合，科学合理划定城市增长/开发边界，细化城市集中建成区外的"三区"范围——适建区（独立

建设用地、城镇化转型区和村庄，以及各类区域公用设施）、限建区和禁建区，划定城市绿色空间规划内建设用地与非建设用地界线，落实"四线"范围——蓝线、绿线、紫线和黄线，确定各类保护性用地范围。保护和利用生态存量，构建城市生态网络，划定城区生态红线，通过提升关键性生态廊道和斑块的生态服务水平及修复生态网络关键节点，寻找生态增量。

3. 明确各类用地的总量规模，形成合理的土地利用结构

通过生态敏感性评价、建设用地适宜性评价等，合理安排建设用地、农业用地、生态用地和其他用地。因地制宜确定都市农业和游憩服务业布局结构，推动绿色空间产业化，发掘绿色价值效益；依据土地利用总体规划，保护和安排成规模农业用地；提倡绿色生产方式，提升农田生态景观多样性；布局环城郊野公园和绿道系统，鼓励市民绿色生活方式，提升城市内涵品质。

4. 营造宜居的城乡人居环境

对城镇化转型区关联边缘地带和独立建设用地开发行为进行引导，整理村庄各类建设用地，合理调整居民点布局。优化内部结构，对严重干扰生态网络连接度的区域公用设施进行生态化干预。

7.5　海绵城市建设管理

7.5.1　海绵城市的概念

海绵城市是指城市能够像海绵一样，在适应环境变化和应对自然灾害等方面具有良好的弹性，下雨时吸水、蓄水、渗水、净水，需要时将蓄存的水释放并加以利用。通过城市规划、建设的管控，从"源头减排、过程控制、系统治理"着手，综合采用"渗、滞、蓄、净、用、排"等技术措施，保护和利用城市自然山体、河湖湿地、耕地、林地、草地等生态空间，发挥建筑、道路、绿地、水系等对雨水的吸纳和缓释作用，提升城市蓄水、渗水和涵养水的能力，统筹协调水量与水质、生态与安全、分布与集中、绿色与灰色、景观与功能、岸上与岸下、地上与地下等关系，有效控制城市降雨径流，最大限

度地减少城市开发建设行为对原有自然水文特征和水生态环境造成的破坏，实现自然积存、自然渗透、自然净化的城市发展方式，促进形成生态、安全、可持续的城市水循环系统，有利于达到修复城市水生态、涵养城市水资源、改善城市水环境、保障城市水安全、复兴城市水文化的多重目标。

在传统城市化建设中，雨水治理属于单向管理。一旦雨水超过规定范围，可借助泵站、管渠等，将多余的雨水排放到附近的沟渠中。在旱季、雨水较少的时候，大多借助人工降雨等形式，缓解出现的旱情。在传统城市建设作用下，城市雨水资源利用程度不高，城市污染物随着雨水不断流入附近河流中，对周围生态环境造成了不同程度的影响。具体来说，就是在极端天气影响下，城市会积累大量的雨水，海绵城市可以及时将多余的雨水进行合理化处理并储存，将其应用到旱季缺水时期。海绵城市的建设改变了传统的"尽快排出、避免灾害"的城市防洪排涝思想，把雨洪资源作为重要的水资源进行管理，尽量减少其对生态环境的影响。海绵本身主要具有两个方面的特性，即水分特性和力学特性。海绵的水分特性表现为吸水、持水、释水；力学特性表现为压缩、回弹、恢复。"海绵城市"应当能够很好地应对汛期从小到大的各种降雨，使其不发生洪涝灾害，同时又能合理地资源化利用雨洪水和维持良好的水文生态环境。

从资源利用的角度，城市建设能够顺应自然，通过构建建筑屋面—绿地—硬化地面—雨水管渠—城市河道五位一体的水源涵养型城市下垫面，使城市内的降雨能够被积存、净化、回用、入渗补给（图7-21）。从防洪减灾的角度，要求城市能够与雨洪和谐

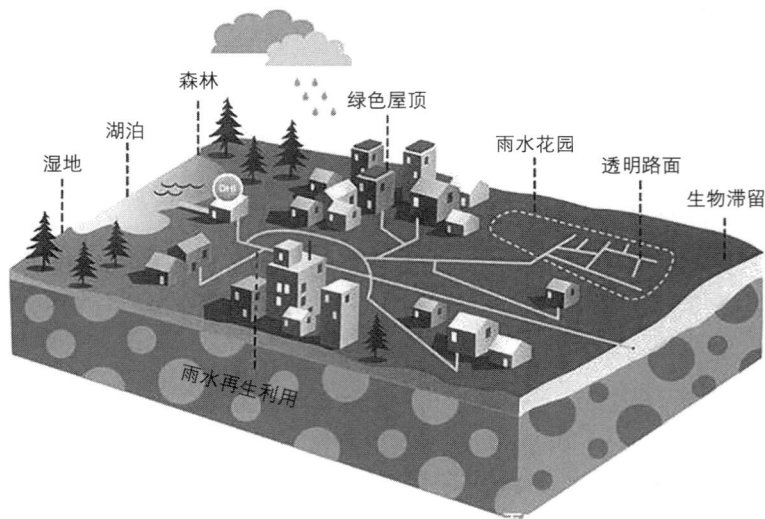

图 7-21 海绵城市示意图

共存，通过预防预警、应急等措施最大限度地降低洪涝风险、减小灾害损失，能够安全度过洪涝期并快速恢复生产和生活。从生态环境的角度，要求城市建设和发展能够与自然相协调，不污染环境、不破坏生态。

7.5.2　海绵城市建设任务和内容

海绵城市建设是缓解城市内涝的重要举措之一，能够有效应对强降雨造成的城市内涝，使城市在适应气候变化、抵御暴雨灾害等方面具有良好"弹性"和"韧性"。

海绵城市的建设包括雨洪的调蓄、雨水资源的收集以及地下水的利用等多方面内容。海绵城市建设是一项复杂的系统工程，建设内容涉及城市建设的很多方面，除了右建筑与小区、道路与广场、公园与绿地采取源头控制的措施外，还涉及市政基础设施的建设、改造和优化，采取多种"渗透、滞流、蓄存、净化、利用、排放"手段和措施，缓解城市内涝，控制水体污染，提高雨水资源利用率，实现城市的可持续发展。

建设具有吸、放功能的海绵型城市，将城市变为能够吸存水、过滤污染物以及过滤空气的大海绵，给城市带来降温、防洪、捕碳等效益，能彻底解决原来由人为造成的城市对水和生态的阻绝问题。海绵城市的建设应遵循生态优先等原则，强调优先利用绿色、生态化的"弹性"或"柔性"设施，并注重与传统的"刚性"工程设施进行有效衔接，通过"刚柔相济"，建立和完善城市的"海绵体"，将自然途径与人工措施相结合，在确保城市排水防涝安全的前提下，强化对城市径流雨水的排放控制与管理，最大限度地实现雨水在城市区域的积存、渗透和净化，统筹自然降水、地表水和地下水的系统性，协调给水、排水等水循环利用各环节，并考虑其复杂性和长期性，促进雨水资源的利用和生态环境保护，实现缓解城市内涝、削减径流污染负荷、提高雨水资源化水平、降低暴雨内涝控制成本、改善城市景观等多重目标，最终为城市构建起可持续、健康的水循环系统。

7.5.3　海绵城市建设基本方法

工程化的"海绵"技术手段按主要功能一般可分为渗透、储存、调节、转输、截污、净化等几类。实践中，应结合不同区域水文地质、水资源等特点及技术经济分析，按照因地制宜和经济高效的原则选择"海绵"技术及其组合系统，各类"海绵"技术又包含若干不同形式的低影响开发设施。

1. 绿色屋顶

绿色屋顶也称种植屋面、屋顶绿化等，根据种植基质深度和景观复杂程度，绿色屋顶又分为简单式和花园式，基质深度根据植物需求及屋顶荷载确定，草坪式绿色屋顶的基质深度一般不大于 150mm，花园式绿色屋顶在种植乔木时基质深度可超过 600mm。绿色屋顶适用于符合屋顶荷载、防水等条件的平屋顶建筑和坡度 ≤ 15° 的坡屋顶建筑（图 7-22~ 图 7-24）。绿色屋顶可有效减少屋面径流总量和径流污染负荷，具有节能减排的作用，但对屋顶荷载、防水、坡度、空间条件等有严格要求。

图 7-22　草坪式绿色屋顶

图 7-23　花园式绿色屋顶

2. 透水铺装

透水铺装按照面层材料不同可分为透水砖铺装、透水水泥混凝土铺装和透水沥青混凝土铺装，嵌草砖、园林铺装中的鹅卵石、碎石铺装等也属于透水铺装。

透水砖铺装和透水水泥混凝土铺装主要适用于广场、停车场、人行道以及车流量和荷载较小的道路，如建筑与小区道路、市政道路的非机动车道等，透水沥青混凝土路面还可用于机动车道（图 7-25、图 7-26）。

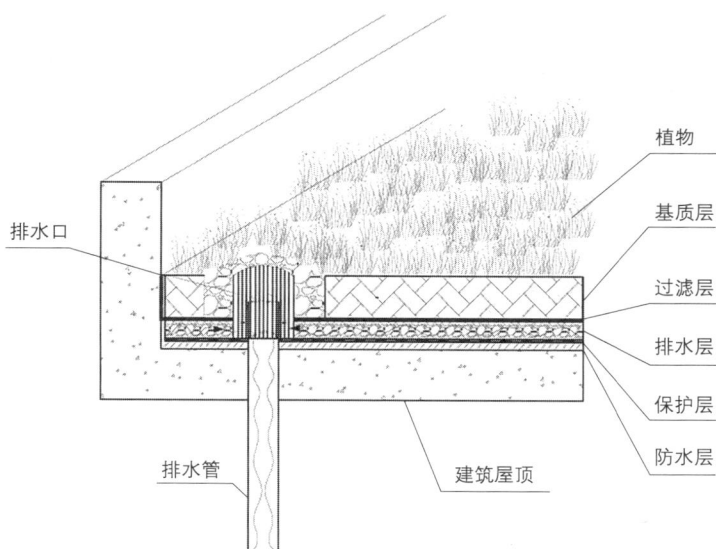

图 7-24 绿色屋顶典型构造示意图

图 7-25 透水砖铺装

图 7-26 透水水泥混凝土铺装

3. 下沉式绿地

下沉式绿地具有狭义和广义之分，狭义的下沉式绿地指低于周边铺砌地面或道路在 200mm 以内的绿地；广义的下沉式绿地泛指具有一定的调蓄容积，且可用于调蓄和净化径流雨水的绿地。

下沉式绿地可广泛应用于城市建筑与小区、道路、绿地和广场内。对于径流污染严重、设施底部渗透面距离季节性最高地下水位或岩石层小于 1m 及距离建筑物基础小于 3m（水平距离）的区域，应采取必要的措施防止次生灾害的发生（图 7-27、图 7-28）。

图 7-27 下沉式绿地

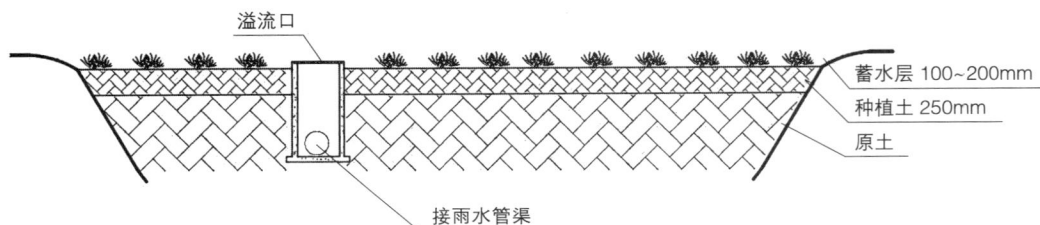

图 7-28 狭义的下沉式绿地构造示意图

4. 雨水花园

雨水花园指在地势较低的区域，通过植物、土壤和微生物系统蓄渗、净化径流雨水且具有一定空间的设施（图 7-29）。雨水花园主要适用于建筑与小区内建筑、道路及停车场的周边绿地，以及城市道路绿化带等城市绿地内。设施形式多样、适用区域广、易与景观结合，径流控制效果好。

5. 生物滞留带

生物滞留带指在地势较低的区域，通过植物、土壤和微生物系统

图 7-29 雨水花园

蓄渗、净化径流雨水的设施。生物滞留设施分为简易型生物滞留设施和复杂型生物滞留设施。生物滞留带能够有效削减城市面源污染，相关研究结果表明，生物滞留带对雨水径流中的总悬浮颗粒物（TSS）、重金属、油脂类及致病菌等污染物有较好的去除效果，而对氮、磷等营养物质的去除效果不稳定（图 7-30）。

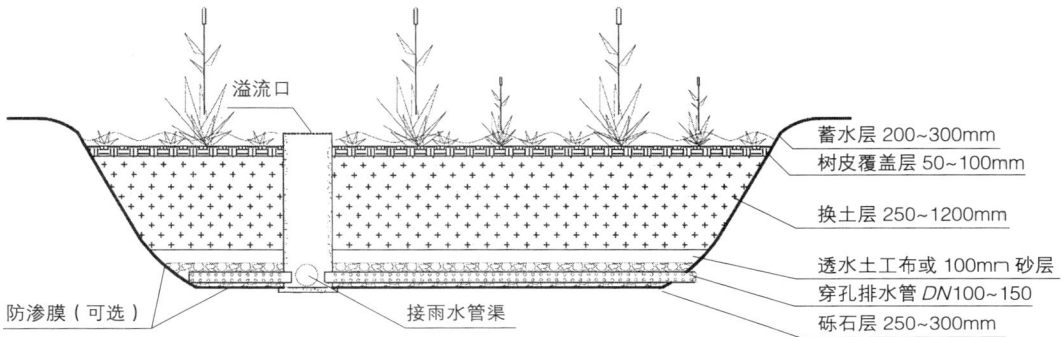

图 7-30　生物滞留带设施构造示意图

6. 生态树池

生态树池属于小型的生物滞留设施，利用树池的小型空间实现对周边径流的蓄积、渗透和净化，具有占地面积小、应用灵活等优点，可分散设置，适用于用地较紧张的场地，如城市道路分隔带、人行步道、停车场，以及公园、广场等，是国内外广泛采用的一种低影响开发设施。生态树池也可以和道路雨水口等联合设计，提高传统道路雨水口的截污净化效果。

7. 雨水湿地

雨水湿地利用物理、水生植物及微生物等作用净化雨水，是一种高效的径流污染控制设施，生态湿地分为雨水表流湿地和雨水潜流湿地，一般设计成防渗型以便维持生态湿地植物所需要的水量，生态湿地常与湿塘合建并设计一定的调蓄容积（图 7-31）。

8. 蓄水池

蓄水池指具有雨水储存功能的集蓄利用设施，同时也具有削减峰值流量的作用，主要包括钢筋混凝土蓄水池、砖、石砌筑蓄水池、塑料蓄水模块拼装式蓄水池或分散式多孔生态纤维棉模块等，用地紧张的城市大多采用地下封闭式蓄水池。

蓄水池也适用于有雨水回用需求的建筑与小区、城市绿地等，根据雨水回用用途

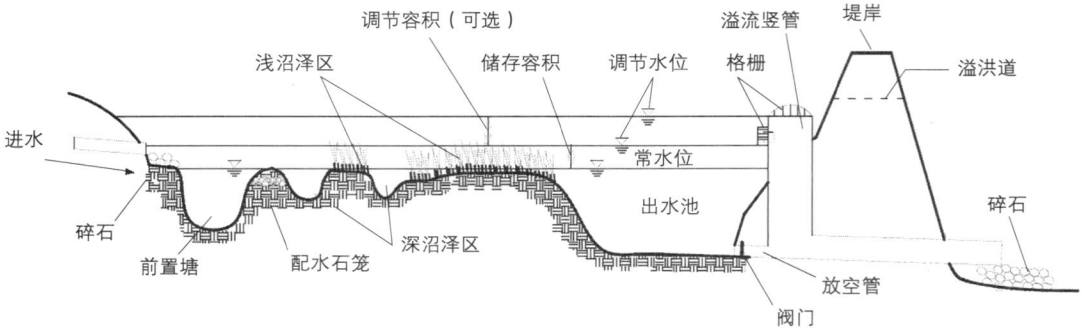

图 7-31　雨水湿地构造示意图

（绿化、道路喷洒及冲厕等）不同需配建相应的雨水净化设施；不适用于无雨水回用需求和径流污染严重的地区。

9. 植草沟

植草沟是种有植被的地表沟渠，可收集、输送和排放径流雨水，并具有一定的雨水净化作用，可用于衔接其他各单项设施、城市雨水管渠系统和超标雨水径流排放系统（图 7-32），

图 7-32　植草沟示意图

除传输型植草沟外，还包括渗透型的干式植草沟及常有水的湿式植草沟，可分别提高径流总量和径流污染控制效果。

　　植草沟适用于建筑与小区内道路、广场、停车场等不透水面的周边、城市道路及城域，也可作为生物滞留设施、湿塘等低影响开发设施的预处理设施。另外植草沟可与雨水管渠联合应用，场地竖向允许且不影响安全的情况下也可代替雨水管渠。

10. 生态河道

　　生态河道是具有良好的整体景观效果、合理的生态系统组织结构和良好的运转功能的河道生态系统，能够发挥生态、景观、旅游休闲等综合功能，并体现一定的水文化内涵（图 7-33）。

图 7-33　生态河道

11. 自然排水设施

　　城市建设中，常将传统单一功能的灰色排水设施建设方式进行改进，运用生态、景观等设计方法将排水设施的建设和地块空间设计或者绿色生态设施建设紧密结合，建设自然排水设施，如在阶梯和街道两侧边缘建设排水沟槽、坡道排水绿道或者设计旱溪景观等。从而将海绵城市的理念自然地融入建筑和景观的设计建设中。

7.5.4　海绵城市的建设措施

1. 海绵城市实施路径

（1）注重全域谋划

　　海绵城市建设要在全面掌握城市水系演变基础上，着眼于流域区域整体谋划，全域分析城市生态本底，尊重自然，达到人水城三者和谐共生。立足构建良好的山水城关系，为水留空间、留出路，实现城市水的自然循环。厘清城市竖向关系，不盲目改变自然水系脉络，避免开山造地、填埋河汊、占用河湖水系空间等行为。

（2）坚持系统施策

海绵城市建设是系统工程，必须要坚持全域推进，系统谋划，综合考虑水资源、水环境和水生态问题。以城市中心城区为主并适度考虑周边汇水区域的完整性，所有新建、改建、扩建项目都要落实海绵城市建设的要求，统筹考虑雨水径流从产生到排入受纳水体的全过程，以解决设防标准以内的暴雨内涝问题为导向，优化设施组合，合理布局各类设施，使其协同发挥最优作用，避免追求局部而忽视了整体效果，避免碎片化建设导致问题不能得到彻底解决。

（3）坚持因地制宜

海绵城市是先进的雨水管理理念，但是也要和各地的具体情况相结合，因地制宜，因城施策，才能建设好海绵城市。因地制宜首先体现在对问题的准确把握上，要准确了解城市在海绵城市建设方面的具体需求，使问题导向和目标导向相结合，从而避免为了建设海绵城市而建设。在目标的设定和指标的选取方面，根据城市降雨特征、内涝问题和水资源问题等，在充分分析论证的基础上，选择合理的目标和指标。在具体的海绵城市建设措施的选取上，要结合地下水位、土壤地质、气象特征等因素合理选择设施类型、设计参数，合理配置植物。统筹兼顾削减雨水径流污染，提高雨水收集和利用水平。

（4）坚持有序实施

海绵城市建设要加强顶层设计，统筹谋划、有序实施。结合城市更新行动，急缓有序、突出重点，优先解决积水内涝等对人民群众生活生产影响大的问题，优先将建设项目安排在短板突出的老旧城区，向地下管网等基础设施倾斜。

2. 海绵城市的设计策略

（1）加强多专业协同

海绵城市建设应加强排水、园林绿化、建筑、道路等多专业融合设计、全过程协同水平，优先考虑利用自然力量排水，确保经济、适用，实现景观效果与周边环境相协调。避免仅从单一专业角度出发考虑问题，不能在建筑、道路、园林等设计方案确定后，再由排水工程专业"打补丁"。

（2）注重多目标融合

城市绿地、建筑、道路等设计方案应在满足自身功能前提下，统筹考虑雨水控制要求。绿地应在消纳自身径流的同时，统筹考虑周边雨水消纳，合理确定消纳方式和指施，避免简单采取下沉方式。建筑与小区应采取雨水控制、利用等措施，确保在内涝防治设计重现期降雨量增加的情况下，建筑底层不发生进水，有效控制建筑与小区外排雨水的峰值流量。道路应消纳排出道路范围内的雨水，不出现积水点。缺水地区应更多考虑雨水收集和利用，蓄水模块、蓄水池规模应与雨水利用能力相匹配。

（3）全生命周期优化设计

海绵城市建设项目设计必须简约适用，减少全生命周期运行维护的难度和成本。加强适老化设计，避免产生新的安全隐患。在湿陷性黄土或有其他地质灾害隐患地区，建设下渗型海绵城市设施应考虑地面塌陷等因素。

3. 海绵城市建设措施

（1）统筹推进新老城区海绵城市建设

结合城市建设发展情况，从水环境问题入手，统筹推进、系统开展海绵城市建设。城市新区、各类园区、成片开发区要以地块为单元，提高对径流雨水的控制率；在相同降雨条件下，新建、改建项目不得增加雨水外排总量。老城区要结合城镇棚户区改造、城乡危房改造和老旧小区有机更新等工作，以解决城市内涝、雨水收集利用、黑臭水体治理为突破口推进区域整体治理，逐步实现小雨不积水、大雨不内涝、水体不黑臭、热岛有缓解。

（2）推进海绵型绿地系统建设

提高城市绿地系统的雨水吸纳能力，推广海绵型公园和绿地，加强城市绿地系统建设与周边地形、水系、道路、市政设施的衔接，在满足生态、景观、游憩等功能的基础上，综合考虑地形、排水等竖向设计，因地制宜采取下凹式绿地、雨水花园、植草沟、人工湿地等多种低影响开发建设措施，增强绿地系统的吸水能力，提供雨水滞留、缓释空间，减少地面径流对城市水体的污染。重点推行公园绿地内雨水调蓄和利用设施的建设，提高公园绿地内步行系统、广场等地面的透水性铺装比例。

（3）推进海绵型道路与广场排水建设

转变道路、广场建设理念，改变雨水快排、直排的传统做法，提高城市道路、广场对雨水的渗、滞、蓄能力。新建城市道路在满足道路交通安全等基本功能的基础上，设计符合低影响开发要求的道路高程、道路横断面、绿化带及排水系统，提高道路对雨水的渗滞能力。新建城市道路的非机动车道、人行道、步行街和停车场推广采用透水铺装。新建城市广场可因地制宜采用下沉式结构或配套建设雨水调蓄设施，最大程度减缓雨水径流。鼓励既有道路、广场按照低影响开发控制目标要求，有计划地实行海绵化改造。

（4）推进海绵型小区与建筑建设

新建住宅小区和建筑按照低影响开发的要求规划建设雨水系统。推广采用透水铺装、建筑雨水收集利用、屋顶绿化等措施，提高小区与建筑的雨水积存和蓄滞能力。鼓励既有建筑和小区实施低影响开发改造。推进公共项目的海绵体建设，延伸推进海绵型镇村建设。机关、学校、医院、文化体育场馆、交通站场和商业综合体等各类大型公共项目建设，率先落实海绵城市建设要求。

（5）推进城市生态水网建设

最大限度地保护原有的河流、湖泊、湿地、坑塘、沟渠等海绵体，在城市建设中严禁侵占现有河湖水域，恢复河湖自然岸线，留足生态滞蓄空间。坚持因地制宜，一水一策，宜岸则岸，宜滩则滩，宜堤防则堤防；山地丘陵城市充分利用地形高差，构建"梯级滞蓄、溪水长流、自然补给"的活水系统。建立城市水域面积监测制度，确保水域面积不减少，已破坏水系应逐步恢复原有状态。结合水利规划，加强河道整治，改造渠化河道，重塑健康自然的弯曲河岸线，在确保防洪安全的前提下，对城市河湖水系岸线进行生态修复，达到蓝线控制要求，恢复其生态功能。从源头上治理水土流失、控制面源污染，实施水土流失、污水、环境、河道同步治理。加强城市管网和河网的统筹协调，建立河流、河涌、市政排水系统有效衔接、系统联动的排水体系。

（6）完善排水防涝设施

统筹区域防洪相关要求，推进城市排水防涝设施的达标建设，完善防洪堤和排涝泵站设施能力建设，增加并保障调蓄空间；畅通城市排涝通道，完善雨水管渠系统，加快改造和消除城市易涝点。城市更新和新区建设时，优化城市竖向设计，合理控制高程。对于山区及丘陵城市重点关注山洪导排和山体滑坡问题；平原城市合理设定内河内湖水位，通过外防洪水、内部蓄排并举的措施解决城市内涝。逐步提高城市排水防涝标准，以广东省为例，广州、深圳等市中心城区应有效应对不低于 50 年一遇标准的暴雨，其他地级市中心城区应有效应对不低于 30 年一遇标准的暴雨，县级城市中心城区应有效应对不低于 20 年一遇标准的暴雨。

本章复习思考题

1. 城市环境的影响因素有哪些？
2. 绿色城市的设计原则有哪些？
3. 简述城市工程性基础设施的分类。
4. 简述城市基础设施重点领域发展政策。
5. 简述城市能源供给系统规划要点。
6. 简述城市排水设施系统构成与功能。
7. 简述城市交通设施系统构成与功能。
8. 简述绿色交通的特点及优势。
9. 地热能的利用途径有哪些？
10. 简述地下综合管廊的优缺点。
11. 城市绿地生态网络的作用有哪些？
12. 城市绿色空间的特征有哪些，如何进行分类？
13. 海绵城市建设的基本方法有哪些？
14. 海绵城市的实施路径有哪些？
15. 海绵城市建设措施有哪些？

City

本章学习要求： 智慧城市与城市智慧管理的概念

本章学习重点： BIM 技术、大数据技术、云计算技术、移动互联网技术、物联网技术、智能设备技术、3S 技术和 3R 技术在城市建设管理中的应用

本章学习难点： 智慧城市建设的架构体系

智慧城市是基于知识社会和数字化转型时代，把新一代信息技术和智能设备充分运用在城市中各行各业形成的城市信息化高级形态，推动信息化、工业化与城镇化深度融合，实现精细化和动态管理，有助于缓解"大城市病"，推动城镇化高质量发展，提升城市管理成效和改善市民生活水平。

第 8 章

智慧城市建设管理

8.1　智慧城市与城市智慧管理概念

8.1.1　智慧城市的概念

1. 智慧城市概念及其作用

（1）智慧城市的概念

智慧城市（Smart City）是指利用先进的信息技术和通信技术，对城市基础设施、公共服务、社会经济等方面进行集成和智能化升级，提升资源运用效率、城市管理运行效率、生态环境、公共安全、居民生活质量，优化城市治理，实现城市可持续高质量发展的新型城市建设管理模式。

智慧城市是基于知识社会和数字化转型时代，把新一代信息技术和智能设备充分运用在城市中各行各业形成的城市信息化高级形态，推动信息化、工业化与城镇化深度融合，实现精细化和动态管理，有助于缓解"大城市病"，推动城镇化高质量发展，提升城市管理成效和改善市民生活水平。

（2）智慧城市的作用

2014年，IBM在《引领更具竞争力的智慧城市3.0时代——创新、和谐、中国梦》白皮书中阐释了智慧城市的作用。白皮书指出："智慧城市"将从新产业、新环境、新模式、新生活、新服务五大方面支持"新型城镇化"发展；智慧城市充分利用信息互通和共享，挖掘新服务，分析确定优先改善领域，并通过兴建智能产业园的方式实现产业规模效应，推动城市产业结构转型；"智慧城市"可以有效地提升能源管理和环境监控，从而保护环境；随着智慧城市建设的不断深入，建设模式将呈现多元化、定制化趋势，在以政府为主导的建设模式外，同时通过特许权经营、公私合营、企业主导建设运营、电信运营商主导建设运营等多种模式，共同建设智慧城市；通过智慧城市的建设，可以有效提升市民的生活水平。此外，"智慧城市"还可以加强政府管理，促进服务型政府转型，帮助打造和谐城市的典范。

2. 智慧城市的产生背景

人们对智慧城市概念的解读多种多样、各有侧重，有的观点认为关键在于技术应用，有的观点认为关键在于网络建设，有的观点认为关键在人的参与，有的观点认为关键在于智慧效果，一些信息化建设先行的城市则强调以人为本和可持续创新。总之，智慧城市绝不仅仅是信息技术的智能化应用，还包括人的智慧参与、以人为本、可持续发展等内涵。综合这一理念的发展源流以及对世界范围内区域信息化实践的总结，可以从技术发展和经济社会发展两个层面的创新对智慧城市进行解析，强调智慧城市不仅仅是物联网、云计算等新一代信息技术的应用，更重要的是通过面向知识社会、数字经济的方法论应用。

智慧城市通过物联网基础设施、云计算基础设施、地理空间基础设施等新一代信息技术以及社交网络、Fab Lab、Living Lab、综合集成法、网动全媒体融合通信终端等工具和方法的应用，实现全面透彻的感知、宽带泛在的互联、智能融合的应用以及以用户创新、开放创新、大众创新、协同创新为特征的可持续创新。伴随网络技术的崛起、移动技术的融合发展以及创新的民主化进程，知识社会环境下的智慧城市是继数字城市之后信息化城市发展的高级形态。

从技术发展的视角，智慧城市建设要求通过以移动技术为代表的物联网、云计算等新一代信息技术应用实现全面感知、泛在互联、普适计算与融合应用。从社会发展的视角，智慧城市还要求通过社交网络、Fab Lab、Living Lab、综合集成法等工具和方法的应用，强调通过价值创造、以人为本实现经济、社会、环境的全面可持续发展。

21 世纪的"智慧城市"充分运用信息和通信技术手段感测、分析、整合城市运行核心系统的各项关键信息，从而对于包括民生、环保、公共安全、城市服务、工商业活动在内的各种需求做出智能的响应，为人类创造更美好的城市生活。

3. 智慧城市的形成因素

一般而言，有两种驱动力推动智慧城市的逐步形成，一是以物联网、云计算、移动互联网为代表的新一代信息技术；二是知识社会环境下逐步孕育的开放的城市创新生态。前者是技术创新层面的技术因素，后者是社会创新层面的社会经济因素。由此可以看出创新在智慧城市发展中的驱动作用。

智慧城市不仅需要物联网、云计算等新一代信息技术的支撑，更要培育面向知识社会的新一代创新。信息通信技术的融合和发展消融了信息和知识分享的壁垒，淡化了创新的边界，进一步推动各类社会组织及活动边界的"消融"。创新形态由生产范式向服务范式转变，也带动了产业形态、政府管理形态、城市形态由生产范式向服务范式的转变。工业经济时代面向生产、以生产者为中心、以技术为出发点的相对封闭的创新形态，正在转向与数字经济时代相适应的面向服务、以用户为中心、以人为本的开放的创新形态。

4. 建设智慧城市的意义

随着信息技术的不断发展，城市信息化应用水平不断提升，智慧城市建设应运而生。建设智慧城市在实现城市可持续发展、引领信息技术应用、提升城市综合竞争力等方面具有重要意义。

（1）建设智慧城市是实现城市可持续发展的需要

改革开放 40 多年以来，我国城镇化建设取得了举世瞩目的成就，尤其是进入 21 世纪后，城镇化建设的步伐不断加快，每年有上千万的农村人口进入城市。随着城市人口不断膨胀，"城市病"成为困扰各个城市建设与管理的首要难题，资源短缺、环境污染、交通拥堵、安全隐患等问题日益突出。为了破解"城市病"困局，智慧城市应运而生。由于智慧城市综合采用了包括射频传感技术、物联网技术、云计算技术、下一代通信技术在内的新一代信息技术，因此能够有效地化解"城市病"问题。这些技术的应用能够使城市变得更易于被感知，城市资源更易于被充分整合，在此基础上实现对城市的精细化和智能化管理，从而减少资源消耗，降低环境污染，解决交通拥堵，消除安全隐患，最终实现城市的可持续发展。

（2）建设智慧城市是信息技术发展的必然要求

当前，全球信息技术呈加速发展趋势，信息技术在国民经济中的地位日益突出，信息资源也日益成为重要的生产要素。智慧城市正是在充分整合、挖掘、利用信息技术与信息资源的基础上，汇聚人类的智慧，赋予物以智能，从而实现对城市各领域的精确化管理，实现对城市资源的集约化利用。由于信息资源在当今社会发展中的重要作用，发达国家纷纷出台智慧城市建设规划，以促进信息技术的快速发展，从而达到抢占新一轮信息技术产业制高点的目的。为避免在新一轮信息技术产业竞争中陷于被动，我国政府审时度势，及时提出了发展智慧城市的战略布局，以期更好地把握新一轮信息技术变革所带来的巨大机遇，进而促进我国经济社会又好又快地发展。

（3）建设智慧城市是提高我国综合竞争力的战略选择

战略性新兴产业的发展往往伴随着重大技术的突破，对经济社会全局和长远发展具有重大的引领带动作用，是引导未来经济社会发展的重要力量。当前，世界各国对战略性新兴产业的发展普遍予以高度重视，在"十二五"以来的国家级规划中都明确将战略性新兴产业作为发展重点。一方面，智慧城市的建设将极大地带动包括物联网、云计算、三网融合、下一代互联网以及新一代信息技术在内的战略性新兴产业的发展；另一方面，智慧城市的建设对医疗、交通、物流、金融、通信、教育、能源、环保等领域的发展也具有明显的带动作用，对中国扩大内需、调整结构、转变经济发展方式的促进作用同样显而易见。因此，建设智慧城市对中国综合竞争力的全面提高具有重要的战略意义。

8.1.2　城市智慧管理的概念

城市智慧管理是指利用各种信息技术手段、装置对城市进行高效率的管理和服务的过程。城市智慧管理强调的是通过新一代信息技术的充分运用，如云计算、物联网、移动互联网、大数据等基础信息架构，实现精细化和动态管理，并提升城市管理成效和改善市民生活质量。城市智慧管理的核心在于构筑面向市民的泛在的、机会均等的城市服务，以增强环境的友好性、可持续性，提高城市管理的效率和科学性。

城市智慧管理通常通过构建城市智慧管理系统平台实现其管理目标。城市智慧管理系统是一种利用现代数字信息技术对城市进行综合管理的平台，能够实现城市管理的数字化、网络化和智能化，提高城市管理效率和服务水平，为市民创造更加宜居的城市环境。这一系统利用地理信息系统、无线网络通信技术以及现代信息技术如计算机网络、地理编码技术、全球卫星定位系统等，对城市的各种信息进行采集、处理、分析和展示，从而实现对城市管理的全面监控和高效处置。

城市智慧管理系统的应用场景丰富多样，涵盖了环境卫生、交通管理、城市安全、便民服务以及决策支持等多个方面。随着科技的不断发展，城市智慧管理的应用场景还将继续拓展，为城市管理的现代化和智能化提供更多可能性。

8.2　国外智慧城市建设案例与启示

8.2.1　国外智慧城市建设的实践

1993 年以来，智慧城市理念即在世界范围内悄然兴起，许多发达国家积极开展智慧城市建设，将城市中的水、电、油、气、交通等公共服务资源信息通过互联网有机连接起来，更好地服务于市民学习、生活、工作、医疗等方面的需求，以及改善政府对交通的管理、环境的控制等。

21 世纪初期，美国、英国、德国、荷兰、日本、韩国、新加坡等国较早地开展了智慧城市的实践。2008 年 IBM 提出"智慧的地球"战略，2009 年美国爱荷华州的迪比克市与 IBM 共同建设美国第一个智慧城市。2012 年 12 月美国科罗拉多大学博伊德·科恩博士开展了一次全球智慧城市的排名，排出全世界智慧城市的前几名，分别是：维也纳、多伦多、巴黎、纽约、伦敦、东京、哥本哈根、巴塞罗那。2014 年智慧社区论坛（Intelligent Community Forum）公布全球智慧城市入围名单，入围的城市包括加拿大的多伦多与温尼伯；美国的阿灵顿郡、哥伦布。入围智慧城市名单的原因，几乎都是因为这些城市能够将科技、文化与经济的永续发展成功融合，让每个城市呈现特点和新面貌。

自 21 世纪初以来，国外智慧城市建设的实践，诞生了许多经典案例。

1. 美国迪比克市

迪比克市是美国第一个智慧城市，也是世界第一个智慧城市，它的特点是重视智能化建设。为了保持迪比克市宜居的优势，并且在商业上有更大发展，市政府与 IBM 合作，计划利用物联网技术将城市的所有资源数字化并连接起来，含水、电、油、气、交通、公共服务等，进而通过监测、分析和整合各种数据智能化地响应市民的需求，并降低城市的能耗和成本。该市率先完成了水电资源的数据建设，给全市住户和商铺安装数控水电计量器，不仅记录资源使用量，还利用低流量传感器技术预防资源泄漏。仪器记录的数据会及时反映在综合监测平台上，以便进行分析、整合和公开展示。

2. 美国纽约市

美国纽约市通过数据挖掘，有效预防了火灾。据统计，纽约大约有 100 万栋建筑物，平均每年约有 3000 栋会发生严重的火灾。纽约消防部门将可能导致房屋起火的因素细分为 60 个，诸如是否为贫穷、低收入家庭的住房，房屋建筑年代是否久远，建筑物是否有电梯等。除去危害性较小的小型独栋别墅或联排别墅，分析人员通过特定算法，对城市中 33 万栋需要检验的建筑物单独进行打分，计算火灾危险指数，划分出重点监测和检查对象。目前数据监测项目扩大到 2400 余项，诸如学校、图书馆等人口密集度高的场所也涵盖进来。尽管公众对数据分析和防范措施的有效性之间的关系心存疑虑，但是火灾数量确实下降了。

2019 年 4 月，纽约推出智慧城市建设计划《One NYC 2050 战略》，通过采取积极的措施，迎接未来城市发展可能面对的挑战，目标是到 2050 年打造一个强大而公正的城市。该战略由纽约市技术与创新市长办公室（Mayor's Office of Technology and Innovations，简称 MOTI）领衔，市政府其他各部门基于自己的主管业务领域积极配合参与，为具体项目实施落地出谋划策，并贡献技术、资金、政策等形式的支持。为达到预设目标，MOTI 和其他政府部门规划了大量的项目，其中一些项目已投入实施并陆续取得成效：①基础设施升级工程，如安装节能 LED 灯，减少能源消耗；②智慧交通运输工程，借助车辆交通管理系统，缓解交通拥堵和调控交通；③智慧能源和环境管理工程；④智慧公共卫生和安全工程，如通过监控车牌、传感器等汇聚的数据来获取实时信息，预防犯罪行为；⑤智慧政府和社区工程，将纽约街头老旧的电话亭改造成为集提供电话、充电、Wi-Fi 等服务于一体化的通信设备；⑥打造开放的数据平台、鼓励商业创新，纽约的数据平台叫 Open Data，截至 2019 年 9 月已上线 2167 组数据，公民可免费查看、下载这些数据，并基于数据平台进一步创新应用。

3. 美国芝加哥市

美国芝加哥市通过无处不在的传感器进行城市数据挖掘。在人们的日常生活里，无处不在的传感器被应用在芝加哥市的街边灯柱上。通过"灯柱传感器"，可以收集城市路面信息，检测环境数据，如空气质量、光照强度、噪声水平、温度、风速。芝加哥城市信息技术委员会提供的资料表明，"灯柱传感器"不会侵犯个人隐私，它只侦测信号，不记录移动设备的 MAC 和蓝牙地址。在今后几年"灯柱传感器"将分批安装，全面占领芝加哥市的大小街区，每台传感器设备初次采购和安装调试成本在 215~425 美元之间，运行后的年平均用电成本约为 15 美元。该项目得到了思科、英特尔、高通、斑马技术（Zebra Technologies）、摩托罗拉以及施耐德等公司的技术和资金支持。

4. 英国伦敦市

英国伦敦市利用数据管理交通。在 2012 年奥运会期间，负责运行伦敦公共交通网络的公共机构"伦敦运输"（Transport for London），在使用者增加 25% 的情况下，使用收集自闭路电视摄像机、地铁卡、移动电话和社交网络的实时信息，确保火车和公交路线只有限地中断，从而保证交通顺畅。

伦敦市政府于 2018 年 6 月提出《共创智慧伦敦路径图》（*The Smarter London Together Roadmap*），目的是激励数据创新和发展电子科技来为伦敦市民更好地服务，将伦敦打造成为全球最智慧的城市。为落实该项计划，伦敦市长特地任命了首席数字官（Chief Digital Officer）和智慧伦敦局（Smart London Board）负责智慧城市建设工作。《共创智慧伦敦路径图》主要分为五大建设领域：一是开发更多用户导向型的服务，包括可以让居民自由表达对于城市发展意见的线上社区；二是围绕城市大数据展开新的开发计划，设立伦敦数据分析办公室来推动数据开放共享；三是打造世界一流的连接性和更智能的街道，启动伦敦互联计划来确保光纤到位、Wi-Fi 覆盖及 5G 集成开发战略；四是增强公众的数字技能和领导力，从早期教育开始就对劳动力的数据分析能力和实际操作能力进行培养；五是促进全市范围内的合作，在伦敦技术和创新办公室领导下推进跨领域、跨部门、跨城市的合作。

5. 荷兰阿姆斯特丹市

荷兰阿姆斯特丹市是世界上最早开始智慧城市建设的城市之一，同时是欧洲智慧城市建设的典范。作为荷兰最大的城市，阿姆斯特丹共有 40 多万户家庭，二氧化碳排放量占全国的三分之一。为了改善环境问题，该市启动了 West Orange 和 Geuzenveld 两个项目，通过节能智慧化技术，降低二氧化碳排放量和能量消耗。

阿姆斯特丹还实施了 Energy Dock 项目，在阿姆斯特丹港口的 73 个靠岸电站中配备了 154 个电源接入口，便于游船与货船充电，利用清洁能源发电取代原先污染较大的燃油发动机。

为了节省能源，阿姆斯特丹市启动了智能大厦项目，在未给大厦的办公和住宿功能带来负面影响的前提下，将能源消耗减小到最低程度，同时在大楼能源使用的具体数据分析的基础上，使电力系统更有效地运行。为建设可持续公共空间，启动了气候街道（The Climate Street）项目，缓解乌特勒支大街的拥堵。

6. 瑞典斯德哥尔摩市

瑞典斯德哥尔摩市在治理交通拥堵方面取得了卓越的成绩。

瑞典国家公路管理局和斯德哥尔摩市政厅通过智慧交通的建设，既缓解了城市交通堵塞，又减少了空气污染问题，现在智能交通系统已经成为斯德哥尔摩的标签。该市在通往市中心的道路上设置了 18 个路边监视器，利用射频识别、激光扫描和自动拍照等技术，实现了对一切车辆的自动识别。借助这些设备，该市在周一至周五的 6 时 30 分至 18 时 30 分之间对进出市中心的车辆收取拥堵税，从而使交通拥堵水平降低了 25%，同时温室气体排放量减少了 40%。

7. 意大利佛罗伦萨市

意大利佛罗伦萨市积极运用智能化技术，提升交通运行效率。市政府开发了交互式地图，用于收集市民对街道建设的意见。在线城市规划系统能够向市民实时推送交通信息，比如在公共工程项目动工之前就会发布通知。正在试运营的智能有轨电车安装了传感器和雷达，用于测定车辆速度、方向和与周围物体的距离，车站安装了数据收集设备。智能有轨电车项目旨在为城市创建"智能区域"并减少私家车的使用，促进可持续发展。

2016 年，佛罗伦萨市政府联合当地企业、商会和高校等机构制定了"数字佛罗伦萨"计划，在城市数据库整合、数字化传播等 6 个方面设定了目标。佛罗伦萨高校联合社会机构开设智慧城市相关课程，提供企业实习机会。当前，佛罗伦萨正在兴建智慧城市控制室，建成后将成为处理城市交通实时信息、垃圾分类等数据的中枢系统，可以更加高效地控制游客流量、响应突发事件等。控制室的运营机构——"智慧佛罗伦萨"服务中心已经成立，将向市民提供在线政务、信息咨询等服务。

根据意大利智慧城市评估机构的一份报告，佛罗伦萨已连续 3 年被评为意大利数字化程度最高的城市。打造智慧城市是为了便利市民生活、提供更优质的服务，未来佛罗伦萨将继续朝着数字化和可持续发展方向迈进。

8. 法国巴黎市

法国巴黎市政府于 2015 年提出"打造智慧和可持续发展的城市"计划，以共建开放城市为路径，以城市互联互通为工具，以打造可持续发展城市为目标，力图到 2020 年将巴黎打造成一个智慧、可持续发展、能从容应对环境变化和科技改革的全球性大都市。该计划的具体措施包括以下 3 点：一是鼓励市民参与共建开放的城市。提倡大众创新参与，政府推出一系列多样化的数字平台，让市民可以参与城市共建，成为城市建设的志愿者和参与承建项目的众筹。二是打造高效便捷、互联互通的城市。包括信息基础设施，普及数字设备，根据数据终端用户反馈的数据需求，集中通过大数据程序来公开数据，让市民可以零距离接触到政府数据。三是建设可持续发展城市。如新建地热发电项目，包括在新建的承建项目中融入可循环利用的能源系统，提高城市应对灾害的自我复原能力。

9. 日本东京（都）

日本东京（都）政府于 2016 年提出建设"超智能社会／社会 5.0"的科技战略。超智能社会／社会 5.0 是"以人为中心"为指导思想，通过网络空间技术与物理空间技术的互联互融，改变居民生产与生活方式，创造新服务和新价值；愿景是要建设一个富裕、有活力的社会；实现途径是激发核心产业的竞争力，实现国民生活的智能化。该战略的具体措施包括以下几点：一是强化社会结构体制改革，进行技术革新。日本政府采取

"政府引导、市场化运作、产官学协作"模式来推动人工智能产业发展。二是构筑人才、知识、资金的良性循环。通过企业和研究机构联合研发等举措，打破人才、知识和资金间的壁垒，共同构建创新体系、培养研究人才。三是建设特区，进行与超智能社会相关的技术试验活动。与超智能社会相关的特区都被赋予（最高等级）国家级战略特区地位，以提高日本核心产业的国际竞争力。四是构筑信息安全保障机制。日本政府通过举办官民圆桌会议等形式来推进数据公开，并推进数据共享、数据应用法律法规的制定。

10. 西班牙巴塞罗那市

西班牙巴塞罗那市大面积采用传感器使城市管理更便捷。在该市高新技术中心的试验区内，一个红绿灯上的小黑盒子，可以给附近盲人手中的接收器发送信号，并引发接收器振动，提醒他已经到达了路口；地上小突起形状的东西就是停车传感器，司机只需下载一种专门应用程序，就能够根据传感器发来的信息获知空车位信息；巴塞罗那宏伟的圣家族大教堂也建立了完善的停车传感器系统，以引导大客车停放；试验区草地上铺满了湿度传感器，它能感知地面的湿度，以确定何时应该给草地浇水；铺设在垃圾箱上的传感器能够检测到垃圾箱是否已装满，垃圾箱上还装有气味传感器，如果垃圾箱的气味超出正常标准，传感器就会自动发出警报，进行提醒。

11. 新加坡市

新加坡市在全球率先提出建设"智慧国"的计划，科技赋予市民更多权利、提供更多机会；企业生产力提高，在数字经济中拥有更多新机遇；国际合作提供更多数字解决方案，跨越国界使民众和企业受益。具体内容包括：

1）国家战略项目：建设核心运营开发环境和交换（CODEX）数字平台、整合的电子支付二维码（SGQR，政府和企业联合推出，将不同的电子支付平台二维码整合成一个共用的二维码）、国民电子身份证（NDI，将居民身份和交易过程对接起来，使企业和公民可安全又便捷地进行在线交易）、智慧国家传感器平台（SNSP）等。

2）基础设施建设：建设下一代全国宽带网络、提升企业SaaS模式开发能力、光纤就绪计划（为新建建筑内部部署光纤设施提供高达90%的补贴）。

3）科技措施：IPv6过渡计划、建设数据中央公园（吸引跨国公司将他们的总部或数据中心落户在新加坡）、推广绿色数据中心创新项目、i-Singapore项目、提升新加坡数据分析能力。

4）城市生活服务：自动抄表系统（AMR）、一站式服务APP（One Service，公众可集中通过该 APP 反映所有市政问题，而不再苦恼究竟哪个机构负责哪个领域的市政问题）、智能老年人报警系统、虚拟新加坡平台。

5）网络安全：增强监视和检测网络威胁的能力、确保政府信息基础设施的安全、多层云安全机制。

6）运行机制：新加坡资讯通信媒体发展管理局（IMDA）成立智慧国家平台（SNP），负责公共数据的采存管用。

12. 沙特阿拉伯延布市

汽车超载和超速是不少工业城市的通病，不仅损坏路面，还易引发交通事故。在沙特阿拉伯延布市，重要路口和道路两旁都设置了高灵敏度的传感器和高清晰度的车牌识别摄像机，能够精确记录过往车辆的车速、载重等信息，并上传至全自动管理系统，对违章车辆进行处罚。这一举措有效降低了事故发生率。

智慧交通是延布建设智慧城市的标志性工程之一。2016 年，沙特阿拉伯发布"2030愿景"，旨在推动经济多元化发展，完善数字化基础设施，实现经济社会可持续发展。根据"2030 愿景"提出的相应目标，延布决定将该市打造成沙特阿拉伯首个智慧城市。延布市政府通过与企业合作，快速建成遍布全市的有线、无线宽带网络，为市民提供高速网络接入服务，极大提升了网络体验。政府还在市内部署智能垃圾处理系统、智能路灯、智能停车、智慧能效监测、人群密度分析、智慧井盖等多项智能应用，优化城市环境，助力节能减排。例如，智能垃圾处理系统配有通过太阳能供电的容量传感器，可实时上报垃圾箱剩余容量，管理员可据此优化垃圾车的清运路线和清运周期，提高垃圾回收率；智能路灯可根据环境亮度自动控制开关，调节灯光亮度，使城市照明能耗减少 70%。

目前，延布城市道路维护成本降低了 20%，垃圾清运效率提高了 50%，公共照明系统综合成本降幅超过 30%，公共停车空间利用率提高了 30%。随着智慧城市的深入发展，越来越多优秀人才选择到延布就业和生活。智慧城市建设将助力延布在改善民生、优化城市运行管理、增强城市吸引力、创造更美好的城市生活等方面发挥更大作用。

8.2.2　国外智慧城市建设经验和特点对比

1. 国外智慧城市建设经验

从对比分析国外智慧城市建设的实践路径可以看出，尽管世界各国的选择不尽相同，但是大致能总结一些有价值的经验。例如，美国迪比克市的特点是将城市的水、电、油、气、交通、公共服务等联网并通过完全数字化，侦测、分析和整合各种数据，智能化地服务市民需求。维也纳、多伦多、巴黎则分别是以开发智能电网、发展循环经济、实施自行车共享计划等降低碳排放为特色。纽约、伦敦、东京分别是以建立防灾系统、治理交通拥堵、推动移动智能等关注应急、保障社会安全为特色。哥本哈根、巴塞罗那分别以创建电厂电动汽车、创新清洁技术、推广智能卡、扩展光伏产业链等依靠科技，培育新兴产业为特色。

2. 国外智慧城市建设的特点对比

具体而言，各国的做法又是千差万别，各有其特点。例如：

瑞典是以智慧交通著称，解决首都交通拥挤问题，斯德哥尔摩在通往市中心的道路上设置了十几个路边控制站，通过使用 RFID 技术以及利用激光、照相机和先进的设备和系统，自动识别进入市中心的车辆，分时段向进出市中心的注册车辆收税。通过收取"道路堵塞税"，使交通拥堵水平降低了 25%，交通排队所需的时间下降 50%，道路交通废气排放量减少了 8%~14%，二氧化碳等温室气体排放量下降了 40%。由于环保的成果，2010 年 2 月斯德哥尔摩被欧盟委员会评为首个"欧洲绿色首都"。

丹麦哥本哈根的经验在于：突破了维持环保和保持经济增长之间的矛盾，为了促使市民使用二氧化碳排放量更少的轨道交通，该市通过统筹规划，力保市民在家门口 1km 之内就能到达轨道交通站。同时通过修建"自行车高速公路"以及沿途配备修理等服务设施，为自行车提供射频识别或全球定位服务等系统保障自行车出行畅通。

西班牙巴塞罗那的特点是利用专利费用的收入，来维持智慧城市日常运转和维护。

新加坡的特色是通过"智慧国"计划，完善资讯通信基础设施，最终实现以资讯通信驱动的智能化国度和全球化都市，目前已经成为全球资讯通信业最为发达的国家之一，极大提升了各个公共与经济领域的生产力和效率。

3. 国外智慧城市建设的效果对比

由于智慧城市建设的出发点和基础环境不同，欧美国家最终达到的效果也不同。

美国的智慧城市建设的受益一方面体现在美国的智慧城市建设取得比较突出的成效，更为重要的受益体现在美国的企业上，使众多美国企业成了全球智慧城市建设的传输者，成为最大赢家。

欧洲各国作为全球智慧城市建设战略的响应者，其建设的重点围绕三个方面：智慧社会的建设以人为本，智慧环境的建设以节能减排、保障环境为重点，而智慧经济建设重点是保持经济的持续增长。

无论智慧城市建设的目的、途径、效果有多么不同，国外建设智慧城市的经验中有一点是共同的：即重视差异性，避免同质化。国外智慧城市建设的这些经验，对于目前已经取得很大建设成果的国内智慧城市建设无疑是非常有益的借鉴。

8.2.3 国外智慧城市建设实践的启示

分析国外智慧城市建设的规律与经验，对比我国智慧城市建设实践，有以下几点启示。

1. 加快智能化设施建设

毫无疑问，大数据给城市发展、转型以及实现便捷的公共服务带来了巨大发展空间。然而，大数据的应用离不开互联网、物联网、云平台等信息化技术的支撑，更有赖于智能化终端的普及。支撑数字经济时代的一切基础设施的建设，包括铺设网络、布置传感器、搭建系统平台、实现数据全采集等，无疑都需要庞大的资金投入。无论是政府支持，还是企业市场运作，对智慧城市建设而言，都是必不可少的。

2. 开放政府数据

目前，在世界范围内开放数据成为一项新兴运动，许多国家制定了开放政府数据计划。从目前全球参与开放数据运动的国家来看，既包括美国、英国等发达国家，也包括印度、巴西等发展中国家。

在中国，政府掌握着最齐全、最庞大与最核心的数据，各级政府积累了大量与公众生产生活息息相关的数据，比如：气象数据、金融数据、信用数据、电力数据、煤气数据、自来水数据、道路交通数据、客运数据、安全刑事案件数据、住房数据、海关数据、出入境数据、旅游数据、医疗数据、教育数据、环保数据等，是社会上最大的数据保有者之一。

在党中央和各级政府的推动下，我国公共信息资源开放共享步伐正在加快。2013 年，国务院发布了《关于促进信息消费扩大内需的若干意见》，要求促进公共信息资源共享和开发利用，推动市政公共企事业单位、公共服务事业单位等机构开放信息资源。2014 年，国家发展和改革委员会等八部委在《关于促进智慧城市健康发展的指导意见》中提到："大力推动政府部门将企业信用、产品质量、食品药品安全、综合交通、公用设施、环境质量等信息资源向社会开放，鼓励市政公用企事业单位、公共服务事业单位等机构将教育、医疗、就业、旅游、生活等信息资源向社会开放。"

在保障国家安全和有效监管的前提下，政府有层次有选择地加大数据对外开放，引导企业挖掘数据的潜在价值，探索商业与应用模式的创新，有利于保障市场的良性竞争，实现优胜劣汰，推动大数据应用的健康发展，锻造出真正能被市场所接收的、为政府与居民创造价值的、优质的大数据应用模式，实现政府大数据资源的高效、高质量利用。同时，政府数据开放也有利于公众参与城市管理和监督政府，进而改善公共服务。

3. 重视差异性，避免同质化

每个城市在智慧城市建设中有不同的侧重点，按照不同的领域维度和时间维度，使政府资源的配置更趋合理，实现了由社会管理向社会治理方式的转变。

从"城市发展战略引导智慧城市建设重点领域表"可以看出，城市发展战略直接影响城市建设和智慧城市的发展模式。中国的城市化和大数据应用，在学习国外先进技术与经验之时，要注重城市文化保护，切忌丢掉自己的独特风格，"千城一面"，被商业利益牵着鼻子走。

4. 注重顶层设计

智慧城市的建设，不是简单地投入资金、大力推进信息化建设、搭建时髦的应用平台就能代表其发展水平与结构，它需要系统、深入、细致、普遍地考量城市经济、政治、历史、地理、文化、社会、生态文明等因素，以文献调研和社会调查数据分析相结合的方式梳理城市的发展脉络，深入细致地考评一个城市的发展状态，挖掘城市的特点，挖掘城市人的秉性，概括出城市的文化精髓和灵魂，为未来发展的模式与方向提出决策性指导。

5. 加强统一管理

建立统一的智慧城市管理机制，成立管理委员会，以人文城市为目标与落脚点，以实现关键成果指标为途径改善城市生态系统，以标准化的共享数据、商业分析工具及便于操作的数据门户作支撑，确保管理机制顺畅运行。这一建议也是智慧城市建设的可行之策。

6. 开展多元合作

智慧城市建设是一项浩大的工程，不仅需要政策支持，还需要大量资金的注入。先进科研、技术的应用则需要政府、商业公司、科研机构和社会公众的广泛参与。当前，在国内外的智慧城市建设中，基础设施建设主要是以政府投入为主体，辅以与实力强大的商业公司合作；战略规划与顶层设计是请商业公司、科研机构和智库开展，以确保方向的正确与实践的成效；应用领域开发是政府与商业公司水乳交融、不分上下。总之，只有社会各界的广泛参与，才能推动智慧城市的欣欣向荣，蓬勃发展。

8.3　国内智慧城市发展历程、政策与实践

8.3.1　国内智慧城市发展阶段简述

众所周知，信息化革命是 20 世纪 80 年代以来世界发展的最重要特征，极大地推动了人类经济、社会、政治、军事等各方面的发展进程，创新了发展模式，提高了发展质量。新一代互联网、云计算、智能传感、通信、遥感、卫星定位、地理信息系统等技术的结合，将可以实现对一切物品的智能化识别、定位、跟踪、监控与管理，从而使地球达到"智慧"的状态，使建设智慧地球从技术上成为可能。城市是经济、政治、文化最活跃的区域，也是节约资源、保护环境的重点区域。城市的发展方式、管理能力、服务水平在很大程度上影响着全面建成小康社会的水平。可以说，建设智慧城市是中国城市历史发展的必然趋势，智慧城市已经成为中国数字化、信息化领域的战略制高点。

进入 21 世纪以来，国内一些地区在数字城市建设基础上，开始探索智慧城市的建设。2010 年 11 月 2 日，科学技术部等单位举办"2010 中国智慧城市论坛"。2010 年 12 月 12 日，"2010 中国物联网与智慧城市建设高峰论坛"在北京召开。2013 年 10 月 10 日，在工业和信息化部的指导支持下，中国智慧城市产业联盟在京成立。

2012 年 11 月，党的十八大报告明确提出在 2020 年全面建成小康社会的目标，并强调坚持走中国特色新型工业化、信息化、城镇化、农业现代化道路。2012 年国家开展首批智慧城市试点，共有 90 个城市入选。2013 年，国家推出"智慧城市"技术和标准试点城市（即"智慧城市"双试点）。由科学技术部、国家标准化管理委员会在全国选择了 20 个首批城市（区域），包括济南、青岛、南京等，确定为国家"智慧城市"技术和标准试点城市。智慧城市作为信息技术的深度拓展和集成应用，是新一代信息技术孕育突破的重要方向之一，是全球战略新兴产业发展的重要组成部分。开展"智慧城市"技

术和标准试点，是科学技术部和国家标准化管理委员会为促进中国智慧城市建设健康有序发展，推动中国自主创新成果在智慧城市中推广应用共同开展的一项示范性工作，旨在形成中国具有自主知识产权的智慧城市技术与标准体系和解决方案，为中国智慧城市建设提供科技支撑。

2014 年 8 月 27 日，经国务院同意，国家发展和改革委员会等八部委印发《关于促进智慧城市健康发展的指导意见》，要求各地区、各有关部门落实指导意见提出的各项任务，确保智慧城市建设健康有序推进。该意见提出，到 2020 年，建成一批特色鲜明的智慧城市，聚集和辐射带动作用大幅增强，综合竞争优势明显提高，在保障和改善民生服务、创新社会管理、维护网络安全等方面取得显著成效。

2016 年 11 月 22 日，国家发展和改革委员会办公厅等部门发布《关于组织开展新型智慧城市评价工作务实推动新型智慧城市健康快速发展的通知》，同时下发《新型智慧城市评价指标（2016 年）》等相关附件。该指标共包含 8 项一级指标，21 项二级指标，54 项二级指标分项。

2022 年，党的二十大报告指出：坚持人民城市人民建、人民城市为人民，提高城市规划、建设、治理水平，加快转变超大特大城市发展方式，实施城市更新行动，加强城市基础设施建设，打造宜居、韧性、智慧城市。建设智慧城市，也是转变城市发展方式、提升城市发展质量的客观要求。通过建设智慧城市，及时传递、整合、交流、使用城市经济、文化、公共资源、管理服务、市民生活、生态环境等各类信息，提高物与物、物与人、人与人的互联互通、全面感知和利用信息能力，从而能够极大提高政府管理和服务的能力，极大提升人民群众的物质和文化生活水平。建设智慧城市，会让城市发展更全面、更协调、更可持续，会让城市生活变得更健康、更和谐、更美好。2022 年 10 月，《新型智慧城市评价指标》GB/T 33356—2022 发布，并于 2023 年 5 月 1 日起正式实施。该标准以评价指标的形式明确了新型智慧城市重点建设内容及发展方向，指导各级政府清晰地了解当地建设现状及存在问题，有针对性地提升智慧城市建设的实效和水平。该标准以评价工作为抓手，可以促进智慧城市建设经验的共享和推广，及时发现不同地区、不同层级、不同规模智慧城市建设的优秀案例、实践经验和共性问题，总结提炼一批可复制、可推广的最佳实践，使智慧城市的最佳实践得以固化，为其他城市的智慧城市建设提供指导。开展新型智慧城市评价可以科学衡量各地新型智慧城市建设成效，总结典型实践经验，实现"以评促建，以评促改，以评促管"，助力新型智慧城市可持续高质量健康发展。

经过 10 多年的探索，国内智慧城市建设已进入新阶段，一座座更高效、更灵敏、更

可持续发展的城市正在应运而生。数据统计显示，100% 的副省级以上城市、76% 的地级城市和 32% 的县级市已经明确提出正在建设新型智慧城市。自我国推进智慧城市建设以来，住房和城乡建设部先后发布三批智慧城市试点名单，截至 2020 年，住房和城乡建设部公布的智慧城市试点数量已经达到 290 个。如果计算科学技术部、工业和信息化部、国家发展和改革委员会所确定的智慧城市相关试点数量，目前我国智慧城市试点数量累计已达 750 多个。目前，全球已启动或在建的智慧城市达 1000 多个，中国明确提出或正在建设的智慧城市数量居全球之最。2014 年国内智慧城市市场规模仅仅为 0.76 万亿元，2016 年中国智慧城市市场规模突破 1 万亿元。2017 年中国智慧城市市场规模增长至 6 万亿元。2018 年中国智慧城市市场规模达到 7.9 亿元。据某产业研究院统计，2020 年国内智慧城市市场规模达到 13 万亿元，2022 年增至 25 万亿元。

8.3.2　国内智慧城市发展政策

智慧城市是运用物联网、云计算、大数据、空间地理信息集成等新一代信息技术，促进城市规划、建设、管理和服务智慧化的新理念和新模式。建设智慧城市，对加快工业化、信息化、城镇化、农业现代化融合，提升城市可持续发展能力具有重要意义。近年来，我国智慧城市建设取得了积极进展，但也暴露出缺乏顶层设计和统筹规划、体制机制创新滞后、网络安全隐患和风险突出等问题，一些地方出现思路不清、盲目建设的苗头，亟待加强引导。为贯彻落实中共中央、国务院印发的《国家新型城镇化规划（2014—2020 年）》，促进智慧城市健康发展，2014 年 8 月 27 日，《关于促进智慧城市健康发展的指导意见》出台，该政策文件的核心内容如下。

1. 指导思想、基本原则和主要目标
（1）指导思想

按照走集约、智能、绿色、低碳的新型城镇化道路的总体要求，发挥市场在资源配置中的决定性作用，加强和完善政府引导，统筹物质、信息和智力资源，推动新一代信息技术创新应用，加强城市管理和服务体系智能化建设，积极发展民生服务智慧应用，强化网络安全保障，有效提高城市综合承载能力和居民幸福感受，促进城镇化发展质量和水平全面提升。

（2）基本原则

1）以人为本，务实推进。智慧城市建设要突出为民、便民、惠民，推动创新城市管

理和公共服务方式，向城市居民提供广覆盖、多层次、差异化、高质量的公共服务，避免重建设、轻实效，使公众分享智慧城市建设成果。

2）因地制宜，科学有序。以城市发展需求为导向，根据城市地理区位、历史文化、资源禀赋、产业特色、信息化基础等，应用先进适用技术科学推进智慧城市建设。在综合条件较好的区域或重点领域先行先试，有序推动智慧城市发展，避免贪大求全、重复建设。

3）市场为主，协同创新。积极探索智慧城市的发展路径、管理方式、推进模式和保障机制。鼓励建设和运营模式创新，注重激发市场活力，建立可持续发展机制。鼓励社会资本参与建设投资和运营，杜绝政府大包大揽和不必要的行政干预。

4）可管可控，确保安全。落实国家信息安全等级保护制度，强化网络和信息安全管理，落实责任机制，健全网络和信息安全标准体系，加大依法管理网络和保护个人信息的力度，加强要害信息系统和信息基础设施安全保障，确保安全可控。

（3）主要目标

建成一批特色鲜明的智慧城市，聚集和辐射带动作用大幅增强，综合竞争优势明显提高，在保障和改善民生服务、创新社会管理、维护网络安全等方面取得显著成效。

1）公共服务便捷化。在教育文化、医疗卫生、计划生育、劳动就业、社会保障、住房保障、环境保护、交通出行、防灾减灾、检验检测等公共服务领域，基本建成覆盖城乡居民、农民工及其随迁家属的信息服务体系，公众获取基本公共服务更加方便、及时、高效。

2）城市管理精细化。市政管理、人口管理、交通管理、公共安全、应急管理、社会诚信、市场监管、检验检疫、食品药品安全、饮用水安全等社会管理领域的信息化体系基本形成，统筹数字化城市管理信息系统、城市地理空间信息及建（构）筑物数据库等资源，实现城市规划和城市基础设施管理的数字化、精准化水平大幅提升，推动政府行政效能和城市管理水平大幅提升。

3）生活环境宜居化。居民生活数字化水平显著提高，水、大气、噪声、土壤和自然植被环境智能监测体系和污染物排放、能源消耗在线防控体系基本建成，促进城市人居环境得到改善。

4）基础设施智能化。宽带、融合、安全、泛在的下一代信息基础设施基本建成。电力、燃气、交通、水务、物流等公用基础设施的智能化水平大幅提升，运行管理实现精准化、协同化、一体化。工业化与信息化深度融合，信息服务业加快发展。

5）网络安全长效化。城市网络安全保障体系和管理制度基本建立，基础网络和要害信息系统安全可控，重要信息资源安全得到切实保障，居民、企业和政府的信息得到有效保护。

2. 科学制定智慧城市建设顶层设计

1）加强顶层设计。城市人民政府要从城市发展的战略全局出发研究制定智慧城市建设方案。方案要突出为人服务，深化重点领域智慧化应用，提供更加便捷、高效、低成本的社会服务；要明确推进信息资源共享和社会化开发利用、强化信息安全、保障信息准确可靠以及同步加强信用环境建设、完善法规标准等的具体措施；要加强与国民经济和社会发展总体规划、主体功能区规划、相关行业发展规划、区域规划、城乡规划以及有关专项规划的衔接，做好统筹城乡发展布局。

2）推动构建普惠化公共服务体系。加快实施信息惠民工程。推进智慧医院、远程医疗建设，普及应用电子病历和健康档案，促进优质医疗资源纵向流动。建设具有随时看护、远程关爱等功能的养老信息化服务体系。建立公共就业信息服务平台，加快推进就业信息全国联网。加快社会保障经办信息化体系建设，推进医保费用跨市即时结算。推进社会保障卡、金融 IC 卡、市民服务卡、居民健康卡、交通卡等公共服务卡的应用集成和跨市一卡通用。围绕促进教育公平、提高教育质量和满足市民终身学习需求，建设完善教育信息化基础设施，构建利用信息化手段扩大优质教育资源覆盖面的有效机制，推进优质教育资源共享与服务。加强数字图书馆、数字档案馆、数字博物馆等公益设施建设。鼓励发展基于移动互联网的旅游服务系统和旅游管理信息平台。

3）支撑建立精细化社会管理体系。建立全面设防、一体运作、精确定位、有效管控的社会治安防控体系。整合各类视频图像信息资源，推进公共安全视频联网应用。完善社会化、网络化、网格化的城乡公共安全保障体系，构建反应及时、恢复迅速、支援有力的应急保障体系。在食品药品、消费品安全、检验检疫等领域，建设完善具有溯源追查、社会监督等功能的市场监管信息服务体系，推进药品阳光采购。整合信贷、纳税、履约、产品质量、参保缴费和违法违纪等信用信息记录，加快征信信息系统建设。完善群众诉求表达和受理信访的网络平台，推进政府办事网上公开。

4）促进宜居化生活环境建设。建立环境信息智能分析系统、预警应急系统和环境质量管理公共服务系统，对重点地区、重点企业和污染源实施智能化远程监测。依托城市统一公共服务信息平台建设社区公共服务信息系统，拓展社会管理和服务功能，发展面向家政、养老、社区照料和病患陪护的信息服务体系，为社区居民提供便捷的综合信息服务。推广智慧家庭，鼓励将医疗、教育、安防、政务等社会公共服务设施和服务资源接入家庭，提升家庭信息化服务水平。

5）建立现代化产业发展体系。运用现代信息化手段，加快建立城市物流配送体系和城市消费需求与农产品供给紧密衔接的新型农业生产经营体系。加速工业化与信息化深度融合，推进大型工业企业深化信息技术的综合集成应用，建设完善中小企业公共信息服务平台，积极培育发展工业互联网等新兴业态。加快发展信息服务业，鼓励信息系统服务外包。建设完善电子商务基础设施，积极培育电子商务服务业，促进电子商务向旅游、餐饮、文化娱乐、家庭服务、养老服务、社区服务以及工业设计、文化创意等领域发展。

6）加快建设智能化基础设施。加快构建城乡一体的宽带网络，推进下一代互联网和广播电视网建设，全面推广三网融合。推动城市公用设施、建筑等智能化改造，完善建筑数据库、房屋管理等信息系统和服务平台。加快智能电网建设。健全防灾减灾预报预警信息平台，建设全过程智能水务管理系统和饮用水安全电子监控系统。建设交通诱导、出行信息服务、公共交通、综合客运枢纽、综合运行协调指挥等智能系统，推进北斗导航卫星地基增强系统建设，发展差异化交通信息增值服务。建设智能物流信息平台和仓储式物流平台枢纽，加强港口、航运、陆运等物流信息的开发共享和社会化应用。

3. 切实加大信息资源开发共享力度

1）加快推进信息资源共享与更新。统筹城市地理空间信息及建（构）筑物数据库等资源，加快智慧城市公共信息平台和应用体系建设。建立促进信息共享的跨部门协调机制，完善信息更新机制，进一步加强政务部门信息共享和信息更新管理。各政务部门应根据职能分工，将本部门建设管理的信息资源授权有需要的部门无偿使用，共享部门应按授权范围合理使用信息资源。以城市统一的地理空间框架和人口、法人等信息资源为基础，叠加各部门、各行业相关业务信息，加快促进跨部门协同应用。整合已建政务信息系统，统筹新建系统，建设信息资源共享设施，实现基础信息资源和业务信息资源的集约化采集、网络化汇聚和统一化管理。

2）深化重点领域信息资源开发利用。城市人民政府要将提高信息资源开发利用水平作为提升城市综合竞争力的重要手段，大力推动政府部门将企业信用、产品质量、食品药品安全、综合交通、公用设施、环境质量等信息资源向社会开放，鼓励市政公用企事业单位、公共服务事业单位等机构将教育、医疗、就业、旅游、生活等信息资源向社会开放。支持社会力量应用信息资源发展便民、惠民、实用的新型信息服务。鼓励发展以信息知识加工和创新为主的数据挖掘、商业分析等新型服务，加速信息知识向产品、资产及效益转化。

4. 积极运用新技术新业态

1）加快重点领域物联网应用。支持物联网在高耗能行业的应用，促进生产制造、经营管理和能源利用智能化。鼓励物联网在农产品生产流通等领域应用。加快物联网在城市管理、交通运输、节能减排、食品药品安全、社会保障、医疗卫生、民生服务、公共安全、产品质量等领域的推广应用，提高城市管理精细化水平，逐步形成全面感知、广泛互联的城市智能管理和服务体系。

2）促进云计算和大数据健康发展。鼓励电子政务系统向云计算模式迁移。在教育、医疗卫生、劳动就业、社会保障等重点民生领域，推广低成本、高质量、广覆盖的云服务，支持各类企业充分利用公共云计算服务资源。加强基于云计算的大数据开发与利用，在电子商务、工业设计、科学研究、交通运输等领域，创新大数据商业模式，服务城市经济社会发展。

3）推动信息技术集成应用。面向公众实际需要，重点在交通运输联程联运、城市共同配送、灾害防范与应急处置、家居智能管理、居家看护与健康管理、集中养老与远程医疗、智能建筑与智慧社区、室内外统一位置服务、旅游娱乐消费等领域，加强移动互联网、遥感遥测、北斗导航、地理信息等技术的集成应用，创新服务模式，为城市居民提供方便、实用的新型服务。

5. 着力加强网络信息安全管理和能力建设

1）严格全流程网络安全管理。城市人民政府在推进智慧城市建设中要同步加强网络安全保障工作。在重要信息系统设计阶段，要合理确定安全保护等级，同步设计安全防护方案；在实施阶段，要加强对技术、设备和服务提供商的安全审查，同步建设安全防护手段；在运行阶段，要加强管理，定期开展检查、等级评测和风险评估，认真排查安全风险隐患，增强日常监测和应急响应处置恢复能力。

2）加强要害信息设施和信息资源安全防护。加大对党政军、金融、能源、交通、电信、公共安全、公用事业等重要信息系统和涉密信息系统的安全防护，确保安全可控。完善网络安全设施，重点提高网络管理、态势预警、应急处理和信任服务能力。统筹建设容灾备份体系，推行联合灾备和异地灾备。建立重要信息使用管理和安全评价机制。严格落实国家有关法律法规及标准，加强行业和企业自律，切实加强个人信息保护。

3）强化安全责任和安全意识。建立网络安全责任制，明确城市人民政府及有关部门负责人、要害信息系统运营单位负责人的网络信息安全责任，建立责任追究机制。加大宣传教育力度，提高智慧城市规划、建设、管理、维护等各环节工作人员的网络信息安全风险意识、责任意识、工作技能和管理水平。鼓励发展专业化、社会化的信息安全认证服务，为保障智慧城市网络信息安全提供支持。

6. 完善组织管理和制度建设

1）完善管理制度。国务院有关部门要加快研究制定智慧城市建设的标准体系、评价体系和审计监督体系，推行智慧城市重点工程项目风险和效益评估机制，定期公布智慧城市建设重点任务完成进展情况。城市人民政府要健全智慧城市建设重大项目监督听证制度和问责机制，将智慧城市建设成效纳入政府绩效考核体系；建立激励约束机制，推动电子政务和公益性信息服务外包和利用社会力量开发利用信息资源、发展便民信息服务。

2）完善投融资机制。在国务院批准发行的地方政府债券额度内，各省级人民政府要统筹安排部分资金用于智慧城市建设。城市人民政府要建立规范的投融资机制，通过特许经营、购买服务等多种形式，引导社会资金参与智慧城市建设，鼓励符合条件的企业发行企业债募集资金开展智慧城市建设，严禁以建设智慧城市名义变相推行土地财政和不切实际的举债融资。城市有关财政资金要重点投向基础性、公益性领域，优先支持涉及民生的智慧应用，鼓励市政公用企事业单位对市政设施进行智能化改造。

3）建立部际协调机制。国家发展和改革委员会等多部门建立部际协调机制，协调解决智慧城市建设中的重大问题，加强对各地区的指导和监督，研究出台促进智慧城市健康发展以及信息化促进城镇化发展的相关政策。各省级人民政府切实加强对本地区智慧城市建设的领导，采取有力措施，抓好全过程监督管理。城市人民政府是智慧城市建设的责任主体，要加强组织、细化措施，扎实推进各项工作，主动接受社会监督，确保智慧城市建设健康有序推进。

8.3.3 国内智慧城市建设实践案例

国内诸多城市借鉴国际上"智慧城市"的理念，在党中央和国务院政策推动下，大力推进智慧城市建设，涌现出许多具有区域特色的实践案例，成为城市发展的新热点。

1. 银川市

银川市智慧城市建设在顶层设计上为 10 大系统、13 个子模块，以此实现城市级别的数据共享。在过去的几年中，银川市将"智慧的触角"延伸到城市的每个角落，搭建起"一图一网一云"的整体架构。这个架构最大的优点是既可以支持一期的智慧城市建设，还可以对未来二期、三期建设进行延伸扩展，换句话说就是既可以满足现在的建设需求，同时又不会对未来的发展构成障碍和限制。

其中，"一图"，是通过部署的各类物联网感知终端，结合全景真三维地图，对城市各要素进行空间节点定位；"一网"，是 8000G 的城市光网络，将这些节点连起来，把"一图"的数据传到"一云"；"一云"，就是大数据中心云平台，对"一网"传输过来的数据进行存储和挖掘分析，让数据产生价值。简而言之，"一图"就是"眼睛、耳朵、鼻子"，负责感知；"一网"就是神经，负责信息传输；"一云"就是大脑，负责记忆和思考。

在此基础上，银川与中兴通讯携手规划智慧城市顶层设计，打破全市各类"信息孤岛"，以智慧度、惠民度为核心目标，以资源整合、服务融合为理念，建立了智慧银川城市运营指挥中心，集合智慧城市日常运营、应急指挥、城市综合管理三大功能于一体，汇聚城市信息，分析城市指标，堪称智慧银川的"大脑"，肩负着城市指挥中心、应急指挥中心、城市管理副中心三大职责。

2. 杭州市

在建设移动智慧城市方面，杭州早已成为全球最大的移动支付之城，只要一部手机就可以解决日常生活所需。数据显示，在杭州，超过 95% 的超市、便利店能使用支付宝付款；超过 98% 的出租车支持移动支付。截至目前，杭州市民通过支付宝城市服务，就可以享受政务、车主、医疗等领域 60 多项便民服务。杭州实际上已经率先完成"移动智慧城市"建设。

在智慧交通领域，城市数据大脑 V1.0 平台投入使用，分析研判路面情况，调整红绿灯疏导交通，通过手机终端等多种渠道，把交通信息反馈给市民，引导他们避开拥堵。2017 年 7 月上线运行的城市数据大脑 V1.0 平台，目前已接入了路口、路段、高架匝道等点位 136 路，监控视频 249 路，相当于市区 9% 的规模。平台运行以来，在接入的249 路监控视频分析中，发现规律性的交通乱点 8 个，其中潮王路新华医院门口一天规律性报警最高达 197 次，通过社会综合治理，调优交通组织、理顺内部循环，通行秩序得以明显改善。

在智慧社区领域，为了让更多的中老年人享受互联网带来的便捷生活，拱墅区湖墅街道与一家智能科技公司共同出资，在仓基新村社区试点建设智慧社区。针对老人不会上网的问题，仓基新村在局域网建设基础上专门针对这些老人组建了一个小区固定电话的虚拟网络，就像酒店里的内线电话，居民们可以直接拨打短号和隔壁邻居免费通话，比如有个头疼脑热时可以一键呼叫社区服务中心。这门电话还连通单元楼的门禁系统，楼下有人按门铃，居民可直接用电话对讲、开门，非常方便。

在萧山区，正以物联网应用为基础，打造智慧社区、智慧养老、智慧医疗三者合一的综合性网上医养护平台。健康保健小屋的相关仪器可以测体重、血压、体脂含量、骨骼、肌肉含量和卡路里。仪器都安装了物联网感应系统，通过一个个终端采集的个人健康信息可以及时传递到健康云服务平台上，当老人的生理指标超过正常范围对，系统会做出异常告警。老人也可以通过手机 APP 管理自身的健康状况，同时老人的子女亲友也可以通过 APP 及时跟踪老人的健康状况。

在淳安，启动了水电热气"四表合一"试点。以成熟的电能信息采集网络为基础，在新建住宅小区推行水表、电表、气表、热表四表合并采集，对民生密切相关的水、电、气、热能源信息数据进行采集分析，运用大数据运算提高社会能源综合利用率。

3. 佛山市

早在 2010 年，广东省佛山市就提出"四化融合智慧佛山"发展战略。在 2011 年全国两会上，佛山主要领导透露，佛山已申请全国智能城市示范点，力争 3~5 年形成"四化融合"雏形。

2013 年 7 月，IBM 提供了"智慧佛山"建设的中期调研报告，建议佛山可以以食品安全、水治理和智慧交通为切入点，以产业转型为手段，在建设智慧佛山的同时打造强大的高端服务产业链。IBM 也对佛山南海三山新城提出建议。在城市云方面，未来三山可通过手机信号定位，快速掌握各种交通工具、道路、地区的人流情况，而这类信息又可供城市管理部门更科学地规划商业区、居民区、公共交通、医院、学校甚至加油站的布局。

在健康云方面，保险公司、患者以及各级医院可统一在一个云平台上实现检验结果和电子病历共享、远程会诊、网上挂号和预约门诊等高效服务，减少患者排队、报销的痛苦，节约整体社会的资源。同时，通过产业云平台，可在统一设计标准的同时节省整个产业链的成本，以帮助中小企业降低运营成本，使其投资能集中在核心制造优势上，而不是花费在采购等环节上。

佛山市南海区数据统筹局通过将分散在 60 多个部门、150 多个系统的数据集中在一起，实现了惠民服务。数据统筹局于 2014 年 5 月成立，至 2014 年底，已经与 66 个部门、157 个系统成功对接，平均每月跨部门数据交换批次达 600 多次，数据交换总量已经超过 4000 万条。2014 年 8 月，数据统筹局推出图识南海、数说南海、法人平台等"4·1"项目平台，为企业、市民提供多种服务。以图识南海来说，市民可以在地图上找到公厕、Wi-Fi 热点、医保药店等信息。除此之外，企业大监管平台、社会网格化管理平台、政务地图平台、人口库应用平台等一系列综合性政务平台也在建设中。

在医疗卫生方面，佛山市"南海区市民健康档案管理平台"整合了南海区 143 家医疗机构的医疗信息资源，包括 3 个区级医院、12 个镇街级医院以及 128 家社区卫生服务站点的信息。此外，还包括以家庭为单位的每个居民的"居民健康档案"，登录平台可以看到就诊记录、用药情况、各阶段身体健康状况等信息，帮助医生快速了解患者病史，判断病情，合理用药。

此外，佛山还在积极组建交通大数据库。佛山禅城区主要领导在禅城区政协会议上指出，禅城的交通发展，无论是建设还是优化公交，都需要以强大的数据库为支撑。目前禅城正在进行交通建设和管理方面的研究，将会结合对整个交通流量的监测数据来规划公交线路和路网监测系统。

4. 深圳市福田区

福田区委、区政府以深圳织网工程和智慧福田建设为契机，依托大数据系统网络，着力构建以民生为导向的完善的电子政务应用体系，并在此基础上积极开展业务流程再造，有效提高了福田区的行政效能和社会治理能力。主要措施包括：建设"一库一队伍两网两系统"、建设"两级中心、三级平台、四级库"、构建"三厅融合"的行政审批系统、建设政务征信体系。

此外，福田区还把新技术应用与社会治理机制创新相结合。基于流动人口自主申报，建立房屋编码制度，深化"民生微实事"改革，对人口管理、房屋管理、社会参与机制等进行探索。全面梳理"自然人从生到死，法人从注册到注销，房屋楼宇从规划、建设到拆除"与政府管理服务相对应的所有数据，为实现信息循环、智能推送提供数据规范和数据支持。并在信息资源融合共享的基础上，广泛进行部门业务工作需求调研，厘清部门之间的业务关系和信息关联，通过部门循环、信息碰撞、智能推送，再造工作流程，有效减少了工作环节，简化了工作程序，提升了服务效能，方便了群众办事。

5. 贵阳市

贵阳以中关村贵阳科技园为依托，以重大项目和龙头企业引进为主要抓手，以需求市场的统筹开发和数据资源开放为切入点，坚持走"政府引导、市场驱动"的发展道路，遵循"环境优势吸引产业、基础设施保障产业、本地市场带动产业、优惠政策扶持产业"的发展策略，大力发展大数据产业，将大数据与资本、政策、园区等要素紧密融合，以信息化提升城市核心竞争力，带动贵阳经济社会全面发展。

在培养大数据应用市场方面，实施"政务大数据开放"项目、"智慧贵阳"项目和"传统特色产业大数据融合"项目；在智能化建设方面，建设"全域公共免费 Wi-Fi 接入上网"城市、"块上集聚的大数据公共平台"，以实现块上集聚的用户上网行为数据的全采集，拟应用于制约和监督权力运行的"数据铁笼"平台、"数据禁毒"平台、"数据健康"平台、"数据敬老"平台、"数据慕课"平台、"数据智游"平台。

8.4　智慧城市建设的架构体系

随着信息技术和通信技术的快速发展，智慧城市已经成为全球城市发展的重要趋势。智慧城市以发展更科学、管理更高效、生活更美好为目标，通过透明、充分的信息获取，广泛、安全的信息传递和有效、科学的信息处理，实现城市管理的智能化和现代化。智慧城市涵盖的范围很广，从功能上讲，涉及城市运行状态的感知、传输、计算、分析、共享、决策，对城市基础设施、管理、运行、民生等方面进行信息化、智能化和智慧化。智慧城市产业链从上游到下游主要包含顶层设计、硬件、软件、系统集成、运营、应用等部分。在应用方面，主要包括智慧安防、政务云、智慧交通、智慧医疗、智慧能源等。

8.4.1　IBM 的智慧城市建设架构

IBM 作为全球率先提出"智慧城市"概念的企业，IBM 经过研究认为，城市由关系到城市主要功能的不同类型的网络、基础设施和环境等六个核心系统组成：组织（人）、业务/政务、交通、通信、水和能源。这些系统不是零散的，而是以一种协作的方式相互衔接。而城市本身，则是由这些系统所组成的宏观系统。

IBM 的智慧城市建设架构方案包括一系列智能化的技术和服务，涵盖城市规划、交通管理、能源利用、公共安全等多个方面，旨在帮助城市管理者利用科技手段来改善城市运行效率，提升居民生活品质。这些解决方案不仅包括基础建设如云计算、物联网、移动互联网和大数据技术的应用，还包括城市综合管理平台的构建，以及公共安全和绿色建筑等方面的定制化解决方案。

1. 智慧城市的技术架构体系

对智慧城市建设的数据体系、技术体系、业务体系、应用体系、产业体系、基础设施体系、标准体系和安全体系进行架构设计：

1）数据体系，包括开展对数据资源架构、数据服务和数据治理的设计。

2）技术体系，指搭建支撑智慧城市建设的技术平台。

3）业务体系，指分析业务提供方、业务服务对象、业务渠道等方面。

4）应用体系，指对应用系统、功能模块进行设计。

5）产业体系，指要提出重点发展的城市智慧产业。

6）基础设施体系，指对物联感知层、网络通信层、计算与存储层、数据与服务融合层的基础设施进行设计。

7）标准体系，指对智慧城市总体基础、支撑技术、基础设施、管理服务和产业等标准进行设计。

8）安全体系，指对网络和信息安全提出安全技术、安全管理的相关规章制度和标准规范。

2. 智慧城市的应用功能体系

智慧城市建设的应用功能领域包括：

1）基础设施，包括云网端、数据库的建设（规则库、政策库等）、数字孪生、物联网、车联网、智联网等。

2）智慧民生，包括文教体健康、交通出行、最多跑一次、一网通办等。

3）智慧政府 / 治理，包括数据治理、流程再造等。

4）智慧应用，包括智慧产业等。

5）智慧人群，包括民众、企业、机构等，如监测人员流动量、降低办事服务和居住成本等。

6）智慧环境，包括营商环境、生态环境、制度保障、法治环境等。

8.4.2　国内智慧城市建设模式

智慧城市建设涉及各个方面，包括城市基础设施、公共服务、社会经济等。在城市基础设施方面，智慧城市可以通过智能交通系统、智能供水系统等方式，提高城市的运行效率和居民的生活质量。在公共服务方面，智慧城市可以通过智能医疗、智能教育等方式，提供更加高效、便捷的公共服务。在社会经济方面，智慧城市可以通过数字经济、智慧旅游等方式，促进城市的经济发展和社会进步。国内智慧城市建设试点地区在实践中总结了多种形式的智慧城市建设架构体系，其中具有典型代表性的智慧城市建设架构体系可概括为模式一和模式二。

1. 智慧城市建设模式一

模式一中的智慧城市总体架构包含一个平台、四个层次、两个保障。

（1）一个平台为应用支撑平台。

（2）四个层次为感知层、传输层、数据层、应用层。

1）感知层

智慧城市的感知范围从公共事务管理、公众社会服务和经济发展建设三大应用领域入手，重点围绕交通、能源、物流、工农业、金融、智能建筑、医疗、环保、市政管理、城市安全等重点行业的应用和难点，分别采用移动终端、RFID、智能卡、GPS 定位等不同技术进行基础数据采集。

2）传输层

随着各种通信技术逐步走向融合，如移动通信技术与 IP 网络的融合，电信网、电视网、计算机网、卫星通信网走向融合，智慧城市传输层形成天地一体化的基础网络、服务化的信息系统、聚合化的运营平台和多样化的业务应用。

3）数据层

数据层由二体系、三库、一渠道构成。二体系是指统一信息资源模型体系、统一信息编码体系，三库是指数据仓库、信息系统数据库和知识库，一渠道是指信息资源访问渠道。在统一信息资源模型体系、统一信息编码体系和数据仓库的基础上，通过信息系统数据库和文件库为日常的业务管理与查询提供支撑，数据仓库体系为决策支持应用提供支撑，信息资源访问渠道为各种信息资源应用提供访问接口。

4）应用层

应用层包括智慧的产业发展体系、智慧的环境和资源体系、智慧的城市运行体系、智能的城市交通体系、智能的民生保障体系以及智慧的幸福生活体系。

（3）两个保障为支撑服务层和信息安全体系。

1）支撑服务层

支撑服务层强调两大平台，一是公共应用支撑平台，二是电子政务应用支撑平台。

2）信息安全体系

智慧城市信息安全体系建设需准确建立在业务流程整合和业务数据规范交互基础之上，从信息系统等级保护角度提出安全体系的设计思路与安全防护策略。

2. 智慧城市建设模式二

模式二中的智慧城市建设框架体系包括：智慧城市规划建设、智慧公共照明管理系统、数据中心、市场监管平台、IOC（智慧城市运行中心）、移动终端安全管控平台、智慧家庭、智慧园区、社区网格化等。

（1）智慧城市顶层设计

智慧城市规划的主要内容是智慧城市顶层设计（图 8-1），为城市管理者提供科学、统一的智慧城市总体规划和设计，避免由于缺乏统筹而出现的重复建设等问题。在城市建设规划阶段提供信息化系统建设的整体设计方案，促进系统间的无缝整合，相关数据的相互融合，以及资源的充分共享。

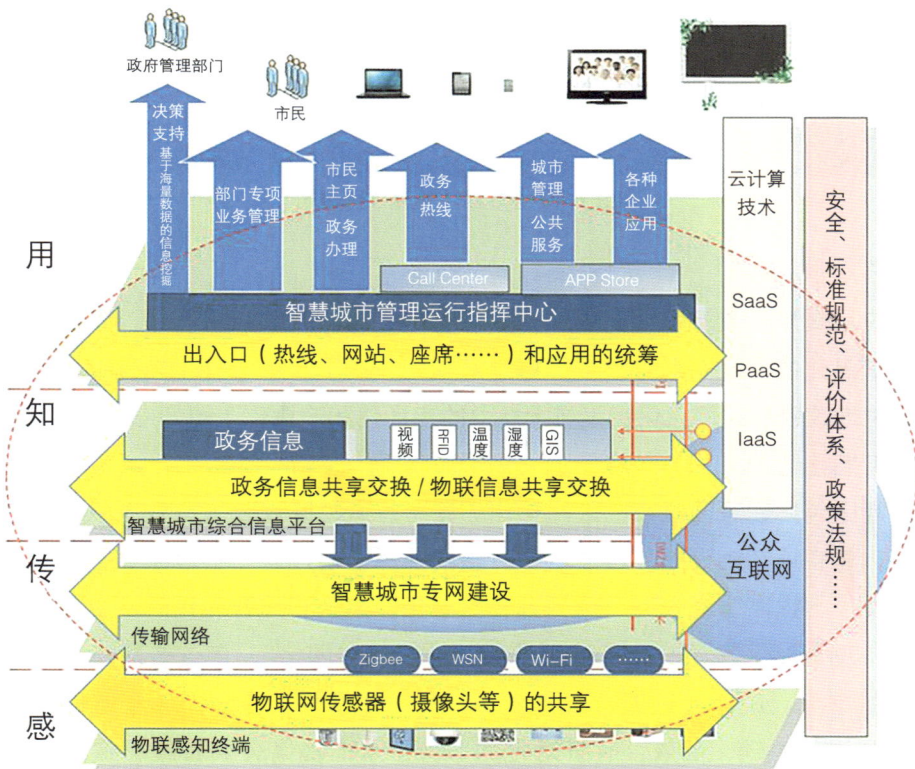

图 8-1　智慧城市顶层设计示意图

（2）智慧照明

智慧照明包括智慧路灯、路灯物联网综合传感网。采用物联网和云计算技术，实现对城市道路照明的信息采集上报、智能状态分析、远程控制、后台软件管理、地图定位等功能，通过统一的信息化通信技术与管理平台，解决当前城市照明存在的电能浪费，人工巡检延迟大、投诉多、安全隐患大，缺乏科学的数据统计与能效分析，管理水平落后等问题（图8-2）。

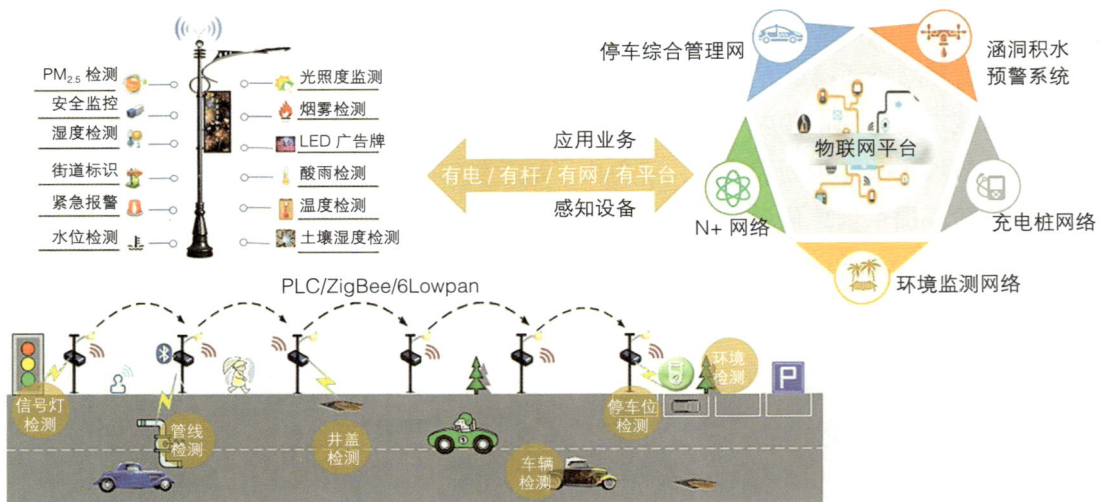

图8-2　智慧照明控制系统示意图

（3）移动应用

移动应用聚焦于政府移动信息化领域的基础平台和关键应用研究，以基础平台解决政府移动信息化的安全和运维管理等瓶颈问题，并基于此平台孵化具有市场竞争力的移动应用，推动政府移动信息化相关技术能力的市场化和产业化（图8-3）。

（4）智慧社区

智慧社区包括智慧园区和社区网格化。其中智慧社区以云平台数据中心和物联网技术为核心，将各项基础设施连接成一个有机的整体，通过同一平台操纵各种数据实现管理，最大限度地提高管理效率，达到办公自动化、园区管理智能化的目的。社区网格化管理将城市管理辖区按照一定标准划分为一个个的"网格"，使这些网格成为政府管理基层社会的单元。政府通过整合政务资源，每一个网格实施动态、全方位管理，为辖区内的居民提供主动、高效、有针对性的服务，从而提高公共管理、综合服务的效率（图8-4）。

图 8-3　移动应用管理系统示意图

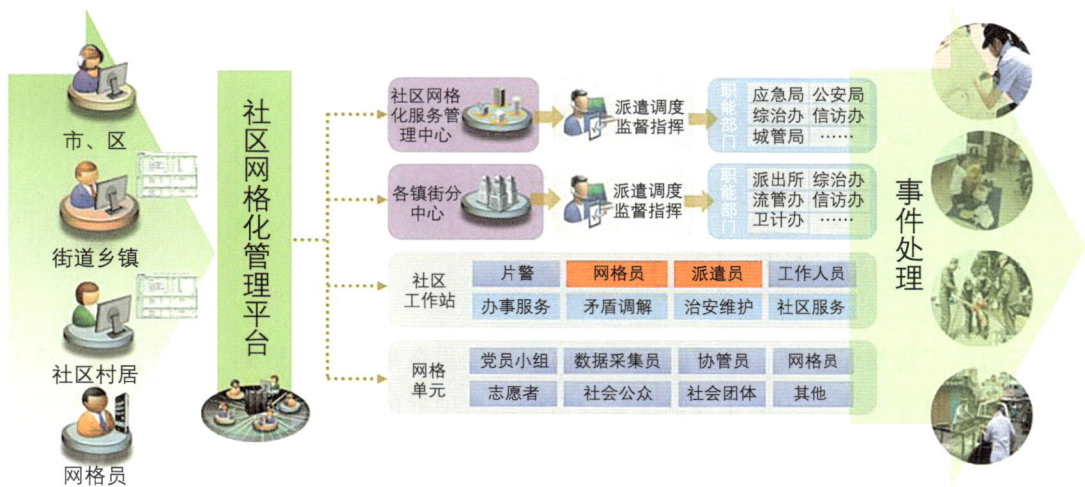

图 8-4　智慧社区示意图

（5）电子政务

电子政务主要针对当下政务信息分布分散、资源信息不对称、资源信息难以相容、数据质量缺乏保障等政务管理方面的难题研究开发共享平台，可以有效实现跨部门之间高效的信息共享和业务协作，减少各部门在相关领域的重复建设，为领导科学决策、依法决策提供有力依据，整体提升政府的科学化管理水平和智能化决策水平（图 8-5）。

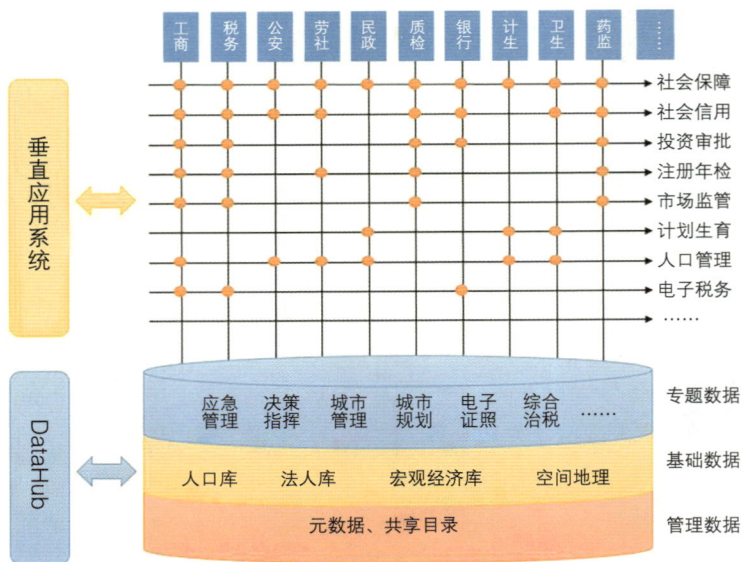

图 8-5　电子政务示意图

8.5　信息技术在城市建设管理中的应用

8.5.1　BIM 技术

在城市工程建设领域，三维图形技术已经被应用在建筑物的规划、设计、施工与运维过程中，产品的三维图形化表达、处理与展示对项目的成功实施、效率提升发挥着非常关键的作用。三维图形处理技术主要包括几何造型、实体建模与显示绘制。几何造型主要利用计算机数值解法实现物体的几何外形描述并进行相应的显示、控制处理。实体建模重点关注如何在计算机内定义并生成一个真实的三维物体。二者结合在一起就能用数字化的手段在计算机内完整地表达现实世界中的真实物体，模拟其生成过程，并进行各种分析、变换处理。

在工程建设领域，三维图形技术的一个重要应用体现在 BIM 技术应用上。相比于传统的二维 CAD 设计，BIM 技术以建筑物的三维图形为载体进一步集成各种建筑信息参数，形成数字化、参数化的建筑信息模型，然后围绕数字模型实现施工模拟、碰撞检测、5D 虚拟施工等应用。借助 BIM 技术，能在计算机内实现设计、施工和运维数字化的虚拟建造过程，并形成优化的方案指导实际的建造作业，极大提高设计质量、降低施工变更、提升工程可实施性。

　　目前，BIM 技术已经被广泛应用在施工现场管理中。在施工方案制定环节，利用 BIM 技术可以进行施工模拟，分析施工组织、施工方案的合理性和可行性，排除可能的问题。例如管线碰撞问题、施工方案（深基坑、脚手架）模拟等的应用，对于结构复杂和施工难度高的项目尤为重要。在施工过程中，将成本、进度等信息要素与模型集成，形成完整的 5D 施工模型，帮助管理人员实现施工全过程的动态实物量管理、动态造价管理、计划与实施的动态对比等，实现施工过程的成本、进度和质量的数字化管控。目前，BIM 技术的应用逐渐呈现出与物联网、智能化设备、移动等技术集成应用的趋势，发挥着更大的作用。在竣工交付环节，所有图纸、设备清单、设备采购信息、施二期间的文档都可以基于 BIM 模型统一管理，可视化的施工资料和文档管理，为今后建筑物的运维管理提供了数据支撑。

8.5.2　云计算技术

　　云计算是网格计算、分布式计算、并行计算、效用计算、网络存储、虚拟化和负载均衡等计算机技术与网络技术发展融合的产物。它有三个主要特性，一是云计算旨在通过网络把多个成本相对较低的计算实体，整合成一个具有强大计算能力的完美系统，并把这些强大的计算能力分布到终端用户手中。二是云计算是一种新的互联网应用模式，它是基于互联网的相关服务增加、使用和交付而建立的，其资源具有动态易扩展和虚拟化特点，云计算依赖互联网实现。三是云计算是交付和使用模式的服务，这种基于互联网、采用按需和易于扩展的方式获得所需要的资源的服务与软件和互联网以及其他服务相关，标志着计算能力作为商品在互联网的正式流通。

　　云计算按照服务类型大致可以分为三类，基础设施作为服务（Infrastructure as a Service，IaaS）、平台作为服务（Platform as a Service，PaaS）、软件作为服务（Software as a Service，SaaS）。云计算在我国得到快速发展，截至 2014 年，国内企业级 SaaS 市场规模为 117.5 亿元，增长率达 72.2%。2015 年，增至 199.3 亿元，增长率为 69.3%。按 70% 左右的增速计算，2016 年市场规模突破 300 亿。《2016—2020 年建筑业信息化发展纲要》指出建筑行业要大力发展云计算技术，积极利用云计算技术改造提升现有电子政务信息系统、企业信息系统及软硬件资源，降低信息化成本，挖掘云计算技术在工程建设管理及设施运行监控等方面的应用潜力。

在施工现场智慧化应用过程中，云计算作为基础应用技术是不可或缺的，物联网、移动应用、大数据等技术的应用过程中，普遍搭建云服务平台，实现终端设备的协同、数据的处理和资源的共享。传统信息化基于企业服务器部署的模式逐渐被基于公有云或私有云的信息化架构模式所取代，特别是一些移动应用提供了公有云，用户只需要在手机上安装 APP，注册后就可以使用，避免施工现场部署网络服务器，简化了现场互联网应用，有利于现场信息化的推广。

8.5.3 大数据技术

通常大数据技术是指通过对大量数据进行采集、存储、分析和处理，从中提取有价值的信息。在智慧城市中，大数据技术可以应用于城市规划、交通管理、环境保护等方面。关于大数据的界定到目前为止没有一个公认的定义。维基百科对大数据概念的定义：大数据指的是所涉及的资料量规模巨大，导致无法通过目前主流软件工具，在合理时间内达到撷取、管理、处理并整理成为帮助企业经营决策目的的资讯。工业和信息化部电信研究院《2014 年大数据白皮书》中指出，大数据是具有体量大、结构多样、时效强等特征的数据，处理大数据需采用新型计算架构和智能算法等新技术，其应用强调以新的理念应用于辅助决策、发现新的知识，更强调在线闭环的业务流程优化。

目前，普遍被认同的关于大数据特征的描述是由国际数据公司（International Data Group，IDC）提出的四个 V。一是数据体量巨大（Volume），截至 2013 年，全球累计数据量为 4.3ZB（1ZB=1024EB，1EB=1024PB，1PB=1024TB，1TB=1024GB），2020 年达到约 40ZB；二是数据类型繁多（Variety），包括网络日志、音频、视频、图片等不同格式的结构化和非结构化数据；三是处理速度快（Velocity），云计算技术的出现，可通过分布式并行计算和虚拟化技术实现可配置可扩展的计算资源共享池，为大数据的计算提供了保证；四是价值密度（Value），海量数据中有价值信息很少，如何通过强大的机器算法更迅速地完成数据的价值"提纯"，寻找数据关联关系，并建立有效模型，成为目前发挥大数据应用价值的重点。

项目施工过程中将会产生海量的数据，有工程设计图纸、工程进度数据、合同数据、付款数据、供应商评审信息、询价信息、劳务数据、质量检验数据、施工现场的监控视频等不同的数据信息。随着"智慧工地"的实施与应用，更多的物联网、BIM 技术被引入，建设项目产生的数据将成倍地增加，数据量将是惊人的。以一个建筑物为例，一栋楼在设计施工阶段大概能产生 10TB 的数据，如果到了运维阶段，数据量还会更大。这些数据充分体现了大数据的多个特征，多源、多格式、海量等，对这些数据进行收集整理再利用，可帮助企业更好地预测项目风险，提前预测，提高决策能力；也可帮助业务人员分析提取分类业务指标，并用于后续的项目。例如从大量预算工程中分析提取不同类型工程的造价指标，辅助后续项目的估算。

8.5.4　物联网技术

物联网是指通过互联网将各种智能设备连接起来，实现设备之间的信息交流和互联互通。在智慧城市中，物联网技术可以应用于智能交通、智能供水、智能照明等方面。住房和城乡建设部印发的《2016—2020 年建筑业信息化发展纲要》中明确提出要通过物联网技术，结合工程建设需求，加强低成本、低功耗、智能化传感器及相关设备的研发，实现物联网核心芯片、仪器仪表、配套软件等在建筑业的集成应用。物联网技术也是"智慧工地"应用的核心技术之一。

物联网是通过在建筑施工作业现场安装各种 RFID、红外感应器、全球定位系统、激光扫描器等信息传感设备，按约定的协议，把任何与工程建设相关的人员或物品与互联网连接起来，进行信息交换和通信，以实现智能化识别、定位、跟踪、监控和管理的一种网络。弥补传统方法和技术在监管中的缺陷，实现对施工现场人、机、料、法、环的全方位实时监控，变被动"监督"为主动"监控"。物联网具备三大特征，一是全面感知，利用传感器、RFID、二维码等采集技术，随时随地获取现场人员、材料和机械等的数据；二是可靠传送，通过通信网与互联网，实时获取的数据可以随时随地交互、共享；三是智能处理，利用云计算、大数据、模式识别等智能计算技术，对海量的数据进行分析与处理，提取有用的信息，实现智能决策与控制。因此，物联网不是一项技术，它是多项技术的总称，从其技术特征和应用范围来讲，物联网的技术可以分为自动识别技术、定位跟踪技术、图像采集技术和传感器与传感网络技术。

1. 自动识别技术

自动识别技术主要包括条形码技术、RFID 技术和其他识别技术。

条形码技术：条形码（Barcode）技术是由一系列规则排列的条、空及其对应字符组成的标记，用以表示一定的信息，条形码中的信息需要通过阅读器扫描并经译码之后传输到计算机中，信息以电子数据格式得以快速交换，实现目标动态定位、跟踪和管理。条形码种类繁多，主要可分为一维、二维和三维条形码。1949 年发明条形码技术以来，条形码技术得到了广泛的应用，成为最经济、最实用的一种自动识别技术之一。随着智能手机和平板电脑等移动终端的兴起及广泛应用，条形码技术的应用程度也大大提高。

条形码技术克服了传统手工输入数据效率低、错误率高以及成本高的缺点，因此逐渐被应用于建筑施工行业，实现以较少的人力投入，获取高效准确的信息。在施工现场，条形码技术主要被应用于建筑材料和机械设备的管理，通过移动终端设备扫描，实时获取管理数据，完成从材料计划、采购、运输、库存的全过程跟踪，实现材料精细化管理，减少材料浪费。还可以制成现场工作人员的工作卡，方便对现场人员的管理和控制。

RFID 技术：RFID 全称为"Radio Frequency Identification"（中文名为"射频辨识系统"），是一项利用射频信号通过空间电磁耦合实现无接触信息传递并通过所传递的信息达到物体识别的技术。RFID 系统主要由三部分组成：电子标签（Tag）、天线（Antenna）和读写器（Reader）。其中，电子标签芯片具有数据存储区，用于存储待识别物品的标识信息；天线用于发射和接收射频信号，往往内置在电子标签或读写器中；读写器是将约定格式的待识别物品的标识信息写入电子标签的存储区中（写入功能），或在读写器的阅读范围内以无接触的方式将电子标签内保存的信息读取出来。

近年来，由于 RFID 技术成本的急剧下降以及功能的提升，使其在零售业、服务业、制造业、物流业、医疗和国防领域得到很好的应用。对于复杂的施工现场来讲，RFID 也具有很好的发展空间和应用优势，可以针对恶劣工作环境下的信息进行有效收集和管理。目前，RFID 技术在"智慧工地"应用中主要用于现场人员、机械、材料（包括预制构件）的跟踪和现场安全方面的管理工作。例如，在 PC 装配式建筑施工中，通过内置于预制构件中的 RFID，配合手持读写器，精确定位构件的吊装位置。通过监测场区范围内施工人员身上的 RFID 标签，掌握工地现场人员状况，包括精确掌握人员考勤、各工种上岗、现场进出情况等，实现现场人员智能化管理。还可以通过 RFID 跟踪危险物品或现场废弃物，监视工作人员位置，当处于或即将处于危险区域时，对其提出警告。

其他识别技术：除了条形码和 RFID 技术之外，日常生活中可能接触到的自动识别技术还有语音识别技术、光学字符识别技术（OCR）、生物识别技术（如指纹）、磁条等，目前开始应用于施工现场的是人脸识别技术。

人脸识别是一种可实现身份认证的生物特征识别技术。人脸识别技术通过构建人脸识别系统的一系列相关技术，如人脸图像采集、人脸定位、人脸识别预处理、身份确认以及身份查找等相关技术，基于人的脸部特征对输入的人脸图像或视频流进行处理，提取每个人脸中所蕴含的身份特征，并将其与已知的人脸进行对比，从而识别对应的身份。相对于指纹、视网膜、虹膜等其他人体生物特征，人脸识别系统具有更直接、友好、方便等特点，容易被使用者接受。随着在各行各业的逐渐普及及应用，人脸识别技术不断完善，现在已经被越来越多地推广到门禁和考勤等应用领域。目前，人脸识别在施工现场主要应用在诸如自动门禁系统、身份证件的鉴别等领域，用以提高现场人员管理的效率。

2. 定位跟踪技术

施工现场劳动力、建筑材料、机械设备的定位和跟踪，现场数据的及时获取是管理者进行实时监控、及时决策的有力工具。将定位跟踪技术引入工程施工现场，能够有效地提高工作区域的各种人、材、机的实施监管能力。定位跟踪技术主要包括室外定位跟踪和室内定位跟踪。

室外定位跟踪技术：室外定位跟踪技术通常称为全球定位系统（Global Positioning System，GPS），是一种基于卫星导航的定位系统，其主要功能是可以实现对物体定位以及速度等的测定，并提供连续、实时、高精度三维位置，三维速度和时间信息。在测量各个领域中得到了较广泛的应用，全天候采集和不受空间通视条件的限制，作业效率大幅度提高，特别是在大面积控制测量中，更能体现其独特的优势。

近年来，GPS 技术在高层建筑施工的放样与定位、大坝建设与监测、道路及桥涵的定位与控制等方面有着广泛的应用前景，其准确的测量度使得工程施工质量和效率不断提升，而且节约了大量施工成本，实现了经济效益的提升。GPS 技术被用于施工现场管理包括几个方面：一是用于各种等级的大地测量与线路放样，测量员在 GPS 技术使用中，仅需将 GPS 定位仪安装到位并开机即可，GPS 定位仪可自动化完成大地测量。二是主要用于对施工人员和施工车辆的定位跟踪，科学合理地完成车辆运营调度，掌握施工机械的工作路线以及工作状态。三是主要用于获取施工坐标系与大地坐标系的换算关系，对建筑物变形及振动进行连续观测，获取准确数据。在此过程中，观测基点主要是确定起算点及方向，这样即使变换观测点也不会对观测精度产生影响，从而满足工程施工需求。

室内定位跟踪技术：GPS 技术不适合视线之外目标的定位跟踪，在室内的环境下会有卫星信号损失过多、多路径效应等问题，导致定位信息的精确度较低。如在地下室施工过程中，GPS 就无法提供较好的定位效果。室内定位跟踪技术又称为短距离无线通信技术，它的发展充分弥补了 GPS 技术在环境复杂的条件下应用的问题，为复杂施工条件下确定人员、车辆的位置信息，提高施工现场人材机管理能力提供了技术保证。室内定位跟踪技术通常包括无线保真技术（Wi-Fi）、蓝牙技术（Bluetooth）技术、超宽带技术

（Ultra-Wide Band，UWB）和 ZigBee 技术。

Wi-Fi 定位技术是无线局域网络系列标准 IEEE802.11 的一种定位解决方案，是电气与电子工程师协会规范的全球无线网络设备的标准。一般采用经验测试和信号传播模型相结合的方式，易于安装，需要很少基站，能采用相同的底层无线网络结构，系统总精度高。

蓝牙技术是一种依据 IEEE802.15.4，使用 2.4GHz ISM 频段的无线跳频收发系统。它依靠短波长的无线电传输，构成固定与移动设备通信环境中的个人网络，进行数据短距离的传输和交换，是一种短距离低功耗的无线传输技术。蓝牙技术主要应用于小范围定位，其最大的优点是设备体积小、易于集成在 PDA、PC 以及手机中，因此很容易推广普及。

Wi-Fi 和蓝牙两种技术更适合于在室内的环境下工作。由于其技术存在一些限制，在施工管理中应用的比较少。主要的应用是对建设工程相关资源的定位，以及通过与无线传感器或其他数据采集技术相结合，减少现场电缆、数据线的数量，进而提高现场管理水平。

超宽带（三角定位）技术是一种新兴的无线通信技术，它使用三角测量法精确算出使用者的位置，可使定位误差在 2cm 之内，优于全球卫星定位技术，传输速率也远远高于蓝牙技术，具有传输速率高、通信距离短、定位精度高、抗干扰性能强、通信保密度高、抵抗恶劣环境等技术特点。UWB 技术主要用于施工现场危险区域安全管理，在不同作业环境下定位跟踪施工人员、设备和材料以及现场事故搜索营救等工作。

ZigBee 是一种新兴的短距离、低速率无线网络技术，它介于射频识别和蓝牙之间，也可以用于室内定位。ZigBee 基于 IEEE 802.15.4 无线标准，是一个有关组网、安全和应用软件方面的网络协议，在数千个微小的传感器之间相互协调通信以实现定位。这些传感器只需要很少的能量，以接力的方式通过无线电波将数据从一个传感器传到另一个传感器，所以它们的通信效率非常高。因此，它具有低成本、低耗电量、可靠度高、扩展性好、传输距离远等特点。建筑施工现场环境监测是目前较成熟的应用，也有用于人员定位、建筑材料的跟踪、门禁安全监控等。

3. 图像采集技术

目前，图像采集技术在施工现场的应用主要聚焦于视频监控技术和 3D 激光扫描技术。

视频监控技术：视频监控技术也称图像监控，施工现场视频监控技术主要是通过部署在建筑工地现场的摄像机获取视频信号，再将视频信号进行处理和传输，便于显示和读取。以物联网的角度看待视频监控系统，其感知层主要包括各类监控摄像头以及它们与网络层的数据通信设备。其应用层主要为显示监控视频，较为复杂的可能包括监控视频的地理位置分布、自动切换等便于用户使用的功能。施工现场视频监控技术目前已经非常成熟，可直接应用于工程实际建设过程中。

视频监控可以实现声音与图像的同步传送，可以得到与施工现场环境一致的场景信息，用来实现较周密的外围区域及建筑物内重要的区域管理，减少管理人员的工作强度，提高管理质量及管理效益。视频监控结合图像识别跟踪技术逐步向自动化和智能化方向发展。一方面结合具体的场合可实现多个场景的识别跟踪，这些内容包括施工现场人员未佩戴安全帽、施工面抽烟、危险动作等场景，系统能实时判定出施工人员的准确位置，并触发相应摄像头，对施工人员及交互场景进行多角度、多画面拍摄。另一方面实现精准定位技术，摄像头对演讲者采用"紧盯"方式：即使施工人员小幅度地转身、移动，摄像头也随之移动，不仅需要进行自动拍摄，同时进行动作分析，并自动报警。该技术的应用也在试验阶段，对于施工现场环境复杂，材料、设备、人员位置相对混乱，应结合人员手动介入，更能及时发现违规行为。

3D 激光扫描技术：3D 激光扫描（Laser Distance and Ranging，LADAR）技术是 20 世纪 90 年代中期开始出现的一项高新技术，是继 GPS 空间定位系统之后又一项测绘技术新突破。它是利用激光测距的原理，对物体空间外形、结构及色彩进行扫描，记录被测物体表面大量的密集点的三维坐标、反射率和纹理等信息，可快速复建出被测目标的三维模型及线、面、体等各种图件数据，形成空间点云数据，并加以建构、编辑、修改，生成通用输出格式的曲面数字化模型。3D 激光扫描技术为快速建立结构复杂、不规则场景的三维可视化数字模型提供了一种全新的技术手段，高效地对真实世界进行 3D 建模和虚拟重现。3D 激光扫描技术具有速度快、精度高的优点，而且其测量结果能直接与多种软件接口，这使它在 CAD、CAM、CIMS 等技术应用日益普及的今天很受欢迎，在文物古迹保护、建筑、规划、室内设计、建筑监测等领域也有了很多的尝试、应用和探索。

在 BIM 技术快速发展的今天，3D 激光扫描技术与 BIM 技术集成应用发挥较大的价值。例如可通过三维激光扫描结合 BIM 技术实现高精度钢结构质量检测及变形监测。现场通过 3D 激光扫描获取安装后的钢结构空间点云，通过配套软件建立三维数字模型，通过与 BIM 设计模型比较特征点、线、面的实测三维坐标与设计三维坐标的偏差值，从而实现成品安装质量的检测。它比传统检测技术更能全面反映构件的空间状态和拼装质量。对于古建建筑，3D 激光扫描技术可快速准确形成电子化记录以保存当前状况，形成数字化存档信息，方便后续的修缮改造等工作。BIM 技术和 3D 激光扫描技术的结合，正在帮助施工现场解决很多传统方式无法解决的问题。

4. 传感器与传感网络技术

传感器是能感知指定的被测量信息，并能按照一定的规律转换成可用输出信号的器件或装置。随着微机电系统（Micro-Electro-Mechanism System，MEMS）、片上系统（System on Chip，SoC）、无线通信和低功耗嵌入式技术的飞速发展，孕育出无线传感器网络（Wireless Sensor Networks，WSN），并以其低功耗、低成本、分布式和自组织的特点带来了信息感知的一场变革。无线传感器网络就是由部署在监测区域内大量的廉价微型传感器节点组成，通过无线通信方式形成的一个自组织网络。一个无线传感器网络可将不同的传感器节点布置于监控区域的不同位置并自组织形成无线网络，协同完成诸如温湿度、噪声、粉尘、速度、照度等环境信息的监测传输。

目前，无线传感器网络广泛应用于许多工业和民用领域的远程监控中，包括工业过程监控、机械健康监测、交通控制、环境监控等。在工程领域的应用已经从混凝土的浇筑过程监控扩展到大坝、桥梁、隧道等复杂工程的测量或监测。例如，高支模变形监测可以通过安装传感器实时监测高大模板支撑系统的模板沉降、支架变形和立杆轴力，实现高支模施工安全的实时监测；安装于塔式起重机驾驶室的各类传感器与无线通信模块共同实现当前运行参数的实时监测；应变仪还可以嵌入混凝土构件内，通过收集混凝土的应力、应变变化，监测构件的安全性等工作。

8.5.5 移动互联网技术

移动互联网（Mobile Internet，MI）是一种通过智能移动终端，采用移动无线通信方式获取业务和服务的新兴业态，包含终端、软件和应用三个层面。终端层包括智能手机、平板电脑、电子书、MIDI等；软件包括操作系统、中间件、数据库和安全软件等；应用层包括休闲娱乐类、工具媒体类、商务财经类等不同应用与服务。随着技术和产业的发展，第四代移动通信技术（4G）和移动支付的支撑技术 NFC（Near Field Communication，近距离无线通信技术）等网络传输层关键技术也将被纳入移动互联网的范畴之内。

随着宽带无线接入技术和移动终端技术的飞速发展，移动互联网已经开始向各个行业渗透，在餐饮、旅游、租车、房产、教育和医疗等消费领域已经得到广泛应用。截至2015年12月，国内在网活跃移动智能设备数量达到8.99亿。

移动应用对于建筑施工现场有着天然的符合度，施工现场人员的主要工作职责和日常工作发生地点一般在施工生产现场，而不是办公区的固定办公室。基于 PC 机的信息化系统难以满足移动式办公的需求，移动应用解决了信息化应用"最后一公里"的尴尬。通过项目现场移动APP的应用，实现项目施工现场一线管理人员的碎片化时间整合利用。目前移动应用被广泛地应用在现场即时沟通协同、现场质量安全检查、规范资料的实时查询等方面。同时移动应用与物联网技术、BIM技术、云技术集成应用，在手机视频监控、二维码扫描跟踪、模型现场检查、多方图档协同工作上得到深度应用，产生了极大的价值。

8.5.6　其他智能化技术

智能化技术主要是将计算机技术、精密传感技术、自动控制技术、GPS定位技术、无线网络传输技术等综合应用于工艺工法或机械设备、仪器仪表等施工技术与生产工具中，提高施工的自动化程度及智能化水平。智能化技术的应用可大大改善操作者作业环境，减轻了工作强度，提高了作业质量和工作效率，特别是可有助于解决重点和危险的施工环节和场合问题。《2016—2020年建筑业信息化发展纲要》明确提出发展智能化技术的转向应用，开展智能机器人、智能穿戴设备、手持智能终端设备、智能监测设备等在施工过程中的应用研究，提升施工质量和效率，降低安全风险。智慧建造现场"智慧工地"应用中较多使用的是智能化测量技术和智能化机械设备。

1. 智能化测量技术

智能化测量技术是指在施工过程中，综合应用自动全站仪、电子水准仪、GFS测量仪、数字近景摄影测量、无线数据传输等多种智能化测量技术，解决特大型、异形、大跨径和超高层等结构工程中传统测量方法难以解决的测量速度、精度、变形等难题，实现对建筑结构安装精度、质量、安全、施工进度的有效控制。

一是自动全站仪，它是一种集自动目标识别、自动校准、自动测角与测距、自动目标跟踪、自动记录于一体的测量平台，包括坐标系统、操纵器、换能器、计算机和控制器、闭路控制传感器、决定制作、目标捕获和集成传感器几大部分。例如在钢结构地面拼装中，可使用智能型全站仪及配套测量设备，利用具有无线传输功能的自动测量系统，结合工业三维坐标测量软件，实现空间复杂钢构件的实时、同步、快速地面拼装定位。

二是GPS测量仪，它采用GPS全球卫星定位系统能够提供实时的经度、纬度、高程等导航和定位信息，利用GPS的定位功能，得出各个点的坐标，再通过数学方法计算出距离、面积等数据。例如利用 GPS 空间定位技术，结合智能型全站仪和高精度电子水准仪以及条码式铟钢水准尺，按照《工程测量标准》GB 50026—2020，实现高精度三维测量控制网布设，建立多层级、高精度的三维测量控制网。

三是数字近景摄影测量技术，摄影测量（Photogrammetry）是一门通过分析记录在胶片或电子载体上的影像，来确定被测物体的位置、大小和形状的科学。其中，近景摄影测量（Close Range Photogrammetry）是指测量范围小于 100m、像机布设在物体附近的摄影测量。它经历了从模拟、解析到数字方法的变革，硬件也从胶片像机发展到数字像机。数字近景摄影测量具有测量现场工作量小、快速、高效和不易受温度变化、振动等外界因素的干扰等优点。例如在高精度钢结构性能检测及变形监测中可利用数字近景摄影测量技术对钢结构桥梁、大型钢结构进行精确测量，建立钢结构的真实三维模型，并同设计模型进行比较、验证，确保钢结构安装的空间位置准确。

智能化测量技术在"智慧工地"应用中呈现出与 BIM 技术集成应用的特点。例如自动全站仪结合 BIM 技术在机电施工过程中实现精确放样，有效衔接土建施工和机电深化设计。通过自动全站仪复核现场结构信息，完成对 BIM 设计模型的修复，优化机电深化设计，减少施工错误。修正后的结构模型以三维坐标数据形式导入测量机器人中，通过自动全站仪实现机电管线及设备在施工现场的高效精确定位，保证优良的施工质量。利用自动全站仪采集施工现场数据，通过实测数据与设计数据的对比，可以实现辅助施工验收，确保施工成果的质量水平达到设计要求。

2. 智能化机械设备

随着工业转型升级需求释放、生产力成本上升、技术发展进步等，工业机器人在不少制造领域已隐隐形成替代人工的趋势。在工程机械设备行业中，这一趋势同样适用，智能化已成为工程机械设备行业的主要趋势和发展方向，而智能化水平的高低对我国工程机械设备的发展具有至关重要的作用。智能化机械设备的应用对于"智慧工地"的发展起到重要的作用。

智能化机械设备的应用有两方面，一是将智能化控制技术改进施工工艺，提高工艺的自动化程度和精确控制能力。例如在模板脚手架施工工艺中的智能整体顶升平台技术，通过一套整体钢平台，采用长行程油缸和智能控制系统，顶升模板和整个操作平台装置，适应复杂多变的核心筒结构施工，保证全过程施工进度、安全和质量要求。其中智能控制系统是由集中控制台、开度仪、压力传感器和相关数据线组成，所有动作均提前编程并输入计算机，实现智能控制。二是将 GPS 技术、传感器、自动控制技术、图像显示技术和软件系统等集成应用到诸如挖掘机、推土机和摊铺机等机械设备上，可提高机械设备生产效率和能力、改善施工机械安全性、缓解人力资源短缺和缩短施工时间等。例如挖掘机应用 GPS 引导的坡度控制系统，采用 GPS 接收器，确定设备开挖方向并获得铲斗三维坐标位置信息，并通过安装光棒、车体纵横角度传感器、小臂解读传感器等，辅助操作人员准确地完成边坡开挖，使复杂且费时费力的开挖变得简单快捷。

3. 人工智能技术

人工智能是指通过计算机模拟人类智能，实现智能决策、智能控制等功能。在智慧城市中，人工智能技术可以应用于智能交通、智能安防、智能医疗等方面。人工智能技术与智能化机械设备相结合形成建筑机器人，正在工程建设领域逐步推广应用。

本章复习思考题

1. 简述智慧城市的概念。
2. 简述城市智慧管理的概念。
3. 智慧城市的产生背景是什么？
4. 智慧城市建设的意义是什么？
5. 党的二十大报告对城市建设的要求是什么？
6. 在智慧城市建设模式一中，四个层次的内容是什么？
7. 简述 BIM 技术在城市建设中的应用。
8. 简述云计算技术在城市建设中的应用。
9. 简述大数据技术在城市建设中的应用。
10. 简述物联网技术在城市建设中的应用。
11. 简述移动互联网技术在城市建设中的应用。
12. 简述智能化测量技术在城市建设中的应用。
13. 简述智能化机械设备在城市建设中的应用。
14. 简述人工智能技术在城市建设中的应用。

City ——————

本章学习要求： 了解城市更新定义、城市更新特征、城市更新与城市建设联系与区别、城市更新政策历程主要内容、城市管理模式历史模式

本章学习重点： 国内城市更新制度体系内容

本章学习难点： 城市更新参与式管理内涵

城市更新作为城市建设过程中的重要组成部分，其模式也由异地新建进入就地更新发展模式，由注重增量与速度转向注重存量与质量更新，由大拆大建进入由表及里的有机更新。在当前阶段，城市更新是城市建设高质量发展进入新成长轨道的重要驱动因素。

第 9 章

城市更新建设管理

9.1 城市更新概述

新中国成立以来，我国城市的发展更新从整体上经历了初期工业生产建设、改革开放前"细胞式"城市建设、改革开放之初城市体制改革与恢复城市规划、经济转型时期地产开发与经营主导的城市改造、快速城市化时期异地新建城市更新以及新时期城市发展存量更新六个阶段。特别是 2019 年以来在中央经济工作会议、党的十九届五中全会等会议上多次强调新时期要加强城市更新与存量住房改造提升工作，提升人民群众获得感与幸福感，让我们的城市高质量发展。有机更新、存量更新、参与式更新、温和式更新、渐进式更新等多种模式已成为城市发展与更新后半程的主流模式，也同样是实现新时期改善城市居民生活质量、提升公共服务、维持社会秩序、优化城市机能等多元化目标的重要抓手。

9.1.1 城市建设与城市更新关系

对于城市发展来说城市建设与城市更新属于城市管理与发展过程中的重要环节，二者之间既有区别亦有联系与补充。

1. 概念不同

（1）城市建设的概念

城市建设是一项相对复杂的系统工程，指的是城市发展与管理过程中，以城市规划为基础，依据建设工程对城市的人居环境进行升级与改造，对城市内部的各种实物设施进行建设，该项工作是实现管理城市的基础性、阶段性工作。从城市建设涵盖的维度来看，狭义的城市建设主要指的是以增强综合承载力为目的的基础设施建设；而广义的城市建设涵盖经济维度、社会维度、政治维度、城市文明维度和生态文明维度。

（2）城市更新的概念

从概念界定角度来看"城市更新"定义，不同时间段、不同学者给予的解释不同。"城市更新"这一概念来源于国外相关政策或研究中对其的定义，对应的英文概念包含"Urban Redevelopment、Urban Renewal、Urban Regeneration、Urban Renaissance"等。最早的城市更新概念是在 1958 年在荷兰海牙首次城市更新研究会上提出，城市更新被限定在旧城，目的是改善城市快速发展出现的问题；随后在 1977 年英国《内城政策》

白皮书中对城市更新的概念作出具体演化："解决城市问题的方式，涉及经济、社会、文化、政治等方面，且城市更新不仅指的是物质维度的更新，更在非物质层面有众多体现"；著名英国城市更新专家罗伯茨（Peter Roberts）提出城市更新是公司部门与社区力量共同参与的集体行动，以具体手段解决城市衰败时存在的普遍性问题，如经济衰退、社会矛盾突出与住房问题等；国家发展和改革委员会推进城镇化工作办公室提出城市更新的主要任务是关注存量片区老旧小区的生活质量提升，注重人文环境建设和生态环境的升级与改造，不断完善产业功能。

从各国学者和各国城市发展政策上来看，目前对于城市更新没有一个统一的定义。通过梳理文献和各个地方政策文本来说，城市更新是对城市建成区城市空间形态和功能进行整治提升的活动。实施城市更新行动总体目标是建设宜居城市、绿色城市、韧性城市、智慧城市、人文城市，不断提升城市人居环境质量、人民生活质量、城市竞争力。

2. 侧重点不同

从时间和地域维度来看，城市建设是伴随着城市发展而产生的概念，从各个时期和各个国家来看，城市建设与城市发展是协同共生、同步推进的关系；而城市更新则是城市建设过程中的重要组成部分，是城市建设与发展到一定阶段后必然出现的产物。20 世纪 60 年代才首次对城市更新进行具体说明；或者说从阶段上来看，城市更新是随着城市发展由"增量扩张"到"存量提质"的城镇化后期时城市建设发展的主要模式。

从具体内容上来看，城市建设的内容指向比较广泛，涵盖城市发展过程中内外部建设维度的方方面面，交通建设、市政公共设施、住宅建设、人居环境建设等。而城市更新的内容则一般指向为由政府部门、土地权属人或者其他符合规定的主体，按照"三旧"改造政策、棚户区改造政策、危破旧房改造政策，在规划范围内对低效存量建设用地进行盘活利用和整治、改善、重建、活化、提升的活动。

3. 目标趋同

从城市建设层面来看，新时期党中央始终秉承"人民城市人民建，人民城市为人民"的重要理念，深刻揭示中国城市建设工作的根本宗旨与根本目标："城市属于人民，城市建设发展为了人民，人民群众是城市建设与发展的主体"。新形势下城市建设践行和贯彻的重要理念，就是我们始终坚持以人民为中心的建设发展思想，在现代化城市建设中要顺应新发展、新要求和人民群众的新期待。

从城市更新层面来看，城市更新是城市发展质量自我提升的重要路径。2021 年中央经济工作会议上明确指出要实施城市更新行动，推动城市结构不断优化升级，加大城市治理力度，推进城市高质量发展。同时，在 2021 年国家层面的政府工作报告中指出，城市更新既是发展工程亦是民生工程，城市更新行动必须坚持以人民为中心，着力解决城市发展过程中的不平衡不充分问题，创造优良人居环境，不断实现人民群众对于城市生活的美好向往。可以看出，城市建设与城市更新的核心目标指向是趋同的，二者的最终宗旨均是为解决城市发展突出问题与短板、提升城市人民群众幸福感和获得感、构建城市发展新格局而开展。

9.1.2　城市更新政策历程

城市更新作为工业化与城镇化发展到一定阶段的必然产物，是城市实现"外延式扩张"到"内涵式发展"的重要途径。当前我国正处于城市更新行动的关键时期，特别是对于多样化的政策体系需求更是迫在眉睫，不断激励城市更新目标多元化，涵盖内容广泛化。从历史维度来看，全球不同国家城市更新政策展现出不同特征与趋势。

1. 西方国家城市更新政策演进历程

（1）清理贫民窟时期

城市更新最早起源可以追溯到产业革命时期，英国对于城市更新的关注比较早，1930 年英国颁布著名的《格林伍德法案》，该项法案也被认为是城市更新相关最早的政策，通过对贫民窟的土地征收并转售给开发商进行更新达到清理贫民窟的目的。但对于西方国家来说城市更新受到普遍重视主要开始于"二战"以后的战后重建工作，战争期间欧洲大量城市建筑被摧毁，人们出于改善城市形象需要，开始兴起城市更新运动，如美国 1949 年颁布的《国家住宅法案》，由联邦政府主导提供公共资金资助开展内城贫民窟的清除工作，该时期虽然城市更新的来源也有部分私有企业分担，但整体更新工作的大部分资金由政府部门承担；法国政府"二战"后为解决住房危机同样推出以扩张住房建设量为目的的城市更新计划。

清理贫民窟时期的城市更新工作特征是"自上而下"的推倒重建模式，政府对于城市更新过程有很高的决定权，但由于资金有限，对于城市空间、文化传承、特色建筑等破坏程度较高。这种缺乏弹性和选择性的城市更新模式也成为著名美国学者简·雅各布斯在《美国大城市的死与生》中批评的对象。

（2）社区福利时期

进入 20 世纪 60 年代后，西方国家普遍处于经济发展的黄金阶段，但同时伴随的是城市社会不稳定、城市贫困与社会治安混乱等问题。该段时期西方国家的城市更新主要体现出以福利色彩为主的特征。特别是在凯恩斯主义、亚历山大等学者的推动下，政府更加关注公共服务与弱势群体的基本社会福利。

英国政府在 1950 年开始构建社会福利体系，提高住房补助，并在 20 世纪 60 年代末期以"城市援助"计划为开端，制定由外部扩张转向内部改造的城市更新政策，主要内容涵盖解决社会紧张局势，改善城市物质环境，解决城市贫困问题等；美国政府在 1965 年由新成立的住房与都市发展署颁布《模范城市计划》政策，同样致力于以城市贫困问题为核心的城市综合治理工作，随后进入 20 世纪 70 年代美国受经济下行影响，"邻里复兴"小规模的更新模式取代联邦政府主导型模式；"二战"后 30 年间法国经济形势发展良好，对于城市的发展模式同样从注重数量向高质量发展转变，法国整体的城市规划体系中开始注重环境、基础设施、基本耕地、社会稳定等多维度内容。

这一时期西方国家城市更新的重点逐步向内城更新方向发展，社会问题、基础设施建设、环境建设等问题得到足够的重视。社区福利模式城市更新同时在瑞士、荷兰、德国、加拿大等国家也纷纷开展。

（3）市场主导时期

进入 20 世纪 80 年代以后，西方国家的城市更新模式明显由社区福利模式向以市场为导向模式转变，由地产开发模式逐步向旧城再开发模式转变。主要原因在于进入 20 世纪 70 年代以后西方国家普遍存在经济衰退，主要代表国家为以信奉新古典自由主义发展模式、强调自由市场作用的英国为首。

英国保守党派撒切尔夫人上台后在城市建设方面强调市场作用，英国城市开发过程中涉及的商业设施、地产住宅、会展中心等项目中私人部门参与众多，在资本的导向下其负面影响是社区层面的福利并未被考虑在内；与英国相似，在 1980 年的法国同样面临着经济发展危机，最初在 1982 年的《权力下放法案》中便提出政府有权力将城市用地规划建设等内容形成合同式关系，后续法国政府成立城市发展跨部门委员会、城市社会发展基金、城市发展部以及在 20 世纪 80—90 年代制定的《城市发展方针法》《国家领土发展规划法》等政策，对于推动政府与私人部门合作、带动城市发展起到了至关重要的作用。

（4）综合复兴时期

20 世纪 90 年代以后，西方城市发展过程中以人为本、可持续发展等理念不断深入人心，城市被看作是一个复杂的系统，城市发展不仅要关注经济维度，物质环境、人居环境、社会文化、历史文脉、社区参与等多维度均应受到重视。

英国政府在对以往的城市更新进行深思的基础之上于 1991 年提出《城市挑战计划》，以综合性手段将城市发展与民生、社会突出问题相融合，更加重视不同群体的差异化需求；美国则从 20 世纪 90 年代以来在私人部门主导下走向经济、环境、社会、文化的综合性城市更新，出台相关政策不断推动资本利益与公众利益的平衡，1998—2011 年私人部门资金份额在城市更新项目中的比例从 30% 上升至 70%。法国城市综合复兴项目主要集中在城市中心区，1999 年城市委员会提出城市复兴计划，主要规划设计 50 个大城市和 40 个小城市；2001 年 10 月在原有城市复兴计划基础之上新增 30 个项目，这些项目涵盖就业、教育、卫生等多维度内容；2004 年法国成立专门的城市复兴机构。

2. 中国城市更新政策演进历程

新中国成立以来，我国在城市经济、城市规划与城市建设多方面取得举世瞩目成就。从历史视角来看，我国不同时期城市发展目标、发展阶段、发展规划、发展动力以及政策体系不同，我国的城市更新历程在不同阶段的政策指引下呈现出不同特征，大致可以分为四个阶段：第一阶段 1949—1980 年填补空白阶段；第二阶段 1981—1990 年探索阶段（前两个阶段属于政府主导阶段）；第三阶段 1991—2011 年政府主导－市场参与阶段；第四阶段 2012 年至今以人为本阶段。国内城市更新政策不同阶段特征见表 9-1[①]。

国内城市更新政策历程概况   表 9-1

特征	填补空白阶段	探索阶段	政府主导－市场参与阶段	以人为本阶段
主导机制	政府主导	政府主导	政企联合	多元开发
发展方针	生产城市、服务人民群众	控制大城市规模，发展小城市	城市协调发展	尊重城市发展规律，以人为本理念，治理城市病
更新重点	棚户与危房改造	单位住宅供给与基础设施建设	全国范围内重大基础设施建设、工业基地改造、城中村改造	老旧小区改造、城市"双修"、生态文明建设、历史文脉修复
政策特征	充分利用、逐步改造	旧房改造、旧区改造	旧城改造、旧区再开发	存量更新、有机更新、微改造

---

① 阳建强 .1949—2019 年中国城市更新的发展与回顾 [J]. 城市规划，2020（2）：9-19，31.

（1）填补空白阶段（1949 —1980 年）

新中国成立之初，城市建设工作正处于百废待兴时期，国家城市（镇）化率仅有 10.64%，当时中国尚未提出"城市更新"这一概念，城市建设与更新主要瞄准点为填补空白、改善生活条件和增加基础设施。直至 1953 年我国第一个五年计划中提出城市建设要以生产城市、服务人民群众为主要方向，以摆脱旧中国遗留下来的贫穷落后状况为目的，优先将城市建设资金用于工业发展，以改善城市基本卫生环境和卫生条件为重点，采取"充分利用，逐步改造"政策，城市更新建设环节也仅是对原有建筑、公共设施、交通设施进行养护和小规模的扩建。特别是由梁思成和陈占祥先生提出的"梁陈方案"为后续整体性的城市规划与更新提供了新的设想和思路。

（2）探索阶段（1981—1990 年）

伴随着改革开放的大背景我国城市更新工作在该时期也开始出现新的进展，国家层面代表性政策有 1984 年颁布的《城市规划条例》和 1989 年颁布的《中华人民共和国城市规划法》，在顶层设计层面明确提出发挥城市中心作用、完善城市多种功能、集中力量搞好规划和管理等宏观战略，在发展方针上要坚持控制大城市规模，积极发展小城市为主要策略；我国的城市规划体系在这一时期得到较快发展，在土地市场化改革背景下城市更新日益成为城市建设过程的重要内容。在政策引领下全国范围内开展城市更新活动，在住房供给、改善出行条件、基础设施建设等方面进行实践，特别是旧城改造工作成为时代主题。该时期代表性的工程如沈阳市旧城改造、上海市南京东路改造、南京市中心综合改造等；值得注意的是该时期地方配套政策较少，因而各个地方在实践过程中缺乏一定的政策指导和约束条件。

（3）政府主导 – 市场参与阶段（1991—2011 年）

20 世纪 90 年代以后，伴随着改革开放，我国市场化改革的不断深入，与土地相关的土地财政和商品房改革快速发展，政府与企业合作推动"退二进三"，城市更新改造工作大范围开展。国家与地方对于城市更新工作的重视程度明显提升，改造工程也开始具备中国特色，棚户区改造、城中村改造、老工业基地改造、历史街区保护等多种类型均有涉及，代表性的实践工程如广州市"三旧"改造、佛山市"三旧"改造、南京老城地区防护更新、杭州市城市有机更新等。值得强调的是 1996 年在无锡召开的城市规划学会会议上正式成立了"中国城市规划学会旧城改建与城市更新专业学术委员会"，城市更新在理论指导层面取得突破进展，一大批城市更新著作（《北京旧城与菊儿胡同》《现代城市更新》《当代北京旧城更新》）填补了我国城市更新研究领域空白 [1]。

---

[1]　阳建强 .1949—2019 年中国城市更新的发展与回顾 [J]. 城市规划，2020（2）: 9–19, 31.

在政府与市场共同参与模式下城市更新工作在全国范围内取得长足发展，城市更新涵盖的内容也愈加丰富，但该时期关于城市更新的深层次问题也开始在理论和实践层面涌现出来，如何实现城市更新过程中经济、环境、人文、社会效益的动态平衡，在公平公正准则下不断完善制度的高效性和持续性，为下一阶段的城市更新工作做好铺垫。

（4）以人为本阶段（2012年至今）

2011年我国城镇化率首次超过50%，也代表着城市主导发展和城市化"后半程"的时代已经到来，城市快速发展时期所带来的问题开始不断涌现出来，"蔓延式""摊饼式""扩张式""外延式"城市更新模式成为过去式，以"内涵式"为核心的城市更新模式逐渐成为时代主题。在"以人为本"的新型城镇化战略下，城市更新更加注重城市发展质量和内涵建设，更加注重以人为本的城市改造和城市活力提升，城市更新也正式进入到以提升人居环境品质、提升老百姓生活满意度的高质量发展阶段。

9.1.3　国内城市更新制度体系

城市更新制度建设是转型发展新阶段城市更新工作的重点与难点，新时期以来我国城市更新制度体系越发完善，特别是2011年以来我国城市更新制度体系逐步形成以法规保障、政策保障、机构保障与规划保障"四位一体"的制度体系。

1. 法规保障

我国国家层面与城市更新直接相关的法规目前仍处于缺失状态，但是与城市更新间接相关的法规已出台多部，按照时间顺序来看不同时间点上的国家层面相关法规均对我国城市更新工作的深入推进起到了举足轻重的作用，包括：《中华人民共和国城市规划法》《中华人民共和国土地管理法》《城市规划条例》《国有土地上房屋征收与补偿条例》《中华人民共和国民法典》等。

我国城市更新法规保障是从地方实践开始的，与城市更新相关的立法保障制度建设呈现出多地开花局面，仅2020—2021年底已有20个城市出台实施与城市更新相关的地方性法规[1]。2009年深圳市出台国内第一部地方性法规《深圳市城市更新办法》，并于2012年出台《深圳市城市更新办法实施细则》；之后上升成为《深圳经济特区城市更新条例》，并通过人大常委会审议于2021年3月1日起开始施行，这一举措也标志着我国

---

① 赵科科，顾浩. 基于内容比较的国内城市更新地方性法规研究 [J]. 北京规划建设，2022（4）：53-57.

城市更新地方立法工作正式进入"地方性法规"层面；又如 2015 年上海市制定《上海市城市更新实施办法》，并在 2021 年上升成为《上海市城市更新条例》，并通过人大常委会审议于同年 9 月 1 日起正式施行，截至目前深圳、上海、广州三个城市已初步形成"1+N"或者"2+N"的地方性法规保障体系，北京、西安、贵阳、珠海等城市也陆续出台与城市更新相关的地方性法规文件，标志着我国城市更新立法正式进入到全面推进时期，为城市更新法规制度创新和完善不断提供先行经验，未来我国城市更新工作立法保障体系将会逐步进入完善和成熟阶段。

2. 政策保障

改革开放 40 多年以来我国城市更新政策体系逐渐完善，目前已经形成国家层面（含国家部委）与地方层面双重保障体系。政策保障体系内容从时间维度来看主要涉及棚改（城镇中危旧住房）、旧改（旧城镇、旧村庄、旧厂房）和城市更新（居民小区、城中村、商业设施、工业区等）。新时期国家层面政策体系逐步完善，从支持类政策、引导类政策与规范类政策全面构建政策保障体系，自 2012 年 12 月至 2021 年 9 月国家层面城市更新主要政策共计发布 20 余项，具体政策发布历程和政详细信息参见表 9-2。代表性国家政策如下：

1）支持类政策：《关于全面推进城镇老旧小区改造工作的指导意见》，该政策发布于 2020 年 7 月，由国务院办公厅印发，政策明确了全国城镇老旧小区改造的对象和范围（改造对象：城镇或县城建成年代较早、失养失修失管、市政配套设施不完善、社区服务设施不健全、居民改造意愿强烈的住宅小区）。

2）规范类政策：《关于在实施城市更新行动中防止大拆大建问题的通知（征求意见稿）》，该政策发布于 2021 年 8 月，由住房和城乡建设部印发，政策主要针对积极推进的城市更新工作中过度化开发倾向，对各地的城市更新行动提出严格控制大规模拆除、严格控制大规模增建、严格控制大规模搬迁、确保住房租赁市场供需平稳等具体要求。

3）引导类政策：《关于开展城市居住社区建设补短板行动的意见》，该政策发布于 2020 年 8 月，由住房和城乡建设部等部门印发，政策主要内容是结合城镇老旧小区改造等城市更新改造工作，通过补建、购置、置换、租赁、改造等方式，因地制宜补齐既有居住社区建设短板。

城市更新国家层面政策体系（部分）   表 9-2

发布时间	发布部门	政策/会议名称	政策内容	政策性质
2012.12	住房和城乡建设部、国家发展和改革委员会、财政部等	《关于加快推进棚户区（危旧房）改造的通知》	加快推进集中成片棚户区改造，积极推进非成片棚户区改造，逐步开展基础设施简陋、建筑密度大的城镇旧住宅区综合整治	支持类
2013.07	国务院	《关于加快棚户区改造工作的意见》	全面推进各类棚户区改造，2013—2017 年改造城市棚户区 800 万户，加强城镇旧住宅区综合整治，加强环境综合整治和房屋维修改造	支持类
2014.07	国务院	《关于进一步加强棚户区改造工作的通知》	完善棚户区改造规划，完善安置工作机制，加快配套措施建设	规范类
2015.06	国务院	《关于进一步做好城镇棚户区和城乡危房改造及配套基础设施建设有关工作的意见》	制定城镇棚户区和城乡危房改造及配套基础设施建设的三年计划。2015—2017 年改造各类棚户区住房 1800 万套，加大棚改配套基础设施建设力度	支持类
2016.07	住房和城乡建设部、财政部等	《关于进一步做好棚户区改造工作有关问题的通知》	加速推进棚户区改造，控制成本，注重环境建设等	规范类
2016.11	住房和城乡建设部	《城乡建设抗震防灾"十三五"规划》	以棚户区改造为抓手，抗震加固，继续推进农村危房改造工程，统筹推进农房抗震改造	引导类
2016.12	住房和城乡建设部、国家发展和改革委员会、财政部	《棚户区改造工作激励措施实施办法（试行）》	鼓励各地有效推进棚户区改造，激励支持对象是指年度棚改工作积极主动、成效明显省份	支持类
2017.05	住房和城乡建设部、国家发展和改革委员会	《全国城市市政基础设施建设"十三五"规划》	结合城市棚户区、城中村、老旧小区改造等，有序推进海绵城市建设	引导类
2018.09	住房和城乡建设部	《关于进一步做好城市既有建筑保留利用和更新改造工作的通知》	建立健全既有建筑保留利用和更新改造工作机制，积极宣传和普及传承历史文脉、推进绿色发展的理念	规范类
2019.03	国务院	《2019 年政府工作报告》	需要大力提升老旧小区改造、支持加装电梯等生活设施、继续推进棚户区改造、大力发展社区养老服务等	支持类
2019.04	住房和城乡建设部等	《关于做好 2019 年老旧小区改造工作的通知》	全面推进城镇老旧小区改造	支持类
2020.10	财政部	《关于提前下达关于 2021 年部分中央财政城镇保障性安居工程补助资金预算的通知》	中央财政城镇保障性安居工程专项资金首次将老旧小区改造纳入支持范围	支持类

发布时间	发布部门	政策/会议名称	政策内容	政策性质
2019.12	—	2019 年中央经济工作会议	加大城市困难群众住房保障工作，加强城市更新和存量住房改造提升，做好城镇老旧小区改造，大力发展租赁住房。坚持房子"只住不炒"理念，稳地价、稳房价、稳预期	支持类
2020.07	国务院	《关于全面推进城镇老旧小区改造工作的指导意见》	到 2022 年，基本形成城镇老旧小区改造制度框架、政策体系和工作机制；到"十四五"末，力争基本完成 2000 年底前建成的需改造城镇老旧小区改造任务	支持类
2020.07	住房和城乡建设部、国家发展和改革委员会、教育部等	《绿色建筑创建行动方案》	提升建筑能效水平：结合北方地区清洁取暖、城镇老旧小区改造、海绵城市建设等工作，推动既有居住建筑节能节水改造	引导类
2020.08	住房和城乡建设部等	《关于开展城市居住社区建设补短板行动的意见》	结合城镇老旧小区改造等城市更新改造工作，通过补建、购置、置换、租赁、改造等方式，因地制宜补齐既有居住社区建设短板	引导类
2020.08	住房和城乡建设部	《关于在城市更新改造中切实加强历史文化保护坚决制止破坏行为的通知》	推进历史文化街区划定和历史建筑确定工作，加强对城市更新改造项目的评估论证，加强对已经开工的城市更新改造项目开展自查	规范类
2021.03	国务院	《2021 年政府工作报告》	进一步解决好大城市住房突出问题，通过增加土地供应、安排专项资金、集中建设等办法，政府投资更多向惠及面广的民生项目倾斜，新开工改造城镇老旧小区 5.3 万个	支持类
2021.03	中共中央、国务院	《中华人民共和国国民经济和社会发展第十四个五年规划和 2035 年远景目标纲要》	加快推进城市更新，改造提升老旧小区、老旧厂区、老旧街区和城中村等存量片区功能，推进老旧楼宇改造，积极扩建新建停车场、充电桩	支持类
2021.04	国家发展和改革委员会	《2021 年新型城镇化和城乡融合发展重点任务》	实施城市更新行动。在老城区推进以老旧小区、老旧厂区、老旧街区、城中村等"三区一村"改造为主要内容的城市更新行动	支持类
2021.08	住房和城乡建设部	《关于在实施城市更新行动中防止大拆大建问题的通知（征求意见稿）》	指导各地积极稳妥实施城市更新行动，防止沿用过度房地产化的开发建设方式、大拆大建、急功近利等问题	规范类
2021.09	国家发展和改革委员会、住房和城乡建设部	《关于加强城镇老旧小区改造配套设施建设的通知》	加强项目储备：进一步摸排城镇老旧小区改造配套设施短板和安全隐患；强化资金保障：中央预算内投资全部用于城镇老旧小区改造配套设施建设项目，推动多渠道筹措资金	支持类

地方政府层面半数以上的超大特大城市构建了专项城市更新政策体系，特别是以深圳市为代表的部分城市已成为城市更新政策体系建设的先行者[①]。自 2009 年发布实施《深圳市城市更新办法》以来，经过十几年的政策制度建设，经过实践探索已构建纲领性文件为主导、政策性文件为引导、程序性和标准性法规政策为指导、专项规划为支撑的系统化政策体系（表 9-3）。又如 2021 年 8 月中共北京市委办公厅和北京市人民政府办公厅联合印发《北京市城市更新行动计划（2021—2025 年）》，并以《关于首都功能核心区平房（院落）保护性修缮和恢复性修建工作的意见》《关于老旧小区更新改造工作的意见》《关于开展老旧厂房更新改造工作的意见》《关于开展老旧楼宇更新改造工作的意见》《关于开展危旧楼房改建试点工作的意见》为配套政策文件初步形成城市更新主题转向政策体系。

深圳市城市更新政策体系   表 9-3

政策名称	政策作用
《深圳市城市更新办法》	纲领性文件，确定辖区城市更新的总纲、原则、基本路线，是制定具体城市更新政策的法规依据
《深圳市城市更新办法实施细则》	
《关于实施城市更新工作改革的决定》	
《关于深入推进城市更新工作的意见》	政策性文件，为指导推进落实城市更新工作，针对解决难点、焦点问题制定的具体措施文件
《关于加强和改进城市更新实施工作的暂行措施》	
《关于规范城市更新实施工作若干问题的处理意见（一）》	
《关于规范城市更新实施工作若干问题的处理意见（二）》	
《深圳市城市更新单元规划制定计划申报指引（试行）》	程序性、标准性文件，是为进行城市更新活动或过程而规定形成的文件，是各职能部门为落实质量要求而规定的具体工作程序细则和具体标准
《深圳市城市更新土地、建筑物信息核查及历史用地处置操作规程（试行）》	
《深圳市城市更新历史用地处置暂行规定》	
《深圳市宝安区、龙岗区、光明新区及坪山新区拆除重建类城市更新单元旧屋村范围认定办法（试行）》	
《深圳市城市更新单元规划编制技术规定》	
《深圳市城市更新单元规划容积率审查技术指引（试行）》	
《深圳市城市更新"十三五"规划》	计划性文件，是在一定时期内推进落实城市更新各项工作规划和基本统计性文本
深圳市各区《城市更新"十三五"规划》	
《2022 深圳城市更新白皮书》	
《深圳经济特区城市更新条例》	
《深圳市国土空间总体规划（2020—2035 年）》	
《深圳市城市更新未签约部分房屋征收规定》	
《深圳市城市更新和土地整备"十四五"规划》	

---

① 赵峥，孙轩，常含笑.城市更新政策体系的比较与建议 [J]. 中国发展观察，2022（5）：9-13.

3. 机构保障

随着城市更新的深入推进，许多城市在组织机构上已经设立城市更新机构配合更新工作。通过资料梳理可以看出，目前城市更新机构建设主要可以分为两类：

第一类是以广州、深圳、上海、东莞为代表的早期设立相关机构的先行者，目前政府机构中均设置有直接的城市更新局或城市更新办公室，比如2015年广州市成立城市更新局，也是我国第一个设置城市更新机构的城市，深圳市在原规划和国土资源委员会下设城市更新局，上海市则在原规划和国土资源管理局下设城市更新工作领导办公室。这种机构设置在后续北京、沈阳、武汉等城市的政府机构设置中普遍使用。从具体机构职能来说，以广州市为例，原规划和国土资源委员会（2019年后城市更新局并入规划和自然资源局）负责拟定全市土地征收储备政策；统筹拟订和组织实施全市土地储备计划，对全市土地征收储备工作的指导和监督管理。城市更新局的工作是编制城市更新规划、年度实施计划，城市更新专项资金的使用和分配划拨，以及统筹城市更新政府安置房的筹集和分配工作等。可以看出其职责是负责协调城市更新范围内土地储备相关工作，更多行使监督和完善的功能。

第二类城市更新机构是非政府直属隶属机构的设置模式，以上海市和武汉市为代表设立的城市更新中心。以上海市为例，在积极探索"政企合作、市区联手、以区为主"的新模式时设立上海市城市更新中心，该中心隶属于上海市国资委控股国企上海集团有限公司，起到政府与市场间的纽带作用，城市更新中心具体职能由地产集团全资子公司上海城市更新建设发展有限公司承担。与城市更新局行政性突出的特点不同，城市更新中心的社会属性显著。

在这两类城市更新机构建设基础之上，不同类型城市因地制宜，也在不断地探索合适本土的机构设置模式，推动相关机构改革，探索成立专门负责城市更新工作的新机构，或建立多部门并联审批、动态调整机制等。

4. 规划保障

2021年3月，中央领导同志在福州考察时指出"城市规划在城市发展中起着重要引领作用。"对于新时期背景下的城市更新来说，建设城市成为人民群众高品质的生活空间，有序推进城市更新等目标的实现规划保障体系不可或缺。

从地方实践层面来看，我国当前多个地方政府在区别"增量规划"和"存量规划"的前提下在城市更新规划体系建设上不断创新。广州、深圳、上海三地与新出台政策相适应，在规划体系上不断探索，目前分别形成各自体系。广州已推行"1+3+N"编制体系，其中"1"代表的是《广州市城市更新总体规划》，"3"代表的是"三旧"专项改造规划，"N"则指的是"三旧"改造地块的规划方案或导规；深圳市推行以整体引导和城市更新单元为核心的"1+N"编制体系，其中"1"代表《深圳市城市更新规划》，"N"则指的是城市更新单元规划；上海市推行以区域评估结合城市单元的编制体系，其内涵为城市规划采取"先评估，后规划"的编制流程。相较广州、深圳和上海，北京市的城市更新规划机制建设相对起步较晚，但是近年来在规划方面陆续出台相关文件，2017 年出台《北京城市总体规划（2016 年—2035 年）》，2019 年出台《北京市城乡规划条例》，2024 年出台《北京市责任规划师制度实施办法》，形成一系列规划文件，并逐步建立起以街道为抓手，以街区为单位，以更新为手段，以规划师为纽带的城市更新规划体系。

9.2　新时期城市更新与城市管理

9.2.1　城市更新变迁与城市管理模式转型

自新中国成立 70 多年以来，我国的城市更新事业从无到有经历多层面的变迁，从百废待兴到以人为本高质量转型，从政府一元主导到多元合作模式，从棚户区改造、旧城改造到"城市双修"与有机更新。如果把城市更新看成是城市发展的"硬维度"，那么与城市更新相呼应的"软维度"即是城市管理。新时期现代城市作为政治、经济、科技、教育、文化、人口、资源的集聚中心，人民对于城市要求的提高不仅体现在建设与更新上，传统的城市管理方式亦无法适应新时代的要求，城市管理水平亟须提高，管理方式亟须改进。与城市更新变迁相对应，我国的城市管理模式从整体上经历了从传统"粗放型"管理模式向"精细化"管理模式的转变，大致可以分为以下五个阶段。

1. 计划经济城市管理阶段（1949—1978 年）

在新中国成立前的 20 余年间，中国共产党的工作重心一直位于农村地区，1948 年10 月，全党工作的重心逐步由农村转向城市，在 1949 年 3 月，党的七届二中全会上正式确立以城市为重心的发展计划，从 1949 年至 1957 年我国城市数量由 132 个增加到176 个，我国的城镇化率从 1949 年至 1978 年由 10.64% 提高到 17.92%。这一时期我国并没有独立的城市管理概念，城市管理、城市规划、城市建设统一包含在城市建设概念中，城市发展的重点在于建设工业城市和建设生产城市，城市基础设施建设是该时期的重要任务之一。

该时期我国的城市管理工作模式与方针瞄准工业基地建设服务。党的七届二中全会报告中明确提出"必须用极大的努力去学会管理城市和建设城市"。随后城市管理环卫部门在全国范围内陆续成立，其主要目的是清理战争废墟；同时不少城市设置带有军事化色彩的治安委员会机构，以此来巩固按口设置围板的格局；1962 年全国第一次城市工作会议上，对当前城市工作存在的问题进行总结，同年 10 月中共中央、国务院下发的《关于当前城市工作若干问题的指示》中对于城市发展与管理从 12 个维度给出具体规定。

整体而言该时期的城市管理体制并未形成，城市管理工作同样处于起步阶段，我国的城市管理工作主要分散在环卫部门、建设部门、公安部门等；同时受历史局限性影响该时期城市管理工作起伏较大，决策封闭、条块分割（邮电、通信、电力等实行条条管理，水、气、热、道路等以块块管理为主）、运作僵化、重建轻管等特征突出，整体运营成本高，质量水平低，经营管理效率低。

2. 城建监察阶段（1979—1996 年）

该时期我国的城市更新与建设工作重点主要集中在老旧城区改造（卫生整治、园林整治、违建整治等）、住宅供给、偿还基础设施欠债工作上。与此相对应，该时期城市管理工作内涵与概念逐步被明确，形成了以城建监察为主要特征的城市管理时期。

为了应对城市化与城市更新带来的人口流动、市容卫生等问题，各级人民政府开始组建监察机构从事执法工作，监察队伍规模不断扩大，全国范围的监察队伍和组织体系逐步形成。1982 年 12 月发布的《城市市容和环境卫生管理条例》是我国第一部关于市容环境卫生管理的规章制度，并确立了改革开放初期城市管理工作包含环卫、市政公用和园林绿化为主题的基本框架。1984 年 10 月，党的十二届三中全会出台《中共中央关于经济体制改革的决定》中明确提出进行环境综合整治，加强公用设施建设，集中力量做好管理工作，市长的工作重点应放到建设管理工作上来。全国各级地方政府陆续成立城市管理临时机构，工作重点主要集中在环境卫生治理（脏、乱、差）。1985 年 10 月，全国 10 个城市在成都首次召开城市管理监察工作会议，并对监察队伍的建制、编制、服装、职责等方面未来的规划提出对策与建议；1986 年 6 月，城乡建设环境保护部出台的《城市容貌标准》CJ 16—1986，是我国第一部城市市容管理的规范化标准；1988 年国务院进一步确立了监察管理工作由建设部负责的管理机制；1992 年 6 月，在建设部出台的《城市监察规定》中针对监察执法队伍名称、执法主体、执法事项、执法体制、执法服装、执法管理进行规范化统一。

这一阶段我国的社会主义市场经济体制逐步建立，城市管理工作也由"条块分割"开始逐步向"统一领导、分级管理、条块结合、以块为主"过渡，城市管理工作中监察队伍从无到有建立起来。但是该时期城市管理工作存在的是监察队伍过于泛滥、执法分散、交叉执法等问题并存。

3. 综合行政执法主导阶段（1997—2004 年）

伴随着我国城镇化进入加速期，城市更新与建设模式处于"外延式"扩张阶段，城市规模的快速发展带来了城市内部协调的诸多问题，"城市病"问题开始向城市管理发出严峻挑战，催生了城市综合行政执法体制的建立，代表性政策为国务院办公厅发布的《关于继续做好相对集中行政处罚权试点工作的通知》。

《中华人民共和国行政处罚法》颁布于 1996 年 3 月，于 1996 年 10 月 1 日正式实施，文件规定经授权的地方政府可以行使相对集中的行政处罚权制度（限制人身自由行政处罚权仍归公安机关行使），随后国务院相继批复北京、天津、黑龙江等地方政府进行试点工作；2000 年国务院办公厅发布《关于继续做好相对集中行政处罚权试点工作的通知》，该文件更加明确了相对集中行政处罚权的重点范畴是政府形象建设和执法效率。相对集中行政处罚权制度的建立在一定程度上缓解了城市管理过程中效率低下、多头执法、权责混乱等问题，但是在实际操作过程中执法队伍属于地方直管，不受约束问题逐渐开始展露，关于城市管理执法队伍负面报道、妖魔化的形象也成为该时期城市管理的主要问题。

4. 数字化城市管理阶段（2005—2014 年）

这一阶段国家层面对于城市更新的规划中开始注重技术赋能，各地的城市建设与更新的内容也开始强调信息化建设的推进，如北京市为保障 2008 年北京奥运会信息化建设，在 2004 年城市建设与更新内容中信息化基础设施建设取得丰硕成果：人均光缆长度在全国领先，宽带接入用户达到了 355 万户。同时北京建立了比较完善的政务专网，接入单位超过了 200 个，覆盖了市委、市人大、市政府、市政协各个部门以及十余个区县。区县向下也建了政务专网，联通到乡镇。

与信息化、数字化基础设施建设推进相对应，城市管理维度数字化城市管理相关的改革开始增多。2005 年建设部在北京市召开数字化城市管理会议并印发《关于推广北京市东城区数字化城市管理模式的意见》，标志着数字化城市管理进入试点阶段；除此之外，2007 年颁布的《中华人民共和国城乡规划法》、2007 年建设部办公厅印发的《关于加快推进数字化城市管理试点工作的通知》、2008 年住房和城乡建设部印发的《中华人民共和国城市容貌标准》GB 50449—2008、2009 年住房和城乡建设部印发的《数字化城市管理模式建设导则（试行）》、2013 年国务院出台的《关于加强城市基础设施建设的意见》等一系列文件对数字化城市管理建设的原则、内容与标准给出规定，从全局上确立了本阶段数字化城市管理的基本方向。

5. 现代化城市治理阶段（2015 年至今）

2015 年以来，我国的城市更新目标正在实现以下转变：从追求经济增长效益的单一导向的城市更新进入到以改善人居环境、品质提升、可持续发展等综合性目标，以实现经济、社会、文化等目标的动态平衡和综合效益为最优目标，我国的城市更新正式迈入以人民为中心的高质量城市更新阶段。与我国当前城市化发展水平相对应，城市发展带来的人口膨胀、住房、交通、产业、资源等问题不仅是城市更新面临的挑战，更是城市管理面临的新课题。该时期我国的城市管理开始迈入现代化城市治理阶段，精细化治理和创新治理成为时代主题，在治理目标上如何提升城市人民的"幸福感"是以人为核心治理的最高体现。

2015 年 12 月，中共中央、国务院出台《关于深入推进城市执法体制改革改进城市管理工作的指导意见》，推动我国城市管理执法体制的改革；2016 年 2 月，中共中央、国务院颁布《关于进一步加强城市规划建设管理工作的若干意见》，对于各个级别政府城市管理的职责、权力清单和管理范围给予理顺：这两个文件的发布标志着我国城市管理工作正式向现代化城市治理迈进。此外 2017 年《城市管理执法办法》、2018 年《城市管理执法行为规范》和 2021 年《全面加快建设城市运行管理服务平台的通知》等一系列住房和城乡建设部印发的文件则展现出了我国新时期城市管理智慧化管理与精细化管理的特征[①]。

新中国成立后伴随着城市更新与建设的步伐，我国城市管理经历了五个阶段的演变。当前中国的城市管理体制市场化程度不断加深、法治化进程持续推进、城市管理体制重心不断下移、智慧化与智能化水平不断提升、精细化和规范化程度持续加强。

---

① 李智超，于翔. 以智为治：我国城市管理的政策变迁与范式转换 [J]. 公共治理研究，2022（3）：22-31.

9.2.2   新时期城市更新的特征

党的十九届五中全会上通过的《中共中央关于制定国民经济和社会发展第十四个五年规划和二〇三五年远景目标的建议》中明确提出新型城镇化战略过程中要实施城市更新行动。在新时期、新阶段、新格局的重要阶段，城市更新更是与人民群众生活息息相关的民生工程，与传统城市建设时期相比较，新时期城市更新的特征主要有以下几个特点。

1. 制度引导

"十四五"时期城市更新行动已上升至国家层面战略，预计城市更新将在中国各地撬动 10 万亿元需求空间，同时也将成为未来城市发展的新常态工作。2021 年 11 月住房和城乡建设部办公厅印发的《关于开展第一批城市更新试点工作的通知》中决定在全国 21 个城市开展第一批城市更新试点工作。与此同时从中央顶层设计引领，到各地方政府实践化探索城市更新行动，与城市更新相配套的制度建设不断向前推进。2021 年 12 月 22 日，住房和城乡建设部在发布的《关于政协第十三届全国委员会第四次会议第 0983 号（城乡建设类 021 号）提案答复的函》中明确指出：将城市更新上升为国家战略，是加快构建新发展格局的必然要求，也是推动城市高质量发展的客观需要……我部按照中央决策部署要求，正牵头制定指导各地城市更新行动的政策文件，从国家战略高度加强城市更新顶层设计，明确总体要求、重点任务和实施策略，建立与城市更新相匹配的机制体制、管理制度和配套政策[①]。

从地方实践层面来看，自 2020 年至今，北京、深圳、上海、广州、重庆、成都、南京、郑州等城市陆续出台了与城市更新相关的制度引导工作，如《指导意见》《实施办法》《管理办法》《行动计划》等，相关的配套机制（土地规划、公众参与、有机更新、上下联动、全过程管理）也在不断建设和推进之中，武汉和广州分别成立了城市更新局和城市更新中心，2022 年北京市成立城市更新联盟，江苏省多个地市分别出台城市更新实施意见，与具体实施环节相关的园林绿化部门、住房城乡建设部门、生态环境部门、规划和自然资源部门、交通运输部门、发展改革部门、卫生健康部门、教育部门、民政部门和税务部门的共同参与机制也在逐步完善。

---

① 阳建强 . 新发展阶段城市更新的基本特征与规划建议 [J]. 国家治理，2021（47）：16-22.

2. 系统构建

城市发展的整个历程是一个不断更新改造、代谢升级的过程，城市更新是城市发展的永恒主题，同时也是一项复杂的系统工程，涉及城市内涵的方方面面。新时期城市更新工作不是传统的"大拆大建"而是对建筑物和设施的物质改造，更是对城市场域内空间、经济、社会、文化、人居环境等不断更新升级的综合性行动。新时代社会发展的主要矛盾已经转变为"人民日益增长的美好生活需要和不平衡不充分的发展之间的矛盾"，城市高质量发展路径亦成为当前城市发展与更新的新主题。从需求侧来看城市更新不仅要包含硬件配套措施的"硬需求"，更应该包含人民群众获得感、幸福感、安全感等精神层面的"软需求"[1]。

在城市更新的过程中系统性特征主要体现在各地应结合城镇化发展阶段、人口产业集聚特点和财力情况，因地制宜地实施城市更新行动，协调好拆除重建、综合整治、保护保育之间的关系，以及提升城市经济活力、改善人居环境与增进公共利益之间的关系；更要求该项工作要协调好经济发展与社会文化、政府主导与民众参与、政府与企业、局部与整体、近期与远景、新与旧、地上与地下等多方关系。

3. 以人为本

城市更新是治愈"城市病"的良药，通过城市功能和结构的调节使城市发展机能不断增强。新阶段城市发展与更新要求城市摒弃传统仅看重"增长""GDP""产出"的发展理念，从全球城市更新成果来看，虽然各国国情不一，城市禀赋不同，但城市更新遵循的宗旨是一致的，即以人为本。

城市更新以坚持解决人民群众最关心的问题为方向，未来的规划期内要以城市中人民群众的需求为依据，在宜居、绿色、智慧、人文等维度开展建设，同时在细节方面补齐与老百姓生活相关的基础设施短板，推进综合管廊建设、完善小区公共充电设施、优化物流快递设施布局、扩增停车基础设施等。实现"完善城市空间结构""修复生态和完善功能""加强历史文化保护、塑造城市风貌""加强居住社区建设、建设完整居住社区""推进新型城市基础设施建设""加强城镇老旧小区改造""增强城市防洪排涝能力"和"推进以县城为重要载体的城镇化"八大任务，强化城市功能，提升环境质量，赋予城市新活力，让人民群众的生活更加舒适和便捷[2]。

---

① 方程等. 基于软需求响应的社区软基建策略研究 [J]. 新疆师范大学学报（哲学社会科学版），2021（5）：135-144.
② 闵学勤，李力扬，冯树磊. 新场景下城市更新的动力机制与实践路径 [J]. 江苏行政学院学报. 2022（4）：66-73.

4. 多元参与

新时期城市更新过程愈发要求多方力量参与其中，城市更新也正在逐步改变传统模式下政府通管的局面，从规划、可行性研究、施工、监督与评价等全过程注重多元互动、协同共治和持续创造公共价值也是城市更新工作实现良性循环、可持续发展的关键路径。

（1）资金投入多元化

城市更新过程会重塑城市的经济发展和空间价值，改造更新过程面临要素和限制众多，成本投入巨大。研究显示。未来我国城市更新投资年均增速将超过 10%，2030 年投资规模预计达到 9.2 万亿元；又如当前老旧小区改造工作全国涉及改造面积将超过 40 亿 m²，仅北京、上海、深圳三个城市老旧小区改造年增长规模超过 2000 亿元。如此大规模的国家战略工程仅依靠政府财政资金的投入难度较大，因此需要引入多方投资主体共同实现，各地也在城市更新资金投入工作中不断创新合作机制，特别是政企合作不断丰富城市更新基金资金来源[1]。

1）政企合作不断加深。自 2021 年以来，政企合作模式不断出现在各个地方城市更新实践中，例如：2021 年 1 月，重庆江北区政府与远洋集团正式签署《长安三工厂片区城市更新项目合作框架协议》；2021 年 12 月，中建集团与济南市政府签订有关城市更新与城市高质量发展的战略合作协议等；2022 年 4 月，华润置地分别与深圳市龙岗城投集团、河南省政府签署战略合作框架协议，协议内容涉及城市更新、产业发展等多方面合作（表 9-4）。

部分城市更新政企合作情况[2]   表 9-4

合作时间	企业名称	合作内容
2022 年 5 月	万科集团	与广州市政府签署战略合作框架协议，合作内容涉及城市更新、城市物业智能服务、养老服务、文旅等
2022 年 3 月	首开集团	与北京市海淀区人民政府签署战略合作框架协议，合作内容涉及城市更新、老旧小区改造等方面开展深度合作
2022 年 4 月	华润置地	与河南省人民政府签署战略合作协议，合作内容涉及长租房保障体系建设、城市更新等
2022 年 4 月	中国铁建	与南阳市宛城区人民政府签署城市更新项目战略合作协议，内容涉及基础设施和公共服务领域
2022 年 4 月	华润置地	与深圳龙岗城投集团签署战略合作框架协议，合作内容涉及土地投资开发、城市更新和产业发展等领域
2022 年 2 月	上海地产	与上海市嘉定区人民政府就北红桥区城市更新项目合作进行部署
2021 年 12 月	中建集团	与济南市政府围绕城市更新、基础设施、文化旅游、产业发展等维度开展合作

---

① 赵峥，王炳文. 城市更新中的多元参与：现实价值、主要挑战与对策建议 [J]. 重庆理工大学学报（社会科学），2021（10）：9-15.

② 中指研究院 . 2022 年上半年房企布局城市更新七大特征 [J]. 中国房地产，2022（23）：66-73.

合作时间	企业名称	合作内容
2021 年 10 月	福星惠誉	与广州开发区投资集团签署协议，合作进行城市更新改造等业务
2021 年 10 月	中建八局	与青岛市城阳区签署合作协议，合作城市更新改造等业务
2021 年 9 月	中交投资	与北京石景山区签订《石景山广宁、五里坨等西部地区项目投资建设协议》，合作内容标志该公司深度融入城市更新行动，从紧盯项目向经营城市转变，从满足需求向引导和创新需求转变
2021 年 8 月	万科集团	与上海市政府在"未来城市"旗舰项目建设、"物业城市"综合治理创新实践、城市有机更新、住房租赁行业发展、建筑科技应用等方面进行深入合作
2021 年 6 月	首开集团	与北京市朝阳区人民政府签订《全面战略合作框架协议》，主要内容涉及城市更新、老旧小区综合整治，共同探索城市更新新路径，不断提升城市治理精细化水平
2021 年 5 月	远洋集团	与长沙市天心区政府签署合作协议，本着"资源共享、优势互补、互惠互利、合作发展"原则积极推进城市中心区城市更新、高端商业街区、文化商业街区、高品质集中商业、片区综合开发投资等领域合作
2021 年 1 月	远洋集团	与重庆市江北区政府正式签署《长安三工厂片区城市更新项目合作框架协议》，努力将长安三工厂片区打造成为"总部经济""高端商业""智能健康住宅"为一体的城市商业新名片，提升城市品质

2）城市更新基金资金来源多元化。2021 年北京、上海、天津、无锡等城市分别成立城市更新基金，2022 年以来全国各地城市纷纷开始效仿城市更新基金建设相关工作，从资金来源上解决城市更新资金来源单一化困境。2022 年 4 月，保利发展控股集团宣布参与上海市城市更新引导私募基金，洛阳市与 10 余家央企和银行成立城市更新基金；2022 年 5 月，沈阳市设立 100 亿元规模城市更新基金；2022 年 6 月，成都、温州等地发文要求相关单位加快城市更新基金建设工作。

（2）参与主体多元化

从城市更新参与主体角度针对我国城市更新模式进行划分，大致可以分为三种模式：政府一元主导型、"政府 + 市场"二元主导型、多元主体协同合作型。在高质量城市化发展背景下，高质量城市更新工作是一项长期、渐进式，涉及政府、企业、社会组织、居民等多元主体的系统工程。传统政府主导、自上而下的治理方式很难适应城市更新主体结构的新变化，多元主体参与机制、协同组织机制等的建设工作更显得迫在眉睫。

各地方在实践过程中针对多元参与机制的建立也在不断探索并创新。2022 年 5 月，南京市出台《南京市城市更新试点实施方案》中提出，在更新模式上，强调政府引导，社会参与推动多元主体广泛参与城市更新工作，注重激发市场主体的投资活力。2022 年 9 月，北京市提交北京市十五届人大常委会第四十三次会议的《北京市城市更新条例（草案）》中针对如何保障公众知情权、参与权、表达权和监督权等问题给出回应，坚持以人为本理念，注重"有事与群众商量着办"，强化公众参与；在街巷整治、微空间改造、历史街区保护、老旧小区改造中，积极探索"责任规划师""申请式退租""共生院""劲松模式"等制度、模式，多元主体参与更新的广度和深度不断拓展。

总体而言，在中央引导和地方政府鼓励下，多样化的企业组织、社会组织和民众开始参与到城市更新过程之中，政府逐步实现"协同治理""服务引导"职能转变，企业逐步实现由盈利向兼顾社会公共事业转变，社会公众逐步实现由表层参与到实质性、深度参与的转变。

9.2.3　城市更新与精细化城市管理

党的十八大以来，中央领导同志多次以"绣花"为喻，强调各项工作都要精准施策，抓准、做细。2017年3月5日，中央领导同志参加十二届全国人大五次会议上海代表团审议时指出，城市管理应该像绣花一样精细。城市精细化管理，必须适应城市发展。要持续用力、不断深化，提升社会治理能力，增强社会发展活力。2018年11月6日，中央领导同志在上海考察时强调，城市治理是国家治理体系和治理能力现代化的重要内容。一流城市要有一流治理，要注重在科学化、精细化、智能化上下功夫。既要善于运用现代科技手段实现智能化，又要通过绣花般的细心、耐心、巧心，提高精细化水平，绣出城市的品质品牌。

1. 精细化管理概念

精细化管理概念最初应用在工业生产管理上，最早出现在日本的工业化时代企业管理过程中，对企业进行全过程精细化管理，以达到更好的效果和更高的效率[①]；最早应用于国外的城市管理工作中，不同国家城市特征不同，所表现出来的精细化管理特征也有所不同：美国的城市精细化管理理念是建立在城市管理法律法规体系和市场机制之上；德国的精细化管理理念则建立在精细化城市规划基础之上，无论是在城市空间建设、基础设施建设、交通优化等，精细化管理理念始终贯彻其中；英国精细化管理理念强调责任明晰，通过压实责任来实现精细化城市管理。

从我国当前学术研究成果来看，众多学者对于城市精细化管理的定义给出解释和陈述：陈水生认为城市精细化管理是对粗放式管理的升华和超越，精细化管理是以科学技术为基础的一整套精心设计的结构和机制，既关心可测量性和可计算性同时也要求运行

---

① 陆军. 中国城市精细化管理研究 [M]. 北京：科学出版社，2022.

过程的规范性和可见性；薛泽林则指出城市精细化管理至少有三个方面的逻辑变迁，工作重心由管得住转向管得好、动力机制由晋升锦标赛转向治理锦标赛、工作理念向民心政治和价值治理升华；毕娟认为城市精细化管理是坚持以人为本原则，依据城市复杂系统的特性，引入精细化治理理念，借助现代化信息技术手段，创新城市治理方式方法，并吸收各类城市主体共同参与的城市治理新模式。

从定义上来看，目前学术界对于城市精细化管理尚未有统一的定义。在新时期城市发展背景下，城市精细化管理是指综合运用市场、法律、行政和社会自治等手段，结合新时期物联网、大数据、人工智能等技术，通过城市管理目标量化、管理标准细化、职责分工明晰化等，形成以"精致、细致、深入、规范"为内涵的城市管理模式。

2. 城市有机更新与城市精细化管理的联系 [1]

在 2020 年中国国企资管创新峰会暨首届城市更新（上海）高峰论坛上，同济大学常务副校长、中国城市规划学会副理事长伍江教授提出：城市是一个鲜活的生命体。城市活力不断被激发的过程也就是城市不断更新的过程。中国已持续了 30 年快速大规模城市改造与建设活动，就城市发展的全生命周期来说，增量型的发展阶段将会是短期非常态化的，而后续存量型发展阶段是常态化的。城市更新必将从粗放型增量发展走向精致型存量发展的有机更新轨道。

认识城市有机更新的特征是探讨城市有机更新与城市精细化管理关系的前提。在遵循城市有机发展规律的基础之上，城市有机更新的特征可以总结为以下四个方面：

1）整体性与连续性。城市有机更新在空间上看有生命力的城市有机体一定是整体，从时间上看城市更新的整个过程呈现出持续状态，即使是城市更新本身也阻挡不了城市的持续性发展。

2）多要素特征。城市有机更新的要素不仅包含建筑、空间、公共基础设施，还包含功能性属性、产权关系、技术方式等要素。

3）细胞代谢特征。城市有机更新的主要方式应是类似于人体细胞代谢式的更新，微更新、常态更新是常态，爆发式、大开大合式、手术式更新是仅在特殊情况下才使用的更新方式。

4）双向并存特征。城市更新的内容既包含整体层面自上而下全面规划式的更新，同样也包含以人为本自下而上自发式、局部式的细微更新。

---

[1]　伍江. 城市有机更新与精细化管理 [J]. 时代建筑，2021（4）：6-11.

在此特征基础之上，我们认为城市精细化管理是实现城市有机更新的重要途径，城市精细化管理是突破有机更新三大瓶颈的重要手段。首先，在政策支持维度可以通过更新现有构建全周期多要素协同空间规划，破解城市有机更新当前规划技术方法缺乏对既有空间要素考虑的瓶颈；其次，构建全要素数字孪生信息获取与决策支撑体系，破解当前城市有机更新决策与管理缺乏精准的动态信息化支撑的瓶颈；最后，构建多维度紧约束精细化工程实施机制，破解当前城市有机更新存在工程落实手段难以应对多约束既有环境的瓶颈。唯有尊重城市有机发展规律，加强城市规建管运一体化管理体制与机制建设，特别是不断完善新时期城市全过程、全维度、全周期的精细化管理体制建设，城市有机更新运行才会更健康、更高效和更具有生命力。

9.2.4　城市更新与参与式管理

城市更新管理机制是城市更新顺利实施的重要保障，我国城市更新治理模式从计划经济时期至今，经历政府一元主导到多元主体协同合作治理。多元主体参与式管理目前已成为城市更新的重要管理机制，具有多重现实价值，更有利于达成合作共建模式、降低政府资金压力、满足多方利益诉求、实现以人为本的更新要求。

1. 城市更新参与式管理概念

参与式管理的理论基础来源于管理学著名的人群关系理论，20 世纪 30 年代美国著名心理学家梅奥组织的霍桑实验中提出了"社会人"假设，即企业员工的工作更多是以社会需求为动机，并且希望管理者能够满足自己的社会需要和自我尊重需要。在此基础上管理者开始把注意力从生产现场的机器操作转向生产过程，开始陆续有管理者在企业管理时提出"参与式管理"的形式，让企业职工在不同程度上参与企业决策的研究和讨论。

对于参与式管理的定义不同学者的理解和看法有所不同：凯里（H.H.Carey）认为参与式管理是一种咨商式的监督过程，由下属和管理者共同讨论有关成员的福利或利益情况；弗洛姆（V.H.Vroom）认为参与式管理是在组织中，决策制定过程由两个或两个以上的团体参与的过程。国内学者对于参与式管理较为统一的定义是在组织管理过程中不同程度上让组织成员和下属共同参与组织决策及其他管理过程，让下级和组织成员与企业管理者处于平等地位去研究问题和讨论组织重大问题。

对于城市更新过程参与式管理目前学界相关研究并不是太多，对于参与式管理的侧重点不同，给出的城市更新参与式管理的内涵和特征亦不相同。赵峥和王炳文对于城市更新过程中多元参与面临的价值、挑战进行了研究，并指出多元参与要建立合理的利益分配和矛盾化解长效机制，推动治理资源下沉，引导各利益主体发挥特长，建立协调机制并以此推动城市有序更新和释放活力。林辰芳和杜雁认为城市更新多元参与管理机制运行过程中需要建立开放型和全过程特征的多元主体参与机制，同时对多方博弈规则进行规范和约束，寻求利益平衡促进良性互动协同。

在"人民城市人民建，人民城市为人民"的更新逻辑下，城市更新参与式管理的重点在于如何实现政府、市场和公众的参与。城市更新参与式管理指的是在新型城镇化战略背景下，在具体城市更新工作推进过程中让利益相关方（政府、企业、社会组织、社区、居民等）参与到相关事务的管理和决策中，形成多元共同商讨城市更新决策、规划、实施与效果的机制，以此保障城市更新实现良性可持续更新目标的管理过程。

2. 城市更新多元利益相关者

（1）政府

政府作为城市更新活动的发起者和顶层设计者一直以来都扮演着最重要的角色。在我国城市建设的 70 多年历程中，政府处于主导地位的时间超过一半以上，其领导地位和核心地位毋庸置疑。这与我国宪法和法律赋予政府行使公共权力、承担公共责任义务、维持社会长治久安的政治职能以及满足人民群众对于美好生活期盼的社会职能分不开。

一方面，中央政府作为城市更新工作的全局驾驭者，一般通过顶层设计（政策与法律）、审查与监管、权力下放等方式来直接或者间接影响城市更新进程；另一方面，地方政府往往是城市更新的最核心主体，地方政府作为具体地区城市更新的领导者和制度供给者，可以通过地方性法规、政策、资金投入、规划、审核与监督来直接影响城市更新进程。此外，地方政府更是地区公共权力的掌权者、公共事务管理者和城市公共利益的代表者，在行政机构设置上横向涵盖与城市更新相关的所有部门，如住房和城乡建设局、自然资源和规划局、城市管理局等，纵向上覆盖城市更新具体实施的各级行政序列。

（2）企业与开发商

根据利益划分，城市更新过程中企业与开发商作为经济主体，是城市更新过程不可或缺的主要参与者。城市更新具体项目的实施主要是由开发商来进行，虽然开发商本质上有逐利性，但其在城市更新过程中发挥的作用不可忽略。一方面，城市更新资金投入量巨大，仅靠公共部门投资难以承担，私有部门是资金投入的有力补充；另一方面，企业与开发商对于解决城市更新过程中市场化问题，如住房供给、公共服务设施建设等至关重要。值得注意的是开发商参与城市更新过程往往还面临着政策性约束，而这种软性约束条件也往往可能成为政府滋生腐败的突破口，即企业为了参与或影响城市更新的政策决策而进行的寻租活动等①。

（3）社会公众

社会公众是城市更新工作效果最直接的受益者和感受者，城市更新工作最终是要回应人民群众日益增长的美好生活需要。无论从西方还是我国的城市更新历程来看，社会公众已成为更新过程中不容忽视的力量，"城市更新好不好，人民群众说了算"不只是一句口号，更是体现出社会公众在城市更新过程中的重要地位。公众参与是解决交易成本、推动城市自我更新的重要条件。公众参与体现了公众应享有的知情权等民主权利，降低后期城市更新的沟通成本，促进城市更新项目各项利益的平衡，有利于城市建设以及管理的顺利进行。在党的十九大报告中，更是提出了要加强和创新社会治理，建立共建共治共享的社会治理格局②。实现公众参与，城市更新才能真正做到以人为本，体现公众意志，维护公众的利益，接受公众的监督，而且还有助于防范化解社会重大风险。

（4）社会组织

社会组织在城市更新过程中可以扮演多种角色，既可以发挥其沟通桥梁作用，也可以发挥其专业性服务能力和组建智库的作用，被认为是更新体系中最具有潜力的力量之一，又可以作为城市居民利益表达的代言人。

3. 城市更新参与式管理价值体现③

（1）参与式管理有助于降低城市更新成本

新时期城市更新活动主要是对城市已有存量空间进行的改造与升级，该过程包含社会经济价值的变化，但同时也受到环境、人文、区域和产业发展的多要素限制。因此，城市更新过程往往投资规模巨大，截至2021年底，全国共计有411个城市实施城市更新项目，项目实施数全年累计超过2.3万个，总投资规模达到5.3万亿元。如此巨大的资金规模仅靠政府资金投入难以实现，因此，合理吸纳多元利益主体参与到城市更新项目中来，发挥各自主体优势特征，公平竞争、互相制约、互相协调，有助于降低城市更新活动的运行成本。

① 唐毅彬. 我国城市更新中多元参与主体关系的平衡与再造 [D]. 厦门：厦门大学，2019.
② 刘鹏. 城市更新项目公众参与关键成功因素研究 [D]. 重庆：重庆大学，2019.
③ 赵峥，王炳文. 城市更新中的多元参与：现实价值、主要挑战与对策建议 [J]. 重庆理工大学学报（社会科学），2021（10）：9-15.

（2）参与式管理有助于回应多元价值诉求

城市更新涉及利益相关主体包含政府、企业（开发商）、社会公众、社会组织、社区等多元关系。不同主体之间的利益冲突明显，价值诉求差异较大，如企业利益诉求基本以经济效益为主；政府利益诉求包含经济效益、社会效益、生态效益、文化效益、稳定就业等多重诉求；大众居民群体的利益诉求点往往集中在改善居住环境与公共环境，实现房屋价值增值；社会组织的利益诉求则集中在提升经验、收取费用、品牌效应等。此外，各个主体之间对于长期利益、短期利益和局部利益、整体利益的诉求亦不相同。特别是在城市更新过程中出现的群体事件、上访事件往往是因为利益协商机制、利益分配机制等参与途径不顺畅造成的。因此，构建多元利益参与式管理机制有助于实现不同主体之间良性的竞争互动，有助于实现各利益主体诉求之间的相对平衡[①]。

（3）参与式管理有助于实现"以人文本"根本要求

城市更新作为一种社会活动，应当充分考虑利益相关者的意见，使其参与到整个城市更新项目的生命周期中来。在众多利益相关者中，人民群众是关键的群体，包括受项目直接影响和非直接影响的人民群众。让人民群众根据自己的工作生活经验为城市更新项目提供更切实可行的解决方案，有利于城市更新的顺利推进。完善群众参与机制，有效实现双向沟通，即城市更新的决策者、执行者与人民群众之间充分表达利益诉求、彼此交换意见，优化决策流程、完善决策方案、提升决策效率，提高城市更新项目的长期生存能力，更好地服务城市发展。因此，完善群众参与机制应当被引入到各类涉及人民群众切身利益的城市更新改造中，并落实到城市更新的全过程，让人民群众更多参与到城市更新中，有助于提升人民群众的获得感，有助于实现城市更新"以人为本"的根本要求。

9.3 城市更新建设实例

9.3.1 国外城市更新建设实例——日本涩谷站城市更新项目[②]

东京是一座持续更新的城市，在发展过程中，轨道交通始终引领城市结构的更新。涩谷是东京重要的城市副中心之一，位于其核心的涩谷站也是东京都市圈内的第二大交

① 周安远，施建刚.基于利益相关者分析的公众参与城市更新研究 [J].建筑经济，2009（10）：23–26.
② 刘文，孙如雪.城市更新背景下站域空间的重构及增效研究——以东京涩谷站为例 [J].中外建筑，2024（1）：75–81.

通枢纽（图 9-1），地区内共有 4 家地铁公司 9 条线路的 6 个站点，每天的换乘人数达到
330 万人次。21 世纪初，涩谷站以东急东横线地下化改造为契机，开展了为期数十年、
始终与周边地区协同发展的滚动式更新。

1. 项目背景

2000 年，日本国土交通省运输政策委员会提出研究东京地铁副都心线与东急东横线
之间直达运营的可行性，并最终决定对东急东横线采取地下化的措施，因此涩谷站南侧
腾出了大规模的空地，成为涩谷再开发的重要契机。2005 年 12 月，涩谷区将"涩谷站
地区"（图 9-2）指定为都市再生紧急整备地区，进行整体再开发。从明治后期开始历经
100 年以上时间建设形成的涩谷站及周边地区将作为新的城市空间重新改造，开始新一
轮长期的规划建设。

图 9-1　日本涩谷站鸟瞰图

图 9-2　日本涩谷站地铁线路图

2. 城市更新模式 1.0 阶段：恢复城市活力，提升地区吸引力

经过多年研究，2010 年涩谷区正式发布《涩谷站中心地区城市建设方针》（简称《建
设方针》），提出涩谷站中心地区作为涩谷区"面向世界的信息传播枢纽"的核心，应以
"充满活力、步行友好、环境共生的广场、斜坡路与沿街商业"为目标，并提出了涵盖车
站设施、前广场与道路、步行道路、停车设施、地下河流和给水排水管道、防灾、生态
环境、国际功能八方面的内容，以及"涩谷的传播""山谷降温""创建城市回廊""以人
为本""建设安全安心的城市""强化涩谷风格""联合开发"七大发展策略。"城市建设
1.0"重点关注提升人群的使用感受，优化流线、提供大量公共空间和周边地区缺乏的市
政设施，强化城市功能，主要包括以下内容：

（1）车站设施更新

首先，东急东横线通过地下化实现了和地铁副都心线无缝对接；其次，将都营地铁银座线站台东移，并从相对式改为岛式，退让出一个更宽裕的换乘大厅；最后，将 JR 山手线的站台与 JR 埼京线的站台并置，方便乘客换乘。通过车站设施的更新成倍缩短了人行的换乘流线，也为老人和育儿群体提供了更友好的步行环境。

（2）站前空间功能提升

借鉴了横滨未来港的"城市核"（Urban Core）模式，建立一个由自动扶梯、直梯和人行步道共同构成，连接轨道交通换乘平台、商业综合体设施、广场等不同标高的空间。多层次的立体步行网络系统，不仅消解地形的高差与城市的割裂现象，也确保车站周边地区拥有安全、放心的步行环境。城市核不但强化了与各类设施的连通性，同时重点深化设计了各区域的入口空间，通过各种不同特征的立面构成了多样化的站前空间意象。

（3）街区空间再生

在地区更新中不仅强调标志性建筑引导的核心引领和带动作用，还注重环境品质的整体提升。例如，将东急文化会馆改造的"涩谷之光"作为中心地区的地标，为日本带来巨额收益；将涩谷川由臭水沟变为 600m 长、绿植丰富的河畔生态步行街，提升对各类人群活动的综合吸引力。

（4）合作共赢政策机制

结合"都市再生紧急整备地区"，制定多项政策激励机制。首先在城市设计中采用"确保公共开放空间"的做法，提升空间品质。如涩谷站大厦（Scamble Square）的第 4 层和第 10 层的屋顶广场都可以作为高新技术发布和国际交流的会场，承办各类公共活动。再如，在东塔楼屋顶设置观景平台，可俯瞰东西两侧站前广场和涩谷站前十字路口的景象，进而与城市中穿梭的行人形成视线互动，扩展城市景观的观赏角度。其次，"强化地区的薄弱功能"也可以作为争取"增加容积率"奖励的"城市贡献"评价对象，"交通枢纽功能的强化""引入提高国际竞争力的城市功能""防灾与环保"等项目都属于该范畴。

（5）"三位一体"开发模式

在涩谷站中心地区的站城一体开发中，为确保已呈立体化的车站和站前广场等城市基础设施的更新，铁道改善工程与土地区划整理工程均需要同步进行。首先，土地区划整理工程推进了站前广场及河川等城市基础工程的规划、建设基地的规整及集约化，并确保了铁道扩展开发用地。其次，在开发工程与铁道改良工程中，在建设铁道上空的上盖建筑的同时，也对立体交通广场及城市核系统（流线空间）进行了规划。涩谷站中心地区的开发不单是一个民间开发工程，而是与铁道改善工程及土地区划整备工程一起，三位一体推进的站城一体化更新。

经过近十年更新建设，涩谷站逐步恢复了活力，2018 年每日换乘人数更是达到 334 万人次。目前，涩谷未来之光、涩谷 CAST、涩谷 STREAM、涩谷站大厦（东馆）等综合体已先后开业，还有包括涩谷站大厦（中央馆·西馆）在内的三栋综合体已经纳入建设议程，最迟将于 2027 年建成开业。

3. 城市更新模式 2.0 阶段：从"多样性"迈向"包容性"

（1）规划理念变化

"东京 2040"中提出，对于新宿、涩谷、品川等国际商务交流据点，应每隔 30 年左右进行有计划地更新，打造高品质城市空间，提高街区魅力。为实现可持续的更新发展，涩谷区于 2020 年发布的《涩谷站地区城市建设基本理念》（简称《基本理念》）提出，涩谷在"1.0 阶段"已经形成了"钵状地形和放射状街道、特色鲜明的功能片区、底蕴传承的街道文化、特色的涩谷公共活动"等特征。"2.0 阶段"应结合持续滚动的更新，以类型丰富的商业、办公和文化设施，吸引各类人群，为未来打造世界瞩目、具有高度国际竞争力的标志区域准备资源基础。对比《建设方针》，可以发现《基本理念》中对于站城一体化建设的理念出现了两大转变：一方面是拓展空间范围，关注"涩谷站地区"整体发展；另一方面是从功能导向转变为体验导向，突出以"人"为核心。

（2）发展愿景更新

涩谷站地区提出未来 20 年的发展愿景是"在涩谷站地区突出具有多样性和包容性的地域特色，在中心地区呈现更强的资源流通和配置能力，提升国际竞争力，以安全、韧性的基础设施凸显涩谷的魅力"。具体发展目标分解为"一个对所有人都充满机遇和挑战的城市，一个促进和刺激所有人协同成长的城市，一个为所有人提供成长空间和归属感的城市，最终让涩谷成为一个世界瞩目、为所有人提供自豪的活动舞台的城市"。"2.0 阶段"的发展愿景是在"1.0 阶段"目标已经逐步实现的基础上提出的，充分体现了可持续、滚动更新的理念（图 9-3）。

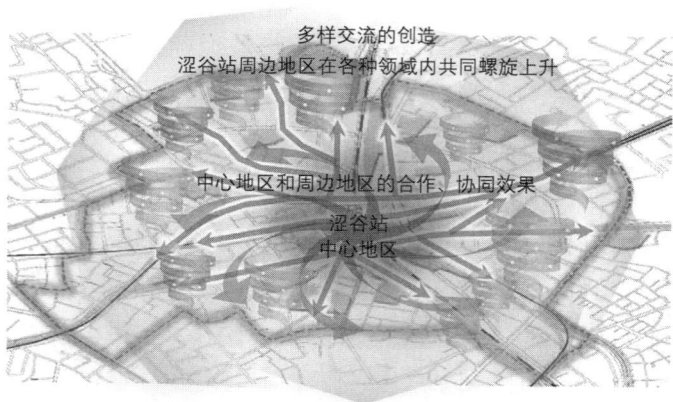

图 9-3　涩谷站地区整体发展愿景

（3）规划策略提升

从"连续贯通"到"空间特质"，构建可以支撑日常多样性活动发生的空间环境。"1.0 阶段"提供了连续贯通、步行友好的公共活动流线组织。在此基础上，"2.0 阶段"强调了强化空间作为容纳多样性活动发生的场所。结合站点和周边设施更新，鼓励涩谷提供各种规模的特色空间，体现城市形象，强调更新中充分利用历史文化资源和地区文化传统。政策重点关注涩谷最具特色的大、中、小规模并存的街道空间，通过功能复合，创造出新的文化、商业活动场所。

从"地标引领"走向"网络构建"，创造具有包容性，合作、协同成长的城市空间网络。"1.0 阶段"聚焦涩谷站中心地区，强调了地标建筑在城市空间发展中的核心引领作用，而"2.0 阶段"更加关注"以点及面"，即涩谷站地区各个网络系统的整体提升。规划政策强调以辐射状、环状的街道连接车站和城市，构建多尺度、多层次的步行空间网络，结合无障碍设施的完善，打造人人可以舒适生活、快乐生活的城市分目标。

9.3.2　国内城市更新建设实例——广州城市更新的独到之处 ①

随着城市快速发展，土地资源日益稀缺，城市布局和功能正面临着重新调整的需要。2020 年，城市更新被首次写入国民经济和社会发展五年规划；2021 年以来，城市更新成为全国两会关注焦点。实施城市更新行动，推动城市空间结构优化品质提升成为各城市未来必须直面的重要课题。那么，什么样的城市更新是可复制推广的样板？广州给出了一份不错的答案，广州城市更新代表片区——珠江新城值得学习和借鉴（图 9-4）。

1．广州城市更新机制

广州城市更新的成功，不是简单的空间重塑，背后离不开"广式"更新的内外兼修：内表现为机制、模式

图 9-4　广州城市更新代表片区——珠江新城

① 李婧 . 城市化背景下的"城中村"改造模式研究——以广东省广州市为例 [J]. 辽宁大学学报（哲学社会科学版），2021（5）：76-84.

灵活创新，让城市更新不简单；外表现为从城市自身气质入手，让城市更新不一样。作为改革开放前沿地，广州城市更新的创新探索，也一直走在全国前列，是我国最早，也是最活跃开展城市更新的城市之一。21世纪以来，广州城市更新大致经历了三个代表阶段。

（1）更新大幕开启阶段（2000—2008年）

21世纪初，广州城镇化快速发展，人口开始大量涌入，且高度集中在中心城区。为提升旧城区能级与活力，广州以危房改造、城中村整治为导向，开展了危改工程。在这一时期，政府以"谁受益、谁投资"为改造资金筹措原则，创新提出"政府主导，开放引入社会资金"，有效带动村集体和市场力量出资出力，形成多方合力。

（2）城市更新政策试验阶段（2009—2015年）

成片拆建、开发增量用地的发展模式并非长久之计，广州为了提升低效存量用地的使用效能，针对"三旧"（旧村庄、旧厂区、旧城镇）开展改造试验。2009年，在全国率先出台了相关政策文件，成立"三旧"改造工作办公室。这一时期，政府通过让出部分土地出让收益给业主与市场，以破除权力主体对土地再开发缺乏动力的困境，换来了市场主体和业主的积极响应。广州在此期间的实践，不仅为广州进入系统性城市更新打下良好基础，还为后续全国转变土地利用方式、推进城市更新政策创新，提供了丰富经验参考。

（3）城市更新微改造时期（2015年至今）

首先，在这个时期广州市创设专属机构，强化顶层统筹。"三旧"改造打开了广州全面改造的局面，但"三旧"在各自政策牵引下缺乏整体性。2015年，广州面对改造方式基本趋同、效果相对单一等实际问题，参考中国香港、新加坡城市更新专门机构——重建局的做法，成立了城市更新局，统筹城市更新工作（图9-5）。

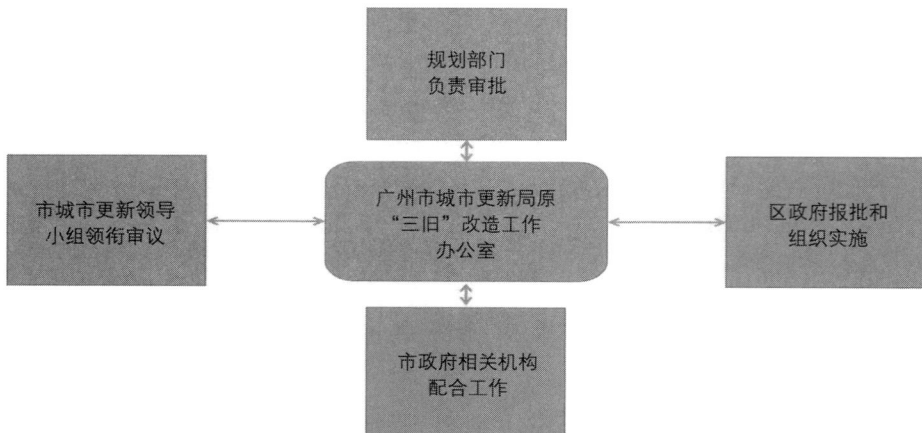

图9-5　广州市城市更新局职能结构

其次，广州市创新更新方式、功能活化改造。大拆大建绝不是城市更新的唯一策略。2016 年，广州首次提出与全面改造同等重要的更新方式——微改造：维持现有建设格局基本不变，以局部拆建、修缮提升、功能置换为重心，提升城市更新灵活性。

最后，广州市在城市更新过程中创推 PPP 模式，推动项目落地实施。为解决多重主体利益矛盾、资金难筹等问题，广州推出容积率奖励、协助贷款等系列政策，成立广州城市更新基金，重点支持 PPP 模式的城市更新项目，多管齐下，推动城市更新举措落地实施。在大刀阔斧的城市更新中，除了有不断推陈出新的硬核政策与灵活机制，对乡土的百般呵护，则是广州城市更新特色的灵魂所在。

2. 广州城市更新本质之新

同是沿海开放"高地"，同在城市革新前沿，广州、深圳、上海，是城市更新常年进行同框比较的三个城市。不同于上海的国际新潮、深圳的青春激昂，广州城市更新的卓然，贵在从城市自身气质入手，透露出浓浓的文化味儿、人情味儿和生活味儿。这与广州市对厚重历史的保护、特色文化的传承、城市基因的延续、民生需求的融合密不可分。而这些，正是当今时代所需要的城市更新内涵，也是广州之于城市更新无可替代的味道与意义所在。我们从广州市城市更新过程中第一个全面改造的城中村猎德村的改造特征可以窥见其本质之新的体现。

（1）政企村合作共赢模式

猎德村毗邻珠江，距花城广场仅 1km。是广州第一个全面改造的城中村，也是广州闻名全国的地标区。2007 年，城中有村，村中有城，村外现代化，村内脏乱差，仍是这里的景象。随着珠江新城规划出炉，无法充分利用区位价值的猎德村，启动改造。2010 年，村民实现回迁。如今这里不仅有小桥流水，还有高楼林立；从城中村的脏乱差代表到人人称奇的改造典范，广州为此花费了较大投入（图 9-6）。

城中村改造，往往最难解决的就是平衡村民需求，以及钱从哪儿来。正如前文所提，广州在这一时期创新尝试引入社会资本，开发商

图 9-6　广州市猎德村改造前后对比

垫资、政府出政策、村委会协助，便是猎德的选择。猎德将资源整合拆分，除安置区外，还划出集体经济和拍卖融资地块，不仅收获了有实力的企业参与改造，拍卖资金还用作改造资金。解决村民拆迁安置和集体物业发展要求的同时，实现了项目自身经济平衡。

（2）村民至上

猎德村拥有900多年历史，大量古民居、祠堂和猎德涌的沿承，让这里成为广州极具文化标识性的水乡村落。对此，猎德改造从生态、生活两方面出发，最大程度再现了猎德人依水而居的场景。生态为基，还绿于民，猎德村自古伴水而生，水便是指猎德涌。猎德注重对原有水乡生态肌理的保留，大面积、高品质设计了水乡景观复建区。以宽阔水面的猎德涌为主体，从传统岭南水乡景观文化要素取材，以青石板路、廊桥、堤岸栏杆、景观花池等景观元素为载体，构建了一条突出猎德风情、营造岭南传统水乡的滨水碧道。

同时，以人为本、还城于民，房子可以拆，但文化、生活印记不能丢失。从建筑到公共空间再到公共活动，猎德村充分尊重了民生需求：以龙母庙为中心，将祠堂、家塾及其他有价值的民居，沿河岸进行复建、修缮；提取醒狮、龙船丁等传统文化元素融入景观设计，连同文化碑、牌匾石刻等，形成了一条历史文化走廊（图9-7）；并拓宽龙舟池，以延续百年的猎德龙舟风俗。

图9-7　猎德村历史文化走廊

（3）与人俱进

集体经济和拍卖融资地块当时被富力、合景泰富和新鸿基拍得。区别于简单地推倒重来，企业在改造过程中充分考虑了文化延续：一栋栋广府民居的代表"镬耳屋"，配以水乡肌理为底，打造了岭南风情商业街——天德街。除了将传统文化"外化于形"，更注重将"内在"与新时代人群进行链接：不仅集本土、国际、年轻人喜欢的餐饮于一体，还根据广州夜间消费特点严筛租户，引入了时下颇具人气的网红店；举办天德潮会玩、七夕壕粉节等潮流活动，吸引大批年轻人蜂拥而至。

3. 广州城市更新求变之快

如今，广州又开启新一轮城市更新——注重产业主导，于全国首设产业建设量最低占比；突出以人民为中心，统筹配建政策性住房，强化公共配套资源引入；同时，创新异地平衡新政，注入社会资本活水，让城市更新与人工智能、数字经济并驾齐驱，更是被写入广州"十四五"规划，推动产城融合，广州再次成为城市更新创新方案的全国探路者。正如"主战场"之一的鱼珠片区，金融、航运、总部经济联姻高新科技，昔日木材市场将变身广州"第二 CBD"、科技企业创新高地。保利鱼珠港、宜家家居等重量级项目鱼贯而入，商业配套和产业集群正在密集兑现，一个集办公、休闲于一体的活力创新区，正蓄势待发。

多年来，广州城市更新的大胆实践充分证明：只有更新，才能"更新"，但想要驱动城市发展，城市更新绝不只是冷冰冰的空间建设。城市更新要与城市市民高度共情，要与文化基因高度融合，要与时代需求高度共鸣。

本章复习思考题

1. 新时期城市更新的特点有什么？
2. 城市更新与城市建设之间有哪些联系？
3. 我国的城市更新政策历程可以总结为哪几个阶段？每个阶段特征都是什么？
4. 我国当前城市更新政策制度体系包含哪些模块的内容？
5. 城市更新变迁背景下我国城市管理模式变迁特征是什么？
6. 新时期我国城市精细化管理的内涵都有什么？
7. 简述城市更新过程中的利益相关者。
8. 简述城市更新参与式管理的价值体现。
9. 以广州市为例，其城市更新的"新"都体现在哪些方面？
10. 新时期城市更新过程中的空间重塑与文化再生应该如何结合？
11. 在智慧城市不断推进过程中，城市更新活动中有哪些技术可以应用？
12. 基于本章内容和当前城市发展的新特征，请思考总结城市更新过程中仍需进一步优化的建议都有哪些？
13. 基于广州市城市更新局的职能结构，请思考当前城市更新职能结构不足之处都有哪些？
14. 结合我国当前城市更新所处的阶段，请思考我国当前特别针对不同类型的城市来说，政企双赢更新模式应该如何构建？
15. 规划在城市更新过程中起到的作用有什么？

City ——————————

本章学习要求： 熟悉韧性城市的概念；了解韧性城市的
发展历程；了解韧性城市建设的构架体
系；了解提升城市韧性效率的措施
本章学习重点： 韧性城市建设的构架体系
本章学习难点： 城市韧性评估与规划

韧性城市是指城市或城市系统能够凭自身的能力抵御
灾害，减轻灾害损失，化解和抵御外界的冲击，并合
理地调配资源以从灾害中快速恢复原有状态，保持其
主要特征和功能不受明显影响。在中国式现代化历史
进程中，打造以人为核心的韧性城市，从价值观上满
足人民群众对美好生活的向往，成为构建双循环新发
展格局背景下城市安全发展的新范式和战略选择，具
有重要的现实意义。

第 10 章

韧性城市建设管理

10.1 韧性城市概述

随着城市经济社会与生态体系的日益复杂化，调适自然环境与社会环境，减缓风险冲击与扰动具有重要的现实意义，韧性城市正是在这一背景下应运而生的城市建设管理应对风险新范式。党的十八大以来，党中央统筹中华民族伟大复兴战略全局，提出了一系列城市工作新理念新思想新战略，为进一步推进韧性城市建设、防范化解重大灾害风险提供了根本遵循。2024 年 4 月，中央领导同志在重庆考察时强调，全面推进韧性城市建设，有效提升防灾减灾救灾能力。

10.1.1 韧性城市的概念和特征

1. 韧性城市的概念

韧性的概念最早出现于 20 世纪 70 年代的生态学，美国佛罗里达大学生态学教授霍林于 1973 年在其著作《生态系统韧性和稳定性》中提出"生态系统韧性"的概念。具备韧性的社会生态系统具有以下特征：一是能够承受大量变化仍能够控制功能结构；二能够进行自组织以应对外部变化；三是能够建立和增加学习、适应能力。

韧性城市是指城市或城市系统能够凭自身的能力抵御灾害，减轻灾害损失，化解和抵御外界的冲击，并合理地调配资源以从灾害中快速恢复原有状态，保持其主要特征和功能不受明显影响。也就是说，当灾害发生的时候，韧性城市能承受冲击，快速应对、恢复，保持城市功能正常运行，并通过适应来更好地应对未来的灾害风险。

"韧性城市"概念指适应不确定性扰动（狭义上指灾害）能力的城市系统，韧性城市通过完善城市整体格局和持续的功能运行，可以适应和化解这种灾害，基本维持相似的功能结构、系统，并能迅速实现灾后恢复，甚至通过适应灾害的经验积累，提升应对灾害能力进而保持系统活力。

2. 韧性城市的内涵

韧性城市的内涵主要涉及城市能够凭借自身能力抵御灾害、减轻灾害损失，并快速从灾害中恢复过来的能力。这一概念涵盖了自然灾害、社会重大影响的事件（如战争、动乱等）和公共卫生（如疫情）等多个维度。韧性城市不仅强调基础设施的韧性，还包括制度韧性、经济韧性、社会韧性等多个重要维度，这些维度相互依存、相互联系，共同构成了一个复杂的社会、经济、技术系统。

1）基础设施韧性：指城市基础设施的抗灾能力和恢复能力，包括交通、供水、供电等关键设施的可靠性和冗余设计。

2）制度韧性：涉及城市管理和政策制定的灵活性和适应性，能够快速应对突发事件和政策调整。

3）经济韧性：指城市经济体系的稳健性、包容性、适应性和可持续性，具有应对外部经济动荡的能力，能够在经济波动中保持稳定增长和就业，以多元经济结构为新的发展目标。

4）社会韧性：应对社会变化的能力，关注社会结构和文化的适应性、社区归属感，具有通过社会整合实现自我振兴的能力，包括社会服务的提供、社区的凝聚力和应对社会变革的能力。

5）生态环境韧性：具有应对外部自然灾害的能力，城市空间及城市基础设施规划留有余地，灾害来临后能够自我承受、消化、调整、适应，实现再造和复苏。

此外，韧性城市的规划内涵还包括城市系统面对未来不可预测、不确定的冲击时的应对能力，这要求城市在设计和规划过程中考虑到多种风险因素，通过合理的规划和人类社区建设来提高城市的整体韧性。韧性城市被认为是可持续的物质系统和人类社区的结合体，其中物质系统的合理规划通过人类社区建设而发挥作用，从而提升城市的恢复力和适应力。

3. 韧性城市的特点

韧性城市旨在强化城市面对灾害的预防、准备、响应及快速恢复能力，对待自然的态度从利用和抵御走向协调共生，强调吸收外界冲击和扰动的能力，通过再组织，恢复原状态或达到新的平衡状态。韧性城市是人类作为命运共同体，以综合系统的视角应对风险和危机的新思路。韧性城市的特点体现在以下五个方面：

1）多样性：城市有许多功能不同的组成部件，能保护城市系统、抵御多种威胁。

2）可恢复性：城市有灾后快速恢复的能力，城市在受到冲击后仍能回到系统原有的结构或功能，即灾后较短的时间恢复到一定的功能水平。

3）冗余性：城市系统中关键的功能设施应具有一定的备用模块，当灾害突然发生造成部分设施功能受损时，备用的模块可以及时补充，整个系统仍能发挥一定水平的功能，而不至于彻底瘫痪。

4）智慧性：城市有基本的救灾资源储备以及能够合理调配资源的能力。能够在有限的资源下，优化决策，最大化资源效益。

5）适应性：城市系统根据环境的变化调节自身的形态、结构或功能，以便与环境相适应，需要较长时间才能形成。

4. 韧性城市的特征

城市韧性是城市实现可持续发展的必要属性。韧性城市的重要价值就是要有效应对各种不确定灾难对城市的冲击，减少城市发展过程中的不确定性和脆弱性。韧性城市有以下特征：

第一，从城市结构上看，城市功能是多元性而非单一性的，城市受到冲击过程中选择的多元性、社会生态的多样化以及城市构成要素的紧密联系，灾难发生时城市的主要功能不至于中断或者可以快速恢复，人员伤亡和财产损失减少到最小程度。

第二，从组织系统上看，城市组织具有很强的应急适应性和灵活性，体现在物质环境的构建和社会机能的组织上，灾后恢复的时间和程度能够满足社会的需求。

第三，从城市安全防御和恢复上看，韧性城市防灾救灾系统完善，而且能够快速启用，灾害不发生链式反应，也就是减少次生灾害的发生，灾害之后经济社会活动得以迅速恢复。

10.1.2　韧性城市建设的意义

在中国式现代化的历史进程中，城市韧性建设成为当今风险社会背景下城市安全发展的崭新范式和战略选择，具有重要意义。

1. 城市韧性是全球化背景下城市应对自然与社会风险的必然选择

近年来，地震、台风、爆炸、坍塌等自然灾害、事故灾难层出不穷，新冠疫情、巴以冲突等公共卫生、社会安全事件影响深远。随着风险耦合和级联效应的增强，灾害链和受灾范围都极大延伸。城市作为经济与人口聚集的重要场所，往往受到原生灾害和次生灾害的多重冲击，波及周边其他城市。城市韧性关注安全，能够有效提升城市抵御风险的承灾能力和自恢复能力，提高城市"免疫力"。

2. 城市韧性是顺应以人为核心的新型城镇化进程的战略性决策

我国的城镇化正处于快速发展中后期向成熟期过渡的关键阶段，目前已形成以中心城市、城市群和都市圈为主体的城镇发展格局。2022 年，全国常住人口城镇化率为 65.22%。现有的 19 个国家级城市群集聚了全国 70% 以上的人口和 80% 以上的经济总量。2020 年第七次全国人口普查数据显示，长三角、粤港澳、京津冀、长江中游、成渝五大城市群总人口为 5.95 亿人，占全国总人口的 41.23%，过去十年间增加的人口总量为 5213 万人，占全国总人口增量的 72.34%。城市规模不断扩张，人口、产业、物资等各类要素快速向城市聚集，加剧了城市风险与脆弱性，当社会系统和生态系统的承载能力跟不上城市的发展速度时就会破坏社会与自然的平衡，城市韧性不足的问题逐渐暴露出来。

3. 城市韧性是推进政府应急管理体系和能力现代化的必然要求

公共安全事件发生时，考验政府的紧急动员、快速支援能力，在最短的时间内防止风险扩散，这就要求增强政府的整体性，通过信息共享、政策沟通等手段，实现政府与社会组织、企业、民众等多元主体的良性互动。城市韧性建设能够应对事故灾害的突发性和复杂性，整合多元利益相关者的治理行为，提供多样化的公共服务，对民众需求快速响应，实现城市治理一体化。

4. 城市韧性是实现统筹安全与发展理念的重要保障

国家"十四五"规划将"统筹发展和安全"纳入我国经济社会发展的指导方针，提出"建设韧性城市""提高城市治理水平"。城市发展进程中需要把安全放在第一位，关注城市公共安全问题，聚焦人民群众逐渐增长的公共安全需求，化解公共安全保障能力不足的矛盾。提高城市韧性能够有效统筹发展与安全，进而推动城市高质量发展，是实现人民高品质生活的内在需要。

10.2　韧性城市的发展历程

10.2.1　国外韧性城市的发展历程

20 世纪 70 年代初韧性概念就被用于生态系统的研究中，后来逐渐扩展到了社会生态系统、工程系统等领域。简单而言，韧性是指某种材料吸收外来冲击能量的能力，"韧性城市"则是指城市或城市系统能够化解和抵御外界的冲击，保持其主要特征和功能不受明显影响的能力。21世纪初，韧性的理念被用于城市复杂系统就产生了"韧性城市"的概念。

21世纪初期，部分发达国家的城市面对纷繁复杂的气候变化带来的不确定影响，开始了韧性城市建设的尝试。2008年，美国芝加哥颁布了《芝加哥气候防护计划》，针对气候变化，制定了具有适应性的措施，对基础设施建设提出了建设要求。2011年，英国伦敦制订了《管理风险和增强韧性》计划，防范洪水、高温和干旱，解决居民家庭用水和能源设施更新。

2011年，联合国减灾署推出了"让城市更有韧性"竞选计划，开始在全球范围内运作，确定了制定减轻灾害风险预算、维护更新并向公众公开城市抗灾能力数据、维护应急基础设施、评估校舍和医疗场所的安全性能、确保学校和社区开设减轻灾害风险的教育培训等十大指标体系。

2012年，联合国减灾委员会出版了一本《如何使城市更具韧性：地方政府领导人手册》，从执行层面具体分析，面对突发的灾难事件和疫情，地方政府领导人需要从机构、社会、自然环境、经济等多个维度，推进韧性城市，使其具有抗灾能力，且保持可持续发展。

2013年，美国纽约市在修复"桑迪"飓风的影响后，制定了《一个更强大、更具韧性的纽约》的可适性韧性城市规划方案，将城市防灾、抗灾等应对风险的能力作为城市可持续发展的核心力量进行提高和加强，加大对基础设施建设、灾后重建以及提升社区韧性方面的投资。同时，该报告解释了"韧性（Resilience）"的含义：一是能够从变化和不利影响中反弹的能力；二是对于困难情境的预防、准备、响应及快速恢复的能力。需要指出的是，每一次特大或重大灾害，都对城市应对提供了积极的"刺激"，并带来城市结构的重塑和空间结构的变化以及城市文明的进步。

2013年，日本颁布了《国土强韧性政策大纲》，提出了推进整个国家的韧性提升计划，防控的目标主要是地震和海啸风险。

2015年，联合国通过《2030年可持续发展议程》，将减轻自然灾害风险、实现社会灾害韧性纳入目标和指标体系。

2016年，第三届联合国住房与可持续城市发展大会将倡导"城市的生态与韧性"作为新城市议程的核心内容之一。

2019年，新西兰发布《国家灾害韧性战略》，强调提高国家韧性能力，通过风险管理、灾害有效应对和从突发事件中恢复、不同阶段加强投入形成合力，达到促进和增强社区韧性的目的。在国家韧性框架下《惠灵顿韧性战略》则对基础设施韧性建设提出了具体目标和实现方式，要求各级决策者通过增强政府规制、重新审视城市生命线等方式，对城市韧性目标进行可持续评估，注重实现适应性、恢复性的目标，如提供干燥和安全的住房、加大应急水资源储备，提高能源运输的灵活性等。

2020 年，英国伦敦出台《伦敦城市韧性战略》，以系统性评估气候变化带来的影响为出发点，提出韧性的人、韧性的场所和韧性的过程三个维度的行动计划，以解决城市韧性问题。该战略尤其强调科学管理场所韧性这一概念，打造更韧性的基础设施为容，不仅包括设计水循环系统、加强空间规划、规范基础设施韧性、提升新建建筑安全标准，也包括加强数据虚拟空间利用。该战略还倡导适应性治理模式，实施城市基础设施清查行动，用数据支持方法在伦敦范围内开展韧性评估，以便作出适应性决策。

近十年来，韧性城市的发展已经从理论研究、框架与目标策略制定等宏观层面，逐步落实到区域、地方的行动实施及后续评估，同时将理论研究上升到政治决策，反向推动城市可持续发展工作的开展。在此期间发布了权威性的国际气候公约与倡议十余项。基于多层次行动、多方利益相关者合作和社区参与的韧性建设及融资一直是历届韧性城市系列大会的核心主题，也是韧性城市发展的重点领域。而坚持以地方政府为建设行动中的核心角色，兼顾社会、环境与经济三方面，进行多学科、跨领域的合作与创新则是实现韧性与整体可持续发展的关键所在。

目前，随着大数据及分析技术的发展，韧性城市建设还需在网络韧性领域采取一系列有效措施趋利避害，发挥信息技术高效助力韧性城市建设的潜能。例如，促进多源数据的整合与交互共享；提升信息保护、技术治理能力；健全技术治理机制，建设健康、安全的网络发展环境，从而有效提升网络韧性，推动数字化时代下城市的可持续发展。

10.2.2　韧性城市建设的国际经验

为应对极端气候变化和自然灾害带来的不利影响，发达国家开始积极探索减缓和适应极端气候事件的双重方案，以期能够加强城市韧性，提高城市恢复力。以下介绍韧性城市建设的一些典型做法。

1. 英国伦敦

伦敦自 2013 年入选"全球 100 个韧性城市"以来，出台了配套《管理风险和增强韧性》的政策报告，并依此建立了一系列政策执行机构。为全面有效实行城市韧性规划，伦敦市通过建立协作机制，设立伦敦韧性伙伴联盟（London Resilience Partnership），汇集了从紧急服务、地方当局到公用事业和运输供应商的200多个组织，共同负责预防、管理、恢复以及持续发展伦敦的韧性。伦敦市还针对社区制定了相关的韧性建设措施，通过多方面措施增强城市整体的适应能力。2015年3月伦敦发布的《伦敦规划》，提出构建连接市区与周边区域的大伦敦，以分工合作促进城市区域发展。该规划明确，在基础设施韧性方面增强内伦敦与外伦敦的联结；在经济韧性方面，严格执行二氧化碳减排制度，设定差异化的减排目标；在社会韧性方面，加强合作实现医疗资源与保障性住房的最大化供给，关注特殊群体的公共服务水平；在制度韧性方面，进一步完善了大伦敦区域的政府协调机制。2020年2月伦敦公布的《伦敦城市韧性战略2020》，将规划扩展到应急规划和民事应急之外，强调城市安全治理和应对未来危机的能力，通过评估严重冲击和长期压力来对伦敦韧性进行长期审视，并解决长期韧性问题。该战略综合考虑了人、空间、制度三个韧性方面，在人的韧性方面强调打造更有韧性的社区，在空间的韧性方面关注打造更有韧性的自然环境和基础设施，在制度的韧性方面注重设计更有韧性的治理举措。

2. 美国纽约

纽约在经历2012年飓风"桑迪"灾难后，为减少类似自然灾害带来的影响，市政府决心建设更强大、更富有韧性的城市，以应对灾害。2013年6月发布的《一个更强大、更具韧性的纽约》城市发展规划明确了韧性城市建设的基本思想，计划通过增强基础设施韧性、经济韧性、社会韧性和制度韧性四个维度的韧性，使每条街区更加安全，建设最可持续的超大城市。在基础设施韧性方面，致力于打造"基础设施"全覆盖的城市系统；在经济韧性方面，重点监督建筑、电力、运输和固体废物四大关键行业的温室气体排放，以应对气候变化；在社会韧性方面，加强并完善社区组织，强调社区在应急行动中的基础性作用；在制度韧性方面，调整政府部门应对洪水、气候变化、空气污染等突发事件的应急方案，完善专项计划与相关制度设计。在韧性城市建设过程中，建立长期的气候变化监测与评估体系，每四年对规划实施情况进行评估和调整，以确保规划的顺利实施。此外，同时汇聚城市建设者、基础设施管理者、公民社团以及其他重要人物共同参与应对气候变化行动方案的制定，也是纽约有效推动韧性城市建设的重要举措。2019年4月，《纽约2050》总规正式出台，内容更是基于环境可持续、经济平等和社会公正的理念出发，旨在探索和评估纽约面临的各种挑战，制定战略以应对这些挑战，并从强化民主、重修基建、解决教育不公和健康不公、对抗全球气候危机和巩固社区家园等方面描绘了纽约市2050年的愿景，规划策略进一步强化了未来安全韧性城市的建设。

3. 荷兰鹿特丹

作为海洋强国的荷兰，在城市水管理方面的韧性建设积累了丰富的经验。荷兰鹿特丹平均海拔仅为 2m，频繁面临气候危机和海水倒灌的威胁。为应对气候灾难威胁，鹿特丹在 2008 年将"韧性"纳入城市规划与发展的进程中，出台了《鹿特丹气候保护（RCP）计划》，致力于建立防御系统以应对不断变化的气候。2016 年鹿特丹发布了《韧性城市战略》，战略重点在于关注城市水资源的脆弱性。在韧性城市建设过程中，鹿特丹设计了水广场、多功能屋顶和地下蓄水设施等具有创新性、世界领先的解决方案，促进城市韧性目标的实现。2019 年 5 月，海牙也启动了韧性战略，海牙的战略汇集了来自该市 1000 多位居民的超过 40 项建议，集中大家的智慧共同应对挑战推进韧性城市建设。

4. 日本东京

日本东京地处环太平洋地带，是遭受自然灾害最多的城市。为应对地震、海啸等频繁发生的自然灾害的突发冲击，日本在国家及各府县市层面均推进国土强韧化规划编制，用以指导韧性城市建设。东京于 2014 年 12 月发布《创造未来——东京都长期战略报告》，旨在到 2030 年建设成为世界一流大都市。规划中以保障奥运赛事顺利举办为契机，制定了一系列应对地震等自然灾害、维护公共治安的应急预案，一定程度上增强了东京的城市韧性。同时，规划分别从基础设施韧性、经济韧性、社会韧性和制度韧性四个方面提出了多项韧性城市建设举措。在基础设施韧性方面，重点是完善交通要道的道路设施建设。在经济韧性方面，践行低碳可持续的发展理念。在社会韧性方面，重点阐明了提高建筑抗震抗灾的等级。在制度韧性方面，以完善治安监控与安保志愿队伍建设为重点。为了进一步加强城市韧性，东京 2016 年出台了《东京都国土强韧化地域规划》。对东京行政管辖区域进行脆弱性评估，针对性提出了韧性提升方案，同时要求提高建筑抗震抗灾等级，做好应对突发灾害的应急预案与准备工作。

尽管各国关注的灾害类型有所不同，但在韧性建设上均追求抵御、适应和恢复全过程目标的实现，以提升基础设施防灾抗灾减灾能力。他们采取政府战略规划、优化空间布局、整合功能、韧性评估以及技术创新等做法，为国内开展韧性城市建设提供诸多启示。

10.2.3　国内韧性城市建设的简要历程

我国早在 20 世纪末与 21 世纪初已开始对"韧性城市"展开研究，近期发展迅速，上海、广州、黄石、德阳、海盐、义乌、北京等城市正在进行"韧性城市"建设。

从 2012 年开始，国家层面先后启动了"智慧城市""海绵城市"建设，韧性城市在进入国家"十四五"规划之前，我国已进行了数年的探索。2017 年 6 月，中国地震局在制定的《国家地震科技创新工程》中提出了涵盖"韧性城乡"计划的四大计划，对我国韧性城市建设提出了要求。

2018 年，中国灾害防御协会城乡韧性与防灾减灾专业委员会成立，形成了《韧性城乡科学计划规划北京宣言（草案）》。

2020 年 11 月 3 日，党的十九届五中全会审议通过的《中共中央关于制定国民经济和社会发展第十四个五年规划和二〇三五年远景目标的建议》中提出：推进以人为核心的新型城镇化……强化历史文化保护、塑造城市风貌，加强城镇老旧小区改造和社区建设，增强城市防洪排涝能力，建设海绵城市、韧性城市。提高城市治理水平，加强特大城市治理中的风险防控。

2022 年，党的二十大报告指出，打造宜居、韧性、智慧城市。以习近平同志为核心的党中央深刻把握城市发展规律，对新时代新阶段城市工作作出重大战略部署。

国内很多城市积极开展韧性城市建设。例如，2017 年，《北京城市总体规划（2016年—2035 年）》第 90 条提出：加强城市防灾减灾能力，提高城市韧性。2018 年，北京市编制了《北京韧性城市规划纲要》，提出了韧性城市规划体系和管理体制方面的对策。2021 年 10 月 27 日，中共北京市委办公厅、北京市人民政府办公厅印发《关于加快推进韧性城市建设的指导意见》，确定了北京加强基础设施韧性建设的具体目标。2024 年3 月 25 日，北京市规划和自然资源委员会印发了《北京市韧性城市空间专项规划（2022年—2035 年）》，旨在进一步加强国土空间规划中的韧性理念与措施实施，大力提升首都安全发展水平，努力形成韧性城市空间治理体系的首都生动实践。

2024 年 11 月 26 日，中共中央办公厅、国务院办公厅印发《关于推进新型城市基础设施建设打造韧性城市的意见》，旨在深化城市安全韧性提升行动，推进数字化、网络化、智能化新型城市基础设施建设，打造承受适应能力强、恢复速度快的韧性城市，增强城市风险防控和治理能力。

国内的韧性城市研究经历了从韧性概念认知、引入，到理论构建，再到应用实践的演进过程，在政府、专家学者与技术人员等共同努力下，积极推进了韧性城市经济、社会、生态等维度相关概念内涵的发展，并取得了较为丰厚的研究与实践成果，韧性城市建设已上升至国家政策及战略目标层面。然而，在宏观层面上，国家、区域及地方等韧性城市政策解读与建设水平差距较大，发展不平衡、不充分的问题尚未解决；在微观层面上，应对风险时自发的社区治理能力及公众参与能动性均有待挖掘。

中国社会的城镇化进程正处于由数量粗放增长向高质量精细化发展时期，中国城市数量多、规模大，且特点复杂多样，城市应对突发危机的能力还不甚完备，面对更多不确定性风险的冲击，建设韧性城市迫在眉睫。

10.3　韧性城市建设的构架体系

韧性城市建设是一个涉及政治、经济、文化、社会、生态等多领域的综合行动，其根本目的是提高城市应对冲击风险的抵御力、适应力和恢复力。也就是说，当灾害发生的时候，韧性城市能承受冲击，快速应对、恢复，保持城市功能正常运行，并通过适应来更好地应对未来的灾害风险。具有韧性的城市，一个重要标准就是能够在疫情或灾害发生的时候迅速作出反应，将损害控制在一定的范围内。这里涵盖了三个要素，一是具备减轻灾害或突发事件影响的能力，二是对灾害或突发事件的适应能力，三是从灾害或突发事件中高效恢复的能力。

10.3.1　城市韧性的功能框架体系

韧性城市建设是一个系统工程，包含基础设施韧性、生态韧性、经济韧性、社会韧性、制度韧性等，体现在安全生产、社会治安、医疗卫生、生态环境、食品药品安全等诸多领域。

1. 城市基础设施韧性

城市基础设施韧性是指城市基础设施对风险扰动的应对和恢复能力，包括交通、供水、供电、医疗等设施和生命线的保障能力。基础设施是保障城市安全运行的重要基础，韧性建设是提升城市基础设施安全水平的关键。城市规模越大，水、电、气、热等各类城市基础设施负荷压力就会越大。城市基础设施一旦受损，将严重影响社会运行秩序和经济发展。为此，必须要保障城市运行功能，提升基础设施的抵抗力、适应力和恢复力，有效化解和抵御灾害冲击，增强城市韧性。

基础设施是城市生命线系统、交通动脉系统、防灾减灾系统的重要物理承载体，是城市安全和发展的物质保障。城市基础设施安全关乎经济安全、社会安全、生态安全，是国家安全的重要组成部分。加强基础设施韧性建设，必须遵循系统思维和方法，坚持以总体国家安全观为统领，统筹基础设施规划设计、空间布局和工程韧性，建立高质量的基础设施韧性体系。

2. 城市生态韧性

城市生态韧性是指城市生态系统基于绿色解决方案，从可能面临的困难和挑战中化解变化、迅速恢复生态的程度。提高城市生态韧性就是要消除城市与自然的对立关系，从制度保障、技术嵌入、文化塑造等角度，增强抵御风险的能力，提升城市生态减灾预警力，扩展城市生态抗灾支撑力，加快城市生态灾后恢复力，从而实现绿色低碳发展目标。

3. 城市经济韧性

城市经济韧性是城市系统在偶发性灾害后，为规避潜在损失而采取灵活策略的能力。主要体现在经济多样性、就业水平以及风险发生时的经济系统运行能力。由于城市经济韧性的形成依赖城市系统自身的多样性的产业结构，可以从产业多样性、经济自组织能力等方面，提升城市经济产业系统应对外部冲击与干扰的能力。较为完善的城市经济韧性应包括受过良好教育和职业技术培训的人口、经济产业能够辐射广阔的市场、具有多样的经济类型并拥有较大的服务业比重、城市健康宜居等方面。

4. 城市社会韧性

城市社会韧性主要反映不同社会群体对风险因素的响应能力和韧性的差异。城市社会韧性是社区和人群应对外界变化的能力，外界变化包含社会、政治、环境改变所带来的压力。社会韧性是系统在外界干扰下，依然保持正常性能，并集聚资源，应对挑战的能力。

城市社会韧性水平是城市韧性与可持续发展的保障，通过为城市经济发展提供劳动力、为企业发展提供技术支持、为资源利用及环境治理提供方案等方式来提升城市社会发展韧性。提升各级政府组织、领导干部的应急处突能力，加强服务韧性城市建设的社会组织培育。健全社会动员机制，提高社会动员和秩序保障能力。

5. 城市制度韧性

城市制度韧性是指当地政府机构的管治能力，特别是灾难发生时和发生后政府行使组织、管理、规划和行动的能力。

建立韧性制度体系。制订及修订相关地方性法规和政府规章时，完善韧性城市规划指标体系，构建韧性城市标准体系，健全高效顺畅的指挥协调机制。完善应急预案体系，提高应急预案的针对性和实战性。

10.3.2　韧性城市规划

韧性城市建设要依据韧性城市规划。也有很多学者将"韧性城市规划"看作一种新的规划思路，认为韧性城市规划的目标是构建具备"韧性"的城市。韧性城市规划思路构成了当前国内韧性城市相关实践的指导思想。

韧性城市规划的核心在于提升城市的抵御能力，确保在面对各种挑战时，城市能够迅速适应、调整并恢复其功能，保障居民的生活质量和城市的持续发展。这种规划不仅关注自然灾害的应对，还包括社会重大事件（如战争）、健康危机（如疫情）等多个维度。通过实施韧性城市规划，城市可以构建起一个具有高度适应性和恢复力的系统，以应对各种潜在的挑战和危机。

韧性城市规划的实施包括多个方面，如组织管理、经济社会、基础设施、制度文化等。在组织管理方面，强调综合发展规划、多元协同治理和有效领导与管理，利用现代管理技术与方法提升城市组织管理能力。在经济社会方面，注重居民健康与生命安全、社会救援发展、生态可持续发展等目标的实现，通过物资保障、弹性供应等措施确保城市经济社会的稳定发展。在基础设施方面，关注工程设施抗干扰性能、基础能源供给能力、交通与通信可靠性等，通过提升基础设施的服务质量和生态系统的稳健性来增强城市的抵御能力。在制度文化方面，通过防灾减灾教育、集体认同与社会支持、运行机制保障等措施，构建起城市的韧性屏障。

住房和城乡建设部专家认为，城市韧性分为结构韧性、过程韧性、系统韧性三个层面：结构韧性包括技术韧性、经济韧性、社会韧性和政府韧性，分别指代基础设施应对城市灾害、经济结构抵抗金融巨变、社会民众面对重大事件、政府部门维稳职能运行及安定民心的能力。他认为，城市规划应重点关注技术层面的结构韧性，强化城市的通信、能源、给水排水、交通、防洪和防疫等维持城市正常运营的生命线基础设施应对灾害的能力；过程韧性是城市在面临大型灾害及突发事件时，在维持、恢复和转型三个阶段所表现出来的修复能力；系统韧性指城市作为一个有机体进行运作，能够依靠智慧城市系统进行智能自反馈地感知各类事件、风险和不确定因素能力。城市韧性规划是为城市发展提供更安全、健康和可持续的城市规划，特征是高弹性和可调适，以应对突发的、不确定的城市风险及灾害。通过高效反应、提前备案、协同参与、资源整合等制度化的规划手段，从结构韧性、过程韧性和系统韧性三个维度，提升城市的韧性程度，为提供更优质的城市服务奠定基础。

随着城市脆弱性增加、社会发展的不确定因素递增以及民众的风险意识提升，韧性城市规划越来越受到世界各大城市的重视。从规划建设与管理角度，进行韧性城市总体规划，增强适应性、应急性，实现超前布局、高质量建设、高效率管理，构建安全韧性的保障体系，实现可持续性安全发展的韧性城市。

城市韧性规划的步骤如下：

（1）组建团队

包括确定团队负责人、确定团队成员、确定利益相关者。

（2）了解情况

包括社会维度、建筑环境、关联社会功能和建筑环境。

1）社会维度：确定社会功能及相互依赖性、确定建筑环境对社会功能的支持、确定关键联系人。

2）建筑环境：确定建筑环境、确定关键联系人、确定当前城市规划。

3）关联社会功能和建筑环境：定义功能集。

（3）确定目标

包括确定长期城市发展目标、确立韧性性能目标、定义城市灾害、确定当前韧性性能、总结结果。

（4）制订规划

包括评估性能差异、确定解决方案、发展实施策略。

（5）准备、检查和批准规划

包括记录规划和策略、取得反馈和审批、最终修改并批准。

（6）实施、更新规划

包括实施批准的方案、评估和更新、在必要时修改方案。

10.3.3　韧性城市建设的核心内容

韧性城市的建设应坚持政府主导与社会参与相结合，坚持以防为主、防抗救相结合，坚持常态减灾和非常态救灾相统一，在提高系统抵御灾害能力的同时，增强适应性、应急性，提升城市整体韧性水平，体现整体、协调、循环、再生的生态系统思想，构建安全、韧性的综合防灾应急体系。

1. 健全灾害预防体系

加强气象、地震、地面沉降、生物入侵等领域的灾害风险评估，建立供水水源、洪涝、能源、交通等安全隐患防控体系。学校、医院、生命线工程等关键设施，以及避难建筑、应急指挥中心等要害系统，应当提高必要的抗震设防水平；还应加强灾害监测、预警体系，构建城乡覆盖、区域协同，陆、水、空、地下全方位消防系统，加强"智慧消防"体系建设，建立安全可靠、体系完备、平战结合的人防工程系统，实现人防建设与城市建设融合发展。由于建设者和使用者不是同一主体，应加强监理和质量管控，避免"偷工减料"行为。

2. 构建城市公共安全体系

需要用最严谨的标准、最严格的监管、最严厉的处罚、最严肃的问责，建立科学完善的食品药品安全治理体系，确保居民食品安全。加强城乡公共卫生设施建设，严防生物灾害与疫病疫情发生和传播；提升突发公共事件应对能力。落实安全生产责任制，防止重特大事故发生，满足居民安全的第一需求。建设供水、供电、燃气、交通等生命线应急保障系统，形成完备的救灾物资、生活必需品、医药物资和能源储备物资供应系统。严格相关管理制度，统筹加强各种应急保障设施运行维护、管理和保障。

3. 健全综合应急体系

加强"灾害链"管理，按照防空防灾一体化、平战结合、平灾结合原则，建立安全生产、市场监管、应急保障、环境保护、治安防控、消防安全、道路交通等部门公共数据资源库，尽可能实现数据共享。利用公园绿地、体育场馆、学校等旷地及地下空间，建设形成就地避难、就近避难、步行避难等分级分类疏散通道和避灾场所。以干线公路网、城市干道网为主通道，建立安全、可靠、高效的疏散救援通道系统。

4. 提升防灾减灾水平

重视突发事件的应急响应和紧急救援，在灾害发生后的最短时间内恢复到正常运行状态。构建全时全域、多维数据融合的安全监控体系，形成人机结合的智能研判、决策和响应能力，做到响应过程无缝隙切换、指挥决策零延迟、事态进展实时可查可评估；

提高综合防灾和城市设施安全标准，增强城市综合防灾能力。

5. 构筑城市安全运行体系

在水源保障、流域及城市防洪、能源供应、交通运营等与城市运行密切相关的领域，运用区域协同、层级设防、智慧防灾、立体防护等策略，抓住规划建设运营环节，超前布局、高质量建设、高效率管理，构建安全韧性的保障体系，为新区可持续发展提供安全可靠的支撑。

6. 构建生命线工程安全防护保障

建设水源保障、防洪防涝安全体系，完善供水网络，强化水源互联互通，形成多源互补的供水格局。坚持防洪设施建设与生态环境保护、城市建设相结合，实现人水和谐共处。统筹竖向用地、排水管网、城市河道、调蓄水面等排水防涝设施，构建生态措施和工程措施结合的系统排水防涝体系，确保排水防涝安全。实施安全、绿色、高效的能源发展战略，打造绿色低碳、安全高效、智慧友好、供需平衡的能源系统，实现电力、燃气、热力等清洁能源稳定安全供应，为新区建设发展提供节约、智能、可持续的能源保障，夯实基础。发展绿色建筑，尽可能降低建筑物能耗强度；推行绿色出行，加快开展能源梯级利用、循环利用，建设集能源开发、输送、转换、服务及终端消费于一体的多能互补系统。运用互联网、物联网融合技术，推进能源管理智慧化、能源服务精细化、能源利用高效化，打造智能能源系统，不断提高能源安全保障水平。

7. 加强社会突发事件的应急管理

安全是对自己生命负责，预防是对所有人生命负责。应坚持对症下药、专业应对、分类实施原则，对不同的社会突发事件，采取有针对性措施。例如，对流行病防控，应采用成熟的应对措施，防止影响范围失控，力求负面影响最小化。应开展应急预案和群体性事件的应对能力建设，不断提高安全风险管控能力和应对水平，重视相关信息披露、发布，让谣言止于真相，确保社会突发事件的及时处理和有效管控。

8. 构建韧性城市一体化建设管理平台

借助于现代信息技术手段，基于大数据驱动，全面应用物联网、云计算技术和人工智能算法，助推韧性城市的建设和管理，实现韧性城市规划、建设、管理的一体化。韧性城市一体化建设管理平台能够有效地提升城市的感应认知、响应决策、学习适应和应急管控能力，构建一个更加智能、便捷、舒适的城市服务体系和立体应急网络，从而支撑城市规建管向更高水平发展。

韧性城市一体化建设管理平台的作用：一是促进信息共享和协同管理，韧性城市一体化平台可以实现城市各个领域的信息共享和协同管理，打破信息孤岛，形成信息互联互通的城市管理新格局。二是提高城市管理和服务效率，韧性城市一体化平台可以通过智能化手段，提高城市管理和服务的效率，减少人力投入，降低成本。三是提升城市品质和居民生活质量，韧性城市一体化平台可以通过智能交通、智能环保等手段，提升城市的交通、环境等品质，提高居民的生活质量。四是增强城市抗风险能力，韧性城市一体化平台可以实现对城市运行的实时监控和预测，及时发现和解决潜在风险，增强城市的抗风险能力。

韧性概念包容着社会、经济、文化、环境和空间多重维度，韧性城市正在取代传统思路成为城市可持续发展的关键战略，对于解决我国现阶段城市中一系列制约经济社会持续健康发展的干扰和压力具有重要的理论和实践意义。目前，中国韧性城市研究、规划和建设还处在起步阶段，同时，中国城市处在特定的自然环境和经济转型发展时期，应结合中国城镇化发展阶段的特殊性进行韧性城市建设和创新。

10.4　提升城市韧性效率的措施

建设韧性城市，从价值观上应满足人民群众对美好生活的向往，打造以人为核心的韧性城市，从方法论上应围绕基础设施韧性、建筑系统韧性、医疗系统韧性、经济系统韧性等维度，把资源配置到关键基础设施上，进而实现城市韧性的有效提升。中国特色的"韧性城市"理念与实践充分对接到城市治理与规划实施，从城市效率出发，围绕反映脆弱性的核心问题开展联合政策设计，推动地方实践，提升城市应对及适应结构和功能性风险的能力，准确找到提升城市效率的路径。

10.4.1　健全领导组织体系，强化顶层设计

1）需要强化党对韧性城市建设工作的领导，明确韧性城市建设的主管部门和责任部门，形成党政部门齐抓共管的领导体系。

2）积极推进城市基层社会治理，强化社会主体和公众参与，形成应对灾害风险的强大合力。

3）坚持防灾减灾的底线思维，注重灾前预防。要瞄准风险隐患点，在隐患排查和整改方面下功夫，特别是针对易发灾害做好监测预报、应急救助演练等方面工作、做足准备。

4）加强信息共享、协调部门联动，确保精确排查、精准响应、系统行动。

10.4.2　以科技创新赋能韧性城市建设

1）在应对灾情风险的过程中，大数据、人工智能技术提升了工作效率。通过移动通信技术的升级，诸多的事务可以在网上办理，共享经济在疫情期间发挥了互助作用。

2）韧性城市建设过程中，新技术应用将更加广泛，运用大数据和互联网，提升城市监测预警、风险评估和信息服务等功能，更好助力城市防灾减灾救灾工作。

3）通过科技赋能，提升云计算、大数据、物联网、人工智能、移动互联等新技术在城市风险治理决策层面的应用水平，整体增强城市韧性。

10.4.3　加强制度整合与协调，提高科学防灾减灾能力

1）城市安全和城市风险管理逐渐成为影响城市自组织体系代谢平衡的关键点。韧性城市建设与应急管理制度体系和能力建设紧密结合，丰富和完善韧性城市建设规划、评估标准和技术体系，全面提升城市的韧性和安全性，保障可持续发展。

2）要建立科学的城市灾害风险评估方法，及时发现潜在的不确定的风险，为韧性城市建设提供有效支撑。

3）要推进多元主体协同共治，建立一个全社会能参与进来的市场机制，引导社会力量参与风险调查、隐患排查、应急救援、恢复重建等过程，打造良性顺畅的自循环系统。

10.4.4　提升城市民众认知和防控水平

通过广泛的宣传，让全体市民对城市脆弱性以及建设韧性城市的政策形成共识。

1）在日常工作中，要多普及安全风险防范知识，提升居民自救互救能力。

2）要密切关注公众面对灾害的情绪反应和灾后的心理情绪的恢复，对不良情绪及时进行心理干预，缩短恢复时间。

3）灾后重建过程中，及时总结经验和教训，增强我们面对灾难风险的能力和信心，这也是韧性城市的内核所在。

4）加大文化规划实施力度，为文化复兴提供可操作的规划设计方法，提高城市规划技术人员的文化复兴规划的技术能力。

10.4.5　加强软硬件体系建设，锻造韧性城市运行的基础

1）在体系建设方面，将韧性城市思维贯穿规划、设计、建设、管理和运维的全过程；将韧性城市目标和指标分解到城市国土空间规划和其他专项规划中。

2）在土地利用、生态环境保护方面，也要纳入防灾抗灾的规划内容。在防灾方面，从建筑抗震、抗洪、抗风的传统设计思维方式向适应性、可恢复性设计思维转变，尽可能减轻灾害对建筑物造成的损伤。

3）在设施建设方面，既要重视城市硬件设施，如城市交通设施、管网能源生命线设施、数字化新基建等，又要兼顾城市产业链韧性、政府应急处置能力、城市人力资本、社区管理、城市精神文化等"软件"，多维度一体，统筹兼顾，才能有效应对各类内外部不确定性风险和危机。

4）在实际操作方面，城市韧性可看作是一个综合安全防范体系，在打造物质方面的"硬实力"时，要在优化空间环境的基础上，让强调坚固性与高效性的工程韧性能够得以延伸和拓展。同时，也应加强城市学习力和自适应力等核心软实力，以动态感知为出发点，实现全要素、全生命周期的闭环管理。

10.4.6　倡导智慧化管理创新，提升韧性城市规划水平

1）应用智慧化城市管理系统，有助于实现管理的有序及社会的和谐，能够大大降低政府公共服务的成本，提升公共服务效率和水平。

2）应用网格化精细化的城市管理，实现城市管理的流程再造，使城市管理由过去的粗放、被动、分散向高效、敏捷、系统转变，进一步强化政府的社会管理和公共服务职能，为建立城市管理长效机制做出有益探索。

3）实施"三规合一"，有效提高城市空间与土地的使用效率，有助于全面考虑资源、环境和人口等因素的综合效果。许多新城开发的经验和教训表明，必须走产城融合的道路，才能够使韧性城市建设充满活力。

本章复习思考题

1. 简述韧性城市的概念。
2. 简述韧性城市的内涵。
3. 简述韧性城市的特点。
4. 简述韧性城市建设的构架体系。
5. 简述城市韧性规划中的"结构韧性""过程韧性"和"系统韧性"。
6. 简述城市韧性规划步骤。
7. 简述韧性城市建设的核心内容。
8. 简述提升城市韧性效率的措施。

参考文献

[1] 卢彬彬，郭中华，朱晓萌，等．中国建筑业高质量发展研究——现状、问题与未来 [M]．北京：中国建筑工业出版社，2021．

[2] 余源鹏．建设项目甲方工作管理宝典——建设单位基建管理部门报批报建与工程管理指南 [M]．北京：化学工业出版社，2015．

[3] 全国一级建造师执业资格考试用书编写委员会．建设工程项目管理 [M]．北京：中国建筑工业出版社，2020．

[4] 袁正刚，尤完，郭中华．数字建筑理论与实践 [M]．北京：中国建筑工业出版社，2023．

[5] 张毅．工程项目建设程序 [M]．2 版．北京：中国建筑工业出版社，2018．

[6] 郭中华，尤完．建筑施工生产安全事故应急管理指南 [M]．北京：中国建筑工业出版社，2002．

[7] 林文俏，姚燕．建设项目投资财务分析评价 [M]．3 版．广州：中山大学出版社，2014．

[8] 《投资项目可行性研究指南》编写组．投资项目可行性研究指南 [M]．北京：中国电力出版社，2002．

[9] 马立强，温国锋．投资项目评价与决策 [M]．成都：西南交通大学出版社，2014．

[10] 高华．项目可行性研究与评估 [M]．2 版．北京：机械工业出版社，2018．

[11] 尤完，赵金煜，郭中华．现代工程项目风险管理 [M]．北京：中国建筑工业出版社，2021．

[12] 全国二级建造师执业资格考试用书编写委员会．施工管理 [M]．北京：中国建筑工业出版社，2022．

[13] 丁向阳．城市基础设施投融资理论与实践 [M]．北京：中国建筑工业出版社，2015．

[14] 王颖，刘伟，朱进．工程造价计价与控制 [M]．重庆：重庆大学出版社，2023．

[15] 马秀岩，卢洪升．项目融资 [M]．5 版．大连：东北财经大学出版社，2022．

[16] 尤完．建筑业企业商业模式与创新解构 [M]．北京：经济管理出版社，2017．

[17] 徐莉．建筑施工图设计 [M]．重庆：重庆大学出版社，2021．

[18] 中南建筑设计院股份有限公司．建筑工程设计文件编制深度规定 [M]．北京：中国建材工业出版社，2017．

[19] 王宏．房地产行政管理 [M]．2 版．北京：机械工业出版社，2021．

[20] 郭中华，尤完．工程质量与安全生产管理导引 [M]．北京：中国建筑工业出版社，2020．

[21] 李夺，黎鹏展．绿色规划 绿色发展：城市绿色空间重构研究 [M]．武汉：华中科技大学出版社，2021．

[22] 戴慎志，刘婷婷．城市基础设施规划与建设 [M]．2 版．北京：中国建筑工业出版社，2023．

[23] 任心欣，俞露.海绵城市建设规划与管理 [M]. 北京：中国建筑工业出版社，2017.

[24] 刘娜娜，张婧，王雪琴.海绵城市概论 [M]. 武汉：武汉大学出版社，2018.

[25] 熊家晴.海绵城市概论 [M]. 北京：化学工业出版社，2019.

[26] 袁志刚.碳达峰·碳中和：国家战略行动路线图 [M]. 北京：中国经济出版社，
      2021.

[27] 中国城市建设研究院有限公司.海绵城市绿地建设管理技术指南与实践 [M]. 北京：
      中国建筑工业出版社，2022.

[28] 黄冬蕾.城市绿色生态网络构建策略研究 [D]. 北京：北京林业大学，2016.

[29] 尤完，郭中华，王祥云，等.绿色建造与资源循环利用 [M]. 北京：中国建筑工业
      出版社，2023.

[30] 王金鹏.地下综合管廊建设在城市发展中的角色扮演概述 [J]. 住宅与房地产，
      2020（9）：257.

[31] 石云涛.国土空间规划的城市生态网络体系构建思考分析 [J]. 居舍，2022（17）：
      9-12.

[32] 燕萍莉.我国东部地区海绵城市建设水平评价 [D]. 合肥：安徽建筑大学，2022.

[33] 刘照全.中心城区绿色空间功能组织与用地布局研究 [J]. 山西建筑，2018，44
      （29）：31-33.

[34] 尤完，袁正刚，郭中华.精益建造理论与实践 [M]. 北京：中国建筑工业出版社，2023.

[35] 杨秀平，王里克，李亚兵，等.韧性城市研究综述与展望 [J]. 地理与地理信息科
      学，2021（6）：78-84.

[36] 李国庆.韧性城市的建设理念与实践路径 [J]. 人民论坛，2021（25）：86-89.

[37] 姚珺，李华晶，周佳睿."双碳"目标下资源型城市韧性研究动态与展望 [J]. 创
      新科技，2022，22（5）：42-56.

[38] 李志刚，胡洲伟.城市韧性研究：理论、经验与借鉴 [J]. 中国名城，2021，35
      （11）：1-12.

[39] 周利敏.韧性城市：风险治理及指标建构——兼论国际案例 [J]. 北京行政学院学
      报，2016（2）：13-20.

[40] 仇保兴.基于复杂适应系统理论的韧性城市设计方法及原则 [J]. 城市发展研究，
      2018，25（10）：1-3.

[41] 郑艳.推动城市适应规划，构建韧性城市——发达国家的案例及启示 [J]. 世界环
      境，2013（6）：50-53.

[42] 赵瑞东，方创琳，刘海猛.城市韧性研究进展与展望 [J]. 地理科学进展，2020，
      39（10）：1717-1731.